차이나 머천트

차이나 머천트

CHINA
MERCHANT

중국 상인과
비즈니스의
모든 것

• 김동하 지음

한스미디어

머리말

그리스신화의 올림포스 12신 중 하나인 헤르메스_{Hermes}의 로마식 이름 메르쿠리우스_{Mercurius}는 '장사하다'라는 뜻의 라틴어 메르케리_{mercari}에 어원을 두고 있다. 인류 역사상 가장 오래된 직업이라는 상인을 가리키는 영어 머천트_{merchant}는 라틴어 메르케리에서 유래되었다. 머천트의 어원에 대한 다른 주장은 대가, 임금을 의미하는 라틴어 메르케스_{merces}인데, 이 단어가 12세기 말 영어로 건너오면서 자비·은총이란 뜻의 머시_{mercy}와 상인(무역상)을 가리키는 머천트로 파생됐다는 것이다. 종교개혁가 장 칼뱅은 "이윤은 신의 은혜"라고 했는데, 물건을 사고팔아서 이윤을 얻는다는 건 곧 하늘의 은혜를 의미했기 때문이다.

중국에서 상인商人의 어원은 역사적 근거에 기인한다. 기원전 1046년, 주周나라에 정복당한 상商나라에는 유민들이 넘쳐났고 그 유민들은 장사를 시작했다. 각지를 떠돌며 물건을 파는 그들을 상인이라고 불렀다. 단지 상나라 사람이란 뜻이다. 이처럼 중국에서 '상인'이란 말의 역사는 3,000년이 넘는다.

중국상인이 이러한 역사 속에서 유래된 고유한 호칭이라면, '차이나 머천트'는 세계 2위의 경제규모로 올라선 중국이 세계무대에 등장하면서 이전과 다른 개념을 갖게 되어 우리가 새롭게 인식해야 할 명칭인 셈이다. 이 책은 이런 배경에서 G2 시대의 '차이나 머천트'를 살펴보려는 목적으로 쓰였다.

세계 4대 문명 발생지인 황허黃河와 5,000여 년 역사를 가진 중국, 그리고 이곳에 사는 중국인들의 의식구조는 이러한 역사와 문화의 부단한 영향으로 구성되었다. 1949년 공산당 혁명 후 성립된 신新중국은 수천 년간의 봉건제도에 종말을 고하며 가장 큰 전환을 보여주었다. 이후 공산주의, 평등주의 등 이전에 경험하지 못했던 새로운 정치·사회·문화 형식이 중국에 도입되었으며, 최근에는 '사회주의 시장경제'로 대표되는 서구식 경제 시스템과 제도가 물밀 듯이 쏟아지고 있다. 최근 60년간의 이러한 극적 변혁은 현대 중국인의 의식구조를 형성하는 토대가 되었다. 그럼에도 중국에는 신의信義, 혈연血緣, 중용中庸 등 전통적으로 중시되었고 고양되었던 문화양식이 아직도 근저根底에 자리 잡고 있다. 이 책 제1장에서는 '차이나 머천트'의 의식구조를 형성해온 체계에 대해 살펴보았다.

중국인이 대단한 장사꾼이라는 데 이의를 다는 이는 없을 것이다. 주판은 중국 어린아이들의 중요한 장난감이었고 아이들은 글자를 배우기 전에 숫자를 먼저 배운다. 유교, 도교, 불교 등 중국의 복잡한 종교에는 재신財神이 공통으로 한 부분을 차지하고 있다. 중국인들은 손자병법식 상술에 능하다. 그들은 정세 변화에 적응하는 지혜와 결단의 시기에 밀어붙일 수 있는 용기, 남이 버리면 줍고 원하면 주는 인仁, 참고 기다릴 수 있는 강인함을 지니고 있었다.

중국을 경험한 외국인들은 중국인의 단점으로 교활함과 능수능란한 거짓말을 든다. 그러나 이러한 요소들은 위대한 '차이나 머천트'가 되기 위해 갖추어야 할 덕목들이다. 기원전 16세기에 '상인'이라는 호칭이 이미 중국에 등장했지만, 그 후 상업주의는 유교문화의 무게에 눌려 장사꾼 취급을 받을 수밖에 없었다. 서방에서는 중상주의가 대두되고 산업혁명을 거쳐 자본주의로 그 결실을 향유할 때도 공산혁명 중의 중국에서 상업인들은 민족자본을 팔아먹는 매판자본가의 오명을 쓰고 형장으로 향해야만 했다. 1980년부터 시작된 중국의 개혁개방정책은 중국인의 피에 살아 숨 쉬고 있는 천성인 탁월한 상업성을 발휘할 기회를 제공했고, 2001년 WTO 가입으로 글로벌 스탠더드에 편입하게 된 이들은 '차이나 머천트'로 우뚝 서게 되었다.

이러한 차이나 머천트와의 거래를 위해 이 책 제2장에서는 음식, 음주, 접대문화 등을 포함한 중국의 상관습을 살펴보았으며, 제3장에서는 우리에게 필요한 '차이나 머천트'와의 상거래전략, 협상전략을 정리하였다.

마지막으로 제4장에서는 중국 17개 지역 '차이나 머천트'의 특성을 고찰하였다. 장강長江을 중심으로 북쪽에 사는 북방인은 대체로 도량이 넓고 인내심이 강하며 의리를 중하게 여기는 대륙적 기질을 계승하고 있다. 이에 비해 남방인은 전통적으로 상업에 능하고 두뇌회전이 빠르며, 일단 계약이 체결되었더라도 불이익이 예상되면 이를 지키지 않는 경우도 있다. 필자가 재직하는 학교에는 교환학생 프로그램이 있다. 중국 북단인 하얼빈공정대학과 남단인 광둥외어외무대학에서 수학하고 온 학생들을 보면 이 차이를 확연히 알 수 있다. 1년이라는 길지 않은 시간임에도 북방인과 남방인의 특성을 체험하고 심지어 그들의 성격까지 닮아 온 것을 느낄 수 있다. 이는 왜 우리가 '차이나 머천트'의 계층, 신분, 출신지역에 따른 차별성을 파악해야 하는지를 방증한다.

중국은 땅이 넓고 물산이 풍부地大博物한 나라이며 광활한 지리만큼이나 지역문화 격차도 큰 국가이다. 저장상인, 광둥상인, 상하이상인이 '차이나 머천트'를 대표할 수 없겠지만, 그들의 넓고도 깊은 차이를 이해하려는 독자들의 첫걸음에 이 책이 도움이 되길 기대한다.

2013년 8월
지은이 김동하

목차

제4장 지역별 차이나 머천트

제 1 장

차이나 머천트의
의식구조

CHINA MERCHANT

1. 의식구조 형성 배경

::

세계 4대 문명 발생지인 황허黃河와 5,000여 년 역사를 가진 중국, 그리고 이곳에 사는 중국인들은 복잡하고 다양한 문화를 가지고 있다. 중국인들의 의식구조는 이러한 역사와 문화의 부단한 영향으로 형성되었을 것이다.

1949년 공산당 혁명 후 성립된 신중국은 수천 년간의 봉건제도에 종말을 고하며 가장 큰 전환을 보여주었다. 이후 공산주의, 평등주의 등 이전에는 경험하지 못했던 새로운 정치·사회·문화 형식이 중국에 도입되었으며, 최근에는 '사회주의 시장경제'로 대표되는 서구식 경제 시스템과 제도가 물밀 듯이 쏟아지고 있다. 최근 60년간의 이러한 극적 변혁은 현대 중국인의 의식구조를 형성하는 토대가 되었다. 그럼에도 중국에는 신의, 혈연, 중용 등 전통적으로 중시되었고 고양되었던 문화양식이 아직도 근저에 자리 잡고 있음을 쉽게 발견할 수 있다.

중국에는 가족 개념의 확대를 위해 양자를 삼아 키워주는 풍습이 있다. 중국 전前 총리 리펑李鵬은 중국 초대 총리인 저우언라이周恩來의 양자이다. 이처럼 지금도 중앙정치 실력자의 2세나 양아들이 정계에서 영향력을 행사하고 있다. 이들 그룹을 '태자당太子黨'이라고 하는데, 개방 이후 특히 경제 부문에서 맹활약을 보이고 있다.

혈연주의는 '꽌시關係'로 연결된다. 이는 비록 혈연으로 맺어지지 않았지만, 사적인 관계 혹은 네트워크를 형성하여 서로의 이익을 보전하려는 '현대식 혈연주의'가 중국에서 등장한 것이다. 관계가 가까워져 자기 사람이 되면 확실하게 믿고 밀어준다. 유력인사의 추천이나 소개장은 큰 힘을 발휘한다. 이를 동원하면 없는 비행기표도 구할 수 있고 건물의 고도제한도 풀 수 있다. 새 친구를 오랜 친구로 만들어 확실한 '꽌시'를 쌓아놓는 일은 차이나 머천트와의 거래 시 가장 중요한 일이다. 중국에서 비즈니스는 인맥 구축이 사업 성공의 결정적인 요인이 될 경우가 다른 나라에서보다 많다.

'꽌시'는 신의를 토대로 구축된다. 신의를 중요하게 생각한다는 것은 역설적으로 보면 의심하는 구석이 많다는 것이다. 다른 사람을 잘 믿지 않는 중국인의 속성은 전쟁과 권력투쟁으로 형성된 역사와도 무관하지 않다. 중국인들은 변화무쌍한 권력이동 과정에서 살아남기 위해서는 자신과 혈육밖에 믿을 사람이 없다는 의식을 갖게 됐다.

사회주의의 등장

"몫이 적은 것 자체는 문제가 되지 않는다. 다만 다른 사람보다 내 몫이 적을 때 문제가 된다."

이는 1949년 공산당의 신중국 성립 후 새롭게 구축된 사회주의 의식구조를 표현하는 가장 적절한 표현일 것이다.

이는 사회주의체제 아래서 평등주의에 물든 중국인의 의식구조를 나타내고 있다. 일을 열심히 하지 않는 사람도 결과의 균등분배를 실현하는 사회주의체제라는 우산 아래 보호를 받아왔다. 자기 몫을 인정하지 않는 체제가 열심히 일하려는 사람들의 의욕을 무력화시켜 놓았다. 균등분배의 악순환으로 개방개혁 이전의 중국 사람들은 평균 수준의 일을 대충대충 하면서 살아왔다. 교사와 의사 그리고 근로자 모두 8시간 일을 한 대가(임금)는 큰 차이가 나지 않았다.

1980년대의 개혁개방, 1990년대의 '사회주의 시장경제' 도입,

2003년 사스 유행 시 침을 뱉지 말자는 공익 포스터

자료: 〈신화망(新華網)〉 (2009.10.)

2001년 WTO 가입으로 이러한 사회주의 의식구조는 빠른 속도로 변하고 있다. 그럼에도 이 같은 사회주의 잔재는 지금도 차이나 머천트의 의식구조에 뿌리 깊이 박혀 있다.

이러한 평등주의 의식은 한중수교 초기 한국 투자기업의 노무관리 실패사례에서도 증명된 바 있다. 즉 모두가 동의하지 않는 일방적인 보너스 제도의 섣부른 도입은 기업의 효율을 향상시키기보다는 노사분규만 초래했기 때문이다.

안팎에서 본 중국인의 성격

많은 중국의 지식인은 중국의 봉건체제와 사회주의체제에서 형성된 소극적인 중국인의 의식구조와 국민성을 질타했다. 유명한 근대 문학가 루쉰魯迅(1881~1936)은 1923년에 발표한 《아큐정전阿Q正傳》에서 지주집 머슴 '아큐阿Q'를 통해 피해의식에 사로잡혀 떳떳하지 못하게 살아가는 중국인을 신랄하게 비판했다. "중국인은 누군가가 나서서 말해주지 않으면 안 된다"고 주장한 루쉰은 '아큐'라는 중국의 전형적인 인물을 주인공으로 신해혁명을 전후하여 봉건사회의 몰락과정에서 나타난 나약성·비겁성·비굴성 등 중국인의 약점을 고발하여 민족의 각성을 촉구한 바 있다.

또한 타이완 문학가 보양柏楊은 1984년 발표한 《추한 중국인醜陋的中國人》에서 중국을 거대한 장독醬缸에 비유하여 보수적이고 폐쇄적인 중국인의 속성을 질타했다. 장독 속에 사과, 배, 바나나, 파인애플, 귤 등 신선한 과일을 아무리 많이 넣어도 결국 장이 되고 만다는 의미다. 이를 통해 고질적인 중국병을 지적한 것이다. 그가 지적한 중국병으로는 교만함, 불결

53인의 중국 국내외 전문가가 지적한 중국인의 특성

전문가 지적한 중국인의 특성	지적 수(건)	비중(%)
보수주의적 가족주의	31	20.7
체면 중시의 강렬한 자존심	24	16
관료주의적 인간관계 중시와 개인주의	22	14.7
숙명론적 낙천주의	21	14
돈의 가치 부여와 우수한 상인정신	20	13.3
중용을 따르는 평화주의	16	10.7
근검절약의 생활화	10	6.7
애매모호한 언어구조와 대화술	6	4
합계	150	100

주: 53인 전문가에는 손문(孫中山), 량치차오(梁啓超), 루쉰(魯迅), 천두슈(陳獨秀), 후스(胡適), 린위탕(林語堂), 차
   이위안페이(蔡元培), 페이샤오퉁(費孝通), 첸무(錢穆), 바이양(柏楊), 존 듀이(J. Dewey), 길버트(R. Gilbert), 빌
   헬름(R. Wilhelm) 등 정치가, 문학가, 역사가, 경제학자, 교육자, 지리학자 등이 망라됨.
자료: 沙蓮香(1990) 및 이상준(2008) 25~26쪽.

함, 무질서, 소란스러움 등이 있다.

　53명에 달하는 문학가, 정치인, 역사가, 교육자, 경제학자, 지리학자 등 중국 국내외 전문가가 중국인의 특성을 서술한 것을 종합하면 대략 여덟 가지로 귀결된다. 먼저 이들은 보수주의적 가족주의(20.7퍼센트)를 꼽았으며, 그다음으로 체면을 중시하는 자존심(16퍼센트)을 들었다. 개방성이 아닌 보수성, 가족중심주의, 체면 등이 중국인을 대표하는 3대 특성으로 꼽힌 셈이다.

　다음으로는 관료주의적 인간관계와 개인주의(14.7퍼센트), 숙명론적 낙천주의(14퍼센트)가 뒤를 이었고, 상인으로서의 우수한 중국인 기질은 53인 전문가 중 13.3퍼센트만이 지적했다. 즉 모든 중국인이 장사를 잘하는 장사꾼 기질이 있는 것은 아님을 알 수 있다.

우리가 널리 인지하고 있는 중국인의 특성에 해당하는 중용과 평화주의(10.7퍼센트), 근검절약 정신(6.7퍼센트), 모호한 언어구조와 대화술(4퍼센트)의 비중은 그다지 높지 않다. 물론 조사대상 전문가들은 19세기부터 20세기 말까지 비교적 최근에 활동했던 이들로, 아마 조사시기가 더 이전 시대였거나 2000년 이후였다면 또 달라졌을 것이다. 그러나 위 여덟 가지 특성은 그 비중만 다를 뿐, 역시 모두 중국인 성격을 특성화하는 요인으로 다시 꼽혔을 것이 분명해 보인다.

중국인은 싱싱한 활력과 열정을 연상시키기보다는 조용하고 수동적이다. 진화와 정복보다는 저항과 인내로써 이루어진다. 가장 나쁘면서 또한 뚜렷한 중국인의 특징은 참을성, 무관심이다. 참을성은 인구과잉과 경제적 압박 속에서 비롯된 것으로 특히 중국 가족제도의 결과로 생겨난 것이다. 무관심은 주로 개인의 자유에 대한 법의 보호와 제도적인 보장이 없어서 생긴 것이다.

참을성이 강한 것은 누구도 부정할 수 없는 중국인의 미덕 중 하나이다. 그러나 참을성이 너무 지나치면 악덕이 된다. 중국인들은 전제정치, 무정부상태 그리고 학정을 참고 견디어왔다. 중국인들은 그러한 것들을 오히려 자연법칙의 일부인 것처럼 생각했던 것 같다.

중국인이 가지고 있는 천명관天命觀은 일종의 낙관주의이다. 운명을 믿고, 크고 작은 일들을 하늘의 뜻으로 간주해버린다. 이러한 생각은 자신의 행위가 윤리도의에 부합하기만 하면 하늘은 틀림없이 자신을 선하게 대할 것이라는 낙관론에 기초하고 있다. 이 같은 천명관은 소극적인 태도이며, '온갖 수모를 참고 견디는' 형태로 나타나기도 한다.[1]

만일 어떤 일이 성공했다면 그것은 하늘이 도운 것이다. 설령 불행히 실패한 경우에도 여전히 하늘을 원망하지, 자신을 책망하지 않았다. 이는 중국인만의 독특한 세계관이다. 요즘도 중국인들은 본인이 감당하기 힘든 일을 당하면 "티엔나天哪(하늘이시여)!"라고 외친다. 이는 영어의 "Oh, My God!"에 해당한다. 중국인들의 천명관은 현대 중국인들에게 살아 있다.

중국인은 감정을 표시할 때 아주 신중하며, 직접적인 감정표현을 경시하는 경향이 있다. 때로는 어떤 상황에서든지 약간의 감정조차 표시하려 들지 않는다. 따라서 이별이나 사망 시에도 감정을 노골적으로 나타내지 않는다. 내면의 기쁨이나 슬픔도 언어와 태도로 나타내지 않는다. 그러므로 타인에게 공개적으로 친밀감을 표시하거나, 심지어 부모와 자녀 간에도 공개적으로 사랑을 표시하는 것을 어색하고 부자연스럽게 여기는 경향이 있다.

한 외국인 선교사는 처음 중국에 왔을 때 '중국인에게 감정이 결여되었다'고 느꼈는데, 12년간 중국에서 생활한 이후부터는 생각이 바뀌었다고 한다. 일정한 거리를 유지하며 감정을 표현하는 방식은 중국인의 일반적인 경향이다. 이런 방식은 외국인에게 습관화되지 않았기 때문에 '불성실하다'거나 '신경이 둔하다'거나 '감정이 마비되었다' 등의 오해를 가져올 수 있다. 그러나 자기의 감정을 일정한 거리를 두면서 관찰한 선교사에게 중국인은 "예법이 밝고 현실적이며 낙천적이고 유머가 있다"로 다시 표현되었다.

남북의 차이

이 책에서 차이나 머천트의 특성을 다루면서 지역별 차이를 살펴보겠지만, 수천 년 전부터 중국은 큰 땅덩어리를 양분하여 남과 북으로 나누어 그 특성을 평가하는 방법이 존재했다. 개혁개방 이후 중국에서는 장강을 중심으로 남북을 구분하기도 하지만, 역사적으로 중국의 남북은 회하淮河, huai h를 기준으로 나뉘었다. 우리가 잘 아는 고사성어인 귤화위지橘化爲枳, 즉 "강남의 귤이 회수를 건너 북쪽에 가면 탱자가 된다"라는 성어에서 나오는 회수淮水가 바로 회하이다. 회하는 황허와 장강 사이에 위치를 두고 있으며, 허난성, 안후이성, 장쑤성, 산둥성, 후베이성 등 5개 성을 지난다. 이를 기준으로 나뉜 남북 간의 차이를 보면 다음과 같다.

남방 언어는 번잡한데 북방 언어는 획일적이다. 남방 사람들은 말투가 완곡한데 북방 사람들은 솔직하고 직설적이다. 남방은 노자, 장자 등 도가 학설의 발원지이고 북방은 공자, 맹자의 유가 학설 발원지이다. 남방 불교의 선종은 돈오설을 주장하고, 북방 불교의 선종은 점수설을 주장한다.[2]

남북은 문학 성향에서도 차이가 분명하다. 남방 문학은 낭만적인 색채가 강한 〈이소離騷〉(초나라 굴원이 지은 부)의 전통을 계승하고, 북방 문학은 현실주의적인 《시경詩經》의 전통을 계승하고 있다. 남방 음악南曲은 가늘고 섬세한 데 반해, 북방 음악北曲은 매우 우렁차고 격한 편이다. 남방 무술은 손을 많이 쓰는데 북방 무술은 다리를 많이 사용한다. 남방에는 지능형 범죄가 많은데 북방에는 폭력형 범죄가 많다. 남방에서는 문학의 인재가 많이 배출되고, 북방에서는 무인들이 많이 배출된다.

남북은 음식문화도 다르다. 남방에서는 쌀을 주식으로, 북방에서

중국 유역도

자료: 중국기상국 www.cma.gov.cn (2013. 4.)

는 밀을 주식으로 한다. 남방 사람들은 단 음식을, 북방 사람들은 짠 음식을 좋아한다. 정원을 만들 때 남방은 남쪽으로 입구를 내는데, 북방에서는 폐쇄적이다. 남방은 경제문화가, 북방은 정치문화가 발달했다. 남방 사람들의 의식은 중원을 향하고 있는데, 북방의 정치와 군사는 남방을 향한 통일을 지향했다南上北下. 북방에는 이李, 왕王, 장張, 유劉 등의 성씨가 많은데, 남방에는 진陳, 조趙, 황黃, 임林, 오吳 등의 성씨가 많다.

참고로 창장長江과 혼동해 쓰는 양쯔장揚子江, Yangtze River은 창장의 일부이다. 즉 장쑤성 양저우揚州에서 바다에 이르는 하류의 이름이다. 명대 마테오 리치 등 선교사들이 창장을 양쯔장으로 서방에 소개하면서 비롯한 잘못이다.

2. 전통적인 의식구조

::

중화사상

대국주의로도 표현될 수 있는 중화사상中華思想은 중국 문화를 이루는 근간 중의 하나이다. 중국이 세계의 중심이고 세계는 중국으로, 중국은 세계로 통한다는 것이 중화사상의 기본이다. 수백 년 전까지만 하더라도 만리장성 밖의 모든 나라는 오랑캐였고, 한국은 중국에 조공을 바치고 일본은 이러한 한국에서 문화를 배워 갔다. 지금 경제 성적표의 석차 순위는 역사 성적표에 이르러서는 역순이 되는 셈이다. 지금 글을 읽을 수 있는 모든 중국인의 손에는 이런 역사 성적표가 있다. 중화사상은 중화민족우월주의中華民族優越主義, Sinocentrism로도 표현된다. 즉 우월감에서 비롯되었다는 평가도 있다.

이러한 중화사상은 일반 중국인들에게 보편화되었다. 중국의 많은 관광지에 가보면 외국 관광객들을 상대하는 관계자들이 영어를 하려는 노력조차도 하지 않는 것을 볼 수 있다. 이는 정부의 방침이나 제도와는 무관하게, 중국을 보러 오는 외국인이면 중국어를 당연히 알아야 한다는 개인적인 중화의식이 그 바탕에 깔려 있기 때문이다.

중국에 오는 외국 가수는 중국어 노래를 해야만 중화사상으로 무장한 청중들을 감동시킬 수 있으며, 또 외국인들이 칭글리쉬 Chinglish=Chinese+English라고 비꼬는, 특히 주요 공공장소에 붙어 있는 엉터리 중국식 영어 문구들을 고치지 않는다.

중국에 들어오는 모든 외래어는 중국어 이름을 갖게 된다. 미국의 GM이나 GE의 회사명이 중국에서는 '通用公司'로 불리고 있음은 상당한 중국어 공부를 하기 전까지는 상상도 할 수 없는 일이다. 이는 제너럴모터스GM나 제너럴일렉트릭GE의 'General'이라는 영어 단어를 풀이한 결과이다. 1995년 3월에 베이징에서 공연을 가진 호주의 록 그룹 '에어 서플라이Air Supply'의 중국 이름은 '공기보급空氣補給'이다.

1995년 제67회 아카데미 시상식에서 6개 부문을 수상한 톰 행크스 주연의 〈포레스트 검프Forrest Gump〉가 베이징에서도 같은 해 6월에 상영되었다. 이 영화의 이름을 중국인들이 어떻게 지을지 자못 궁금했는데 결과는 '아감정전阿甘正傳'이 되었다. 중국의 유명한 근대 문학가 루쉰의 대표작 《아큐정전》은 아큐阿Q라는 저능아를 통해 봉건사상의 질곡에서 벗어나지 못하고 있는 중국을 질타한 작품이다. 포레스트 검프라는 인물을 통해 미국사 전반에 비판을 가하고 있는 이 영화 내용은 주인공 이름 중 검프와 비슷한 음이 나는 성姓인 감甘을 음역자로 따와서 지은 〈아감정전〉이란 제목만 보고도 짐작할 수 있다.

음역이나 훈역이라는 일정한 과정을 통해 이루어지는 이러한 현상

24

자료: 〈중국전영망(中國電影網)〉 www.m1905.com (2013. 4.)

을 모든 외래문화를 중국의 것으로 용해·흡수시키는 동화주의로 해석하는 이도 있으나, 중화사상도 그 근본에 있을 것이다. 이들의 중화사상은 우체국 차량에 'POST'라는 영문 표기를 하는 것조차 못마땅하게 한다. 'TAXI'라는 영문 표기는 외국 관광객의 편의를 위해 어쩔 수 없지만, 녹색의 우체국 차량에 'POST' 표지를 달 필요는 없다고 주장하는 것을 중국 신문에서 읽은 적이 있다.

이러한 중국의 문화를 잘 이해하고 있는 외국 회사들은 중화사상을 광고에 이용하여 상당한 효과를 거두고 있다. 다국적 정유회사인 쉘은 그들의 기업 이미지 광고를 통해 "중국인은 저력이 있는 중화민족이며 반드시 멀지 않은 장래에 선진국으로 발전할 것"이라고 예언하고 있다. 그리고 "그 발전에 우리 회사가 한몫을 담당하면 대단한 영광"이라고 자신을 낮춘다. 물론 이 광고는 중국인들의 자부심을 살려주는 효과 만점의 기업 이미지 광고이다. 몇 시간 후 같은 채널에서 상품 광고를 하는 쉘 윤활유가 중국에서 잘 팔리는 것은 하나도 이상하지 않다.

반면교사도 있다. 이명박 정부 때 상하이 총영사로 발령받은 인사가 있었다. 영어 실력이 뛰어난 그는 부임 후 중국인들과의 모임에서 영어 연설을 했다. 이게 자존심 강한 상하이인들의 비위를 건드렸다. 중국어를 못하면 그냥 통역을 두고 한국어로 연설하면 될 터인데 중국 땅에서 웬 영어 연설이냐는 것이었다. 이 때문에 우리 총영사가 한동안 냉대를 받아 마음고생이 심했다고 한다.[3]

중용

역사가 2,000년도 더 된 유학자들의 가르침인 중용지도中庸之道는 현대 중국인의 의식구조에서 아직도 유효하다. 이는 현대를 살아가는 처세술을 주제로 한 베스트셀러에서도 늘 등장하는 단골 메뉴이기도 하다. 과유불급過猶不及은 너무 지나침을 꾸짖고 있으나, 중용은 지나침도 모자람도 모두 경계하고 있다.[4]

지금도 중국인은 "먼저 나는 새가 총 맞는다槍打先鳥"는 말을 자주 한다. 5,000여 년의 역사 동안 2년에 한 번꼴로 전쟁을 치른 과거의 역사에서 터득한 생활 지혜이다.

이 같은 소극적 후퇴 철학은 사회주의체제 아래서 더욱 심화되었다. 《신중국 경제사》는 대약진 시기(1958~1960) 중국의 농촌 풍경을 묘사하고 있는데 이는 중국인의 경험이 어떤 것이었는지 여실히 보여준다.

"인민공사人民公社 집단농장에서 일하는 인민은 종소리와 함께 아침 일을 하러 나간다. 종 치는 사람이 종을 치지 않으면 나가지 않는다. 일을 나가서도 2km가 넘는 밭고랑 한가운데서 눈치를 살피며 논다. 열심히 일하는 사람에게 다른 사람들은 '열심히 하면 너만 힘들고 우리 모두 피곤해진다'며 만류한다."

다시 40년이 지난 후, 모 대학 졸업식장에서 총장은 여전히 졸업생에게 "전후좌우, 상하로 눈치를 살피되 앞서려고 하지 말라"며 중용사상 철학으로 축사를 대신한다.

중국의 사회주의체제는 '서두르면 빨리 죽는다急人急死' '빨리 가면 오히려 도달하지 못한다欲速則不達' '조심해야 복이 많다小心多福' 등 소극적이고 퇴행적인 생활관을 갖게 했다.

중용지도는 옛것에 집착하는 수구주의를 조장했고, 이는 또 공로를 세우기 위해 노력하기보다는 과오를 범하여 처벌받지 않으려는 소극주의를 형성하였다. 중국 내 한 유머는 이러한 소극주의를 잘 나타내준다. "1+1은 얼마냐?"라는 물음에 평범한 중국인은 "2"라고 대답할 것이다. 그러나 어느 정도 사회적 지위가 있는 사람은 "글쎄 2 같은데 아닌가?"라고 조심스럽게 답한다. 만일 상당히 높은 지위에 있는 중국인이라면 "1+1이라고?"라 되묻고는 더는 대답하지 않을 것이다.

중국에는 '난득호도難得糊塗'라는 관용어가 있다. 청나라의 정판교鄭板橋라는 화가가 한 이 말은 '어수룩해지기가 어렵다'는 뜻인데 바꾸어 말하면 '총명하면 반드시 화를 입는다'라는 의미이기도 하다. 중용은 이러한 수구에 바탕을 두고 있다. 극단은 화를 초래한다는 관념 역시 중국인의 마음속 깊이 뿌리 잡고 있다.

직장에서의 중용

이러한 소극주의는 중국 직장 내 문화를 창의적이지 못하게 형성하기도 한다. 많은 중국 인력들은 부하직원이 상사의 명령을 수동적으로 받아 수행하는 위계질서가 매우 강한 문화에서 성장했다. 따라서 의사결정을 위한 제안은 무례해 보일 수도 있다고 생각한다.

일반적으로 중국인은 상사가 해야 할 일을 지시하고 부하직원은 그 일을 하도록 교육받는다. 따라서 지시할 사람이 당장 그곳에 없다면 프로세스는 진행될 수 없다. 전통적인 중국 기업에서는 부서장이나 상사만이 의사결정을 내릴 수 있다. 결과적으로 현지 인력은 책임을 지거나 독립적으로 업무를 수행하기를 꺼리게 된다. 이는 위험을 꺼리는 경향으로 나타난다. 즉 의사결정을 중국인에게 요청하면 그들은 나쁜 결정을 내릴까 두려워하며, 그런 요청을 받는 것 자체를 벌로 여긴다.[5]

이런 두려움을 감안할 때 중국인 관리자가 상사의 지시나 조언 없이 결정을 내려야 한다면 필요 이상의 시간이 걸릴 것이다. 그들은 문제를 해결하기 위해 많은 친구나 가족에게 의견을 구하고, 그런 다음에 이전에 비슷한 상황에서 어떤 결정이 있었는지 주의 깊게 검토할 것이다.

지멘스차이나의 CEO 언스트 베렌스는 과거 중국 정치와 경제체제 때문에 40세가 넘은 중국 직원들은 개별적인 의사결정보다는 집단적 방식을 사용한다고 말한다. 중국인들은 업무상 문제에 대해 가족이나 친구와 의견을 나눈다. 그러나 체면을 잃을까 두려워 상사와는 논의하지 않는다.

꽌시와 비즈니스

꽌시는 영어로는 네트워크, 우리 말로는 인맥, 관계망 등으로 번역될 수 있을 것이다. 중국어로 꽌關은 관문을, 시係는 연결을 뜻한다. 이는 상호 의무에 따라 생성된 두 사람 사이의 통로가 연결되는 것으로 정의할 수 있다. 혈연관계도 꽌시이고 동문·동창도 꽌시이지만, 비즈니스 현장에서는 일종의 '관계망' 개념으로 쓰인다.

세계 모든 문화에서 직간접적으로 비즈니스 네트워킹이 발생하지만, 중국은 좀 더 광범위하고 중요한 성격을 가진다. 서양은 공사 구분이 엄격하지만, 중국은 가족·친구·직장의 경계가 모호하다.

중국 비즈니스 업계에서 꽌시는 다음과 같이 작용한다. A가 B와 꽌시를 구축하고 싶다면 A는 B에게 가치가 있는 무엇(정보, 선물 등)을 제공한다. 물론 B는 A가 제공한 무엇인가를 받아야만 다음 단계로 넘어간다. 다음 단계에서 B는 A에게 되갚아야 할 무엇인가를 '채무'로 가지고 있게 된다. 이러한 '주고받음'이 수 차례, 수십 차례 누적되면 비즈니스 '꽌시'가 조성된다.

실제 이러한 꽌시가 어떻게 작동되는지 보자. 중국 내 EMBA 코스에서 한 기업의 임원을 사귀게 되었고, 그 사람은 당신의 업무를 위해 필요하지만 얻기 힘든 정보를 얻는 데 도움을 주었다고 하자. 몇 달 후 당신은 그 임원에게서 자신의 조카가 인턴십을 찾도록 도와달라는 요청을 받을 것이다. 이런 요청이 중국에서는 이상한 일이 아니다. 편의나 도움을 주었으면 되돌려받아야 한다는 생각이 매우 강하다.[6]

이러한 꽌시는 '편의의 교환'이라고 부를 수도 있고, '사회적 현금'으로 부를 수도 있다. 모두 다 적절한 표현이다. 고객에게 선물을 제공하고 함께 식사하는 행동은 중국에서 오랜 비즈니스 관행이다. 그러나 미국 법으로는 엄격히 제한되고 있다. 연고와 학연, 지연 등 인맥을 활용하는 행동 또한 중국에서는 일반적인 관행으로 취급된다. 실제 중국에 진출한 적지 않은 다국적기업들은 윤리규정의 범위 내에서 현지 관행을 채택하고 있다. 기업들은 중추절仲秋節(추석)과 춘절春節(설)에 선물을 주고받는 중국 관행에 따라 정부 인사나 개인에게 이 시기에 맞춰 감사 표시를 한다. 물론 일부 기업들은 주고받을 수 있는 선물 가치의 상한선을 정해놓는 방식으로 내부관리를 동시에 하고 있다.[7]

중국 전문가들이 전하는 요점은 규제나 정책이 모호하고 불완전할 때 '꽌시'가 더 중요한 역할을 한다는 사실이다. 마이크로소프트 차이나의 준 탕은 중국 비즈니스 법이 모호한 규정을 담고 있어서 공무원에 따라 해석을 달리할 수 있다는 점을 든다. 중국 법률은 많은 부분에서 구체성이 부족하므로 담당 공무원이 해당 기업에 우호적이라면 좋은 결과를 얻을 수 있다. 따라서 비즈니스에서 '꽌시'의 중요성은 더해진다.

2001년 중국의 WTO 가입으로 외국 기업에 막 개방되기 시작한 금융업계에서도 '꽌시'의 중요성은 강조되고 있다. 스탠다드차타드의 스탠리 웡은 중국 내 은행 지점의 개설에 관해 분명한 법률이나 규제가 있지만 여전히 많은 종류의 허가가 필요하다고 지적한다. 스탠리 웡은 아주 많은 경우에 이런 허가는 공무원의 해석에 따라 결과가 달라지므로 중국 정부와 원활한 관계를 수립하지 못했다면 모든 허가과정이 느려질 수 있다고 전한다.[8]

필립스 차이나의 데이비드 창은 기업들은 의사결정권이 있고 해당

기업에 관심을 보이는 모든 핵심 공무원과 서로 이해할 수 있는 관계를 구축해야 한다고 말한다. 즉 정부의 허가를 받는 데 도움을 받기 위해 기업들은 모든 책임자와 의견을 나누어야 한다. 그리고 직접 연관은 없지만 관심을 보이는 당국자와도 관계를 구축해야 한다. 이들이 기업에 도움을 줄 수는 없더라도 비즈니스를 방해할 수는 있기 때문이다. 그는 "중국은 한 개의 정부가 아닌 수백 개의 정부로 구성되어 있다"며 이런 상황에 대해 논평했다. 모든 잠재적 이해관계자가 기업의 의도를 충분히 이해하고 존중받고 있다는 느낌이 들도록 해야 한다는 의미다.

스페인 출신 컨설턴트 조셉 지로는 비즈니스에서 '꽌시'의 좋은 점을 이렇게 요약한다.

"스페인 고객은 우리에게 정보를 다 얻어 간 뒤 더 저렴한 가격의 컨설팅회사와 계약을 하곤 하죠. 하지만 중국인들은 절대 그렇게 하지 않습니다. 저는 중국인들과 20년 넘게 사업관계를 맺어왔는데 여전히 정직합니다. 심지어 함께 사업을 하지 않는 경우에도 그들과 저희는 좋은 관계를 유지합니다. 유럽에서 사업관계를 맺으면 그건 그냥 하나의 관계일 뿐이어서 사업이 끝나면 더는 관계가 유지되지 않습니다."[9]

중국에서 한 번 맺은 '꽌시'는 관리 여하에 따라서 오랜 기간 지속된다. 이것이 '꽌시'의 장점일 것이다.

메이꽌시

'메이꽌시沒關係'라는 중국어는 나와는 관계가 없다는 뜻이다. 일단 나와 관계가 없어지면 남남이고, 남남이면 그 대우는 상상을 초월할 정도로 냉혹해진다. 중국에서 공공기물이 함부로 다루어지는 이유는 그

것이 나와 관계없는 공공 소유이기 때문이다. 봉건주의는 주종관계를 낳고 황제 한 사람 이외의 그 밑 모든 사람은 신하의 관계였다. 따라서 우리가 이야기하는 '주인정신'이라는 개념은 중국인들의 의식 속에 존재하지 않았다. 단지 주인이 아닌 사람들이 모여 내 것인지 아닌지 혹은 나와 관계가 있는지 없는지를 따지게 된 것이다.

'메이꽌시'는 '괜찮다'고 해석되기도 한다. 왜 괜찮은가 하면 나하고 관계가 없으므로 괜찮은 것이다. 쓸데없이 남의 일에 참견하는 사람을 '샤오꽌시엔스少管閒事'라고 말하는데 이는 당신과는 상관없는 일에 끼어들지 말란 뜻이다. "집 앞 눈만 쓸어내면 되지, 이웃 지붕 위 서리는 상관할 바 아니다各人自掃門前雪, 莫管他人瓦上霜"라는 격언이 있다. 중국인은 한국인처럼 남의 일에 잘 간섭하지 않는다. 이를 뒤집어보면 '꽌시'를 매우 중요시한다는 사실을 알 수 있다.

자급자족의 개념에서 보면 메이꽌시는 나와 관계없는 다른 성의 사람이라는 말이다. 전혀 이해관계가 없는 다른 마을이나 사회단체의 사람이니 더 이상의 상황 진행이 될 수 없다. 실제로 쌍방 간에 이러한 공통의 '꽌시'가 없어서 서울에서 비행기를 타고 온 수입상의 상담 요청이 한마디로 거절당하거나, 유학생에게 입학원서조차 발급되지 않는 상황이 벌어지기도 한다. 물론 상황에 따라서는 '돈'이라는 모든 이의 꽌시 공통분모가 혈연이나 지연과 동등하게 그 위력을 발휘할 수도 있다. 중국의 문화 중 가족주의나 종족주의 역시 이 '꽌시'에 근거를 두고 있다.

관계망의 구성

중국에서는 대인관계를 크게 셋으로 나눌 수 있다. 첫째는 '낯설다生', 둘째는 '익숙하지 않다不熟', 셋째는 '익숙하다熟'이다. 낯선 관계는 전혀 교제한 적이 없는 사람을 말한다. 즉 전혀 모르는 사람이나 관계가 없는 사람이다. 둘째는 익숙하지 않은 관계로, 알고는 있으나 친하지 않은 경우이다. 알고는 있지만 잘 어울리지 않는 관계이다. 마지막으로 익숙한 관계는 잘 알고 있으면서 교제도 빈번하고 서로 도움을 주고받는 관계이다. 즉 중국에서 꽌시를 맺는다는 의미는 '낯선 관계에서 익숙한 관계로 발전하는 과정'을 의미한다.

그렇다면 '꽌시'라는 말은 언제 등장했을까? 위양(2010)에 따르면 청대 말기에 '꽌시'라는 단어가 드물게 사용되긴 했지만 유행하지는 않았다. 널리 번진 것은 문화대혁명(1966~1976) 시기였다. 공산혁명으로 신중국이 성립된 후, 모든 인민은 인사기록카드檔案를 작성해야 했다. 이때 '주요 사회관계'란에 근친과 친한 친구 이름을 적어 넣어야 했다. 한 사람이 초등학교에 입학해서 취업할 때까지 기입해야 하는 서식은 100통이 넘었는데 매번 주요 사회관계를 적어야 했다.[10]

따라서 중국 인민들은 매번 자신과 꽌시가 있는 사람들을 스스로 평가·분류·처리해야 했을 것이다. 서류에 '사회관계인'으로 기입된 사람은 의존적인 관계에 있는 사람들이었고, 여기서 주요 사회관계의 약칭인 꽌시는 편법을 통해서라도 서로의 이익을 보존해주는 대상을 통칭하는 말로 고착화되었을 것이다.

자급자족 소농경제에서는 서로 교환하고 이용할 수 있는 공간이 협소해서 친척은 친척이면 되고, 친구는 친구로 족하며, 아는 사람은 아는 사람이면 충분했지 이용할 수 있는 도구나 수단은 아니었다. 그러나 경쟁이 필수가 된 현대 경제사회에서는 '꽌시'가 필요하고 이를 이용한 인맥을 형성해야만 남들보다 앞설 수 있었다.

그렇다면 중국에서의 관계망은 얼마나 만들어야 할까? 중국에서 중요한 가족행사 중 하나인 결혼식에는 소위 '관계망' 내부 사람들을 초청한다. 푸젠 남부지방에서 최근 10년간 조사한 표본에 따르면 이 지역 결혼식 피로연의 테이블 수는 평균 20~30개 수준이었다. 보통 한 테이블에 8~10명이 앉는데 이에 따라 하객 수를 계산하면 최소 160명에서 최대 300명, 평균 230명이라는 숫자를 도출할 수 있다. 바꾸어 말하면 현대 중국에서 관리하고 유지할 수 있는 개인관계망의 규모가 평균 230명 정도라는 의미다.

중국에서 이러한 관계망이 발전하고 번성할 수 있는 곳은 인구 50만 명 이하의 중소도시이다. 이는 230명의 관계망과 관련이 있는데, 즉 이들의 관계망은 거듭되는 소개를 거쳐서 도시 구석구석까지 영향을 미치게 된다. "이 바닥에서는 한 다리만 건너면 다 아는 사람이야"라는 말이 실제로 가능해지는 것이다. 관계망의 활용도는 지역사회의 규모에 반비례한다. 베이징이나 상하이 같은 대도시에서 이런 관계망 형성은 불가능하다. 이와 반대로 인구 20만 명 이하의 소도시에서는 이러한 관계망에 의존하여 일을 해결하려는 경향이 강하다. 또한 관계망에 들어있지 않으면 소도시에서의 비즈니스가 거의 불가능한 경우도 있다.

17가지 인맥

위양(2010)에 따르면 중국에는 17가지 인맥이 존재한다. 친척, 친구, 동창, 동문, 이웃, 옆집, 동료, 스승, 제자, 전우, 상사, 부하, 동향인, 패거리, 양부모, 의형제, 세교 등이 그들이다. '꽌시'를 잘 맺는 사람은 위 17가지를 충분히 활용하지만, 그렇지 못한 경우에는 일부만 사용할 뿐이다. 이들 인간관계는 친척·동향 같은 선천적 관계와 상사·동료 같은 후천적 관계로 나뉜다.[11]

이들 17가지 인맥을 상세히 보면 다음과 같다. 친척 중 친親은 부모·형제 같은 육친을, 척戚은 인척을 가리킨다. 친척과 인척은 모두 가족에서 파생되었다. 동향인은 지역이 넓을수록 모호해진다. 특히 외지에서 만난 동향인은 이전에는 모르고 지내다가 타지에서 만나 꽌시를 맺은 것이기 때문에 서로 돌보아줄 익숙한 관계로 발전하기까지는 일정한 조건을 충족해야 한다.

세교世交는 선대부터 교분이 있던 사람을 일컫는 말이다. 즉 대대로 맺어온 친분이다. 조부모가 친분이 있었으면 그 친분은 부모대로 이어지고, 다시 자녀대로 전승된다. 세교는 태어남과 동시에 얻는 선천적인 관계이다. 이런 세교도 본인의 노력에 따라서 익숙한 관계로 발전할 수도, 그렇지 않을 수도 있다.

동창은 같은 학교 같은 반에서 공부하면서 늘 함께 지내온 친구이다. 이들은 훗날 익숙한 관계로 발전할 수 있다. 동문은 같은 학교에 다녔지만 같은 반이나 같은 학년이 아니라 선후배인 경우이다. 따라서 친분관계가 동창보다 깊지 못하다. 동창과 동문은 모두 익숙한 관계로 발전할 수 있는 1차적인 조건을 가지고 있다. 서로 간 주고받을 이익이 있다면 어떤 관계보다 쉽게 발전할 수 있다.

사제관계도 중국에서는 중요한 꽌시 채널이다. 강의를 할 수 없는 고령의 노교수에게도 수많은 석·박사 과정 학생이 몰려든다. 이들은 사제관계보다는 오랜 기간 인맥을 축적해온 노교수의 관계망에 진입하고자 한다. 노교수를 중심에 두고 그 제자들이 선·후배로 얽혀 있는 관계망을 활용하여 그중 일부를 자신에게 필요한 익숙한 관계로 발전시키고 싶어 한다.

2012년에 5세대 중국 지도자로 부상한 시진핑 공산당 총서기는 2001년에 칭화대학 인문사회과학원에서 법학박사 학위를 받았다. 그의 박사논문 제목은 〈중국 농촌 시장화 연구〉였고, 지도교수는 리우메이쉰刘美珣이었다. 언론에 알려진 시진핑의 칭화대학 재학시기는 1998년부터 2002년이었고, 이 시기 그는 푸젠성 성장이었다. 이미 퇴직한 리우메이쉰 교수는 내가 1994년에서 1997년까지 칭화대학에서 석사과정을 공부할 때 지도교수였다. 따라서 나도 사제관계로 현재 중국 제1인자와의 '관계망'에 연결된다고 말할 수 있겠다.

직장 상·하급자는 익숙한 관계로 발전할 수 있는 가장 강력한 개연성을 가지고 있다. 이들은 오랜 기간 회사라는 공동체 내에서 상하와 존비尊卑에 유의하면서 서로의 체면을 세워주었을 것이다. 또한 관료사회의 파벌 형성에 공동으로 참여했을 것이다. 이들은 사회의 권력의존 체계 구조에서 '꽌시'를 쌓아온 당사자로서 언제라도 익숙한 관계로 변할 수 있는 조건을 갖추고 있다.

의형제는 그 역사가 오래되었다. 명·청대에는 가족들을 남겨두고 장사를 하기 위해 고향을 떠날 때 자신의 가족들을 돌보아줄 대상을 고를 목적으로 의형제를 맺곤 하였다. 즉 '가족윤리의 고수'와 '이주移住, immigration'가 의형제를 만들어낸 것이다. 의형제를 맺으면 남은 가족들을 보살펴야 할 의무가 생긴다. 현대 중국에서 의형제는 현지 세력가를 '형님'으로 모시는 현상으로 나타난다. 이는 '아우'가 '형님'에게 도움을 요청할 수 있는 합법적인 이유를 만들어주며, '형님'의 보살핌 역시 사리에 맞는 행동이 된다.

비대칭적 교환

꽌시의 특징 중 하나로 교환의 비대칭성을 들 수 있다. 상급자와 하급자가 이익을 주고받을 때 쌍방이 지불하는 비용이 같아서는 안 된다는 의미다. 대체로 하급자가 더 많이 지불해야 하고, 상급자는 조금 덜 지불해도 된다. 예를 들어 하급자가 상급자를 도와주었다면 그 보답으로 얻을 수 있는 것은 반대의 경우보다 적게 마련이다. 상급자가 대가를 지불하기 아까워해서가 아니라 차등을 두어 쌍방 간의 계급을 부각하기 위한 것이다. 내가 준 도움을 받은 상급자가 나에게 베풀 수 있는 최소한의 사례는 칭찬과 덕담일 것이다.

혹시라도 거래 중에 상급자가 다소 과다하게 보답했다면 하급자는 상급자에게 송구스러운 마음을 전해야 한다. 중국인들은 전통적인 가치관에 따라서 상급자가 하급자를 보살피고 양성하며 교육하는 것을 일종의 은혜라고 여겼다. 이러한 관례는 쌍방의 계급 차이를 명확하게 만들고 쌍방 거래의 총량이 균형을 이루게 한다. 일시적인 비대칭은 거래 총량의 대칭을 위한 것이다.[12]

'인정의 빚' 청산은 금물이다. 여기서 '인정'은 상대를 위해 베풀어준 도움으로 보면 된다. 인정을 주고받는 과정에서 깨끗이 이를 청산해서도 안 되고, 상대방 면전에서 이를 언급하여 체면을 깎아서도 안 된다.

만약 두 사람이 절교하고 각자의 '관계망'에서 분리하기로 했다면 인정의 빚을 청산할 수 있다. 무협영화에 자주 등장하는 대사인 "이제 우리 중 누구도 빚지지 않은 거지?"와 같은 대사는 이런 상황을 의미한다. 관계망 내에서의 인정은 주거니 받거니 하면서 서로 간의 '꽌시'를 두텁게 한다.

혈연주의

봉건사상은 가족 간의 유대를 공고히 하게 하였고 이것은 혈연주의를 낳았다. 현재 베이징에 문을 열고 있는 민간기업 고위간부 60퍼센트 이상이 형제·친척 간이라는 통계를 한 일간지에서 보았다. 현재까지도 존재하는 중국의 문화 중 하나가 바로 혈연주의이다.

1980년대 타이완에서 《중공 태자당》이라는 책이 출판된 적이 있다. 현재 중국 공산당은 나이가 들어 주요 1선에서 물러난 혁명 1세대들의 자식들로 구성된 태자당太子黨이라는 내용이 그 요지다. 또한 덩샤오핑鄧小平의 아들과 딸이 지금 어느 직책에 있는지, 양상쿤楊尙昆의 자식들은 어떤 요직을 차지하며 치부하고 있는지 등을 기록하였다.

물론 이 책은 발행과 동시에 중국 금서목록 첫 페이지에 올랐다. 지금도 바이두에 '太子黨'이라는 검색어를 입력하면, "지금 당신이 입력한 검색어는 현행 법률에 저촉될 수 있습니다"라는 경고문구와 함께 "현행 법규에 따라 일부 검색결과는 나타나지 않습니다"라는 설명문이 붙은 검색결과를 볼 수 있다. 태자당은 아직도 중국의 금기어인 셈이다. 하지만 이 책이 출판된 타이완의 현실도 그리 다르지 않았다. 당시는 국민당 정부 최고지도자였던 장제스蔣介石의 장남인 장징궈蔣經國

가 통치하던 시절이었다. 중국 민족이 장악한 타이완 역시 혈연주의의 예외는 아니었다.[13]

중국에는 깐푸乾父, 깐무乾母라는 호칭이 있다. 즉 혈연 간이 아닌 수양收養가족을 부르는 용어이다. 한자 뜻 그대로 따뜻한 피가 아닌 메마른乾 관계로라도 혈연관계를 맺어놓으려는 중국 특유의 혈연주의가 낳은 부산물이다. 현 중국의 지도층을 보면 하나의 거대한 가계가 형성된다. 여기에는 실제 혈연관계가 아닌 깐푸나 깐무에 의해 맺어진 가계도 포함된다.

수양가족에는 수양아버지, 수양어머니, 수양아들, 수양딸, 의형제, 의자매 등이 포함된다. 신중국의 개혁개방 시기 이전 수양가족은 남부 도시와 농촌에서 유행하던 풍속이었다. 푸젠성에서는 돼지족발과 국수만 있으면 수양관계를 맺을 수 있었다. 일반적으로 수양관계를 맺으려면 다음 몇 가지 조건을 충족해야 했다. 첫째, 양가 부모가 서로 잘 알고 두 집안이 관계를 돈독히 할 필요가 있어야 했다. 둘째, 사주팔자가 잘 맞는 사람끼리 수양관계를 맺었다. 수양관계를 맺으면 친가족처럼 관혼상제冠婚喪祭를 모두 살펴주어야 했으며 가족 못지않은 책임과 의무가 뒤따랐다.

중국 전 국가주석인 장쩌민江澤民은 전 국가부주석 리시엔니엔李先念이 수양아버지이며, 국무원 전 총리 리펑은 전 총리 저우언라이周恩來를 수양아버지로, 덩잉초(저우언라이의 부인)를 수양어머니로 두었다. 국무원 전 부총리인 저우지아화鄒家華는 중앙군사위원회 전 부주석 예진잉葉劍英의 사위이다. 국무원 국무위원을 역임한 리티에잉李鐵映은 중국 원로정치인 리웨이한李維漢의 친아들이다. 중앙정치국 위원이었던 양바이

후진타오와 아들 후하이펑, 주룽지와 아들 주윈라이

자료: 바이두 사진 데이터베이스 (2013. 4.)

빙楊白冰은 군의 1인자 자리를 차지했던 양상쿤의 친동생이다.

혈연주의는 지금도 계속되고 있다. 후진타오胡錦濤 이후 제5세대 중국 지도자로 등장한 시진핑 공산당 총서기 겸 국가주석은 전 부총리 시중쉰習仲勳의 아들이며, 대련시장·요녕성장·상무부장관을 거치며 충칭시 당서기 시절 권력 남용 및 부패 혐의로 추락한 보시라이薄熙來는 전 부총리 보이보薄一波의 아들이다. 위정성俞正聲 후베이성 당서기는 로열패밀리 그 자체이다. 그는 청나라 정치가 증국번曾國藩의 5대 외손자이며 아버지는 기계부장관, 어머니는 베이징 부시장이었다. 그의 부인 역시 부총리 장아이핑張愛萍의 딸이다.

요즘 태자당은 개혁개방과 경제발전을 배경으로 정계가 아닌 비즈니스 업계에 포진하고 있다는 점이 다르다. 최고 에너지기업 화녕華能을 이끌고 있는 리샤오펑李小鵬은 리펑 전 총리의 아들이다. 후진타오 전 주석의 아들 후하이펑胡海峰은 유명 IT그룹인 칭화퉁팡淸華同方 총재였으며, 원자바오 총리의 아들 원윈쑹溫云松은 유망 IT기업 유니허브Unihub사의 총재였다. 주룽지朱镕基 전 총리의 아들 주윈라이朱雲來는 중국 국부펀드 운용기관인 중국국제금융공사CICC CEO로 아버지에 이어 공기업에서 중국 경제를 좌지우지하고 있다.

최근에는 후진타오 전 국가주석의 아들 후하이펑이 저장浙江성 자싱嘉興시 부서기로 임명되면서 다시 한 번 이슈가 됐다. 또한 덩샤오핑의 손자 덩줘디鄧卓棣도 광시장족자치구 부현장 자리에 올랐다. 최근 상하이 관료로 내정된 우레이吳磊 역시 우방궈吳邦國 전 전인대 상무위원장의 아들이라는 얘기가 나오고 있다. 홍콩 평론가 윌리 램은 2세들의 정치 참여에 대해 중국 지도자들은 자식들이 대를 이어 인민에게 봉사하고 있음을 자랑스럽게 여기는 것 같다고 논평했다.[14]

혈연과 꽌시가 만들어낸 차별

메이꽌시는 곧 편견과 차별로 통한다. 중국인은 일정 수준의 편견과 차별의 개념을 가지고 있다. 먼저 대외적으로 중원 밖 나라 사람인 외국인에 대해 이 편견이 적용된다. 무엇을 잘해도 혹은 못해도 외국인이라서 그렇다는 판단이 우선한다. 내적으로는 중국인 사이의 차별이 존재한다.

중국은 55개의 소수민족과 현 지배민족이자 다수민족인 한족漢族으로 구성된 나라이다. 중국이 현재 실시하는 소수민족정책은 다른 UN 회원국이 배워 갈 정도로 완벽하다. 소수민족의 문자와 언어를 존중하고 그들의 문화가 전승될 수 있도록 실질적인 지원을 하고 있다.

중국이 하루아침에 이러한 민족관리정책을 보유한 것은 아니다. 5,000년의 역사가 그 배경에 있다. 역사 이래로 중국 민족들은 변방국과 타민족을 다루는 실질적인 교육을 받아왔다. 이러한 교육의 실패는 곧 나라의 흥망과 이어졌고 후대는 선대보다 더 나은 민족관리정책 경험을 보유할 수 있게 되었다.

중국의 마지막 왕조인 청나라는 400만 남짓의 소수민족인 만족滿族이 중국이라는 대국을 267년간 다스린 왕조였다. 비교적 태평성대를 누린 청나라의 성공요인으로 만족이 한족에 완벽하게 동화된 점을 꼽는 이도 있으나 거꾸로 말하면 만족이 한족을 성공적으로 관리했기 때문이기도 하다. 물론 이는 몽고족이 세운 원나라의 패망을 교훈으로 삼은 청나라의 정책기조 덕이기도 하다.

그렇다고 여기에 차별이 없는 것은 아니다. 중국인의 신분증에는 민족표시란이 있다. 즉 모든 중국인은 조선족, 만족, 몽고족, 한족 등 자신의 출신민족으로 구분된다. 이것부터가 차별이다. 각 자치구의 가장 높은 자리에는 한족 출신 공산당원이 자리 잡고 있다. 물론 제2인자는 그 지역 민족 출신 공산당원이다. 명목은 공산당 지도 하에 소수민족을 올바른 길로 이끌어가기 위해서이지만 민족차별 관점에서 보면 한족의 소수민족 관리·지도의 일환이다.

일부 소수민족 젊은이들이 어떤 이유에서건 중국인들을 비난하기도 한다. 그들이 비난하는 중국인은 바로 한족이고 이유를 들어보면 일부는 차별로 귀결된다. 무능한 상사가 한족이라는 이유만으로 외국연수를 간다거나, 승진에 차별이 있다거나, 민족 차이로 무시를 당한다는 등의 이유가 있다.

무엇보다 중요한 체면

체면으로 풀이되는 '미엔쯔面子'는 우리나라에도 있는 중요한 문화 중하나이다. 중국이나 한국 모두 유교사상을 가진 국가여서 충효사상이나 교육 중시 등은 공통적인 문화이다. 우리가 학교에서 배운 예절교육이나 부자유친父子有親, 장유유서長幼有序 등의 삼강오륜 역시 중국인들의 문화의식 속에서 존재하고 있다.

중국에는 '왕빠딴王八蛋'이라는 욕이 있다. 여러 가지 의미를 가지고 있는 이 욕은 가장 덜 심한 한국말로 옮기자면 '개자식' 정도가 된다. 하지만 이전의 왕빠단의 세 글자 중 '王'자는 임금 '王'자가 아닌 잊어버릴 '忘'자였다. 물론 '王'과 '忘' 모두 중국어 발음으로는 똑같이 '왕'이다. 즉 이전의 '王八蛋'은 '忘八蛋'이었다. 이는 8가지 덕목(3가지 강령과 5가지 윤리규범인 삼강오륜)을 잊어버린 인성이 없는 자식(알을 나타내는 '蛋'은 '놈'이란 뜻이다)이라는 상당히 고급스러운 욕이었다. 중국인은 욕에서조차 삼강오륜을 통한 체면을 찾고자 했던 것이다.

중국인의 여러 행동은 체면 차리기와 무관하지 않다. 1980년대에 중국인에게 선물을 주면 두세 번 사양한 후 마지못해 받았다. 물론 계속 사양한다고 선물을 주지 않고 가버리면 왕빠딴이라는 욕을 먹을 것이다. 그러나 1990년대에는 사양하지 않고 그냥 받는다. 하지만 다음에는 절대 이런 선물 하지 말라는 인사치레의 말을 함으로써 최소한의 체면은 차린다. 물론 다음에 정말로 안 하면 그 사람은 왕빠단이다.

중국에서 벌어지는 많은 의식은 모두 체면 차리기와 무관하지 않다. 어느 도시에서 상점을 개업한다고 하자. 이 상점의 성공 여부는 얼마나 체면을 많이 차렸는가에서 결정 난다. 먼저 상점의 이름(상호)은 반드시 중요한 권력자(시장이나 군수 혹은 면장이라도)가 붓글씨로 적어준 것이 간판으로 걸려야 한다. 즉 '친필휘호親筆揮毫'를 써준 사람이 시장이면 이 상점은 시장의 체면과 동격인 셈이다.

상점 안을 들어가 보자. 시장이나 더 높은 사람이 식당에 와서 찍은 사진이 걸려 있어야 체면이 더 올라간다. 옛날 같았으면 고관대작의 일필휘지 친필 족자가 그 역할을 대신했을 것이다. 마지막으로 국가검정 기관이 수여한 여러 가지 상장과 상패가 전시되어 있어야 한다. 이러한 최소한의 체면을 차리고 나서야 우수한 상품과 싼 가격으로 승부를 내려 한다.

아직도 많은 외국 기업의 중국 내 합작 계약식에 가보면 전혀 기업과 관계없는 정치인들이 계약식장에 종종 등장한다. 이는 중국에서의 성공 보장을 위한 '체면 차리기'의 첫걸음이기 때문이다. 물론 중국인들도 서로 친한 이들은 체면을 따지지 않고 허물없이 터놓고 지내기도 한다. 하지만 사업상이건 업무상이건 아직 서로의 체면이 살아 있을 때는 이야기가 달라진다. 남의 체면을 100퍼센트에 더해서 10퍼센트라도 더 챙겨줘야, 남도 내 체면을 최소한 100퍼센트 챙겨주리라는 황금률을 가지고 있는 것이다.

차이나 머천트의 체면은 단순한 자존심보다는 위신과 존엄에 관한 문제일 것이다. 일반적으로 중국인과의 상거래에 임하는 외국인은 무엇이 중국인의 체면을 손상시키는지는 알고 있지만 어떻게 하면 상대방의 체면을 세워줄 수 있을지는 잘 모른다.

중국인은 "미안합니다"라는 말에 인색하다는 평을 듣는 편이다. 이는 체면과 관계있다. 'Excuse me'에 해당하는 중국어가 '뚜이부치对不起'인데, 이는 자신의 실수를 인정한다는 의미가 있어서인지 좀처럼 중국인의 입에서 듣기 어렵다. 반면 사소한 실수나 지각을 했거나 길을 물을 때 중국인이 자주 쓰는 '실례합니다'라는 의미의 중국어로는 '뿌하오이쓰不好意思'가 있다.

체면과 비즈니스

체면은 사적인 관계망의 운용과 관련 있고 사적인 관계망의 운용은 각종 역할의 수립에 기초한다. 중국의 전통적인 사고방식에서 볼 때 명분은 체면의 내용이고 체면은 명분의 형식이다. 명분이 있어야 체면도 있다. 체면을 손상시키면 관계망 내에서 징계를 받게 되고 불문법과 관습에 따라서 이러한 질서를 유지하기 위한 시스템이 작동한다.

인사관리에서 직설적인 표현으로 부하직원의 '체면'을 떨어뜨리는 행동을 금해야 한다. 중국에서는 한마디 말이 상대방의 감정에 '영원한' 상처를 줄 수 있다. 미국 문화는 매우 직설적이다. 그러나 중국인들

체면과 준칙의 비교

체면	준칙
빚을 갚지 않으면 체면이 서지 않는다.	빚을 갚지 않고 이득을 차지하면 안 된다.
외관이 불결하면 체면이 서지 않는다.	군자는 의관이 단정해야 한다.
낡은 차를 몰면 체면이 서지 않는다.	돈이 없으면 능력이 없는 사람이다.
회사 외관이 허름하면 체면이 서지 않는다.	회사는 재력이 있어야 한다.
아이 버릇이 없으면 부모 체면이 서지 않는다.	잘 가르치지 못한 것은 부모의 잘못이다.
결혼식장이 한산하면 체면이 서지 않는다.	혼사를 치를 때는 시끌벅적해야 한다.
간통현장을 들키면 체면이 서지 않는다.	남녀 간의 관계가 부적절해서는 안 된다.
과부가 개가하면 체면이 서지 않는다.	일부종사(一夫從事)해야 한다.

자료: 위앙(2010) 219쪽.

은 아주 예민하며 그 예민함은 5,000년의 문화라고 마이크로소프트 차이나의 준 탕이 지적하고 있다.[15]

합작 파트너 기업의 관리자를 공식적인 오찬에 초청하는 일을 깜빡 잊었다면 이는 심각한 분노를 일으킨다. 이러한 사실이 알려짐으로써 그의 '체면'을 잃게 해 상호 신뢰를 다시 구축하기가 매우 어려워진다. 중국 비즈니스 사회에서 신뢰를 잃으면 모든 것을 잃는 것이나 마찬가지다. 따라서 중국 직장 내에서는 직접적으로 의견을 표시하는 단순한 행동도 경우에 따라서는 매우 불손하게 보일 수 있으므로 주의해야 할 것이다.

체면을 활용한 상술도 등장한다. 지금은 한국에서도 보편화되어 있는 '마시다 남은 술 보관하기'는 홍콩의 한 호텔에서 시작된 상술이다. 홍콩의 한 고급호텔 식당에는 금빛으로 장식된 진열장이 놓여 있고 이 안에는 마시다 만 최고급 양주들이 즐비하다.

이 식당에서는 매번 수백만 원을 호가하는 양주나 와인을 남기고 가는 고객이 있어서 항상 골칫거리였다. 처음에는 서비스 차원에서 일부 고객들의 요청에 따라 마지못해 창고 한쪽에 보관해주었는데, 이를 체면과 연관시켜 판촉 마케팅으로 활용하게 된 것이다. 즉 입구에 번쩍거리는 진열장을 놓고 큼지막하게 쓴 이름표를 술병마다 붙여 조명까지 비추면서 전시하게 한 것이다.

그 결과 수백만 원을 호가한 술을 마신 사람이라는 영예가 이름표와 함께 걸린 격이 되었다. 이러한 아이디어가 소문이 나서 단골손님들이 늘어나고, 늘어난 단골들은 자신의 체면을 높이기 위해 더욱 고급 술을 주문하여 남긴 후 전시했다. 중국인의 체면을 활용한 기발한 아이디어가 아닐 수 없다.

체면을 무시한 대가

반면 중화사상과 체면문화에 대한 몰이해로 잘못된 광고를 중국 내에 게재했다가 홍역을 치른 사례가 여전히 발생하고 있다. 2003년 12월, 중국에 진출한 일본 도요타자동차는 중화사상을 모욕하는 내용이 담긴 자동차 광고로 곤혹스러운 일을 치렀다. 광고 사태 후 문제가 된 차를 생산 중단하라는 요구를 받았고, 일본 제품 불매운동까지 일어났다.

도요타는 중국에서 선보인 SUV인 PRADO(중국명 覇道)와 랜드크루저陸地巡洋艦 광고를 자동차 전문잡지인 〈기차지우汽車之友〉에 게재했는데 이 광고가 중국인의 반일감정을 자극했다. 문제가 된 광고는 도시를 배경으로 다리 난간에 서 있는 사자상이 PRADO를 향해 경례하는 사

문제가 된 중국 내 PRADO 광고

자료: 〈기차지우(汽車之友)〉 www.autofan.com.cn (2013. 4.)

진으로 "프라도, 당신을 존경하지 않을 수 없습니다"라는 카피와 함께 실렸다. 중국인들은 "중국 문화를 대표하는 사자상이 일본 차를 향해 경례하는 광고를 제작한 것은 일본이 중국을 얼마나 업신여기는지 여실히 보여주고 있다"고 비난했다. 또한 일부 중국인들은 광고에 나오는 다리가 중일전쟁의 발단이 됐던 노구교盧溝橋를 연상시켜 "노구교의 사자가 일본 차에 경례하는 것은 치욕적인 일"이라고 비난했다. 또 다른 광고는 랜드크루저가 눈 덮인 비탈길을 올라가면서 고장 난 트럭을 끌고 가는 사진인데, 이 트럭이 중국 인민해방군이 사용하는 중국산 트럭처럼 보였다. 중국인의 체면을 정면으로 거스른 것이다.

해당 잡지사는 즉시 독자와 중국인에게 깊이 사과하고 다음부터는 광고를 게재하지 않겠다고 밝혔고, 도요타자동차 역시 중국 신문 30개에 단순한 상업광고일 뿐 다른 의도가 없다는 사과광고를 내보내는 등 진화에 나섰다. 하지만 중국 소비자들의 분노는 쉽게 가라앉지 않았다. 결국 도요타는 차량의 중국 명칭을 공격적이고 위협적이었던 '覇道(길을 지배한다는 의미)'에서 별 의미 없는 음역문자인 '프라두어普拉多'로 변경하기에 이르렀다. 이는 중국인의 체면을 무시한 대가가 얼마나 큰 것인지를 여실히 보여주는 사례가 아닐 수 없다.

만만디와 차부뚜어

우리에게 소개되거나 널리 알려진 중국인의 특성 중 대표적인 것이 만만디慢慢的와 차부뚜어差不多일 것이다. 무엇이든지 '천천히' 그리고 '대충대충' 한다고 해석할 수 있는 이 두 가지 문화는 중국 전반을 흐르고 있는 중요한 의식임이 틀림없다.

현재 중국의 수도인 베이징은 5,000년이 넘는 중국 역사에서 보면 북방의 변방 도시였다. 북방의 오랑캐들을 막기 위한 만리장성에 접해 있던 국경 수비 도시였다면 더 정확한 설명일 것이다. 역사적으로 보면 중국은 두 개의 강이 흐르는 두 유역을 중심으로 발달해왔다. 그 하나는 시안西安－뤄양洛陽－정저우鄭州로 이어지는 황허黃河 라인이고, 다른 하나는 우한武漢－난징南京－상하이上海로 이어지는 창장長江 라인이다. 지금은 화남華南 혹은 화중華中으로 분류되는 이 지역의 문화 혹은 민족성이 중국의 문화와 민족성을 형성해왔다 해도 과언이 아니다. 즉 중원中原으로 표현되었던 중국의 중심이 바로 이 두 유역 사이인 것이다.

이 지역은 대표적인 농경지대로서 춥고 배고픈 북방과는 달리 풍족한 물자와 자원을 향유하던 지역이다. 따라서 급하거나 서두를 필요가 없었고 이러한 기후적 환경은 이 지역 중국인의 문화의식 형성에 지대한 영향을 미쳤다. 만만디는 농경사회 생활에서 형성된 문화로서 그 특징은 느긋함, 경쟁심 부족, 무긴장, 비적극성 등으로 설명될 수 있다. 물론 이러한 느긋함은 대단한 인내력으로 보이기도 한다.

중국인들은 '빨리빨리'를 입에 달고 다니는 한국 사람을 "想得快, 作得快, 後悔得快, 改得快"라고 흉보기도 한다. 이는 조급한 생각과 얕은 지식으로 섣부른 결정을 내린 한국인이 결국은 후회도 빨리하고 내린 결정을 금방 다시 고친다는 것을 희화한 표현이다. 상담이나 계약 시 한국인 특유의 조급함이나 서두름은 협상에서 오히려 불리한 결과를 초래한다.

매사를 비과학적이고 비적극적이고 비합리적으로 대하려는 차부뚜어 역시 이러한 농경사회 문화와 무관하지 않다. 중국의 저명한 문학가인 후스胡適조차도 그의 문학작품《차부뚜어 선생전差不多先生传》을 통해 이러한 중국인의 차부뚜어 문화를 비판한 적이 있다. 이 작품 속에 등장하는 전형적인 중국인은 "10十과 1,000千은 획 하나 차이라서 그 차이가 많지 않다差不多"고 한다. 심지어는 "죽는 사람이나 산 사람이나 뭐 별 차이가 있겠냐"며 병에 걸려 죽어가면서까지 '차부뚜어'를 내뱉는다. 후스는 이처럼 우유부단하고 '대충주의'에 물든 중국인을 '차부뚜어 선생'이라고 꼬집기도 했다. 이는 일을 하는데 대충대충 넘어가고 완벽하게 처리하지 않는 성격을 비판하는 표현이다.

시계를 볼 때에도 이런 문화가 나타난다. "독일 철학자 칸트가 오전 8시 30분 39초에 한 가로수 앞을 지난다"면 "당나라 시인 이백은 진시

辰時 무렵이나 혹은 일출日出 무렵에 동정호를 거닌다"고밖에 표현할 수 없다. 당시 중국인들은 24시간을 십이지十二支인 12시간으로 나누었기 때문이다. 지금도 많은 중국인이 10시에서 11시 사이는 '10시가 한참 넘었다'는 뜻의 '스 띠엔 뚜어十点多'로 표현한다.

치엔꿰이저

치엔꿰이저潛規則를 한마디로 설명하면 '보이지 않는 룰Invisible rules'이다. 중국어의 뜻은 보이지 않게 숨어 있는 규칙이라는 의미다. 겉으로는 잘 드러나지 않는 중국만의 비공식적 규제사항인 것이다.

치엔꿰이저는 수백 년 전 중국 역사에 이미 등장했던 단어이다. 우리나라에도 번역된《잠재규칙》의 저자 우쓰吳思에 따르면, 명나라 부패의 원인이 바로 치엔꿰이저였다.[16] 명나라는 관리가 사사로운 정에 이끌려 원칙을 지키지 못할 것을 우려하여 자기 고향에 부임하지 못하도록 제도적으로 규정하였다. 하지만 아전衙前과 아속衙屬들은 그 지역에서 나고 자란 현지인이어야 했다. 게다가 토호들은 더 말할 나위가 없었다. 지방관청 중간관리자인 아전과 그들의 하인이었던 아속들은 현지의 방언과 풍속에 익숙하고 친척과 지인들로 구성된 꽌시, 즉 인적 네트워크를 가지고 있었다. 이처럼 기반이 튼튼하니 정보 입수가 빨랐고 갖가지 관례를 숙지하고 있었기에 이를 활용하여 이익을 도모하였다. 사서삼경에는 나오지 않았던 숨겨진 규칙은 이러한 사람들을 통해 학습되고 계승되었다. 그들은 살아 있는 교과서였다. 말과 행동으로 그들의 가르침(치엔꿰이저)을 받은 타 지역 출신 관리들은 금세 이를 깨쳤다. 학비도 없었고 돌다리를 두들겨가며 강을 건너야 하는 번거로

움도 없었다. 이것이 명나라 부패의 원인이었던 '신임 관리 부패의 규칙'이 현실화되는 과정이었다.

하지만 우쓰의 책처럼 치엔꿰이저가 반드시 부패와 동일시되는 것은 아니다. 책에 나오지는 않지만 반드시 숙지해야 하는 관례 역시 치엔꿰이저이다.

중국에 진출한 많은 외자기업들은 현지화를 성공요인의 첫 번째로 꼽고 있다. 문제는 중국에 처음 진입한 외국 투자기업의 경우 이런 치엔꿰이저에 익숙하지 않다는 사실이다. 결국은 오랜 경험과 노력으로 나의 경쟁자인 중국 기업이 알고 있는 치엔꿰이저를 '배우고 익히는' 수밖에 없다.

중국인이 민감해한다는 3T, 즉 천안문Tiananmen 사태, 타이완Taiwan 문제, 티베트Tibet 문제는 가장 널리 알려진 치엔꿰이저일 것이다. 따라서 중국에서 사업을 영위하는 기업인들은 3T부터 시작하여 업계 관행, 관공서 업무 노하우, 중국 내 지역감정 등 어느 누구도 알려주지 않는 치엔꿰이저를 익혀야 할 것이다. 능숙한 중국어 습득, 현지인에 의한 관리, 현지 소비특성의 이해 등이 현지화의 첫 단계라면 현지화의 마지막 단계는 업계 치엔꿰이저의 숙지다.[17]

겸손함

겸손함은 중국인이 갖추어야 할 덕목 중 하나이다. 중국 내 다국적기업에서 일하는 CEO는 자신이 겸손함을 찾음으로써 중국 사업 성공의 실마리를 찾기 시작했다고 밝히고 있다.

1999년 GE 차이나에 부임한 스티브 슈나이더는 미국식 시스템, 즉 명백한 흑백논리, 자신의 성과를 내세움, 융통성 없는 원칙 강조 같은 미국 경영 스타일에 훈련된 관리자였다. 그러나 중국에 부임한 후 곧 자신의 믿음이 잘못되어 있음을 깨달았고, 승자독식 형태보다는 윈윈 win-win 전략이 더 중국 내에서 효과가 있음을 체득했다. 그는 더는 직접적인 경영 스타일을 고수하지 않고 겸손한 경영 스타일을 채택했다. 즉 다른 사람에게 영향력을 발휘하고 코칭하는 스타일을 사용하고 있다.

로레알의 파올로 가스파리니는 중국의 동료, 직원, 고객, 친구를 존중하고 자신에게 부족한 지식이 있다는 사실을 인정하면서 선의의 관계를 구축하라고 조언하고 있다. 그가 가장 두려워하는 것은 베이징에 갓 부임한 외국 관리자가 '나는 이미 중국에 관한 모든 것을 알고 있다'는 느낌을 주는 것이다. 외국인 CEO가 겸손하지 않으면 중국인 고객, 동료, 직원, 정부관리는 무시당한다고 느끼게 된다.[18]

3. 사회주의적 의식구조

::

1949년 신중국 건립 후 중국인, 특히 대외무역 등으로 외국인과의 접촉이 많은 중국인에게는 전통적인 문화 이외에도 중국식 사회주의 혹은 중국식 시장경제 상황에서 발생한 독특한 의식구조가 자리 잡아가고 있다. 또한 이들 신중국인의 의식구조는 중국의 전통적인 문화와 배치되기도 한다.

자급자족 문화와 기업의 사회화

성城을 중심으로 한 봉건시대에서 가장 중요한 경제목표는 자급자족이었다. 성내에서 모든 것을 해결해야만 백성이 편하고, 백성이 편해야만 제후가 자신의 절대권력을 유지·승계할 수 있었다. 이러한 자급자족의 문화는 지금까지도 이어지고 있다.

베이징에 있는 칭화대학을 보자. 동서남북 사방으로 난 학교 교문안에 들어서면 모든 것이 교내에서 해결된다. 한 인간의 삶을 살펴보자. 먼저 대학병원에서 태어난 아이는 역시 대학 유치원, 초등학교, 중·고등학교, 대학교를 거쳐서 대학 내부에 직장을 잡고 교내식당에서 결혼식을 올린 후 학교에서 내어준 아파트에서 가정을 꾸리고 은퇴 후에는 교내 노인대학에서 정력적인 활동을 하다가 태어난 병원이나 아파트에서 생을 마감할 수 있다.

시장이나 백화점은 기본적으로 교내에 있는 시설이고 은행, 우체국, 서점, 빵집, 식당, 인쇄소 등은 한국의 대학 구내에도 있다고 치자. 여기다 세탁소, 제빵공장, 관광버스 임대회사, 철공소, 목공소, 발전소 등 졸업생들이 교내에 차린 수많은 회사와 대학에 온 손님이 묵을 수 있는 각기 다른 등급의 호텔들까지 교내에 있다고 생각해보자. 이는 하나의 작은 시나 군 단위의 사회집단인 셈이다.

이러한 자급자족 문화는 1960년대에 이르러 정치적 상황에 따른 삼선건설三線建設을 계기로 다시 부활하게 된다. 삼선건설은 마오쩌둥이 인도와 중국과의 국경분쟁, 미국의 베트남전쟁, 타이완의 중국 침략론 등에 대응하여 내륙지역에 중화학공업기지를 건설하려는 전략이었다. 삼선건설은 1965년에 시작되었으며, 1966년에 본격적으로 이루어졌다. 이 시기 구이저우성, 쓰촨성, 충칭시 등에 간선철도가 부설되고, 반지화강철(쓰촨성), 주천강철(간쑤성), 무한강철(후베이성), 포두강철(네이멍구), 태원강철(산시성) 등 5대 철강사가 건설된다.

이후 1969년에서 1971년까지 동시에 신설되거나 내륙지역으로 이전되는 중대형 프로젝트만 1,000여 개에 달했으나, 이 중 많은 공정이 자금 및 설비, 원자재 부족으로 완성되지 못해 경제적 손실을 초래했다.

즉 아무런 사회기반시설이 없는 지역에 철강회사 같은 중화학산업단지를 건설하게 되자 기업들은 할 수 없이 직원들을 위해 학교, 병원, 식당 등 사회기반시설을 동시에 건설해야 했으며 수많은 이들 사업단위의 수익까지 책임져야 했다. 즉 봉건시대 자급자족 문화가 '기업의 사회화'로 다시 재현된 것이다.

이러한 완벽한 자급자족을 달성한 사회단위는 수도철강공사나 중국석유화학공사 같은 비교적 큰 회사들에 국한되어 있지만, 막 생기기 시작한 작은 회사들에서 일하는 중국인들의 궁극적인 목표 역시 자신의 회사 내에서 모든 것이 해결되기 바라는 자급자족 의식과 관련이 있다. 베이징시에만 200개가 넘는 대학이나 대학급 연구기관이 있는데 모두 규모의 차이는 있지만 각각의 성城을 이루고 있다.

다국적기업도 이러한 문화를 활용한다. 상하이 힐튼호텔은 직장을 가족 같은 분위기로 만들어 11년 동안 단 한 명의 부서장도 이직하지 않았다고 한다. 총지배인인 폴크마 뢰벨에 따르면 가부장적인 방식을 창출해 직원들을 신뢰하게 했다고 한다. 마이크로소프트 차이나의 준 탕은 미국인들이 직장을 '생계를 꾸리기 위한' 수단으로 생각하는 반면 중국인들은 깊은 유대감을 느낀다고 지적했다. 그는 직장은 '사회적 네트워크 기능'이 있다고 표현했는데 '기업의 사회화' 개념과 일맥상통한다 할 것이다.[19]

인치에서 법치로

황제의 나라였던 중국은 근본적으로 법치法治의 국가가 아니라 인치人治의 국가였다. 법조문에 앞서서 선대의 조상이나 선임관리가 어떻게 인치를 하였나를 먼저 살폈기 때문이다. 양계초梁啓超 같은 선각자도 이미 1910년에 법치의 중요성을 중국의 실업가들에게 경고한 바 있다. 하지만 5,000년 이래로 계속되어 온 중국의 인치는 지금까지도 계속되고 있다.

중국에서 '법치'보다는 '덕치德治'나 '인치人治'가 중시된다. 대부분의 문제는 법대로 하기보다는 당사자끼리 해결하거나 이것이 불가능할 경우 제3자의 개입을 통해 해결하려는 경향이 크다. 이러한 경향은 상관습에서도 나타난다.

《논어》에는 "부재기위 불모기정不在其位 不謀其政(그 자리에 있지 않으면 정사를 꾀하지 마라)"이라는 말이 나온다. 일반 백성은 누가 정치를 하건 관심이 없다는 이야기다. 봉건시대에서는 누가 황제이건 일반 백성 관심 밖 사항이었다. 백성은 동전에 새겨지는 연호가 바뀜을 보고 나서야 황제가 바뀌었음을 알 수 있었다.

신중국 건립 후 마오쩌둥은 황제와 같은 위치에서 무소불위無所不爲 권력을 공산당이라는 조정朝廷 안에서 행사했다. 비록 공산혁명이 반봉건을 실현했지만 중국의 인치는 계속된 셈이었다. 덩샤오핑 역시 마오쩌둥의 뒤를 이어 인치를 무리 없이 실행했고 그는 상하이시장이었던 장쩌민을 다음 중국 인치의 최고 자리에 앉혀놓았다.

대다수의 중국인은 정치를 평할 때 "어떠한 법규가 잘되어서 어떤 결과가 나타나 나에게 도움이 되었다"라는 식으로 표현하지 않는다. "시장 아무개가 엉터리고 정치를 잘못하여 이 모양이다" 혹은 "이전의 아무개 당서기 시절이 좋았다"고 표현한다. 누구의 인치가 좋았더라는 식이다.

이러한 중국의 인치문화는 개혁개방 후 수많은 법제도 도입과 WTO 가입으로 크게 바뀌는 중이다. 특히 대중매체(TV, 인터넷)의 보급에 따라 법치로의 전환이 가속화되고 있다. 현재 농촌을 포함한 대다수의 중국 가정에는 TV가 보급되어 있고 중앙정부는 법률조항을 내세워 끊임없는 국민 법치교육에 박차를 가하고 있다. 범법자들은 TV에 나와서 자신이 무엇을 잘못했는지 모르겠다고 우물쭈물댄다. 하지만 아나운서들은 먼저 "당신은 형법 제○○조 제○○항을 위반한 범법자"라고 자세히 정의를 내려주고 인터뷰를 계속한다.

중국의 개혁개방은 자영업자인 많은 개체호를 탄생시켰다. 국가가 법으로 허락한 최초의 사영私營업자인 이들은 누구보다도 법의 개념을 피부로 실감하며 살아가는 이들이다. 많은 사영기업들이 개혁개방으로 탄생한 '경제법'의 기초에서 건설되었으며, 여기에서 근무하는 대다수 직원들은 법치의 개념이 누구보다도 강하다. 하지만 우리가 상대하는 대형 국유기업 등의 임직원들은 아직도 인치 개념을 가지고 있음을 주의할 필요가 있다.

공자는 귀신을 말하지 않았다

중국인들은 매우 현실적이며 현실을 중시하는 민족이다. 중국인들은 공자를 위대한 사상가이자 교육자로 추앙하고 있으며 이들의 현실 중시 경향은 공자의 영향을 받은 것이다. 공자는 귀신이나 도깨비 등 눈에 보이지 않는 것을 일절 언급하지 않았다. 심지어는 '하늘'이나 '죽음'까지도 논하려 들지 않았다. 이들은 '비현실적'이었기 때문이다. 그가 경전에서 강조한 것들은 현실과 밀착된 것들이다. 교육, 부모공양, 수

양, 음악 듣기, 친구 사귀기 등이었다.[20]

실례로 《논어》를 살펴보자. 《논어》는 중국 고전인 사서오경 중 첫 번째 책으로 공자와 그 제자들의 언행이 담긴 어록이다. 공자는 15세에 학문에 뜻을 두어 가난에 시달리고 천한 일에 종사하면서도 부지런히 이치를 탐구하고 실천에 힘써 위대한 성인으로 추앙받았다. 20대에 이미 이름을 떨쳐 제자들이 따르게 되었으며 그의 관심은 예禮와 악樂 등 문화 전반에 걸쳐 있었다. 당시 노魯나라는 계손·맹손·숙손의 삼환씨三桓氏가 정권을 농락하는 형편이었다. 공자는 51세 때 대사구大司寇(법무장관)까지 역임하였으나 자신의 포부를 펼치지 못하고 물러났다. 그 뒤 천하를 다니면서 정치적 혁신을 실현하려 하였으나 결국 실패하고 68세에 고국으로 돌아와 후진양성에 힘썼다.

공자는 인仁의 실천에 바탕을 둔 개인적 인격의 완성과 예禮로 표현되는 사회질서의 확립을 강조하였으며, 궁극적으로는 도덕적 이상국가를 건설하려 하였다. 공자는 철저한 현실주의자로 그의 사상은 실천을 전제로 한 도덕이 핵심을 이루고 있다.

이러한 중국인의 실용성과 현실 중시 태도는 유가사상의 영향이라고 할 수 있다. 이는 의식주에 대한 한국과 중국의 인식의 차이에서도 드러난다. 한국에서는 '의식주' 순이지만 중국에서는 '식의주행食衣住行' 순이다. 즉 중국인은 먹는 문제를 옷과 주택보다 중시하고 있다. 이는 백성을 먹이는 문제가 '하늘'과 같은 존재民以食爲天라는 역대 황제들의 국정방침에서도 볼 수 있다.

중국인들의 현실 중시 경향은 쉽게 드러난다. 복잡한 형식이나 겉치레를 싫어하며 내용을 중시한다. 그들이 지내는 제사를 보면 그 절차가 우리보다 훨씬 단순하다. '겉보다는 실속'을 중시하고, '바깥보다는 안'을 중시한다. 중국 고사성어에 "참새는 작아도 오장은 있다麻雀雖小 五臟俱全"라는 표현이 있다. 즉 중국인에게는 있고 없음이 중요하지 어떤 것이 있느냐는 그다지 중요하지 않다. 1949년 마오쩌둥이 공산혁명으로 신중국을 설립한 후 중국인들이 자가용과 입은 옷으로 사람을 판단하기 시작한 지 불과 15년도 되지 않았다.

마오쩌둥과 덩샤오핑은 중국 국민에게 존경받는 지도자들이다. 마오쩌둥은 가장 기본적인 현실문제인 '배고픔으로부터의 해방'을 완결했고, 덩샤오핑은 실용주의 노선을 기본으로 하는 개혁개방정책을 펼쳤기 때문이다.

철저한 준비성

전통적인 중국 문화는 차부뚜어와도 같은 '대충주의'이기도 하지만 모든 사회의 시각이 경제로 향하고 있는 지금 중국인들은 주도면밀周到綿密해지고 있으며 그 준비성은 완벽에 가까워지고 있다. 많은 중국인은 열쇠고리를 가지고 다닌다. 우리는 열쇠고리에 열쇠만 달고 다닌다. 그러나 중국인들의 열쇠고리에는 최소한 10개 이상의 물건들이 매달려 있다.

먼저 손톱깎이와 병따개가 있다. 그리고 족집게, 드라이버, 칼, 부적 등이 주렁주렁 달려 있다. 모두 주도면밀한 준비성에 기인한다. 비록 시장에는 우리에게는 '맥가이버 칼'로 통하는 스위스 빅토리녹스의 다기능 칼이나 중국산 카피 제품이 나와 있지만 중국인의 준비성을 만족시키기에는 턱없이 부족하다. 이러한 열쇠고리에 달리는 부속품들이

중국인의 준비성을 보여주는 열쇠고리

자료: 바이두 이미지 데이터베이스 (2013. 5.)

전자계산기, 위폐감별기, 줄자 등 해가 갈수록 늘어나는 경향이라고 하니 이들의 준비성은 끝없이 강화되는 것 같다.

무역협상을 할 때 중국 측은 여러 가지 예상되는 변동사항을 고려한 공식적인 문서를 1안에서 10안까지 준비해 온다. 그러나 한국은 한두 가지 안이 고작이다. 무역 방면에서의 중국의 준비성은 개혁개방 추세에 따라 발전을 거듭해왔다. 한 영국 실업가는 "1980년 이전 중국과의 무역협상은 마치 여러 겹의 커튼을 치고 있는 회의실에서 이루어지는 것 같았다"고 말했다. 기껏 앞에 앉은 부사장과 계약을 맺으면 커튼 뒤에서 사장이 나와 "무슨 소리냐?"고 묻는다. 다시 사장과 사인을 하면 그가 서류를 들고 "회장에게 보고해야 한다"며 역시 커튼 뒤로 달려간다. 당연히 일이 성사되는 것은 늦어질 수밖에 없다. 만약 이 계약이 중국 측이 갑甲이 아닌 을乙인 수출계약 건이라면 그 바이어는 당장 보따리를 싸서 타이완이나 한국으로 발걸음을 옮겼을 것이다.

하지만 지금은 그렇지 않다. 무역협상장에 나온 중국인들은 대부분이 전권을 위임받았으며 치밀한 준비에 바탕을 둔 신속한 판단이 항상 가능하다. 특히 외국에 출장을 나가서 상담하는 중국인들은 그 권한이 우리보다 광범위하다. 우리가 본사에 연락하여 계약서의 부가사항에 대해 부서장의 허락을 얻어야 할 때, 그들은 공장장에게 전화해서 샘플의 출하 가능일자를 물어본다.

명확한 권한과 책임

중국 관용어 중에 "일언위정—言爲定"이란 말이 있다. 즉 "그러면 말한 이대로 정하자"는 뜻이다. 앞서 설명한 차부뚜어처럼 모호하기 그지없다. 최소한 언제, 어디서, 무엇을, 어떻게, 누구를 위해, 왜를 따져야만 최소한의 보고서나 계약서 형식이 될 것인데 모든 것이 생략되었다. 하지만 사회주의 중국에서는 그렇지 않다. 모든 일을 처리할 때 누구의 책임인지를 따진다. 자신의 영역 밖의 일은 하지도 않고 관심도 기울이지 않는다.

우리나라에서는 한 권의 책이 공동저작일 경우 대부분은 막연히 공저로 표시한다. 하지만 중국은 정확히 구분해서 1장부터 5장까지는 김 선생이, 6장부터 10장까지는 이 선생이 저자임을 나타낸다. 심한 경우는 페이지까지 표시한다. 자기의 책임한계를 분명히 하고 넘어간다는 이야기다.

공산주의 계획경제 아래에서의 작업분배 기준을 보면 일정한 양의 일을 될 수 있으면 많은 사람에게 동등하게 분배해야만 했다. 따라서 우리의 시각으로는 한 사람이 해도 될 일을 10명이 하는 것이 중국의 현실이었다. 하지만 바꾸어 생각하면 일을 세분하여 그 책임한계를 분명히 해놓았다는 장점이 있다. 물론 책임감이 있느냐 없느냐는 별개의 문제이다.

중국 백화점의 매장 한 층에는 물건값을 받는 계산대가 다섯 군데도 넘는다. 옷도 남성복·여성복으로, 신발도 운동화·신사화·숙녀화로, 그리고 보석류도 시계·반지·안경 등으로 수납처가 따로 나뉘어 있다. 한국의 백화점이라면 두세 개의 계산대면 처리할 수 있는 상황이다. 중국 백화점에서 물건을 사면 반드시 해당 계산대가 어디인가를 물어보아야 된다. 이를 생략하고 가장 가까운 계산대에 전표와 함께 돈을 내밀었다가는 점원의 핀잔을 면하기 어렵다. 하지만 위폐나 도난 신용카드의 사용 같은 사건이 발생하면 이러한 계산대 세분화는 책임한계를 분명하게 하는 데 도움이 된다.

자기중심적 경향

신중국 성립 후, 중용지도와는 다른 개념인 자기중심적 사고가 널리 퍼지고 있다. 말을 하거나 문장을 작성할 때, 능동형인지 피동형인지를 보아도 그 주체가 남보다는 자기중심적으로 되어감을 알 수 있다.

연회宴會를 개최할 때, 한국 사람은 일반적으로 "오셔서 자리를 빛내주시면 감사하겠습니다"라고 상대방 중심의 표현을 사용하는 편이다. 그러나 중국인은 "연회를 개최하오니 참석하십시오"라고 주인 중심의 표현을 사용하는 경우가 많다. 물건을 사고파는 것을 뜻하는 글자인 매매의 경우 한국은 먼저 팔고 다시 산다는 의미의 한자인 '매매賣買'로 표기한다. 반면 중국은 한자의 순서를 바꾸어 '마이마이買賣'로 표현한다. 즉 중국인은 내가 필요한 물건을 먼저 산 연후에 남이 필요로 하는 물건을 팔겠다는 자기중심적인 사고를 보이고 있는 것이다.

대도시의 대형 백화점만 벗어나면 이러한 자기중심적 사고는 쉽게 대할 수 있다. 중국 일반 상점에서 물건을 파는 종업원 자세를 보면 '내가 너에게 물건을 팔아준다'는 의식이 강하다. '고객이 내 물건을 사준다'는 의식은 찾아보기 어렵다. 따라서 이들 종업원으로부터 물건을 산 후, 진심에서 우러난 감사 표시를 받는 경우는 많지 않다.

이러한 자기중심적 사고는 개혁개방 후 실시되고 있는 중국의 '독생자 정책'에 기인한다는 분석이다. 1978년 중국에서는 한 가정에서 한 자녀만을 허용하는 가족계획計劃生育을 실시했다. 이후 태어난 '샤오황디小皇帝(황제처럼 귀하게 자란 독생자녀)'는 모두 9,000만 명에 이른다. 장웨이칭 중국 국가인구계획생육위원회 주임은 한 세미나에서 "이들 독생자녀에 대해 가정, 학교, 사회가 공동의 관심을 가져야 한다"고 강조한 바 있다. 즉 중국 정부조차 이들 독생자녀獨生子女가 사회적으로 문제 있음을 인식하고 있는 것이다.

가족계획 실시 이후 집안에서 두 명(부모)이나 네 명(부모+조부모), 혹은 여섯 명(부모+조부모+외조부모)에 이르는 '보호자들'의 일방적인 보살핌을 받으며 버릇없게 자라난 샤오황디의 문제는 중국에서 사회현상의 하나로 부상하고 있다. 이 때문에 장 주임은 "독생자녀들의 도덕, 지적능력, 심리, 체능 등을 건강하게 발전시키는 게 사회의 중대 관심사로 자리 잡았다"고 밝혔다. 1978년 가족계획의 실시로 중국 당국은 중국 내 55개 소수민족은 1가정 2자녀까지 허용하고, 한족에게

1980년대 중국 가족계획 포스터

자료: 바이두 사진 데이터베이스 (2013. 1.)

는 1가정 1자녀만을 허용해왔다. 중국 관영 영자지인 〈차이나데일리〉
가 15~25세 청소년 7,000명을 대상으로 실시한 온라인 설문조사에서
"자신은 이기적이고 고집이 세다"고 답한 비중이 58퍼센트에 이른 것
도 젊은이들의 이런 심리와 행태를 잘 보여준다.

2000년부터 중국 정부는 1가정 1자녀 정책을 다소 완화하기 시작했
다. 허난성을 제외한 중국의 31개 성·시·자치구는 1990년대 후반에서
2000년대 초반에 이르기까지 부모 모두가 독생자일 경우 둘째 아이
출산을 허용하는 정책을 순차적으로 도입해왔다. 2011년 11월 26일
마지막으로 제한정책이 남아 있던 허난성 인민대표대회가 〈허난성 인
구·계획생육조례〉 수정안을 통과시켰다. 이로써 중국 전역이 1가정
1자녀 정책에 변화를 보이게 되었다. 오랜 산아제한정책에 따라 초고

령사회 진입을 목전에 둔 중국 정부가 둘째 아이 출산을 허용하기로 한 것이다. 허난성 수정안에는 "부부가 모두 독자(외동아들, 외동딸)라면 허가를 받아 두 번째 자녀를 낳을 수 있다"는 조항이 추가됐다. 독생자 비율이 압도적으로 높은 중국의 인구구조를 감안하면 사실상 둘째 출산이 전면적으로 허용된 셈이다.

중국의 산아제한정책이 변화한 것은 인구노령화가 심각한 수준에 이르렀다는 위기의식 때문이다. 중국 정부는 현재 9퍼센트선인 65세 이상 인구비율이 오는 2050년 25퍼센트까지 치솟을 것으로 보고 있다. 특히 지난 10여 년간 출산율(여성 1명이 평생 낳는 아이 수)이 2에도 미치지 못하면서 인구문제가 중국 경제의 최대 위험요소가 될 것이란 예측이 제기되어 왔다.

중국의 베이비부머

중국에서는 학계에서 세대별로 구분할 때 베이비부머生育高峰라는 용어를 거의 사용하지 않는 편이다. 그러나 인구통계학적 측면에서 보면 중국에도 세 차례에 걸친 베이비붐 시기가 있었다. 첫 번째는 공산혁명 이후 신중국이 성립된 직후이다. 1949년 5억 4,000만 명의 인구가 불과 5년 만인 1954년에는 6,200만 명 증가하여 6억 200만 명으로 늘어났다. 두 번째 베이비붐(2억 4,500만 명 증가) 시기는 1963년부터 1976년까지 14년간이다. 이는 문화혁명 기간(1966~1976)과 중첩된다. 이때 중국은 산아제한정책을 전혀 펼치지 않았으며 오히려 중앙정부는 많은 인구는 강한 국력을 의미한다는 정책기조를 가지고 있었다. 세 번째 베이비붐 시기는 1985년부터 1990년까지다. 이 시기에 이미 1가구 1자녀의 강력한 가족계획이 진행되었다. 그러나 농촌에서 향진기업 출현 등으로 농민이 부유해지자 남아선호사상 영향으로 농촌에서 베이비 붐(8,500만 명 증가)이 조성되었다.

중국에서 세대를 구분하는 대표적인 용어 중 하나로 '라오싼제老三屆' 가 있다. 이들은 문화혁명 초기인 1967~1969년 중·고등학교를 졸업한 세대이다. 문화혁명 발발에 따라 이들은 졸업 후 고등학교 혹은 대학으로 진학할 수 없었고, '지식청년'으로 불리며 전국 각지 농촌지역에 강제로 전출되었다. 이른바 상산하향上山下鄕 운동 또는 하방下放이다. 문화혁명 시기 10년간 하방에 동원된 도시 청년은 1,700만 명에 달한다. 중국 사회에서 라오싼제는 도시의 풍요로움과 농촌의 척박함을 공유해야만 했던 가치관 혼란기의 지식청년이라는 공통분모를 가지고 있다.

또 다른 용어로는 '신싼제新三屆'가 있다. 77학번, 78학번, 79학번 3개학번의 대학 입학생이 신싼제이다. 중국 개혁개방 설계사 덩샤오핑은 1977년 복권復權되자 문화혁명 10년 동안 중단됐던 가오카오高考(대학 입시)를 부활시켰다. 따라서 농촌에서 노동하며 10년간 머물러야 했던 지식청년 중 배움의 희망을 놓지 않았던 570만 명은 1977년에 만들어진 27만 명의 대입정원을 두고 22:1의 경쟁률을 뚫어야만 했다. 따라서 이들의 학번은 동일하지만 연령대는 1955년생에서 1948년생까지 다양하다. 중국에서 신싼제는 문화혁명이라는 사회적 정체를 극복하고 농촌 및 공장 노동자 생활을 통해 실제 현장을 경험했으며, 사상 초유의 경쟁률을 뚫고 상아탑에 돌아와 지식을 쌓은 엘리트 중의 엘리트들이다.

따라서 이들 신싼제는 현재 중국 사회 각층에서 최고위 오피니언 리더 그룹을 형성하고 있다. 그 선두주자로 리커창李克强 국가부주석(베이징대학 법대 78학번), 보시라이薄熙來 충칭시 당서기(베이징대학 역사학과 78학번)를 들 수 있다. 대형 전자그룹인 TCL의 리둥성李東生 회장(허난공학원 무전과 78학번), 창웨그룹 황훙성黃宏生 총재(허난이공대 77학번) 등 많은 CEO도 재계에 포진해 있다. 〈붉은 수수밭〉의 장이머우張藝謨, 〈패왕별희〉의 천카이거陳凱歌 등 대표적인 중국 제5세대 영화감독은 모두 베이징 영화학원 78학번 동기생이다. 이들은 이전 세대 감독들과는 달리 체제나 사상보다는 인간 자체가 관심사이다. 이처럼 중국에서 유일한 세대 용어인 라오싼제와 신싼제는 사회학적 의미로 해석되고 있음을 알 수 있다.

주목받는 바링허우

바링허우80後는 1979년 중국 정부가 '1가구 1자녀 정책'을 시행한 후에 태어난 1980년대(1980~1989)생을 가리킨다. 시기적으로는 '중국의 N세대'로 불릴 수 있을 것이다. 이들은 개혁개방의 수혜자로 지난 30여 년간 연평균 10퍼센트에 가까운 경제성장의 혜택을 누리며 풍요로운 환경에서 외동으로 자라난 샤오황디 1세대다. 2000년대 들어서면서 이들은 성인이 되어 사회에 본격적으로 진출했고 중국 경제를 떠받치는 신흥 도시 중산층 소비세력으로 부상하고 있다. 또한 중국 경제의 발전에 힘입어 몸값이 수억 위안이 넘는 젊은 CEO의 탄생, 중국 최초 20대 최연소 시장 발탁 등 바링허우가 각 분야에서 두각을 나타내면서 중국 사회의 관심을 받고 있다.

바링허우라는 명칭과 뜻은 불과 몇 년 전까지는 우링허우50後(1950년대 출생자), 리우링허우60後(1960년대 출생자)와 같이 중국 사회에서 특정 시기에 출생한 연령대를 호칭하는 보통명사에 불과했다. 이 같은 바링허우가 사회적·경제적 의미를 내포한 세대별 계층의 고유명사로 등장하게 된 것은 〈타임〉 아시아판 2004년 2월호가 'New Radicals'라는 제목으로 중국의 자유분방한 신세대 문학 작가들을 다루면서부터이다. 〈타임〉은 커버스토리에서 바링허우 작가들을 소개했으며 바링허우들이 그들 세대의 젊은 작가들에게 열광하는 이유를 사회학적 시각으로 분석했다. 그리고 그들이 중국 사회에 일으켜온 작은 변화들을 다각적으로 부각시키고 문학계는 물론 중국 사회 전반에 큰 반향을 불러일으켰음을 강조했다. 〈타임〉이 다룬 바링허우 대표작가 춘수春树는 1983년 베이징 태생으로 고교를 중퇴하고 인터넷 소설가가 되었으며 2002년에 베스트셀러로 부상한 《베이징 와와》를 발표했다.

이후 80년대 이후 태어난 독생자녀들인 바링허우에 대한 중국 정부, 학계, 언론 등의 관심이 시작되었다. 기존 연구결과에 따르면 바링허우에 대한 심리적 특성은 외동자녀가 보편적으로 나타내는 자기중심적 사고, 사회 부적응, 사회에 대한 반항 등을 제시하고 있다.

그러나 2008년 5월 17일에 발생한 쓰촨성 대지진 때 나타난 바링허우의 자기희생적 자원봉사 활동은 기존 사회학적 평가와는 분명히 상반된 모습을 나타내었다. 약 6,000여 명에 달하는 이들 바링허우 자원봉사자들은 결코 정부에 의해 고취되거나 조직된 신애국주의에 영향을 받아 지진 참사현장으로 달려가지 않았다. 그들은 이전 기성세대가 갖지 못했던 시민의식과 사회적 문제의식을 나타내었다는 것이 증명되었다.

〈타임〉 커버스토리 주인공이 된 중국 작가 춘수

자료: 〈타임〉 홈페이지 (2013. 5.)

외국 언론에 비추어진 바링허우는 쓰촨 대지진을 계기로 다른 면모를 보여주고 있다. 이들은 환경문제, 농촌 이주노동자 인권문제, 지방정부 부패와 같은 사회적 이슈에 관심이 많고 사회활동에도 적극적이다. 이를 근거로 중국 언론에서는 2008년 쓰촨 대지진이 바링허우의 사회참여의식을 끌어내었다고 보고 있다.

한편 2008년 베이징 올림픽과 티베트 분리주의에 대한 바링허우의 반응을 보면 이들이 신민족주의 주체로 등장하는 것이 아닌가 하는 시각도 생긴다. 티베트 사태와 서방 언론의 비판, 세계 곳곳에서 베이징 올림픽 성화 봉송 도중 발생한 각종 소동, 그리고 중국 안팎에서 중국인들의 신애국주의 운동이 거세게 벌어지면서 '바링허우 세대'가 새

춘수의 《베이징 와와》(우측은 번역본)

자료: 텐진인민출판사(天津人民出版社) 및 자음과모음 홈페이지 (2013. 5.)

롭게 주목받게 되었다. 중국의 한 인터넷 포털회사가 성화 지키기 운동을 시작하자 동참을 선언한 3,000만여 명 중 상당수가 바링허우 세대였다. 특히 2008년 중국 유학생들이 파리에서 개최한 친중국집회에서 "서방의 왜곡 보도 앞에 조국이 억울하게 당하는 것을 보고만 있을 수 없다"고 역설한 리환李洹은 바링허우 세대의 대표인물로 떠올랐다.

바링허우 세대는 외국 문화에 개방적이고, 인터넷에 익숙해 특정 이슈에 쉽게 쏠린다. 대표적인 사건이 중국에 진출한 프랑스 유통업체인 까르푸에 대한 불매운동이다. 이들은 티베트 독립 시위에 대한 프랑스의 반중국 행태에 대해 2008년 4월부터 5월간 대대적인 불매운동을

까르푸 불매운동을 보도한 중국 주간지

자료: 〈중국신문주간(中國新聞周刊)〉 (2008. 5.)

벌여 프랑스 측이 이를 해결하기 위해 특사를 파견하게 하는 등 사실상 항복선언을 받아낸 바 있다.

신세대 대학생

중국은 개혁개방정책이 시작된 1979년부터 '1가구 1자녀'로 대표되는 가족계획을 도시 거주 한족을 대상으로 강력하게 실시했다. 그 결과 2006년 말 현재 중국 내 1가구 1자녀인 독생자녀 규모는 8,300만~9,000만 명으로 추산된다. 최근 5년간의 인구증가율을 고려할 때 2010년 말 독생자녀는 약 1억 명으로 추산된다.[21]

이들 독생자녀가 현재 중국 대학생의 주류를 이루고 있다. 이들은 도시 지역별 공립대 위주의 대학 교육제도를 보유한 중국 대학 시스템에 따라 입학한 이후 기숙사에서 집단생활을 하게 된다. 따라서 전통적으로 중국 대학생들은 집단생활 적응력을 우선 배양하였고 이후 독생자녀만이 갖는 독특한 라이프스타일을 구성하게 된다.

이들 중국 대학생들은 가정의 물질적 풍요와 부모의 관심 속에서 다양한 교육기회를 경험하면서 성장하였다. 따라서 지능이 빨리 개발되었고 폭넓게 사물을 보고 판단하는 능력이 키워졌다. 독생자녀 대학생의 라이프스타일과 성격을 분석한 중국 내 연구자료를 종합하면 이들의 성격 특징은 다음과 같다.

첫째, 성취욕구가 높으므로 평범한 생활을 선호하지 않으며 사회에서 재능을 발휘하여 자아를 실현하고 싶어 한다. 이를 위해 열심히 공부하며 능력을 개발하고 교양수준을 높이려 노력한다. 둘째, 자아를 숭상하고 주체의식이 강하다. 대학생은 자신을 위해 사는 것이 중요하다고 생각하고 고상한 성품과 인격을 갖기를 원한다. 이들은 강한 개성, 독립된 자아, 자기 책임을 주장하면서 자신의 라이프스타일에 맞추어 살기를 원한다. 셋째, 감각이 예민하고 새로운 것에 도전적이다. 대학생들은 다양한 취미생활을 즐기며 새로운 사상이나 문물에 대해 예민하고 쉽게 받아들이는 것으로 조사되었다.[22]

반면 이들의 성격 중 단점으로 꼽을 수 있는 라이프스타일을 정리하면 다음과 같다. 첫째, 거만하고 이기적이다. 자기주장이 강하며 혼자 있기를 즐겨 하고 타인과 희로애락을 같이 나누지 못하는 행동을 보인다. 둘째, 향락주의적이고 심리적 수용능력이 약하다.[23]

중국 통계국에 따르면 2007년 말 현재 중국의 대학 재학생 수는

1,738만 8,000명(본과)이며 이외에도 석·박사 과정에 있는 대학원생 수는 110만 5,000명으로 파악되었다. 즉 본과생과 대학원생을 더하면 약 1,850만 명 규모가 된다. 2004년에 발표된 〈2004 중국 대학생 소비와 생활 형태 연구보고〉에 따르면, 이들 대학생은 앞으로 중국 내 도시에서 소비를 주도할 구매력을 보유한 소비층으로 판단하고 있다. 또한 중국이 소비 번영기에 진입하는 2016년이 되면 대학생 출신의 소비력은 시장을 주도할 전망이다.[24]

개성을 중시하고 자기표현에 강한 대학생 소비군은 제품의 기능보다는 '느낌, 감각'에 충실한 소비층으로 중국의 감성소비 시대를 이끌 세대로 불린다. 컴퓨터와 전자제품에 능숙하며 블로그 등 정보수집 채널이 다양한 도시 거주 대학생들은 인터넷쇼핑의 주력 소비층이기도 하다. 글로벌 금융위기에 따른 불황에도 2008년 중국 인터넷쇼핑은 128.5퍼센트의 폭발적인 성장세를 보였고 인터넷쇼핑 이용자의 48퍼센트가 20대라는 사실은 이들 대학생의 소비력을 가늠케 한다. 이 같은 특성은 상품 구매 시에도 독단적이고 개성적인 행동으로 표출되고 있다.[25]

중국에는 없는 학연

한국에서 '3연'이라고 하면 보통 지연, 혈연, 학연을 꼽을 수 있다. 그러나 중국에서는 학연學緣 대신 같은 업종에 종사하는 인연을 뜻하는 업연業緣이 들어간다. 중국에는 왜 학연이 없을까? 정인갑 전 칭화대학 교수는 중국에 동창·동문 문화가 없는 것은 서로가 라이벌이라는 의식이 작용했기 때문일 것이라고 주장한다. 인간은 서로 닮을수록 이해

충돌이 생기기 쉽다. 중국인은 동문이라 하더라도 남보다 친하게 느끼지 않는다. 같은 직장이나 서로 연관되는 부서에 있을수록 그들의 관계는 더욱 냉랭하다. "먼 자와 사귀고 가까운 자는 경계하라遠交近攻"는 기원전 270년 전국시대 책략가 범저范雎의 외교전략은 현대 중국 동창에게도 적용된다.[26]

문인들은 서로 경멸한다는 의미인 '문인상경文人相輕'의 성어 역시 이와 무관하지 않다. 실제 문필가는 자기 문장을 과신하여 동료들의 글솜씨를 과소평가하는 경향이 없지 않다.

중국에 없는 동창문화는 '1가정 1자녀 낳기 정책'에 의해 영향을 받았을 가능성이 크다. 모든 가정에 하나뿐인 중학생, 고등학생들은 친구를 친구로 보기보다는 경쟁자로 보았을 개연성이 크다. 즉 같은 학교를 졸업한 친구를 같은 기업에서 다시 마주치는 경우 반가움보다는 단한 명만 승진이 가능한 과장 자리를 놓고 경쟁해야 할 경쟁자로 연상하는 것이다.

이런 맥락에서 지연으로 맺어진 같은 고향 사람들은 라이벌 관계가 될 가능성이 약하다. 따라서 학연보다는 지연이 더 중시되는 것이다. 출장 간 중국에서 내가 마주하고 앉은 중국인 사업 파트너 두 명이 같은 학교 동문이라면 이들은 친한 친구보다는 경쟁관계에 있을 가능성이 크다. 이는 우리가 비즈니스 협상 시 유념해야 할 중국 상관습이다.[27]

제 2 장

중국의
상관습

CHINA MERCHANT

I. 역사에서 나타난 상관습

::

상인의 역사

상인商人 또는 상업商業의 '상商'자의 어원은 원시촌락 이름이었다. 그 촌
락은 지금의 허난성 상구商丘시 남부이다. 촌락을 세운 시조 계契는 우禹
(하夏왕조를 열었던 전설의 제왕)의 치수공사에 공이 있어서 그 땅을 봉토로
받았다. 하왕조는 기원전 21세기부터 기원전 16세기까지, 상商왕조는
기원전 16세기부터 기원전 11세기까지 존재했다.

계로부터 10대째인 왕해王亥는 방목을 생업으로 했으나 장사에도 수
완이 있었다. 전해지는 말에 의하면 사육하고 길들였던 소를 밭농사에
이용하는 한편, 달구지를 끌게 하면서 황허 일대에서 물건을 사고팔았
다. 그가 사망하자 친족들은 300마리의 가축을 죽여서 장사를 지냈
다. 이는 왕해가 얼마나 장사에 성공했고 영향력을 가지고 있었는지 보
여준다.[28]

자료: 김동하 ⓒ 2012

기원전 16세기에 이르러 왕해로부터 4대째인 탕湯이 군사를 일으켜 하나라를 멸하고 박亳(산둥성 차오현 남쪽)이라는 곳에 도읍을 정했다. 이 것이 이른바 상왕조이다. 이후 몇 번의 천도가 있었고, 마지막으로 은殷(허난성 안양 샤오툰촌)에 이르렀다. 따라서 '상'을 '은'이라고도 불렀으나, 상나라 사람들은 그들의 나라를 상商이라고 불렀다.

마침내 기원전 1046년 주나라에 의해 은이 멸망한 후, 주왕조의 주 공 단旦은 은의 유민들에게 장사를 계속할 것을 요구했다. 그래서 은·상殷·商 사람들이 장사를 잘한다는 말이 전해지게 되었다. 주왕조에서 는 물건을 사고파는 사람들을 가리켜 은상인, 즉 상인商人이라고 부르 게 되었고, 이것이 상인이라는 호칭이 탄생하게 된 시초인 셈이다. 또한 그 상인들이 물건을 사고파는 활동을 상업商業이라고 부르게 되었다.

사마천의 경제관념

사마천司馬遷은 중국 전한시대前漢時代 역사학자로 자는 자장子長, 태자공太子公 또는 태사공太史公이라고 높여 부르기도 한다. 산시성 하양夏陽 출신이며 출생연대는 기원전 145년 또는 기원전 135년이라는 설이 있고 사망연대는 확실하지 않다. 어렸을 때부터 고문古文으로 쓰인 고전을 배웠고 전국을 돌아다니며 사적을 탐방하여 견문을 넓혔다. 기원전 108년, 아버지에 이어 태사령에 임명된 사마천은 아버지의 유언에 따라 중국 역사 편찬에 착수하였다. 기원전 99년 한나라 장군 이릉李陵이 흉노와 싸우다가 패하여 포로가 된 사건이 생겼다. 이릉 사건에 대한 처분을 결정하는 자리에서 일가멸족의 의견이 대다수를 차지했으나 사마천 혼자만 이릉의 충절과 용감함을 변호하다 무제의 뜻을 거스르게 되어 궁형宮刑(거세형)을 받았다. 몇 년 후 출옥하여 중서령中書令 직책으로 복귀하였다. 그 뒤 역사서 저술에 전력을 기울여 마침내《사기史記》130권을 완성하였다. 사기는 제왕의 연대기인 〈본기本紀〉 12편, 제후와 왕을 중심으로 한 〈세가世家〉 30편, 역대 제도 문물의 연혁에 관한 〈서書〉 8편, 연표인 '표表' 10편, 시대를 상징하는 뛰어난 개인의 활동을 다룬 전기 〈열전列傳〉 70편 등으로 구성되어 있다. 《사기》의 백미는 열전이며 열전의 하이라이트는 작가의 후기 격인 〈태사공자서太史公自序〉 바로 앞에 있는 〈화식열전貨殖列傳〉이다.

'화貨'는 재산, '식殖'은 재산이 불어난다는 뜻으로 요즘 시각으로 보면 재테크 기법인 셈이다. 〈화식열전〉은 춘추시대 말기부터 한나라 초기까지 상공업으로 부를 쌓은 사람들의 활동을 기록한 것이다. 여기에 나오는 인물들은 요즈음의 상공인, 즉 기업가에 해당한다. 2,000년 전 사마천은 〈화식열전〉 서문에서 먹고사는 문제, 즉 경제능력이 사회생활에서 얼마만큼 중요한지를 강조하고 있다.

사마천이 생각하기에 농업·공업·상업 등의 분업은 사회·경제생활에서 중요한 작용을 하는 필연적인 것이다. 그는 상업이야말로 의식주 해결의 원류로 보았으며 이들 직업 모두를 함께 중시하는 진보적 면모를 보였다. 그는 중농억상重農抑商의 전통적인 가치관을 부정하고 있었다. 〈화식열전〉 서문의 주요 내용을 정리하면 다음과 같다.[29]

노자가 말했다. 가장 이상적인 정치는 이웃 나라가 서로 바라볼 만큼 가까워서 닭 우는 소리와 개 짖는 소리가 마주 들린다 하여도 백성이 각기 제 나라의 음식을 맛있다 하고, 제 나라의 의복을 아름답다 하며, 자기 고장의 풍속을 편히 여기고, 자신들의 일에 만족하여 늙어 죽을 때까지 다른 나라에 서로 내왕하지 않는 것이다. 그러나 이런 정치가 훌륭하다 하여 일부러 그렇게 하려 하거나 백성의 귀와 눈을 틀어막으려 하면 실행할 수 없을 것이다.

《시경》, 《서경》에서 말하고 있는 순舜·우禹 이후에 이르러서는 사람들의 귀와 눈은 아름다운 소리와 빛을 즐기려 하고, 입은 소와 양 따위의 맛있는 고기맛을 찾아 헤매며, 몸은 편하고 즐거운 생활을 원하며, 마음은 권세와 능력으로 얻은 영화를 자랑하고 있다. 이러한 풍속에 백성의 삶이 젖어든 지 오래이기 때문에 아무리 노자의 훌륭한 가르침을 들려준다 하여도 백성을 쉽게 바꾸지는 못할 것이다.

그러므로 가장 훌륭한 정치가는 백성의 마음으로 다스리고, 그다음으로는 이익을 통하여 백성을 이끌며, 그다음은 백성을 가르쳐 깨우쳐주는 것이며, 그 아래 방법은 강제로 백성을 규제하는 것이다. 가장 못난 정치는 백성과 다투는 것이다.

농사꾼은 양식을 공급하고, 나무꾼은 연료를 공급하며, 기술자는 필요한 물건을 만들고, 장사꾼은 이러한 상품들을 유통시킨다. 그런데 이러한 활동들은 국가에서 이래라저래라 해서 되는 것이 아니다. 그 일에 종사하고 있는 각자가 최선을 다해 원하는 것을 손에 넣는 것뿐이다. 그러므로 물건값이 싸다는 것은 장차 비싸질 조짐이며, 비싸다는 것은 싸질 조짐이다. 자기 맡은 일에 충실한 것은 물이 높은 곳에서 낮은 곳으로 흐르는 것과 같아 끊이지 않고 계속된다. 또한 물건을 만들어내는 것이다. 이것이 자연의 도에 부합하는 결과이다.

《주서周書》에는 다음과 같은 말이 있다. 농민이 생산하지 않으면 식량이 모자라게 되며, 공인이 물건을 만들지 않으면 용품이 부족하고, 상인이 물건을 유통시키지 않으면 3보三寶(식량·용품·재화)의 공급이 끊기게 된다. 또한 나무꾼이 나무를 베지 않으면 자재가 모자라게 되고, 자재가 모자라면 산과 택지는 개발되지 못한다. 농업, 공업, 상업, 어업, 광업이 네 가지 산업은 백성의 입고 먹는 것의 근원이 된다.

산업의 근원이 크면 백성은 부유해지고, 근원이 작으면 백성은 빈곤해진다. 위로는 나라를 부강하게 하고, 아래로는 가정을 부유하게 만드는 것이 산업의 크기에 달렸다. 빈부라는 것은 누가 주거나 빼앗을 수 있는 것이 아니라 결국은 스스로의 능력에 따라 결정되는 것이다. 산업의 상호관계와 재화의 흐름을 잘 아는 자는 부유해지고 이를 제대로 모르는 자는 가난할 수밖에 없다.

2,000년 전 사마천의 경제론은 200년여 전 고전경제학의 창시자 애덤 스미스를 넘어선다. "물건값이 싸다는 것은 장차 비싸질 조짐이며 비싸다는 것은 싸질 조짐이다"라는 사마천의 말은 애덤 스미스의 수요·공급의 법칙과 닿아 있다. "백성이 먹고 입는 것의 근원이 크면 백성은 부유해지고 작으면 가난해진다"는 말은 성장과 분배에 관한 파이 이론을 연상시킨다. 파이를 키워야 분배의 몫도 커진다는 주장의 사마천식 표현이다.[30]

사마천은 한 나라의 경제정책은 국민이 자유롭게 경영하도록 놓아 두는 것이 최상책이며 국가가 간섭하는 것은 최하책이라고 밝혔다. 이는 서구 각국이 추구하는 자유시장 경제이론과 일치한다.

〈화식열전〉이 보여주는 경제적 관점은 매우 탁월하다. 앞서 살펴본 서문 외에도 〈화식열전〉은 태공망·도주공·자공의 사례, 지역별 특성, 자본의 활용방법, 남들과 다른 방법으로 부자가 된 사람들의 일곱 단락으로 구성되어 있다. 이를 요약한 사마천의 경제관을 보면 다음과 같다.

① '수신-제가-치국-평천하'의 근본은 경제다.
② 경제는 자유방임주의를 큰 틀로 하면서 적절한 정부의 개입을 보완 책으로 결합시킨다.
③ 인간의 본성은 부귀를 지향한다.
④ 상업이야말로 인간의 의식衣食 문제를 해결하는 길이다.
⑤ 지경학地經學도 지정학地政學만큼이나 중요하다.

〈화식열전〉에 나온 주인공들의 재테크 방법

이름	주력업종	품목	특징	독점성	장점
백규	유통업	곡식, 종자, 실, 옻	쌀 때 사서 값이 오르면 판다	X	시세 변화 포착의 귀재
나	목축	말, 소	왕에게 선물하여 땅을 늘림	△	정경유착 활용
청(여성)	광산업	단사(수은)	세습 광산을 유지	○	진시황에게 대우 받음
탁씨	제철	철제 그릇	기술, 노하우 유지	X	장인정신
정정	제철	제철	기술, 노하우 유지	X	장인정신
공씨	제철	제철, 양식, 유통	제철 성공 후 제후들과 거래	X	사업다각화
병씨	대장장이	철기, 행상, 대부	제조업 성공 후 사업다각화	X	사업다각화, 근검절약
조간	유통(프랜차이즈)	생선, 소금 대리판매	노예를 판매조직화	X	특수계층(노예) 활용한 대리경영
사사	유통(프랜차이즈)	생필품 대리판매	장사꾼들을 장거리 이동판매조직화	X	장거리 대리판매망 구축
임씨	농업	식량, 가축	패망 때 숨긴 곡식을 전쟁 때 판매	X	위기(전쟁) 활용형. 리스크 테이킹
무염씨	대부업	금융	전쟁 시 고이윤 장사	X	리스크 테이킹
교요	목축업	말, 소, 양, 곡식	흉노 땅 점령 뒤 특혜 받음	○	점령지 이권 독점형

자료: 오귀한(2005), 《사마천, 애덤 스미스의 뺨을 치다》, 한겨레출판, 217쪽.

⑥ 부는 권력, 명예 등 더 많은 것을 가능하게 한다.

⑦ 재테크에서는 시테크도 매우 중요하다.

⑧ 아껴 쓰고 부지런한 것은 기본이고 나아가 기이한 방법을 사용해 부자가 될 수 있다.

상방과 상관습

상방商幇은 상회商會처럼 상인들이 자신들의 이익을 보호하기 위하여 만든 단체, 즉 상인의 조직을 의미한다. 영어로는 'commercial bang' 'commercial groups' 'merchant gang' 등으로 번역되어 쓰이고 있다. 하지만 놀랍게도 상방은 《현대한어사전現代漢語詞典》 등 정규 사전에는 등록되어 있지 않다. 즉 표준어가 아닌 상회의 속칭인 셈이다. 단지 사전에는 방회幇會라는 단어만 있는데, "구사회의 민간 비밀조직의 총칭"이라고 서술되어 있다. 따라서 상방은 공개적으로 조직되고 활동한 단체가 아닌 배타적이고 비밀스러운 상인조직이었음을 짐작할 수 있다.

청나라 말 상인들은 같은 고향 상인들끼리 동향회同鄕會를 조직했는데 이들 조직이 상방으로 불리었다는 기록도 있다. 상방이 문헌에 등장하기 시작한 것은 명·청대이다. 명대는 3대 상인이 유명했는데, 진상晉商(산시상인), 휘상徽商(안후이상인), 조상潮商(광둥상인) 등이 그 주인공이다.[31] 특히 명대에 이르러 일부 지역 상인들에게 정부가 염전의 독점적 판매권을 주면서, 특정 제품을 배타적으로 경영하는 상인단체가 등장함에 따라 이들을 중심으로 '상방'이라는 용어가 등장하게 된다.

청대에 이르러서는 10대 상방이 등장했는데, 먼저 푸젠상방, 광둥상방, 산시상방, 산둥상방, 닝보상방, 진상상방(산시상인), 휘상상방(안후이상인), 룽유상방, 둥팅상방, 장시상방 등이 그들이다. 이 중 룽유龍游상방은 저장성 중서부 지역 상인들 단체로, 이 중 룽유현龍游縣 상인이 가장 많아 룽유상방으로 불리었다. 둥팅洞庭상방은 후난성에 위치한 담수호인 둥팅호洞庭湖 유역 상인의 조직이다. 이들은 주로 실크 무역에 종사했으며 나중에 금융업으로까지 발전하였다.

자료: 저장성 룽유현 인민정부 www.longyou.gov.cn (2013. 4.)

실제로 청말 상방조직을 기록한 문헌에는 1930년대 초까지 후베이 성 우쉐시武穴市에 실존했던 8대 상방을 다음과 같이 서술하고 있다. "우쉐시는 창장 연안에 위치하며 후베이성, 안후이성, 장시성 교차점에 있는 물산 및 유통 중심지였다. 우쉐시에서 활동했던 휘주방은 안후이성 서현歙縣, 이현黟縣, 시우닝현休宁縣 지역의 상인으로 조직된 상방으로 700여 명이 가입하고 있으며 주로 소금, 식용유, 비단, 전당포를 경영하고 있고 거래되는 상품은 남부지역으로 판매하였다. 이들은 당시 우쉐시에 있는 300여 개 점포 중 반수를 점유하고 있었다. 매 점포는 10만 원(당시 화폐인 은원銀元)의 자본금을 가지고 있었고, 도매와 소매에 종사하였으며, 그 경영범위는 인근 12개 현에 달했다."[32]

이상의 기록을 참조하면 특정 지역의 실존하는 소규모 상방들은 해당 지역 상인 이익단체로서 20세기 초까지 꽤 강력한 조직으로 독점적이고 배타적인 경영활동을 영위했음을 알 수 있다.

룽유상방

저장성에서 가장 큰 규모의 상단商團이었던 룽유상방은 탁월한 상술을 지녔으며 남송시대(1127~1279)에 생겼다. 당시 남송의 수도였던 항저우는 궁전과 관청을 새로 건설하느라 취저우衢州에서 생산되는 다량의 목재를 필요로 했다. 또한 서적 출판에 소요되는 많은 종이도 필요했다. 당시 이들 목재와 종이의 공급을 도맡게 된 룽유상방은 이 시기부터 번창하게 되었다.

룽유지방은 저장성, 푸젠성, 안후이성, 장시성으로 통하는 교통의 요지에 위치했다. 룽유상방은 명나라 중엽에 가장 크게 번성하게 된다. 당시 문헌에는 "룽유는 사방이 통해 있는 교통의 요로로 배와 수레 모두로 운송할 수 있어 상품들이 이곳을 통해 지나가니 사방에 물건이 차고 넘쳤다"고 기록하고 있다.

룽유상인들은 먼 여정도 마다치 않고 전국 각지를 누볐다. 남다른 개척정신을 중국 상방 중에서 가장 먼저 나타냈는데, 상업자본을 산업자본으로 바꾸어 많은 수공업공장을 세우기도 했다. 또한 문화와 교육을 중시하여 수많은 사원을 저장성 내에 세웠다. 그러나 아편전쟁(1840~1842) 이후 룽유상방 세력이 점차 약화되었고, 이후 저장성시장은 닝보상방에 의해 장악되었다.

산시상방

산시상방이 처음으로 등장한 것은 명대 중기부터이다. 그들은 초기에 소금 수송업을 독점하여 부를 축적했다. 산시상방의 특징은 다음과 같다.

첫째, 고생을 마다치 않으며 신의를 지켰다. 둘째 관우關羽를 숭배했다. 중국인들에게 관우는 신의의 상징이다. 따라서 모든 산시회관이나 산시상인 집에는 관우상이 놓여 있었고, 사당을 지어 제사를 올렸다. 셋째, 산시상방은 공동경영을 선호했다. 처음에는 혼자서 장사를 시작했더라도 나중에는 전문경영인을 영입하여 더 효율적인 경영을 추구하는 과학적인 상인들이었다. 넷째, 토지에 투자하여 상인, 지주, 관료라는 협력체제를 장사에 활용했다. 산시상인들은 부자가 되면 먼저 토지를 구입하여 상인 겸 지주가 되었으며, 명대 후기에는 관료들과 친밀한 관계를 유지하여 부를 도모하였다.[33]

후이저우상방

후이저우상방은 명·청시대 후이저우부에 호적을 가진 상인집단을 의미한다. 후이저우부徽州府는 셔歙, 시우닝休寧, 우위안婺源, 이내黟內, 지시績溪, 치먼祁門 등 6개 현을 관할했다. 상방의 형태를 갖춘 시기는 명대 중기였다. 그 후 청대 중기까지 융성하여 300년간 전성기를 구가하였다.

그 특징을 보면, 첫째 활동범위가 넓었다. 주요 중국 내 대도시에 진출하였으며, 심지어 산악지, 섬, 사막에까지 진출하였다. 둘째, 공업제품에서 농작물까지 경영업종이 다양했는데 소금, 식량, 면, 차, 목재 등의 상품을 취급했다. 셋째, 자본이 풍부했고, 이를 바탕으로 적극적이고 과감한 자본투자에 나섰다. 청대 전성기에 후이저우상방은 장쑤성 쑤저우에서 염색업에 종사했는데 발염공장이 450여 곳, 직원이 1만여 명에 달했다. 마지막으로 동족집단과 밀접한 관계를 가졌다. 기업 내부 관리에 같은 고향 사람을 우선 등용했으며, 동족 내의 규율을 상방에도 적용했다. 이를 종법宗法이라 했다. 특이한 점은 족보族譜를 작성할 때 이를 상업활동에 필요한 정보수집 수단으로 활용했다. 족보는 수년마다 갱신되었으며, 따라서 종족 내 어떠한 인적자원이 어디에 살고 있는지에 대한 정보가 동족 내에서 공유될 수 있었다.

시장의 수요를 정확하게 예측하거나 판단을 내리고 기후와 제품생산 상황이 가격에 주는 영향, 운송노동자 임금, 공급지에서 시장에 이르는 수로와 육로의 교통상황과 안전 여부 등의 정보를 얻는 것은 이익을 거두기 위해 반드시 필요한 절차였다. 이들 정보는 각지에서 행상을 하는 동향인이나 동족을 통해 입수되었는데 그 인물정보의 데이터베이스가 족보였던 것이다.[34]

또한 동족 중 두뇌가 비상한 이들을 선발하여 관리가 될 수 있도록 양성하고, 이들은 관리가 되어 그 일족의 이익을 보호하는 '순환'이 이루어졌다.

닝보상방

닝보상방은 혈연과 지연에 의한 연대가 강했다. 닝보상방이 형성된 것은 명말 청초였으며, 아편전쟁(1840~1842) 이후 특히 중화민국 초기(1930년대) 상업계에서 명성과 함께 우위를 확보했다. 닝보상방의 특징은, 첫째 부단한 시장개척 능력을 들 수 있다. 저장성 닝보시에 근거지를 둔 닝보상방은 베이징, 톈진, 쑤저우, 항저우 등에서 세력을 키웠고, 현지 상업단체와도 좋은 관계를 유지했다. 둘째, 사업기회를 포착하는 능력이 뛰어났다. 원래 닝보상방은 은행업, 약재업, 의류업, 해산물 등 전통적인 업종에 강했으나 아편전쟁 이후 중국 사회가 서양 문화와 문물의 영향에 직접 노출되자 새로운 사업기회를 잡게 된다. 해운업, 금융업, 금속 및 안료업, 시계 및 안경, 나일론 및 양복 옷감, 부동산업, 보험 및 증권업 등은 당시 닝보상방이 새로 개척한 분야였다.

류훙성劉鴻生(1888~1956)이라는 닝보상인은 "산업이나 상업이 없다면 어느 은행도 오랫동안 살아남을 수 없으며, 은행이 없으면 산업과 상업 역시 망할 수밖에 없다"고 이야기했다. 그는 이미 100년 전에 상업자본과 산업자본의 중요성을 인식하고 있었다. 그는 성냥회사, 시멘트회사, 방직회사 등 10여 개 기업을 가지고 있었으며, 자체 은행도 가지고 있었다. 위자칭이라는 닝보상인이 세운 싼베이三北 항운그룹은 1927년 중국 최대 항운그룹으로 부상했다. 그 역시 쓰밍四明은행을 세워 여기서 조달한 돈으로 배를 샀다. 닝보상인들은 산업과 금융이 하나로 통합된 시스템을 통해 재계 거물이 되었다.

닝보상인의 또 다른 특징은 '상호보완성'을 위한 다원화였다. 그들은 "새로운 투자를 하기 전에 망했을 경우 어떻게 이를 보완할 것인지를 먼저 고민한다"는 원칙을 고수했으며, 신사업이 망할 경우 이를 보완할 주력업종을 유지하도록 노력했다. 실제 류훙성은 탄광, 성냥, 시멘트, 모피·방직, 부두, 은행·보험업을 경영했으며 제조업, 경공업, 운송업, 금융업이 통합경영되면서 적자업종을 흑자로 전환하는 데 '상호보완성'을 유지할 수 있었다.

다른 상방과 달리 닝보상방은 한때 중국 최고의 지위에 올라선 후에도 시간의 흐름에 휩쓸리지 않았고, 지금도 존재감을 과시하고 있다. 이는 해안에 위치해 개척정신이 투철한 기업가 기질을 잃지 않은 데 기인할 것이다. 현재 7만 3,000여 명에 달하는 닝보 출신 기업가가 전 세계 64개국에 살고 있고, 그들의 후예까지 더한다면 약 30만 명이 넘는 닝보상방의 후손들이 아직도 세계 비즈니스 업계에서 활동하고 있는 셈이다.[35]

산둥상방

산둥상방이 생겨난 시기는 명말 청초이다. 이들은 자오저우만膠州灣을 둘러싼 산둥반도에 모여 있어서 자오둥방膠東幇이라고도 불렀다. 산둥상방은 다양한 신분으로 나뉘어 구성되었는데, 관료·대지주 겸 상인, 대상인 겸 지주, 봉건지주 겸 상인, 일반 상인 등이었다. 이들은 그들의 출신배경을 적극 활용하여 부를 추구하였다.

산둥상방의 특징 중 하나는 경영방식을 다양하게 운용했다는 점이다. 독립자본 경영방식과 합자 형식이 가장 많이 쓰였는데, 자금이 풍부한 대상인들은 전자를 활용했다. 합자 형식은 오늘날의 주식회사 구조와 흡사하며, 상품경제 발전에 적응한 형태였다.

산둥상방은 다른 상방과 비교해서 장사를 혼자 독점하는 경우가 없었다. 그들은 장사방법이 개방적이었다. 산둥 어느 지역에서든지 외지에서 온 상인들은 방해를 받지 않고 자유롭게 장사를 할 수 있었다. 이는 후이저우상방이나 산시상방이 그들의 근거지에서는 다른 상방의 활동을 허용하지 않았던 점과 비교된다.

광둥상방

광둥상방은 광저우방廣州幇과 차오저우방潮州幇으로 이루어졌다. 이들은 명대 중기부터 조직되었으며 바다를 무대로 장사했던 해상海商, 그들과 관련된 중개인, 장거리 판매상, 도매업자들로 구성되어 있었다. 종사자 수, 경영범위, 자본규모 등에서 다른 상방보다 우위에 있었다.

광둥상방의 첫 번째 특징으로 복잡한 인적구성을 들 수 있다. 각기 다른 계급·계층 출신의 사람들로 상방이 구성되었다. 농민은 물론 관리이자 상인인 자, 유학을 버리고 장사에 뛰어든 자, 관리에서 상인으로 변신한 자들이 함께 상방에서 일했다.

이들의 업종은 크게 세 가지로 구분되는데, 해상무역 종사자들이 그 첫째이다. 이들은 막대한 자본을 동원해 스스로 배를 건조하여 무역에 나섰다. 또 일부는 배를 빌려서 선원과 상인을 태우고 무역에 나서기도 하였다.

둘째 유형은 중개상 혹은 브로커이다. 청대 광둥에는 13개의 중개상이 있었는데, 이들은 청 조정의 직접적인 관할에 있었다. 이들은 대외무역을 관장하는 관상官商(공기업)적인 성격을 지녔다. 세 번째 유형은 국내 장거리 판매상과 도매상이었다. 이들은 전국 각지의 도매상을 상대로 장사를 영위했다.

광둥상방은 상업자본을 축적하여 산업자본, 토지자본, 금융(고리대)자본으로 발전시켰다. 또한 도자기, 차茶, 철강 등 수출용 수공업의 발달에도 관여했다. 그 결과 포산佛山 같은 신흥도시가 광둥성에 탄생하기도 했다.

푸젠상방

푸젠상방은 해상의 왕이라 불렸다. 광둥상방이 정부의 보호 아래 움직였다면, 푸젠상방은 거친 파도와 해적들과 싸워가며 이익을 지켜냈다. 푸젠상방은 당나라 시대부터 구성되어 그 역사도 유구하다.

　푸젠상방은 해상무역에 적극적으로 종사하였으며, 밀무역도 서슴지 않았다. 그들은 해상무역을 위해 배를 운영하면서 무장을 하지 않을 수 없었고, 이는 해적과 다름없게 보이기도 하였다. 푸젠상방은 명·청대부터 밀무역에 종사한 역사가 있다. 푸젠상방은 동향, 동족에 의한 장사가 관습이었다. 어느 상방보다 지역적이고 혈연적인 색채가 강했다. 푸젠상방의 일원들은 과감하게 동남아시아 각국으로 이주를 선택했으며, 이들은 초기 화교로 변신함으로써 다시 푸젠상방의 비즈니스 기회를 확대하는 역할을 해냈다.

둥팅상방과 장시상방

둥팅상방은 장쑤성과 저장성 사이에 있는 타이호太湖 동남부의 둥팅산洞庭山 또는 후난성 북부 둥팅호 서쪽에 있던 상인집단이었다. 명대 후기에 구성되었다. 이들은 주로 서민 필수품을 취급했으며 양식, 면포, 염료, 양식가공 등의 사업을 했다. 생산과 판매도 대규모로 이루어졌다. 이들은 유연한 개척정신을 가졌으며, 아편전쟁 이후 축적된 자본을 상하이로 집중했다. 이후 매판업, 은행업, 생사 및 목면 생산업에 진출하였다.

　둥팅상방은 사업을 운영하면서, 독자경영, 합자경영 외에도 자본이 전혀 없는 상황에서 사업을 일으키는 영본경영零本經營 방식을 추구한

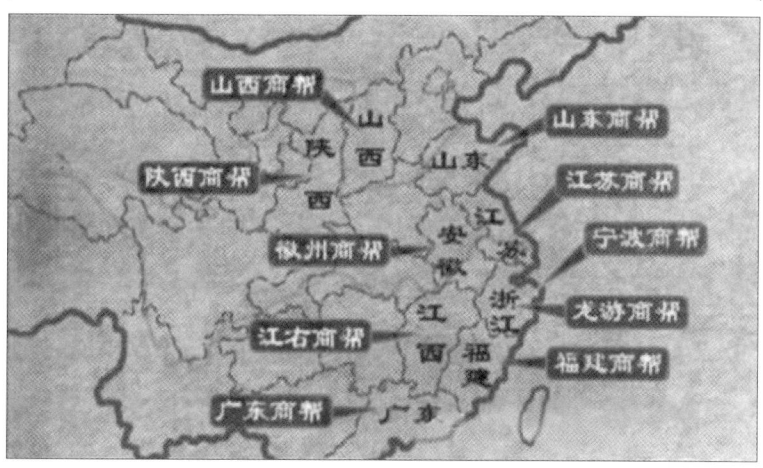

中국 주요 상방 위치도

자료: CCTV 화면 캡처 (2013. 7.)

점에서 독특하다. 이는 출자자가 누구든 괘념치 않고 7:3 비율로 영업이익의 70퍼센트를 출자자가 갖고, 나머지 30퍼센트를 경영자가 갖는 방식을 말한다. 기술과 경영 노하우를 지닌 사람이 자본이 전혀 없을 때 채권단을 구성해 자금을 마련하여 자신의 사업수완을 펼칠 수 있었다. 현재 벤처기업의 운영방식과 매우 흡사하다.[36]

장시상방은 명조에 가혹한 부역을 견디지 못해 유민이 된 농민들이 결성한 상방이다. 강우상방江右商帮이라고도 불렸다. 이들은 활동범위가 광활하여 후난, 후베이, 광둥, 윈난, 구이저우, 쓰촨, 푸젠 등에서 상업을 영위했다. 이들은 자본이 빈약했고, 사업규모가 크지 않았다. 주로 쌀, 차, 도자기, 종이 등의 매매에 종사하였으며 책방, 잡화상, 전당포 등을 경영했다. 주로 개인경영에 치중했으며, 가정 내 분업체계를 이루었다. 심지어 남편은 장사를 하고, 부인은 농사를 짓는 경우도 있었다.

중국인의 상업성

중국인이 대단한 장사꾼이라는 데 이의를 다는 이는 없을 것이다. 주판은 중국 어린아이들의 중요한 장난감이었고 아이들은 글자를 배우기 전에 숫자를 먼저 배운다. 유교, 도교, 불교 등 중국의 복잡한 종교에는 재신財神이 공통으로 한 부분을 차지하고 있다. 장사를 나타내는 중국어 중 하나는 '성이生意'이다. 한자 뜻대로 하면 삶生의 의미意인데, 즉 중국인 삶의 의미 자체가 바로 상업인 셈이다.

중국을 경험한 외국인들은 하나같이 중국인의 단점으로 사기성, 협박성, 교활함, 능수능란한 거짓말 등을 든다. 그러나 이러한 요소들은 위대한 상인이 되기 위해서는 반드시 갖추어야 할 덕목들이다. 물론 중국상인이라면 신용과 의리라는 정의도 있었다. 그러나 이는 대상인大商人 혹은 거상巨商들에게 해당하는 말이었다.

중국에서의 상업주의는 엄청난 유교문화의 무게에 눌려 장사꾼 취급을 받을 수밖에 없었다. 서방에서는 16세기 말 중상주의가 대두되고 18세기 산업혁명을 거쳐 자본주의로 그 결실을 향유할 때도, 공산혁명 중의 중국에서 상업인들은 민족자본을 팔아먹는 매판자본가의 이름표를 목에 걸고 형장으로 향해야만 했다.

1980년부터 시작된 중국의 개혁개방정책은 수십 년 전의 시각으로 보면 합작 형식을 빌려 외국 자본가와 손을 잡은 매판자본가의 대량생산에 지나지 않을지도 모른다. 하지만 중국인의 피에 살아 숨 쉬고 있는 천성天性인 탁월한 상업성을 발휘할 기회를 제공했다.

중국인이 장사를 잘한다는 것은 중국인으로 이루어진 국가인 싱가포르[37]나 타이완을 보아도 알 수 있다. 세계 어디를 돌아다녀도 번창하는 차이나타운 혹은 탕런제唐人街를 가보면 중국인들만의 특유한 상술을 직접 체험할 수 있다. 중국인들은 차이나타운을 당나라 사람들의 거리라는 뜻의 탕런제라 부르는데 가장 풍성한 문화와 경제를 향유했던 당나라 시절을 그리워해서이다.[38]

만약 중국이란 거대한 나라가 자본주의국가였다면 이미 세계의 절반은 차이나타운이 되었을 것이다. 세계은행이 예측한 대로 2020년 중국이 최대 강대국이 되기 위해서는 이러한 상업성이 완벽히 보장된다는 전제前提가 있어야 할 것이다. 전 세계를 주름잡고 있는 화교상인들은 완벽한 상업활동이 보장된 서구 사회에서 활동 중인 중국인들에 지나지 않는다. 지금과 같은 추세로 중국인이 상업성을 발휘할 기회가 넓고 깊게 주어진다면, 많은 중국인의 바람대로 다시 한 번 중화시대가 도래할 것이다.

스님에게 빗 팔기

중국 남방의 한 대기업에서 높은 연봉을 내걸고 영업사원을 모집했다. 회사에 모여든 지원자들에게 "수단과 방법을 총동원하여 열흘 내에 가능한 한 많은 빗을 스님에게 팔고 오라"는 다소 엉뚱한 요구를 했다.

응시자들의 반응은 제각각이었다. 일찌감치 포기하는 사람, 하는 수 없이 해보겠다는 사람, 그리고 "스님들은 모두 머리카락이 없는데 무슨 수로 빗을 팔겠느냐?"며 화를 내는 사람도 있었다. 결국 마지막에 남은 이는 세 사람뿐이었고 각각 나무 빗을 짊어지고 길을 떠났다.

열흘 후 그들은 한자리에 모였다.

첫 번째 지원자 A는 산속에 있는 절에 가서 빗을 팔려다 스님들에게 면박만 당한 채 쫓겨났다. 그리고 돌아오는 길에 우연히 산기슭에서 햇볕을 쬐고 있던 한 스님이 머리를 긁는 것을 보았다. A가 빗으로 긁어주자 시원해하며 그 스님이 빗 한 개를 사주어 팔 수 있었다.

두 번째 지원자 B는 큰 절을 찾아가 참배를 하러 온 신자들의 머리가 바람에 날려 헝클어진 것을 보고 주지 스님에게 말했다. "저런 꼴로 부처님께 향을 올리는 것은 불경스러운 일입니다. 제단 앞에 빗을 놓아두고 머리를 단정하게 빗은 후 참배를 하도록 하시죠." 이렇게 해서 B는 주지 스님에게 빗 10개를 팔 수 있었다.

세 번째 지원자 C는 빗 1만 개를 팔았다. 그는 우선 유명한 절의 주지 스님을 찾아가 협상을 시작했다. 주지 스님이 나무 빗 위에 "공덕소功德梳(공덕을 쌓는 빗)"란 글자를 써서 시주자와 참배객에게 기념품으로 나누어주라는 내용이었다.

참배객이 향을 올리고 나면 스님들이 직접 이 빗으로 머리를 한 번 빗겨준 다음 그 빗을 참배객에게 기념으로 증정하면 되었다. 이렇게 하면 이 절에 참배객들이 훨씬 많아질 것이라며 우선 외상으로 빗 1,000개를 놓고 가겠다고 했다. 만약 자신의 말이 틀리면 돈을 받지 않겠다는 말도 덧붙였다. 주지 스님은 반신반의하며 그 말을 따랐다. 그랬더니 과연 며칠이 지나지 않아 입소문을 타고 참배객들이 물밀 듯 밀려왔다. 주지 스님은 기뻐하며 빗 1만 개를 주문했다고 한다.[39] 이러한 스토리는 '발상의 전환'이 실제 비즈니스 기회로 연결될 수 있음을 방증한다.

여성 CEO를 보는 시각

한국에서의 여성 사장은 사회의 편견과 불평등 같은 온갖 어려움을 극복하고, 1인 4역(직업인, 며느리, 어머니, 아내)을 억척스럽게 해내며, 남성과의 경쟁에서 승리한 인간 승리의 주인공으로 비춰진다. 그러나 1949년 공산혁명 후, 남녀평등을 표방한 중국에서는 여성 사장은 또한 명의 사장일 뿐이다.

중국어 중에 '반볜톈半邊天'이라는 말이 있다. 이는 원래 하늘의 절반이라는 뜻이었으나 '하늘의 절반을 받치고 있는 여성'을 가리키는 별칭이 된 지 오래다. 이처럼 중국 여사장에 대한 우리와 다른 시각은 협상장에 들어선 한국 기업 비즈니스맨이 반드시 이해해야 할 부분이다. 중국에 진출한 외국 기업 CEO들 역시 중국 여성이 서양 여성보다 경력을 개발하도록 장려되고 있다고 말한다.[40]

공산당 이외에 중국을 이끄는 대표적인 세 가지 단체가 있다. 첫째는 공산당청년단이고, 두 번째가 전국총노동자회, 그리고 마지막이 중화전국부녀연합회中華全國婦女聯合會이다. 봉건시대를 무너뜨린 신중국은 여성에게 해방과 함께 무거운 짐을 주었다. 공산당이 실현한 남녀평등은 어찌 보면 여성에게 이전에는 없던 노동의 의무를 지워준 또 다른 불평등인지도 모른다. 전국부녀연합회 모훙 부장에 따르면 중국 과학자의 40퍼센트가 여성이다. 모 부장은 중국이 우수한 여성 인재를 많이 배출한 덕에 지금까지 발전해왔다며 여성 우주인에 이어 여성 심해 잠수사도 나올 것으로 전망했다. 또한 연구 프로젝트에서 퇴출되는 여성이 나오지 않도록 여성 과학자의 기금신청 연령한도를 40세로 올리고, 출산 시에는 연구기간을 연장해준다. 출산과 육아 때문에 일자리를 포기하지 않도록 하고 아이를 낳고 와도 계속 프로젝트에 참여할 수 있게 하는 것이다.

중국 정부도 여성 기업인을 키우는 데 힘을 쏟고 있다. 중국에는 여대생 창업센터만 8,100곳에 달한다. 수십만 명의 여학생들이 여기서 창업의 꿈을 키운다. 모 부장은 중국 여성들의 창업 성공률은 97퍼센트라며 특히 여성 기업가들이 경영하는 기업 중에서 손해를 본 기업은 10퍼센트에 불과하다고 설명했다. 여성이 안정적으로 기업을 운영한 결과라는 해석이다.

중국이 여성 기업가를 육성하려는 이유는 고용의 선순환 때문이기도 하다. 실제 중국 여성이 경영하는 기업 60퍼센트가 직원의 절반 이상을 여성으로 채운다. 여성들을 위한 일자리를 여성이 앞장서 만들어내는 것이다. 여성 창업을 장려하기 위해 중국은 2009년에서 2012년 사이에 여성이 소액대출을 받으면 정부에서 이자를 보조해주는 제도를 실시했다. 1인당 4만~5만 위안(910만 원)의 자금이 지원됐는데 이를 통해 268만 명의 여성이 창업과 취업에 성공했다.

글로벌 회계법인 그랜트손턴이 200여 개 중국 기업을 대상으로 한 조사결과에 따르면 중국 기업 경영진에서 여성의 비율은 세계 평균 24퍼센트를 크게 웃도는 51퍼센트로 집계되었다. 중국 재계에서 여성들이 맹활약하고 있는 것이다. 이는 필리핀(37퍼센트), 태국(36퍼센트), 베트남(33퍼센트)보다 월등히 높은 수준이다.[41]

지금은 경제환경상 맞벌이를 하지 않으면 자녀교육이나 주택문제 등 도시생활을 영위하기 어려워서 맞벌이를 한다고 한다. 그러나 개혁개방 이전에는 모든 여성이 직장에 나가야만 했다. 아직도 베이징의 많은 버스 운전기사는 여성이고 대중을 대하는 직업(차장, 매표원, 건물관리인 등)은 몇십 년 전에 국가가 배정해준 직장에서 첫 사회생활을 시작해온 부녀자들이 채우고 있다.

중국의 한 자녀 정책으로 중국의 어머니는 다른 나라보다 육아 부담이 덜하다는 평가도 있는데, 이는 조부모가 손녀나 손자를 돌보는 전통이 남아 있기 때문이다. 따라서 출산 후 여성 근로자들은 시댁이나 친정 부모에게 자녀의 육아를 부탁하고 직장에 돌아갈 수 있는 환경이 조성될 수 있었다.

영향력을 확대하는 여성 정치인들

신중국이 성립된 것은 1949년 10월 1일이며, 세계 여성의 날인 3월 8일이 중국에서 부녀절婦女節로 지정된 것은 같은 해 12월이었다. 세계 여성의 날은 1908년 3월 8일 미국 여성 섬유노동자들이 루트커스 광장에 모여 10시간 노동제와 작업환경 개선, 참정권 등을 요구하며 시위를 벌인 것을 기념하기 위해 제정되었다. 1910년 덴마크 코펜하겐에서 열린 제2차 여성운동가대회에서 독일의 노동운동가 클라라 제트킨이 결의하였다. UN도 세계 여성의 지위 향상을 위하여 1975년에 매년 3월 8일을 기념일로 지정한 바 있다.

'싼빠제三八節'라고도 불리는 중국 여성의 날에 〈중국신문망中國新聞網〉이 여성 정치인 특집을 다루었다.[42] 사회 각계각층에서 여성 참여가 다른 어느 나라보다 높은 중국에서도 정치 분야만큼은 남성이 주도해왔다. 그러나 1977년 전국인민대표대회(전인대)의 여성비중이 21퍼센트까지 증가한 이후 느리지만 꾸준한 상승세를 이어왔다. 2013년 전인대에

자료: 중국 외교부 홈페이지 www.fmprc.gov.cn (2013. 4.)

참석한 여성 대표는 지난 회의보다 62명이 증가한 699명으로 전체의 23.4퍼센트를 차지했다. 2013년 전인대에 참가한 눈에 띄는 여성 대표로는 중국 최초 여성우주인 류양劉洋, 지우링허우90後(1990년대생)로 최연소 인민 대표이기도 한 런던 올림픽 다이빙 금메달리스트 천러우린陳若林 등이 있다.

2013년 전인대에서 여성 첫 대변인으로 등장한 푸잉傅瑩 외교부 부부장(차관)도 대표적이다. 부드러운 목소리와 백발, 이야기하듯 명확한 의사를 전달하는 푸잉은 몽골족 출신의 정통 외교관이다. 매주 외교부 외신 인터뷰에 등장하는 여자 대변인이 화춘잉華春瑩이다. 1970년생인 그녀는 치링허우70後(1970년대생)로 중국 외교부의 5번째 여성 대변인이다. 2007년 중국 최초의 타이완 판공실 여성 대변인으로 발탁된 판리칭范麗靑 국무원 타이완 판공실 대변인도 대표적 여성 정치인이다.

중국 정치계 고위직에서도 여성을 찾아볼 수 있다. 박근혜 대통령 취임식에 특사로 참석한 류옌둥劉延東 정치국 위원 겸 국무위원은 여성으로 현재 최고위직에 올라 있는 인물이다. 또한 2013년 3월 위생부와 국가인구계획생육위원회를 통합하여 신설된 중앙부처인 국가위생계획생육위원회 주임(장관급)에 오른 리빈李斌 전 안후이성 성장, 최근 톈진시 당서기를 맡은 쑨춘란孫春蘭 역시 대표적인 고위 여성 정치인이다.

내 기억에 강인한 신중국 여인상을 심어준 사람은 전 우이吳儀 장관이다.[43] 1997년, 대외경제무역합작부(현 상무부) 장관이었던 우이가 TV에 나와서 중국의 WTO(당시 GATT) 가입 사안을 두고 "중국은 할 일을 다 했으며 이제 중국의 WTO 가입 여부는 서방 국가들의 책임"이라고 강경하게 발언하던 것이 아직도 기억에 새롭다. 같은 시대에 온화하고 합리적이며 기회주의적이기까지 한 중용의 외교정책을 구사했던 첸치천錢其琛 외교장관의 이미지와 상반되었기 때문일 것이다.

2. 음식과 접대

::

음식문화

중국의 많은 지역에서 "식사하셨습니까吃了吗?"라는 질문은 식사 여부를 묻기보다는 '안녕'을 묻는 일상적인 인사말이다. 중국인들이 일곱 가지 보물로 여기는 것은 장작, 쌀, 기름, 소금, 장, 식초, 차인데 모두가 음식물이다. 중국어 상용어에서 식기 이름이 출현하는 빈도도 높다. '그릇을 깨다打碎碗'와 '검은 솥을 지다扛黑锅'는 말은 운 없는 일을 당하거나 무고하게 죄를 뒤집어쓴 경우를 의미한다. 우리도 잘 아는 '철 밥그릇铁饭碗'은 계획경제 시절 적자를 내도 자리가 유지되는 국유기업 일자리를 의미했다. 이처럼 중국인에게 음식은 생활이자 문화로 스며들어 있다.[44]

공자는 《논어》에서 먹어서는 안 되는 음식 열 가지를 설명했다. "어류와 육류는 맛이 변하거나 부패한 것은 먹지 말고, 평상시의 색깔과 같지 않은 음식, 익히지 않은 음식, 정찬正餐(정식 식단)이 아닌 음식은 먹지 말아야 한다. 네모 반듯하게 자르지 않은 음식, 장을 뿌리지 않은 고기는 먹지 말아야 한다. 고기가 아무리 많다 해도 밥보다 많이 먹으면 안 된다. 술은 주량에 따라 적당히 마시고, 술에 취해 일을 그르쳐서는 안 된다. 길거리에서 파는 마른고기는 불경하니 먹지 말고, 생강 같은 음식을 식탁 밑으로 흘려서는 안 되며, 음식을 너무 많이 먹어서도 안 된다." 이미 공자는 2,500년 전에 음식의 조리와 위생에 대한 엄격한 요구를 한 셈이다.[45]

중국 음식의 제조과정을 팽조烹調. peng tiao라고 하는데, '팽'은 음식물을 익히는 것을 의미하고 '조'는 여러 가지 맛의 조화를 의미한다. 현재는 중국이나 서구 모두 분식제分食制, 즉 각자 먹을 양만큼 덜어서 먹는 방식을 취하고 있다. 그러나 출토된 유물을 보면 당唐대부터는 식탁에 앉은 사람 모두가 함께 음식을 먹을 수 있도록 한 개의 식기에 모아 올리는 회식제會食制가 보편화되었다. 그러나 서양과 문화교류가 빈번해지면서 다른 이와 타액이 섞이는 비위생적인 상황을 피하고 정확한 배분이 이루어지지 않아 음식 낭비가 심한 점을 개선하기 위해 분식제로 회귀하였다.

중국 8대 요리

일반적으로 광둥 요리 위에차이粤菜, 쓰촨 요리 촨차이川菜, 산둥 요리 루차이魯菜, 장쑤성 화이안과 양저우 일대의 화이양차이淮揚菜를 아울러 중국 4대 요리라 한다. 또한 중국 8대 요리로는 위 쓰촨 요리, 산둥 요리, 광둥 요리에 더해 푸젠 요리 민차이閩菜, 장쑤 요리 쑤차이蘇菜, 저장 요리 저차이浙菜, 후난 요리 상차이湘菜, 안후이 요리 후이차이徽菜 등을 꼽는다.

"네 발 달린 것은 책상만 빼고, 두 발 달린 것은 사람만 빼고, 하늘을 나는 것은 비행기만 빼고, 물속을 헤엄치는 것은 잠수함만 빼고 다 먹는다"고 할 정도로 진귀한 식재료를 활용한 요리가 위에차이(광둥 요리)다. 중국의 교자餃子 문화와 서양의 베이커리 문화가 결합되어 탄생한 딤섬 역시 위에차이의 일부이다. 바다 생선을 주로 사용하고 죽粥 종류도 많다. 광둥 요리의 특징 중 하나는 절기節氣에 따른 음식 종류가 다양하다는 것이다. 심지어 같은 음식이라도 여름철과 겨울철에 요리하는 방법이 다를 정도로 절기와 음식 간의 조화를 중시한다.

쓰촨분지의 비옥한 토지에서 나는 농산물을 이용해 혀가 마비될 정도로 맵게 요리한 음식이 촨차이(쓰촨 요리)다. 쓰촨 요리는 짜릿한 맛, 매운맛, 풋풋한 맛, 부드러운 맛 등 다양한 미각을 제공한다. 마파두부, 어향육사는 촨차이의 대표요리다. 우리의 백김치와 다를 바 없는 시큼한 쓰촨 김치도 빠뜨릴 수 없다.

산둥성은 해산물 생산량에서 중국 1위를 차지할 뿐 아니라 농산물도 풍부하다. 중국 황실 요리사의 70퍼센트가 산둥성 출신이었을 정도로 루차이(산둥 요리)의 위력은 대단했다. 한국에 진출한 중국 화교의 90퍼센트 이상이 산둥성 출신인 만큼 한국의 중화요리도 루차이의 절대적인 영향을 받았다. 산둥 요리는 파와 마늘, 육류를 많이 사용하며, 궁중음식의 색채를 띤다.

화이양차이는 정교한 칼질, 섬세한 조리법, 풍부한 맛으로 정평이 났다. 민물 생선을 많이 사용하고 깔끔하면서도 담담하고 상쾌한 맛이 특징이다. 1949년 중화인민공화국 건국을 축하하는 '건국 공식만찬建國第一宴', 1999년 건국 50주년 경축연회, 2002년 미국 부시 대통령 환영 만찬 등에 모두 등장했을 만큼 중국인의 사랑을 받고 있는 요리가 화이양차이다.

차오저우 요리는 광둥 요리의 일부분인데 지리적으로 차오저우가 푸젠성 남부에 인접하여 푸젠 요리의 특징까지 함유하고 있다. 차오저우潮州는 두 가지 개념이 있는데 현재의 광둥성 차오저우시(인구 266만 명)의 행정구역상 개념과 그보다 범위가 넓은 명·청시대 설치된 행정구역인 차오저우부潮州府 산하의 여러 현급 소재지를 포괄하는 개념이다. 이는 현재 광둥성 차오안潮安을 중심으로 인접한 푸젠성 일부까지 포괄하고 있다. 차오저우 요리는 후자 개념에서 나온 것이다. 차오저우 지역은 특유의 차오저우 문화와 함께 조상潮商이라 불리는 상인·상술로 유명한데, 홍콩 화교 재벌 리카이싱李嘉誠이 바로 차오저우 출신이다.

차오저우요리는 탕湯, 담淡, 감甘, 만慢으로 특징지을 수 있다. 먼저 '탕'은 국물이 많다는 의미이다. 차오저우 요리의 30퍼센트가 국물로 이루어져서, 차오저우 요리를 먹고 오면 뱃속에서 물이 철렁거리는 소리가 들린다는 우스갯소리가 있을 정도다. '담'은 대체로 담백함을 의미한다. 고기를 삶을 때도 한지를 사용해 기름과 불순물을 걷어내기 때문이다. '감'은 달다는 의미이다. '보리러우琉璃肉'라는 요리는 투명하게 보이는 돼지고기 절임인데 돼지고기를 얇게 썰어 설탕물에 24시간 담갔다가 삶은 것이다. '만'은 조리시간이 길다는 의미다.[46]

차와 비즈니스

중국 비즈니스 이야기를 하면서 '차茶'를 빼놓을 수 없다. 우리나라에서 차는 보통 식전이나 식후에 마치는 음료지만 중국에서 차는 식사 시작과 중간, 그리고 마지막까지 끊임없이 먹는 일종의 '요리'라 할 수 있다. 따라서 고급식당은 물론 일반식당에서는 음식 메뉴판과 아울러 차 메뉴판茶單, 茶飮單이 따로 있을 정도이다. 아래 메뉴판 사진에서 보이는 것처럼 중국 식당에서는 차를 한 주전자壺(후) 혹은 한 잔杯(베이) 단위로 판매한다. 두 경우 모두 더운물을 추가로 제공한다.

차 메뉴판

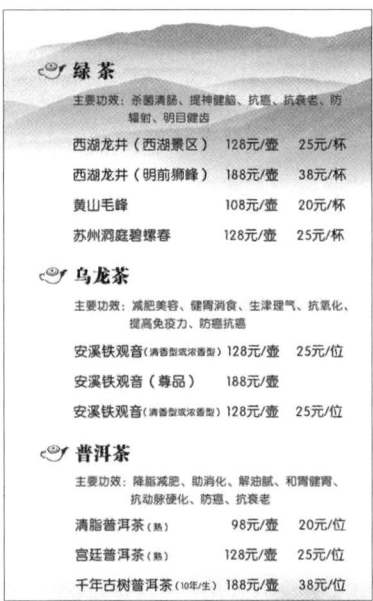

자료: 〈중화미식망(中華美食網)〉 www.zhms.cn (2013. 1.)

차는 보통 일곱 종류로 나뉘는데 녹차綠茶, 홍차紅茶, 우롱차烏龍茶, 백차白茶, 황차黃茶, 흑차黑茶 그리고 재가공차인 화차花茶가 있다. 찻잎에는 산화효소가 포함되어 있다. 찻잎을 따는 순간부터 효소가 작용해 찻잎의 타닌을 산화시킨다. 산화가 진행되면 찻잎은 다갈색으로 변하고 나중에는 빨갛게 되어 홍차가 된다. 효소의 작용을 멈추기 위해서는 열을 가한다. 찻잎을 따서 즉시 열을 가해 만든 것이 녹차이고, 반발효차는 효소 발효를 진행시키고 나서 가열한 것이다. 즉 발효 정도에 따라 녹차(불발효차), 황차(후발효차), 흑차(후발효차), 백차(부분발효차, 약발효차), 청차(부분발효차, 우롱차), 홍차(강발효차)의 여섯 종류로 구분하며, 재가공차인 화차를 포함하면 일곱 종류로 나뉘는 것이다.

먼저 녹차는 찻잎을 따서 바로 가열하여 발효시키지 않고 만든 차이다. 찌는 방법과 볶는 방법이 있는데 볶는 방법이 중국식이고 떫은맛과 쓴맛이 적고 향기와 맛이 상쾌하다. 중국 녹차는 일본의 찐 녹차의 일종인 센차煎茶보다 정갈한 맛이 덜하다. 그중에서 으뜸인 녹차가 서호용정西湖龍井이다. 항저우의 시후西湖라는 호수 주변의 산 일대에서 자라는 녹찻잎으로 만든 차인데 예부터 물이 좋기로 유명한 곳西湖이 산지라서 유명해졌다. 한국 녹차보다 부드러운 맛이 특징이다. 차 파는 곳에서는 박스나 캔으로 포장된 차 제품 외에는 근斤 단위로 무게를 달아서 파는데 1근은 500g이다. 일반 화차가 1근에 50위안 전후인데, 서호용정은 최소 500위안이 넘으니 그 가치를 알 수 있다. 이외에도 유명한 녹차로는 서호용정보다 엷은 황산마오펑黃山毛峰과 둥팅삐뤄춘洞庭碧螺春이 있다.

홍차라면 레몬 한 조각을 띄워 마시는 노란색 라벨의 립톤 홍차만 있는 것이 아니다. 중국에도 치먼홍차祁門紅茶라는 최고급 홍차가 있다. 치홍祁紅이라고 줄여서 부르는 이 홍차의 최대 소비지가 영국이라고 한다. 발효차여서 적지 않은 카페인이 들어 있는 홍차는 많이 마시면 커피처럼 잠을 청하기 어렵다. 하지만 치홍은 부드러운 맛에 홍차의 향을 그대로 간직하고 있다. 찻잎을 먼저 넣고 약 80도 정도 되는 뜨거운 물을 찻잔에 붓고 아주 천천히 퍼지는 붉은색의 홍차 기운을 보는 것도 치홍을 마시는 즐거움 중 하나이다.

청차靑茶는 중국 남부와 타이완이 주산지인 차로서 발효 도중에 가마에 넣어서 볶아 발효를 멈추게 한 발효도 20~60퍼센트 정도의 반발효차를 말한다. 녹차와 홍차의 중간적인 차로서 우롱차라고 불린다. 녹차의 산뜻함과 홍차의 깊은 맛을 합친 중국 특유의 차이다. 식사 후에 마시면 입안이 깔끔해지고 소화를 돕는다. 우롱차는 캔 음료까지 출시될 정도로 한국에서도 유명한 차가 됐다. 차를 차가운 캔에 담아서 마시는 것이 어울리지 않을 수도 있지만, 우롱차는 홍차와 녹차의 중간인 반발효차이어서 차가운 음료로 마실 만하다. 녹차의 개운한 맛과 홍차의 진한 맛을 모두 가지고 있기 때문이다. 타이완에서 많이 마시는 티에꽌인 역시 우롱차의 일종인데 다른 차보다는 부드러운 맛이다. 원산지가 푸젠성 안시현인 티에꽌인은 이름의 유래에 관한 전설을 가지고 있다. 안시현의 차를 재배하는 한 농부가 매일 아침 관음상 앞에 한 잔의 차를 떠놓고 예불을 드려왔는데, 어느 날 바위틈에서 밝은 빛이 나는 차 나무를 발견하였다. 생긴 것이 범상치 않아서 잘 배양하여 차를 재배하였는데, 그 맛이 철鐵처럼 중후하고 또 관음보살이 준 것같이 오묘하여 그 이름을 '티에꽌인鐵觀音(철관음)'으로 했다고 한다.

흑차는 후발효차로 찻잎을 건조시키기 전에 발효시킨 차이다. 찻잎 색은 흑갈색으로 찻물은 갈황색이 된다. 특이한 곰팡이 냄새가 나지만, 익숙해지면 독특한 풍미와 감칠맛을 느낄 수 있다. 광둥 요리에 잘 어울리는 차이다. 오래된 것일수록 풍미가 더해진 귀한 것으로 여기게 된다. 대표적인 흑차로는 윈난성의 보이차普洱茶와 후난성 바이사시白沙溪 흑차가 있다.

백차는 찻잎에 흰 털이 많은 것이 특징이며, 발효도는 10~20퍼센트인 미微발효차이다. 인위적으로 볶지 않고 천연의 햇빛으로 건조시킨다. 찻잎은 새하얗고 찻물은 아주 연한 색인 것이 특징이다. 맑은 향이 추출되고 생산량이 많지 않아서 귀하다. 바이하오인쩐白豪銀針이 유명한 브랜드이다.

황차는 경발효차이다. 찻잎이 황색으로 찻물도 옅은 황색이 특징이다. 가벼운 후발효법으로 만든다. 녹차와 청차의 중간 풍미의 차로서 생산량이 적다. 산뜻하고 단맛이 차의 품위를 고급스럽게 한다. 대표적인 황차로는 쥔산인쩐君山銀針이 유명하다.

한국의 중국 음식점에서 요리가 나오기 전에 제공되는 꽃 향이 나는 차가 재스민차Jasmine Tea인데 이는 대표적인 화차이다. 중국어로는 모리화茉莉花차라고 한다. 화차의 대표격인 푸젠성 모리화차는 재스민 향을 첨가한 차인데 베이징 요리와 쓰촨 요리에 잘 어울린다.

만두와 교자

우리가 만두饅頭라고 부르는 음식은 중국에서는 교자에 해당한다. 만두는 중국에서 '만터우'라고 발음하며 우리의 찐빵에 가깝다. 중국의

화쥐엔(왼쪽)과 지아오쯔(오른쪽)

자료: 〈중화미식망(中華美食網)〉 www.zhms.cn (2013. 1.)

만터우는 겉이나 속이 밀가루이며 내용물이 없어서 대개는 다른 음식과 함께 먹는다. 한국 중식당에서 고추잡채와 같이 먹는 꽃빵을 생각하면 될 것 같다. 주로 북쪽 지방에서 주식으로 먹는데 밀가루에 이스트를 섞어서 찐 것으로 중국 음식점에서는 만터우로 불리기보다는 화쥐엔花卷 혹은 인쓰쥐엔銀絲卷으로 통칭된다.

우리의 만두는 중국에서는 지아오쯔餃子(교자)이다. 밀가루(또는 찹쌀)를 반죽하여 얇게 여민 다음 잘게 저민 고기나 채소를 넣고 찐 것으로 '지아오餃'자는 껍데기 가장자리를 맞추어 둘러싼다는 뜻이다. 본래는 만주족滿族 음식이었으나 청나라가 중국을 정복한 후 베이징에 전해졌다고 한다. 물만두는 쉐이지아오水餃, 한 면만 튀긴 군만두는 궈티에鍋貼, 양면을 다 튀긴 군만두는 지엔지아오煎餃라고 한다.

중국 요리의 분류

중국은 지형과 풍토가 이질적인 만큼이나 음식도 다양하다. 앞서 이 야기한 8대 요리는 대표주자인 셈이고 현대 중국인이 생각하는 중국 요리의 분류는 스무 가지가 넘는다. 베이징의 가정마다 한 권씩 갖추고 있다는 생활지침서인 《베이징인 수첩北京人手帖》에는 2만 개가 넘는 베이징 소재 식당들을 22개 범주로 나누고 있다. 이를 살펴보면 다음과 같다.

- 베이징 요리, 상하이 요리
- 청진淸眞 요리(이슬람교도를 위한 요리)
- 궁중 요리, 해물 요리
- 산둥 요리, 쓰촨 요리, 윈난 요리, 둥베이 요리, 티베트 요리
- 불고기 요리, 채소 요리
- 차오저우 요리 (푸젠 민난 요리 중 한 분파로 해산물, 독특한 양념으로 유명)
- 후난 요리와 후베이 요리
- 신장 요리, 구이저우 요리, 몽골 요리, 시베이 요리
- 상어지느러미·전복·제비집 요리
- 약선藥膳 요리(약재를 이용하는 건강식)
- 장저江浙 요리(장쑤성 난징, 저장성 항저우 지역 요리)

4대 요리나 8대 요리 정도로 중국 음식을 알고 있던 우리에게 이 현란한 스펙트럼은 당혹감을 안겨준다. 중국 영토의 60퍼센트를 차지하고 있는 소수민족들은 한족과 다른 독특한 음식문화를 지켜나가고 있

다. 민족의 수만큼 요리가 있고 요리의 수만큼 민족이 있다고 할 만큼 각 민족에 따라 음식의 재료나 조리방법이 다르다.

중국인들이 평생 못 해본다는 세 가지(한자를 다 익히지 못하고, 중국 땅을 다 가보지 못하고, 중국 음식을 다 맛보지 못한다)는 결코 과장이 아니다.

중국 식당 간판 읽는 법

전 세계 요리의 전시장이자 각 지역 요리의 경연장인 수도 베이징. 거리를 걷다가 식당 간판만 보고 안에서 어떤 음식들이 만들어지고 있는지 알아채기까지는 적지 않은 내공이 필요하다. 식당 상호에는 식당의 내력과 고급스러운 중국 문화의 정수가 농축되어 있기 때문이다.

'베이징덕'으로 알려진 베이징 오리고기 전문점 취엔취더全聚德, 양고기 샤부샤부 요리점인 동라이순東來順, 두이추都一處 등과 같은 라오쯔하오老字號(전통 브랜드)는 역사가 수백 년이 된 전통 음식점과 상점이다. 이들은 검은색 바탕에 금색 글씨를 쓴 간판을 사용한다.

오래된 라오쯔하오는 야사野史도 많은데, 두이추는 산시 출신인 왕레이푸王瑞福가 베이징 치엔먼前文에 1738년(건륭 3년) 개점한 식당으로 그 역사가 이미 260년이 넘었다. 1752년(건륭 17년) 섣달그믐 밤, 변복 차림의 건륭황제가 시찰을 마치고 식당을 찾았으나 모두 문을 닫아 겨우 이곳에 도착했다. 식사를 맛있게 한 황제가 식당 이름을 물었는데 상호가 없다고 했다. 그래서 섣달그믐 수도 베이징에 문을 연 단 한 곳의 식당이라는 뜻으로 두이추(수도의 단 한 곳)로 지어주었다고 한다.

두이추와 달리 대다수의 음식점 상호에는 지역적 특색이 여실히 드러난다. 라오베이징짜장면老北京炸醬麵, 네이멍구샤오페이양內蒙古小肥羊,

베이징 두이추 식당 앞의 건륭제 동상

자료: 두이추 식당 홈페이지 (2013. 1.)

쓰촨반점四川飯店, 카이펑띠이루開封第一樓 등은 지역이나 주력 메뉴를 상
호에 직접 표기했다. 그러나 모든 상호가 이렇게 직설적이지는 않다.

  유신촨차이渝信川菜는 충칭시의 약칭인 유渝와 쓰촨성의 약칭인 천川
을 함께 썼으니 쓰촨 요리점이다. 《삼국지연의》를 연상시키는 촉국연
의주루蜀國演義酒樓나 파국포의巴國布衣도 마찬가지로 쓰촨 요리 전문점이
다. 이는 삼국시대 쓰촨지역에 촉蜀나라가 있었기 때문이다. 진晉이라
는 글자가 있는 진양반장晉陽飯庄에서는 산시성 음식을, 상湘이라는 글
자가 있는 상원湘園에서는 맵기로 정평이 난 후난 요리를 맛볼 수 있다.
'상악정湘鄂情'은 두 지역의 약칭인 상湘과 악鄂이 들어 있으니 후난 요리
와 후베이 요리를 함께 내는 음식점이다.

천안문 광장 인근에 자리한 차마고도茶馬古道에서는 정통 윈난 요리를 맛볼 수 있다. KBS에서 다큐멘터리로 방영했던 '차마고도'는 윈난성의 차와 티베트의 말이 오가던 오랜 교역로였다. '아홉 개의 머리를 가진 새'라는 뜻의 '구두조九頭鳥'는 대표적인 후베이 요리 전문점이다. 머리가 영리하고 이해타산이 분명한 후베이 사람들을 구두조라고 부른다. 저장성 샤오싱이 고향인 현대 문학가 루쉰의 유명한 소설 제목을 가져온 '공을기孔乙己'는 화려한 화이양淮揚 요리 전문점이다. 베이징 외교부 맞은편에 위치한 '아판티阿凡提(위구르족 성인 이름)'는 〈월스트리트저널〉이나 〈뉴욕타임스〉에까지 소개된 유명 식당이다. 여기서는 매일 밤 신장 위구르족의 공연과 음식으로 화려한 연회가 벌어진다.

술과 함께하는 식사 접대

중국인은 식사를 '먹는 예술吃的藝術'이라고 표현한다. 다시 말하자면 먹는 것은 중국인에게 단지 에너지 보충이 아니라 오페라나 갤러리 감상처럼 예술성을 따지는 일이다. 그러므로 중국인은 제대로 된 한 끼 식사를 손님에게 접대할 때 직장인 한 달 봉급을 다 쓰기도 한다.

중국 회계처리 관행은 현대 중국의 식사 접대문화와 연결되어 있다. 즉 회사에서 손님에게 식사비로 나가는 접대비는 한도에 따라 적절히 회계처리할 수 있지만, 술집에서 접대한 영수증의 회계처리는 매우 힘들다. 따라서 중국인은 접대 시 반드시 식사자리에서 술 접대까지 해야 하는 시스템적 제한을 가지고 있다. 이는 한국이 1차, 2차로 이어지는 접대문화를 가지고 있는 것과 다른 점이다.

따라서 중국인의 상거래에 따르는 접대는 주로 호화스러운 레스토랑에서 고급음식과 고급술로 대접하는 것을 의미한다. 이는 중국의 상거래가 식탁 위에서 이루어질 수도 있음을 방증하는 근거이기도 하다. 이러한 현대 중국의 접대문화는 수십 년간 지속되어 왔고 일종의 관습처럼 이어져 오고 있다. 따라서 중국인의 식사예절뿐만 아니라 접대관습을 아는 것은 중국 상거래의 기본 중 하나를 터득하는 일이다.

요리 주문법

요리 주문하는 수준을 보면 그가 얼마나 중국통中國通인지 알 수 있다는 이야기가 있다. 중국에서 요리 주문법이 그만큼 어렵다는 의미일 것이다. 중국 요리는 밥과 국 그리고 반찬이 거의 한꺼번에 나오는 우리와 달리 전채, 요리, 식사, 후식으로 나누어지며 나오는 순서도 요리 종류에 따라 각기 다르다.

중국 요리를 주문하는 경우 종류도 많고 이름 또한 복잡해서 그 요리가 어떤 재료로 어떻게 조리가 되어 나오는지 파악하기 어렵다. 무조건 비싼 것을 주문하여 예산을 낭비할 수도 없고 너무 싼 것으로 주문하여 손님에게 인색하다는 느낌을 주어서도 안 될 것이다.

고기(쇠고기, 돼지고기), 생선, 채소를 어느 정도 배합해야 하는지, 중국 어느 지방에서 온 사람들은 어떤 요리를 좋아하는지, 술은 어떤 종류로 어느 도수로 마셔야 적당한지 등에 대해 공부해야 한다. 또 요리 주문 시 명심해야 할 것은 상대방이 먹지 못하는 양념(한국인이 주로 못 먹는 샹차이香菜 등)이나 특별한 알레르기 반응이 있는 음식재료를 미리 알아두어야 한다. 이를 중국어로는 '진지禁忌'라고 표현하는데, 고급식당에서는 종업원이 으레 손님에게 이를 물어보고 음식을 조리할 때 이를 빼고 조리하여 준다. 중국인에게 접대할 때 더 세심한 요리 주문은 상대방에게 좋은 인상을 심어줄 것이다.

중국인은 한국인처럼 쇠고기, 돼지고기, 회, 채소 등 다양한 음식을 모두 즐기는 경우가 드물다. 일반적으로 보면 여성은 식당 분위기를 고려하고 남성은 본인이 좋아하는 음식 자체에 치중하는 경향이 있다. 중국 북방 사람은 면麵을 좋아하고 짠 음식을 좋아한다. 허베이성 사람은 짠 음식을 즐기며, 톈진 사람은 짠 음식 중 조금은 단 음식을 좋아하고, 산시山西 사람은 짠 음식 중 시고 매운 음식을 좋아한다. 동북 사람은 짜고 시고 매운 음식을 선호하고, 서북 사람은 시고 매운 음식을 좋아한다. 베이징 사람은 고기 중 돼지고기·양고기를 좋아하며 짠 음식을 즐긴다. 상하이 사람은 해물류와 약간 단 음식을 좋아한다. 광둥 사람은 해물류와 국湯을 좋아한다.

중국에 존재하는 55개 소수민족의 식습관도 그 생김새만큼이나 한족과 차이가 많다. 몽골족은 식사할 때 항상 유乳제품 및 고기를 먹는데 고기는 주로 소, 양, 낙타, 말고기 순으로 선호한다. 몽골 사람들은 양고기를 먹을 때 물로 삶은 것을 좋아하며, 식사할 때 항상 밀크티milk tea를 같이 마신다. 그들은 술을 잘 마시며 바이주, 맥주, 유주乳酒, 마유주馬乳酒를 선호한다. 만주족은 주로 쌀과 밀가루음식을 선호하며 딱딱한 빵과 돼지고기도 좋아한다. 면 요리는 일반적으로 산둥성, 허난성 북부, 산시성 사람들이 주식으로 먹는다. 특히 산시성 면 요리는 유명하다. 기타 지역은 쌀을 주식으로 삼고 있어 면 요리는 별식인 셈이다. 산둥 사람들은 국수류 외에도 각종 만두류 요리를 좋아한다.

요리 주문에도 순서와 원칙이 있다. 중국 요리는 많은 반찬이 한꺼번에 상에 올라오지 않고 한 가지씩 제공되며 손님이 다 먹은 후에야 다시 새로운 요리가 올라온다. 기본적으로 여섯 가지, 여덟 가지, 열두 가지, 열네 가지 등으로 올라온다. 요리 종류별로 상에 올라오는 순서가 지방마다 조금씩 다르긴 하지만 대체적으로 다음과 같은 원칙이 있다.[47]

- 찬 요리 먼저, 뜨거운 요리 나중에
- 요리 먼저, 디저트 나중에
- 볶은 요리 먼저, 삶은 요리 나중에
- 짠 요리 먼저, 단 요리 나중에
- 담백한 요리 먼저, 기름진 요리 나중에

따라서 요리 주문 시에도 위와 같은 원칙을 지켜야 한다. 우선 몇 가지의 냉채Cold dish를 주문해야 식탁에 메인 요리가 올라오기 전에 초라해 보이지 않는다. 그리고 각 지방 혹은 그 식당의 특색 요리를 주문한다. 예를 들면 샥스핀·해삼·전복·제비집 등은 특색 요리이며, 생선·고기·채소 요리는 일반 요리이다. 특색 요리는 맛을 보는 정도로 주문해야 한다. 특색 요리로 배를 채우지는 않으므로 사람이 많으면 고기를 많이 주문해야 한다.

중국인은 짝수를 좋아하므로 4인 이상일 때는 기본적으로 여섯에서 열두 가지 요리를 주문하고, 특별한 손님에게는 더 많은 요리를 주문할 수도 있다. 식후 디저트로는 만두, 케이크, 과일 등을 주문한다. 네 명 정도는 서너 가지 냉채, 서너 가지 볶음 요리Hot dish, 그리고 메인 요리Main dish(특색 요리나 특별 요리), 국, 마지막으로 한두 가지 디저트를 주문하는 것이 일반적인 요리 주문법이다. 우리와 달리 밥이나 면을 먹지 않는 경우도 많으며 식사가 끝나기 전에 손님에게 반드시 주문 여부를 물어보는 것이 좋다. 죽통밥竹筒飯이나 쓰촨 딴딴미엔担担面처럼 방문한 식당의 메뉴 중 밥 혹은 면 자체가 특색 요리인 경우에는 반드시 주문해야 할 것이다.

그러나 친구와 같이 가볍게 식사할 때는 요리 네 가지(네 명의 경우)와 국 하나를 주문해도 무방하다. 중국 요리 주문 시 사채일탕四菜—湯(네 가지 요리와 국 한 가지), 육채일탕六菜—湯(여섯 가지 요리와 국 한 가지), 팔채일탕八菜—湯(여덟 가지 요리와 국 한 가지) 등 숫자를 따지기도 한다. 볶은 밥이나 국은 큰 그릇에 한꺼번에 담겨 나오며 테이블에서 종업원이 작은 1인용 국그릇에 나누어 준다.

사스 발생(2003), 베이징 올림픽 개최(2008) 이후 중국의 음식문화도 많은 변화를 보이고 있는데, 대표적인 변화로는 도수가 높은 독주白酒보다는 건강에 좋은 포도주를 마시고 음식은 먹을 만큼만 적당히 주문하는 것 등을 들 수 있다. 중국인의 식탁에도 웰빙 바람과 환경보호 개념이 등장하고 있는 것이다. 따라서 접대하는 손님 격식에 따라 전통적인 음식 주문법에 얽매이기보다는 실용적인 방법을 찾는 것도 필요해 보인다.

중국 메뉴판 보는 방법

한식의 요리 이름은 재료와 조리법으로 이루어져 있다. 김치찌개, 오징어볶음, 조기구이, 갈치조림, 아귀찜 등처럼 말이다. 중국 음식 이름도 크게 다르지 않아서 대체로 재료, 조리법, 모양으로 구성된다. 돼지고기를 볶으면 차오로우炒肉, 닭을 기름에 튀기면 펑지烹鷄, 오리를 구우면 카오야烤鴨, 새우를 지지면 지엔시아煎蝦, 생선을 찌면 쩡위蒸魚, 오이를 무치면 파이황과拌黃瓜가 된다. 중국어는 한국어와 반대로 목적어(재료)가 술어(조리법) 뒤에 나오는 점이 다를 뿐이다. '김치+찌개'가 아니라 '찌개+김치'로 쓰는 식이다.

차오炒는 볶는 조리법이지만 한국의 경우와 차이가 있다. 한국은 볶는 조리법이 음식을 넣어 끓이는 시간이 있지만, 중국의 차오는 데워 익힌다. 칭차오시아런清炒虾仁은 새우를 볶은 요리다. 카오烤는 불에 직접 올려 구운 것으로 겉은 바삭바삭하고 속은 부드러운 특징을 가진 조리법이다. 우리에게도 널리 알려진 베이징 카오야北京烤鴨가 대표요리다.

샤오燒는 기름에 튀기거나 볶은 후 다시 국물을 넣고 볶는 조리법이다. 깐사오밍시아干烧明虾는 새우에 고추기름을 뿌리고 볶은 것이다. 요리 이름 중에 홍샤오紅烧가 자주 등장하는데 이는 재료에 기름과 설탕을 넣어 살짝 볶고 간장을 넣어 검붉은 색이 나도록 천천히 졸이는 조리법이다. 돼지고기와 가지를 사용한 홍샤오로우紅烧肉, 홍샤오치에쯔紅烧茄子 등이 있다. 둔燉은 오랫동안 끓이는 조리법이다. 칭둔니우웨이清炖牛尾는 소 꼬리를 오랜 시간 삶은 요리로 우리나라의 소꼬리탕과 유사하다.

반拌은 무치는 조리법이다. 량반하이저凉拌海蜇는 삶은 해파리에 기름, 간장, 식초, 설탕을 섞어 무친 것으로 차게 해서 먹는 음식이다. 우리나라 중식당의 양장피와 유사하다. 쩡蒸은 찌는 조리법인데 중국에서는 맹물에 오래도록 끓이는 것도 쩡이다. 칭쩡스반위清蒸石斑鱼는 우럭

자료: 〈중화미식망(中華美食網)〉 www.zhms.cn (2013. 1.)

바리를 쪄서 뜨겁게 끓인 기름을 끼얹은 요리이다.

자炸는 기름에 튀기는 조리법이며, 자장면炸醬面이 대표적이다. 즉 튀긴 장을 면과 함께 먹는 요리인 셈이다. 한국의 짜장면은 산둥성 출신 화교들에 의해 한국화된 음식이다. 베이징 등에는 원래의 자장면 요리가 있는데 한국 짜장면보다 훨씬 장이 적고 짜다. 쏸涮은 데치는 것인데, 샤부샤부 요리에 해당한다. 리우熘는 튀긴 것을 다시 초, 간장, 전분 같은 것으로 만든 반죽에 넣고 굴리거나 뒤집는 요리이다. 탕수육도 같은 조리법으로 만든다.

겅羹은 고기나 채소를 찌거나 삶아서 만든 걸쭉한 스프의 일종으로 광둥 요리에 많다. 타이지수차이겅太极素菜羹은 채소를 갈아서 끓인 것을 녹색과 흰색의 태극문양으로 만들어낸 요리이다. 먼燜은 솥이나 뚝배기에 넣은 후 뚜껑을 닫고 약한 불로 오래 끓이는 조리법이다. 쉰燻은 연기를 쐬어 익히는 조리법이다. 훈제 요리법이 이에 해당한다. 바오爆는 썰거나 칼집을 낸 재료를 끓는 물이나 기름 등으로 먼저 열처리를 한 후 다시 센 불에서 재빨리 볶아내는 조리법이다. 요우바오따이즈油爆帯子는 조개의 관자(패주)를 끓는 기름에 볶은 것이다.

지엔煎은 재료의 1/3 정도를 기름에 담근 듯한 상태로 노릇노릇하게 지져내는 것이며, 한쪽 면만 부치는 것은 티에貼라고 한다. 지엔지아오煎饺는 우리의 군만두에 해당하며 티에빙쯔貼饼子는 한 면만 구운 빵이다. 주煮는 재료와 육수를 솥 안에 넣어 끓인 뒤 조미료를 넣고 다시 익히는 조리법이다.

바오煲는 바닥이 깊은 냄비로 끓이는 것이다. 후에이燴는 재료를 찌거나 볶은 후에 소량의 물과 전분을 풀어 끓이는 조리법이다. 후에이판燴饭은 각종 재료를 넣고 걸쭉하게 끓인 밥으로 우리의 '덮밥'과 유사하다.

쥐焗는 물을 쓰지 않고 은박지 따위로 싸거나 소금, 기름, 육수를 넣고 끓이는 것이다. 취엔쥐지全焗鸡는 통닭찜이다. 주어灼는 뜨거운 물에 데치는 조리법이다. 주로 광둥 요리에서 많이 사용한다. 바이주어시아白灼虾는 끓는 물에 새우를 넣어 데친 요리이다. 원炆은 재료를 한 번 볶은 다음 소량의 육수를 붓고 약한 불로 오랫동안 끓이는 조리법이다. 파오煨는 진흙으로 싸서 통째로 굽는 것이다.

요리 이름으로 재료의 모양도 미리 알 수 있다. 실처럼 가늘게 썰거나 찢은 채는 쓰絲, 얇게 썬 것은 피엔片, 덩어리로 자른 것은 콰이塊, 주

중국 요리 메뉴판

자료: 〈중화미식망(中華美食網)〉 www.zhms.cn (2013. 1.)

사위 모양으로 자른 것은 띵丁, 가루 낸 것은 모末, 완자 모양으로 동그랗게 만든 것은 환丸이나 치우球, 두루마리처럼 만 것은 쥐엔卷, 껍질로 싼 것은 빠오包, 굵은 가닥으로 썰거나 빚은 것은 티아오條, 비교적 두껍게 토막을 친 것은 두안段, 갈아서 즙을 낸 것은 롱茸이나 니泥다.

즉 메뉴판에 있는 춘쥐엔春卷, Spring Roll은 말린 모양이고, 위샹로우쓰魚香肉絲나 징장로우쓰京醬肉絲의 돼지고기는 실처럼 가는 모양이며, 궁빠오지띵宮保鷄丁의 닭고기는 작은 주사위 모양임을 미리 알고 주문할 수 있다.

124

3. 비즈니스 에티켓

::

식탁의 질서

중국에서 식사 접대 예절은 "주객유서 존비유별主客有序 尊卑有別"이라는
말로 요약된다. 즉 손님과 주인의 질서가 있고, 그 중요도에 따라 접대
를 달리해야 한다는 뜻이다. 그리고 접대 목적에 따라 식당의 수준을
결정해야 하는 것이 중국의 식사 접대 관행이다.

차이나 머천트의 거래처 접대 시에는 반드시 목적이 있다. 목적의 중
요성 및 손님의 수준에 따라 식당의 수준도 달라야 한다. 너무 비싼 곳
에 가면 상대방에게 진실하지 못하고 낭비가 심한 이미지를 줄 수 있고
너무 저렴한 곳에 가면 손님을 무시한다는 오해를 초래할 수 있다. 그
러므로 손님에 따른 적당한 수준의 연회장소 선택이 매우 중요하다.

연회장소에서의 자리배치도 매우 중요하다. 실제로 연회에서 자리
를 잘못 배정한 탓에 나중에 거래가 제대로 이루어지지 않는 예가 있

을 정도이다. 일본의 어느 대기업 상사가 베이징 일류호텔에서 개업행사를 열었다. 초대손님은 200여 명이었고 행사장은 만원이었다. 그런데 초대를 받은 중국 측 귀빈들이 도착하자마자 즉시 자리에서 일어나 행사장을 떠나는 상황이 발생했다. 그 이유는 일본 대기업 상사가 마련한 자리배치가 중국 국내 서열과 달랐기 때문이다. 이는 중국인에게 자존심과 체면의 문제이므로 심각한 상황이 발생한 것이다.

확실하게 중국 내 서열을 알 수 없는 경우에는 반드시 업계 내 중국인들에게 물어보는 노력을 기울여야 한다. 그래도 분명치 않은 경우 아예 초대장에 "좌석은 상하 구별이 없습니다. 혹은 "좌석배치는 한국 방식에 따랐습니다" 등의 안내문구를 적어넣는 것도 한 가지 방법이 될 수 있다.[48]

식탁에서 자리와 순서를 잡는 것에서부터 관습법이 시작된다. 손님이 연회장에 들어올 때 주인은 손님의 왼편에 따라가야 한다. 이는 중국인은 오른쪽을 상위로 생각하기 때문이다. 계단을 오를 때 주인은 손님의 뒤를 따라가야 한다. 손님이 미끄러지면 뒤에서 받쳐줄 수 있기 때문이다. 계단을 내려올 때는 반대로 손님에게 뒤에 따라오게 하여 앞으로 넘어지는 사고에 준비하는 자세를 보여야 한다. 손님을 인솔할 때에는 코너, 계단 사이 및 엘리베이터 등에서 발걸음을 멈추고 손님을 기다려야 한다. 엘리베이터를 탈 때에는 손님이 먼저 들어가고, 나올 때는 반대로 해야 한다.

다음 그림을 참조하면 방 입구에서 가장 먼 쪽의 자리가 가장 상석主位이다. 일반적으로 최상석은 그날 연회를 주최하는 주최 측 최상위자가 앉는 것으로 정해져 있다. 그리고 손님 중 최상급자는 주최 측의 우측인

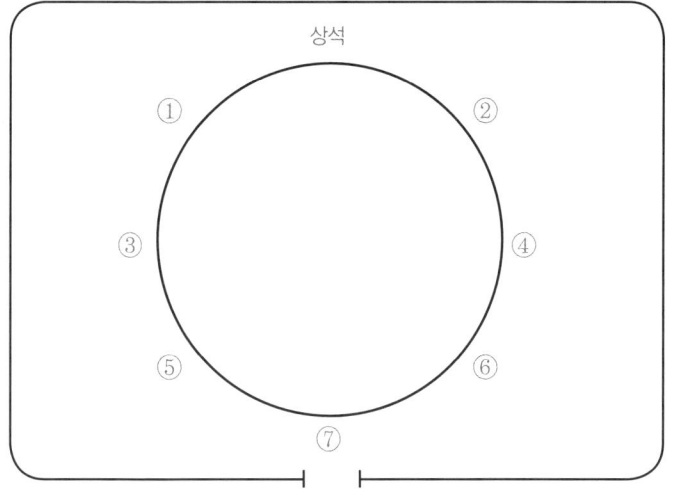

원형 테이블의 상석 순위도

상석

① ②

③ ④

⑤ ⑥

⑦

1번 좌석에 위치한다. 그다음 서열은 2-3-4-5-6-7번 순이다. 최하급자는 문과 가장 가까운 위치인 7번 좌석에 앉는다. 간혹 초대한 손님의 등급이 주최 측 최상급자보다 한 등급 이상 상위일 경우(중국 측 부장이 주최한 연회에 한국 측 방문단장이 사장일 경우) 손님 중 최상급자가 상석에 앉을 수도 있다.

128쪽 그림은 원형 테이블에서의 서빙 순서를 나타내고 있다. 8명 이상이 앉는 대형 테이블의 경우, 그림처럼 2명의 종업원이 동시에 음식을 서빙하기도 하는데 모두 시계방향으로 서빙하는 것을 알 수 있다. 위 그림은 주최 측Host 최상급자(남성)와 차상급자(여성)가 서로 마주보고 앉아 있는 형태의 테이블이다. 이 경우 방문자 최상급자(여성 손님)는 주최 측 최상급자 우측에, 방문자 차상급자(남성 손님)는 주최 측 차

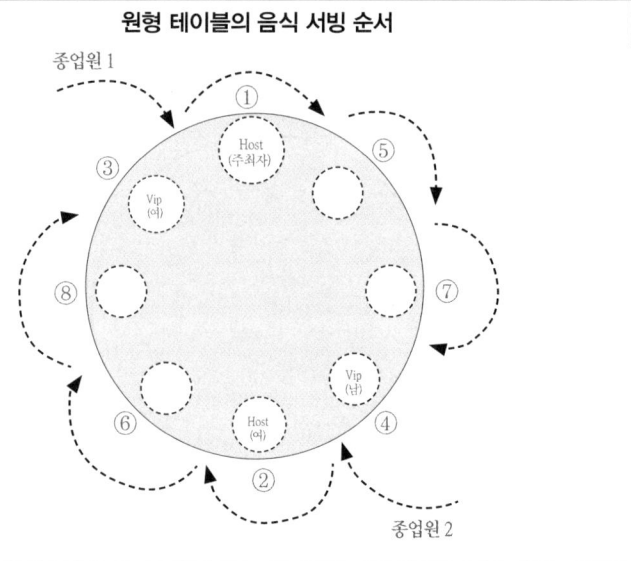

원형 테이블의 음식 서빙 순서

종업원 1

③

⑧

⑥

①

Host
(주최자)

Vip
(여)

Host
(여)

②

Vip
(남)

⑤

⑦

④

종업원 2

주: 시계방향으로 종업원 2명이 동시에 서빙할 때 순서이며 번호는 테이블 서열임.

상급자(여성) 우측에 위치를 두고 있음을 알 수 있다. 그림에서 보이는 것처럼 음식 서빙은 손님의 왼쪽에서부터 진입하는데, 이는 오른손잡이가 많으므로 음식을 배열할 때 손님의 오른손 손동작과 충돌을 방지하기 위해서이다.

메인 테이블의 위치

다음 그림을 참고하면 연회장 한 곳의 테이블이 몇 개냐에 따라 배치하는 방식이 다르다. 테이블이 세 개, 네 개, 다섯 개, 여섯 개일 때 각각의 배치방식이 있다. 주인과 귀빈이 앉는 메인 테이블은 항상 크다. 이는 존비尊卑 유별의 개념이다. 주로 연회장에서 제일 안쪽이나 중앙에 메인

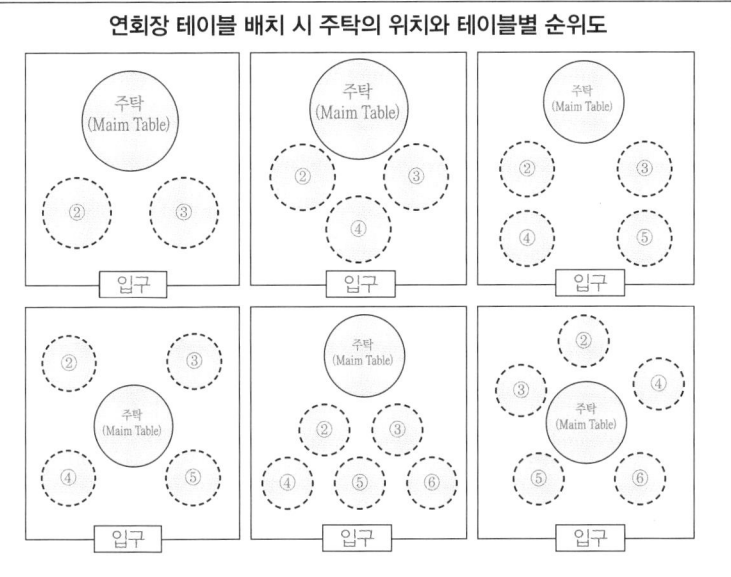

연회장 테이블 배치 시 주탁의 위치와 테이블별 순위도

테이블을 배치하는 것이 일반적인 관례이다. 그리고 제일 낮은 등급의 손님은 항상 문과 제일 가까운 곳의 테이블에 앉는 것이 일반적이다. 이는 문이 열리고 닫히는 것이 손님에게 불편함을 주기 때문이다.

중국에서의 식사 테이블은 주로 원형이다. 이는 손님들과 주인 간에 순조로운 대화가 이루어지게 하는 목적이며 테이블과 테이블 사이의 적당한 거리는 1.4~1.83미터 정도이다. 그리고 인원 수에 따라 테이블을 배치하는 데 차이가 크다.

중국인은 중국 요리를 접대할 때 테이블보로 오렌지색을 선호한다. 그리고 중앙에 빨간 꽃을 장식한다. 공식적인 연회에서는 반드시 요청한 손님의 명패를 테이블 각 위치에 미리 준비하여 손님이 자기 명찰

이 있는 곳에 앉도록 유도한다. 이는 서로에게 자리 양보를 하면서 귀빈들끼리 '식탁의 질서'를 정해야 하는 번거로움을 생략해줄 수 있기 때문이다.

중국에서 상석上座, 하석下座을 정할 때 벽면에 기대고 입구를 바라보는 방향이 항상 상석의 기준이다. 4인이 착석하는 사각형 테이블의 경우 상석의 또 다른 기준은 룸에서 벽면에 기대는 자리가 1순위라면 그 맞은편이 2순위이고, 좌측이 3순위이며, 우측이 4순위이다.

이처럼 중국인의 식사는 테이블과 의자가 보편화되어 있다. 따라서 한국에서의 중국인 접대에도 테이블과 의자 없이 앉아서 먹어야 하는 한정식 식당은 피하는 것이 좋다. 지금은 글로벌화가 많이 되어 있어서 실례가 아니지만, 10여 년 전만 하더라도 회가 나오는 일식집에서 중국 바이어를 접대하면서 곤혹스러운 장면이 연출되곤 했다. 중국에서는 익히지 않은 날음식은 감옥 안의 죄수들이나 먹는 식사였기 때문이다. 따라서 상대의 식사습관을 미처 파악하지 못했을 때 한국에서 중국 바이어를 식사 대접한다면 고급뷔페 식당이 무난하다.

중식 비즈니스 에티켓

식탁 테이블 배치 순서는 다음과 같이 정리된다. 먼저 식탁 두 개를 가로로 배치할 경우 오른쪽이 헤드 테이블以右爲尊 以左爲卑이다. 그 기준은 정문에서 바라볼 때 좌우 위치이다. 식탁 두 개를 세로로 배치할 경우 정문에서 먼 쪽이 상석以遠爲上이다. 식탁을 3개나 3개 이상 배치할 경우에도 '우측 우선, 정문에서 먼 곳 우선右尊遠上' 원칙을 준수한다. 헤드 테이블과 가장 가까운 테이블이 두 번째 VIP가 앉는 테이블이다.

헤드 테이블을 제외한 식탁 크기는 동일해야 하며 연회장 입구에 테이블 배치도를 부착하거나 테이블마다 명패를 설치하는 것이 좋다. 배치도에는 순위를 명기하여 혼란을 예방한다.

자리배치 순서를 정리하면 다음과 같다. 주빈은 정문을 마주 보는 좌석이고 가장 낮은 순위 좌석은 정문을 뒤로 보는 좌석이다. 여러 테이블 배치 시 각 테이블의 VIP석은 헤드 테이블 주빈석과 위치가 같아야 한다. 차상위 VIP 테이블 배치 시 간혹 헤드 테이블과 마주할 수 있다. 식탁에서의 자리배치는 VIP와 가까운 자리부터 상석以近爲上이며 주빈의 우측이 상석, 좌측이 차석右爲尊 左爲卑이다.

각 테이블은 정원은 10명 이하로 하는데 반드시 6인, 8인, 10인 등 짝수로 해야 한다. 주인(주최자) 우측에 VIP가 위치하며 VIP가 주인보다 직위가 높을 때 상석을 VIP에게 배치할 수도 있다. 서로 직위가 비슷한 VIP 다수가 참석할 경우 반드시 명패를 배치하여 혼란을 방지해야 한다. 주인(부부)이 2명일 경우 VIP와 차상위 VIP를 따로 배치하여 대화 중심이 2개로 나누어질 수 있도록 유도한다. 이 경우에도 일반적으로 '오른쪽이 높은 자리, 왼쪽이 낮은 자리以右爲上席 以左爲下席' 원칙을 적용한다. 이는 중식의 경우 일반적으로 시계방향으로 음식을 서비스하는 것에 기인한다. 3인 테이블은 가운데 자리가 상석이다.

예외도 있다. 고급식당에서 명화나 조각상이 룸에 있을 때 이를 보며 즐기기에 가장 좋은 위치가 상석이 될 수도 있다. 중·저급 식당의 경우 벽 쪽이 상석이며, 통로 쪽이 가장 하석이다. 음식을 서비스하는 곳(테이블 등)에 가까운 자리는 하석이다.

테이블 좌석이 다 찼을 때 식사를 개시하며 주인은 먼저 손님의 식사를 권해야 한다. 술을 따르거나 음식을 나눌 때도 오른쪽부터 진행하며 VIP를 먼저 하고 주인을 나중에 한다. 그리고 여자 손님이 먼저이고 남자 손님은 나중에 서빙한다. 뜨거운 음식은 주빈의 왼쪽에서 공급해야 하는데, 이는 상대가 오른손잡이일 가능성이 높은 점을 고려하여 부딪칠 위험을 방지하기 위해서이다.

술은 술잔의 80퍼센트만 따라야 한다. 온전한 음식 형태(오리, 비둘기)를 보여주되 그 꼬리가 VIP를 향하지 않도록 한다. 중식은 음식이 순서대로 나오므로 식탁이 허전해 보일 수 있다. 이를 방지하기 위해 테이블 중간에 꽃장식이 필요하다. 이 꽃은 주메뉴가 나올 때 치운다. 주식(밥, 국수)은 식사 말미에 나오는 것이 일반적이지만 손님 상황에 따라 미리 시켜도 된다. 음식은 공기碗에 덜어 먹는 것이 원칙인데 한 가지 음식은 한 개의 공기를 사용한다. 따라서 두 번째 음식이 나오면 덜어먹을 깨끗한 공기로 교환해달라고 요구해야 한다. 껍질 등은 접시蝶에 덜어놓아야 하며 역시 가득 차면 교환을 요구한다.

국 외에 모든 음식은 젓가락을 사용해서 먹는다. 당연히 밥도 젓가락을 이용해서 먹어야 한다. 중국식 도자기 스푼은 국을 먹을 때만 사용하며 밥을 먹을 때 사용해서는 안 된다. 일반적인 국 스푼이 필요하면 따로 요구하면 된다. 공용 젓가락, 국자, 스푼이 테이블 중간에 배치되는데 특히 소스를 먹을 때 사용하는 공용 스푼을 자기 자리로 가져오면 안 된다.

젓가락을 밥에 꽂아놓거나 사람을 가리키는 것은 금기사항이다. 이는 제사상을 의미하는 불길한 행동이기 때문이다. 식사 시 불필요한 젓가락 소음도 금기사항이다. 음식(국, 밥)을 분배할 때는 종업원에게 시

자료: 〈중화미식망(中華美食網)〉 www.zhms.cn (2013. 1.)

키는 것이 통례이며 종업원이 없는 상황에서는 주인이 분배할 수 있다.

게, 가재, 갈비 등과 같이 손가락을 사용해야 하는 음식은 적당량만 주문해서 식탁이 지저분해지는 것을 방지하는 것이 좋다. 술이 빠지면 접대가 아니지만 술을 못하는 사람의 체면을 배려해서 적당한 음료를 주문해야 한다. 음식이 나올 때마다 주인은 음식에 대해 설명해주는 배려가 필요하고 손님에게는 거기에 관심을 기울이는 정성이 요구된다. 간혹 자신이 쓰던 젓가락으로 음식을 덜어주는 경우도 있는데 이것은 무례가 아니다. 입이 아니라 접시에 간접적으로 놓아주기 때문이다. 식사 시 차가 제공되지 않는 것은 예의에 어긋난다. 차는 직위에 상관없이 연장자부터 서빙하는 것이 원칙이다. 차 주전자 앞에 있는 사람(주인)이 서빙하면 된다. 차를 따라줄 때 손가락으로 식탁을 가볍게

쳐서 고마움을 표시할 수도 있다. 차는 커피처럼 식전이나 식후가 아니라 식사 중간에 항상 마시는 또 다른 음식이다.

식탁에서의 금기

홍콩에서는 생선을 뒤집어서는 안 된다. 이는 배가 전복됨을 의미하는 아주 불길한 행위이다. 식탁에 일곱 가지 음식이 올라가는 것食七도 금기인데 이는 제사상에 올리는 음식이 일곱 가지이기 때문이다.

배가 부를 때 "밥을 완전히 다 먹었습니다我吃完饭了"라고 말하지 않는다. 이는 "이제는 죽어서 더는 음식 먹을 기회가 없다"는 의미이기 때문이다. 배가 부를 때는 "배 부릅니다我吃饱了"라고 말하는 것이 옳다.

젓가락을 식기에 부딪쳐 소리 내는 것은 예의에 어긋날 뿐 아니라 먹을 밥이 없다无饭吃는 표현도 된다. 테이블 중앙에 있는 음식을 바로 입으로 가져오는 것 역시 무례한 행동이다. 1차적으로 자신의 공기에 덜어놓았다가 시차를 두고 먹어야 한다. 테이블 위의 음식을 하나도 없이 다 먹어버리면 그날 주인이 준비한 음식이 부족했다는 의미가 되지만 최근에는 환경문제가 부각되어 심각하게 따지지 않는다. 이는 먹을 양보다 조금 더 많이 시키는 관습의 배경이기도 하다.

먼 곳의 음식을 젓가락으로 집어 다른 음식을 넘어서 테이블 반대로 들고 오는 것은 실례이다. 공기를 들어 입 앞에 두고 먹지 않는다면 음식이 맛이 없다는 의미가 될 수도 있다. 국을 먹을 때 내는 소리는 맛있다는 뜻이다. 식사가 끝나면 주인이 입구에서 손님들에게 인사하는 것이 예의이다.

테이블 좌석배치법

아래 그림은 한국 방문단 네 명이 중국을 방문하여 중국 측이 주최하는 식사에 초대받았을 때의 테이블 좌석배치의 예이다. 먼저 식당 룸의 입구를 기준으로 테이블에 있는 좌석 여덟 개의 등급에 따른 순서는 1번에서 8번까지 나누어볼 수 있다. 즉 입구에서 가장 가까운 8번이 말석이며 입구에서 가장 멀고 뒤에 벽을 두고 있는 1번 좌석이 상석이다.

통상 1번 좌석은 식사를 주최한 측의 최상급자인 중국 측 사장이 앉게 되며 두 번째로 높은 등급의 좌석은 한국 측 방문단 최상급자인 단장이 앉는다. 즉 최상급 손님을 의미하는 주빈 좌석이다. 문제는 통

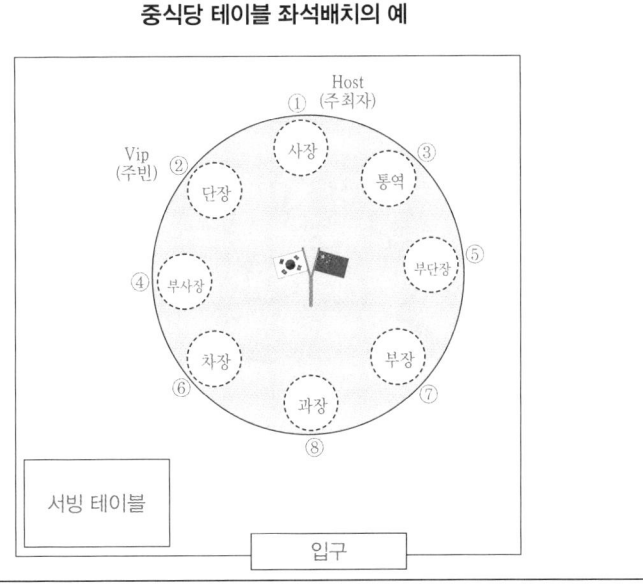

중식당 테이블 좌석배치의 예

주: 1) 식사 주최는 중국 측임.
  2) 중국 측 참석자는 사장-부사장-부장-과장(서열순)이며, 한국 측 방문단은 단장-부단장-차장-비서 겸 통역(서열순)임.

역 좌석인데, 그림의 예처럼 통역은 한국 방문단의 가장 하위자인 비서가 겸하고 있어서 같은 한국 측 방문단 옆인 4번 위치보다는 중국 측 사장 옆자리인 3번 위치가 더 어울린다.

그렇게 되면 자연스럽게 4번 좌석에는 중국 측 차상위자인 부사장이 앉게 되어 한국 측 단장 옆에 위치를 두게 되고, 한국 측 차상위자인 부단장은 5번 좌석에 앉게 된다. 이후 6번(한국 측 차장), 7번(중국 측 부장) 좌석이 정해지고, 중국 측 최하위자인 과장이 테이블 최하위자 위치인 8번 좌석에 위치를 둘 수 있다. 위 그림의 예는 주최 측과 VIP 서열을 지키면서 가장 적절한 통역 위치를 고려하고 중국 측 인사와 한국 측 인사를 서열에 따라서 골고루 배치해놓은 사례로 볼 수 있다.

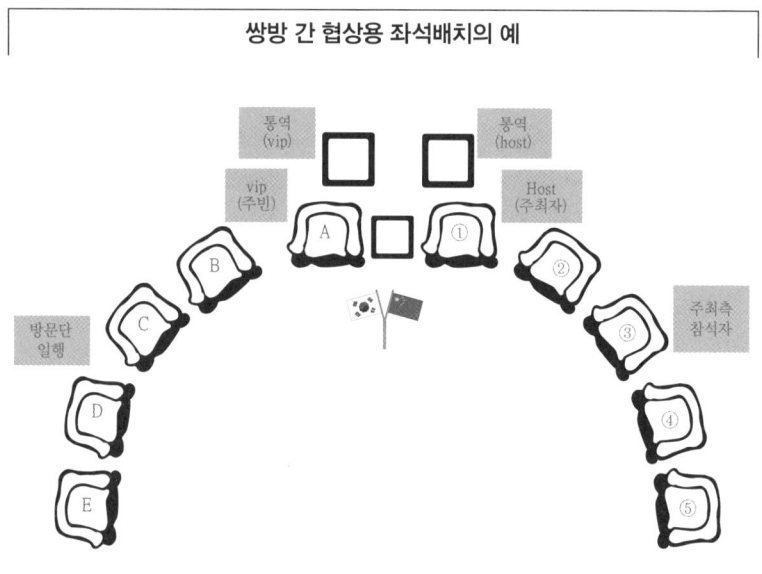

쌍방 간 협상용 좌석배치의 예

주: 주최는 중국, 한국 측은 방문단일 경우.

위 그림은 협상용 테이블을 배치한 것인데 실무회의 전 의전용 미팅 시에 좌석을 배치하는 예이다. 중국에서 주최하고 한국이 방문했을 경우, 보통 주최 측 최상급자는 1번 좌석에 방문단 최상급자는 A좌석에 위치한다.

각자의 통역은 그 뒤에 자리한다. 그 후 주최 측 참석자는 서열에 따라서 2-3-4-5번 좌석에, 방문단 일행 역시 서열에 따라서 B-C-D-E 좌석에 자리한다.

다음 사진에서처럼 중국에서 초대장을 발행할 때에는 초대장에 손님이 앉을 테이블 번호를 명시해놓는 것이 일반적인 관례이다. 이는 해당 행사의 성격을 고려해 서열에 따른 좌석 및 테이블 배치가 이미 완료되었음을 의미한다.

중국 초대장의 예

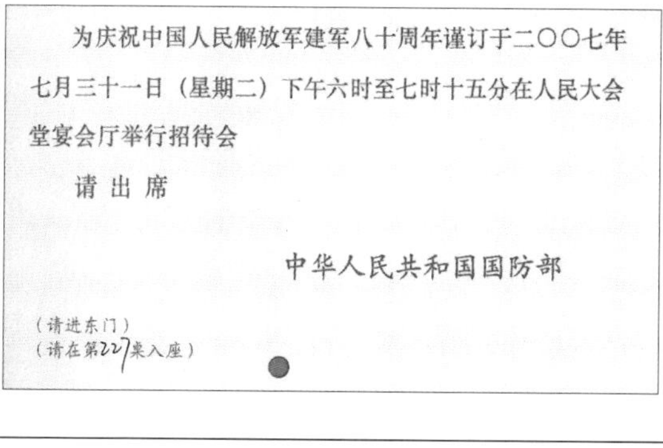

为庆祝中国人民解放军建军八十周年谨订于二〇〇七年
七月三十一日（星期二）下午六时至七时十五分在人民大会
堂宴会厅举行招待会

请 出 席

中华人民共和国国防部

（请进东门）
（请在第227桌入座）

주: 초대장 좌측 하단에 출입문(동문)이 표시되었고 227번 테이블로 좌석이 지정되어 있음.
자료: 바이두 이미지 데이터베이스 (2013. 7.)

접대자리에서의 호칭과 인사말

중국인이 손님에게 일반적으로 많이 사용하는 호칭은 남자의 경우 장선생張先生(Mr. 장), 여자의 경우 Ms. 리李小姐 정도이다. 주의할 것은 기혼여성 또한 미혼여성이나 아가씨를 의미하는 샤오지에小姐를 많이 사용한다는 점이다. 약 50세 이상 여성은 뉘스女士로 호칭한다. 단 샤오지에라는 호칭은 유흥업소에서 근무하는 여종업원에게도 보편적으로 부르는 호칭으로 쓰이기 때문에 이 호칭을 쓸 때는 반드시 앞에 성을 붙여서 불러야 오해를 피할 수 있다. 예를 들어 진金 샤오지에 혹은 리李 샤오지에로 불러야 한다.

중국 파트너를 여러 번 봤을 경우에는 조금 더 친근한 호칭을 쓸 수도 있다. 즉 자기보다 나이가 어리거나 비슷하면 적을 '소小' 자를 붙여서 '샤오 진小金'으로, 반대로 나이가 많거나 예의를 갖추어야 할 경우에는 '노老'자를 붙여서 '라오 진老金'으로 부른다. 여러 해 동안 교류해서 아주 친밀하게 되었을 경우에는 성에 가족 간 호칭인 '지에姐(누나)'나 '꺼哥(형님)'를 붙여서 부를 수도 있다. 즉 김 씨 성을 가진 나이 많은 여성에게 '진 지에金姐'라고 부르거나, 이 씨 성을 가진 남성에게 '리 꺼李哥'라고 부른다.

결혼한 여성의 경우 관습상 연령대별로 부르는 호칭이 나뉘어 있다. 소위 미시 주부라 할 수 있는 30대 기혼여성은 '따지에大姐'라고 부른다. 한국어로 하면 '큰언니' 정도 된다. 40대 기혼여성에게는 '따싸오大嫂'라고 한다. 한국의 '형수님' 정도의 호칭에 해당한다. 그리고 50대나 60대 기혼여성은 '따이大姨' 혹은 '따마大妈'라고 부르는데, '큰이모' 혹은 '큰엄마' 정도의 뉘앙스를 가지고 있다. 물론 이러한 기혼여성에 대한 호칭을 비즈니스 현장에서 부르는 것은 적당하지 않다. 그러나 중국인들 간의 호칭이므로 숙지하고 있는 것이 좋겠다.

직책을 호칭으로 쓰는 경우도 많다. '장 사장張社長', '이 부장李部長' 등 직책으로 호칭하기도 하고 박사학위를 가진 사람에게 '장 보스張博士'라고 부를 수 있다. 하지만 통상 석사와 학사는 호칭하지 않는다. 그리고 의사(다이푸大夫), 변호사(뤼스律師), 교사 등은 우리말에서 선생님을 뜻하는 '라오스老師'로 통칭하기도 한다. 식당에서 서빙하는 아가씨들의 경우 샤오지에로 부르기도 하나 좀 더 점잖고 공식적인 표현으로는 '푸우위엔服務員'이 있다.

일반 기능직을 부르는 호칭 중에는 '스푸師傅'라는 것이 있다. 학문이나 기술 등의 전문 분야에서 스승을 스푸라고 호칭하지만, 현대 중국에서는 운전기사(택시, 버스), 요리사, 이발사, 자동차수리공, 소매상 등 일반직종 종사자를 부르는 호칭으로 쓰이고 있다.

한국의 호칭에는 아직도 남존여비 사상이 남아 있다. 한국에서는 "신사, 숙녀 여러분"으로 남자가 먼저 나오지만, 중국은 서양과 같이 "Ladies and Gentlemans" 순이다. 즉 "뉘스먼 시엔성먼女士們 先生們"으로 시작한다.

접대자리에서 손님의 직책은 한 단계 승진하기도 한다. 상대방이 부총경리副總經理(부사장)이나 부동사장副董事長(부회장)이면 일반적으로 '부副'를 빼고 총경리總經理(사장), 동사장董事長(회장)으로 통칭하는 것이 중국적인 예의이다. 물론 같은 자리에 사장과 부사장이 한꺼번에 있다면 예외다. 반대로 상대방이 총경리(사장), 동사장(이사장)인데 앞글자를 생략하고 경리(부장), 동사(이사)로 호칭하면 상대방 직급을 여러 단계 낮춘 셈이 되니 절대 금물이다.

중국인 가족들과 사적인 식사자리에서는 미리 가족 호칭을 익혀놓는 것이 좋다. 상대방에게 본인의 가족을 칭할 때 겸손의 표시로 '지아푸家父(아버지)' '지아무家母(어머니)' '서띠舍弟(남동생)' '서메이舍妹(여동생)' '샤오얼小兒(내 아들)' '샤오뉘小女(내 딸)'라고 호칭한다.

반대로 상대방 가족을 호칭할 때는 존칭어를 써야 한다. 상대방 가족을 칭할 때는 '쫀푸尊父(아버님)' '쫀무尊母(어머님)' '시엔디賢弟(귀하의 남동생)' '시엔메이賢妹(귀하의 여동생)'으로 한다. 또 링令이라는 존칭을 써서 '링탕令堂(상대방 아버지)' '링랑令郎(상대방 자녀)' 등으로 호칭할 수도 있다.

접대자리에 해야 할 인사말이 정해져 있는 것은 아니다. 그러나 접대해야 할 손님에게 일반적인 중국어보다 격식 있는 인사말을 사용하면 첫인상이 좋아질 것이다.

다른 사람에게 부탁할 때는 '라오지아勞駕'라고 하는데 'Pardon'이나 가벼운 수준의 'Excuse me' 정도의 표현이다. 길을 좀 비켜달라고 할 때는 '지에광借光', 요리 접시나 양념통의 전달을 부탁하면서 상대방을 번거롭게 했으면 '따라오打擾'라는 표현을 붙인다.

중국어에는 우리말처럼 존댓말이 없다. 우리나라에서는 '갔다'와 '가셨다'로 구분하지만 중국어에서는 그냥 저우走 한 글자로 표현된다. 하지만 자신을 낮추는 겸양어나 남을 높이는 존칭어에 해당하는 단어가 있어 이를 문장에 사용하면 존댓말이 된다. 즉 축하할 때 '궁시恭禧', 글을 쓰고 나서 지도를 부탁할 때 '푸정斧正', 지적을 부탁할 때 '츠지아오賜教' 등을 쓴다. 그리고 상대방의 의견을 높이는 말은 '까오지엔高見', 다른 사람 방문을 의미하는 겸양어는 '바이팡拜訪'이다. 일처리를 부탁할 때는 '바이투어拜托'라는 표현을 쓴다. 또한 손님이 오는 것은 '꽝린光⊠', 손님이 갈 때는 '만쭈어慢走', 멀리서 온 손님을 환영할 때는 '시천洗塵'이 라고 한다. 친구와 함께 있는 것은 '펑페이奉陪', 마중 나오는 것을 만류 할 때는 '리우부⊠步', 구매를 부탁할 때는 '꽝구光顧', 물건을 돌려 줄 때 는 '펑환奉還', 노인의 연세를 물어볼 때는 '까오수高壽'라는 표현을 쓴다.

직장에서의 호칭

142쪽 표는 중국 기업 내에서 불리는 일반적인 직위 명칭인데 실제 중 국 내 기업에는 다양한 직위구조가 존재한다. 많은 기업은 '소규모 승 진'을 통해 핵심인력에게 새로운 직위를 부여한다. '체면'을 중시하는 중국인에게 직위는 매우 중요한 의미를 지니기 때문이다.

중국인 명함의 특징 중 하나를 들자면 굳이 쓰지 않아도 될 부수적 인 직위를 명기하는 점이 있다. 즉 A회사의 사장은 자신의 본직인 '사 장' 외에도 '○○협회장' '○○상임회원' '○○멤버' 같은 부차적인 직위를 병기한다. 이는 중국인들이 명함에 있는 직위를 통해 그 사람의 지위, 역할, 등급을 규정하기 때문이다.

문제는 중국에 진출한 다국적기업의 경우 직위나 등급을 크게 중요 하게 여기지 않는 점이다. 단순하게 '○○팀 팀장'으로 쓰거나 아예 직위 를 빼기도 한다. 하지만 중국에서 쓰이는 명함이라면 이야기가 달라진 다. 중국 기업에 다니는 대학 동기의 명함이 '○○사업부 이사'라고 되어 있는데, 다국적기업을 다니는 자신의 명함에 '○○팀 팀장'이라고 되어 있다면 아무리 월급을 많이 받고 권한이 커도 체면이 서지 않는다고 생각할 것이다.

중국 직위 명칭 현황표

등급	직위 명칭	주요 임무	해당 한국직위	비고
고위관리 (임원)	董事长(동사장)	주요 안건 결정. 회사 최대주주	이사장, 회장(오너)	Chairman
	董事(동사)	이사회 구성 멤버. 회사 주요주주	이사(이사회 등기 이사)	Director
	总裁(총재), 总经理 (총경리)	회사 총괄업무를 최종결정	사장, 대표이사 Chief Executive Officer	President, CEO
	副总裁(부총재), 副 总经理(부총경리)	사장을 보좌하여 총괄업무 결정	부사장	Vice-President
	总监(총감)(研发, 营销, 生产总监)	각 부문, 부서별 실무업무 최고결 정자* 处长(副处 长), 部长, 主任	전무이사	Executive Managing Director
			상무이사	Managing Director
			이사(집행이사)	Director
고급간부	助理总监(조리총 감), 总监助理(총감 조리)	임원의 업무결정 을 보좌	이사보	Assistant Director
	部门经理(부문경 리), 厂长(창장)	부서별 실무 업무 최고책임자	사업부장, 공장장, 부장	Director
	部门副经理(부문부 경리), 助理(조리)	부서별 실무업무 차기 최고책임자	차장	Deputy Manager
중급간부	经理(경리)	중간간부* 科长 (副科长)	과장	Manager
초급간부	车间主任(차간주임), 主管(주관)	부서 실무 담당자	대리, 계장, 주임	Assistant manager
일반직	员(원)	일반 직원	일반 직원	Clerk
	操作工(조작공)	현장 업무 담당자	현장 직원	Staff

주: * 표기 직위는 국유기업에 해당.
자료: 공개자료 참고하여 작성 (2013. 4.)

따라서 많은 다국적기업은 외부용 직위와 내부용 직위를 병행하여 이를 해결하고 있다. 즉 명함 영문 표기란에는 '홍보관리자P.R. Manager'라고 쓰고, 중국어 표기란에는 '홍보이사公管董事'로 기록하는 것이다. 즉 홍보관리자는 내부용 직위인 셈이고 홍보이사는 외부용 직위인 것이다.[49]

중국의 주요 직위 명칭을 한국과 비교해보면 다음과 같다. 한국의 오너 회장에 해당하는 명칭은 동사장董事障(동스장)이다. 그리고 이사회 등기이사는 동사董事(동스)라고 호칭한다. CEO의 경우 총재 혹은 총경리로 호칭하고 부사장은 한국처럼 부副자를 추가하여 부총재, 부총경리로 부른다.

한국은 일반적으로 집행임원을 전무, 상무, 이사, 이사보 등으로 나누어 부르는 경우가 많지만, 중국에서는 총감總監으로 통칭하며 담당 업무에 따라 생산총감(생산담당 집행이사), 영업총감(영업담당 집행이사)으로 부른다. 물론 호칭에서만 드러나지 않을 뿐 중국에서도 총감별로 서열이 존재한다.

중국 기업이 국유기업일 경우 호칭이 복잡해지는데 주로 정부조직 서열과 호칭을 따른다. 국유기업의 경우 집행임원급을 처장, 부장, 주임 등으로 부르며 그 차하위자는 '부' 자를 붙여 부처장, 부부장, 부주임으로 호칭한다. 따라서 국유기업의 경우 '주임主任'이라는 호칭이 민영기업에서처럼 초급간부 호칭이 아닌 고위임원급 호칭임을 명심해야 한다.

우리의 이사보에 해당하는 호칭은 조리총감, 총감조리이며 부장에 해당되는 호칭은 부문경리이다. 한국의 경우 일반적으로 부장과 과장

중국인 비즈니스 명함

中华人民共和国商务部研究院跨国公司研究中心　主　任
中国集团公司促进会　　　　　　　　　　　　副会长
中国投资协会外资投资委员会　　　　　　　　副会长

王 志 乐
研究员(教授)

地址: 北京安定门外东后巷 28 号　电话: 64259598
邮编: 100710　　　　　　　　　　64216661-1324／1325
E-mail: chinawzl@yahoo.com　传真: 64259598
　　tncchina@sina.com　　　　　64216661-1324

武 汉 市 经 济 委 员 会　　　副 主 任
武 汉 市 外 商 投 资 办 公 室　　副 主 任
武 汉 市 工 业 法 律 顾 问 协 会　理 事 长
武 汉 市 企 业 管 理 协 会　　　常 务 理 事
武 汉 市 海 外 交 流 协 会　　　常 务 理 事

杨 兴 华　高级工程师

地址: 中国·武汉汉口沿江大道130号　邮编: 430014
电话: 82856264 82827726 87407983(宅)　传真: (027)82837034
Email: ewhjmbg@goldenter.com
经委主页: http://www.whec.gov.cn

사이에 차장이라는 직급이 존재하지만, 중국에서는 일반화되어 있지 않은 경우가 많다. 차장에 해당하는 중국에서의 명칭은 부문부경리, 조리라 할 수 있다.

중국에서 가장 많이 쓰이는 호칭이 경리經理(징리)이다. 142쪽 표에서 보이는 것처럼 경리는 우리의 부장부터 차장, 과장까지 3종류 직책에 다 쓰일 수 있다. 따라서 상대하는 중국 회사의 유형·규모·형태를 잘 분석하여 내가 받은 명함의 '경리'라는 호칭이 어떤 등급인지를 정확히 가늠할 필요가 있다. 작은 규모 회사의 '경리'는 우리의 '과장'에 해당하지만, 제법 큰 규모의 중국 기업 '경리'는 한국 기업의 '부장'에 해당하는 권한을 가지고 있을 수도 있기 때문이다. 국유기업에서는 '경리'라고 호칭하지 않고 '과장科長'이라고 하며, 차하급자는 부과장副科長이라고 칭한다.

한국에서는 과장의 하위 직책으로 대리, 계장, 주임 등이 있으나, 중국 기업에서는 일반적으로 '주관主管(주꽌)'으로 통칭한다. '주관'은 '경리'의 하위 직책으로 담당 업무를 전담하는 실무 담당자로 생각하면 된다.

4. 음주문화

::

중국의 명주

중국 술은 4,000년의 역사를 가지고 있으며 유명한 술마다 특이한 유래가 있다. 중국에서는 쌀, 보리, 수수 등의 곡물을 원료로 술을 빚는데, 그 지방의 기후와 풍토에 따라 만드는 법이 각기 다르며 같은 원료로 만드는 술도 그 나름의 독특한 맛을 지니고 있다. 북방지역은 추운 지방이라 높은 도수의 독주가 발달하였으며, 남방지역은 순한 양조주를, 산악 등 내륙지역은 초근목피를 이용한 혼성주(우리의 한방주와 비슷하다)를 즐겨 마신다.

약간 과장하면 중국에는 우리의 군에 해당하는 현마다 각자의 명주名酒가 있다고 할 정도이다. 현재 중국의 현급 행정단위가 2,171개이니 중국에는 2,000개가 넘는 자칭 타칭의 명주가 있는 셈이다. 실제로 중국에는 4,500여 종의 술이 있는데, 이 술들은 모두 국가급, 성급,

시급의 품평회評酒會를 통해 그 등급이 정해진다. 이 중에서도 국가급 등급을 여러 차례 받은 술을 명주라고 칭하는데 소위 8대 명주, 10대 명주 등이 이것이다. 이들 명주 제조사들이 모두 국유기업이고 해당 성정부의 주요기업이어서 국가 차원에서의 생산·수출·판매·관리가 이루어지고 있다. 술은 중국에서 가장 많이 가짜로 만들어지는 아이템이기도 하다. 이전에는 술병에 붉은색 띠나 리본을 둘러 명주임을 규정하였으나 지금은 3차원 그래픽이 심어진 홀로그램 위조방지용 스티커 부착 등으로 업그레이드되었다. 중국의 명주 중 대표적인 술로는 증류주인 바이주白酒, 양조주인 황주黃酒 그리고 혼합주인 약미주藥味酒가 있다.

바이주의 대표적인 술로는 마오타이주茅台酒가 있다. 이것은 1915년 파나마 국제박람회에서 3대 명주로 평가받은 후 중국의 대표적인 명주 반열에 오른 술이다. 원료인 고량을 누룩으로 발효시켜 10개월 동안 9회나 증류시킨 후 항아리에 밀봉하고 최저 3년을 숙성시킨 술이다. '죽의 장막'을 처음으로 서방세계에 개방한 마오쩌둥과 미국 닉슨 대통령의 회담(1972)에서 등장한 것을 계기로 외국에서 가장 유명한 중국의 대표적인 술이 되었다.

주정은 약 52~54퍼센트정도로 무색투명하다. 800년이 넘는 역사를 가진 마오타이주의 산지는 구이저우성 런화이仁懷현 마오타이茅台진이다. 생산지인 마오타이진은 특수한 자연환경과 기후조건을 보인다. 이곳은 구이저우고원의 분지인데 해발 440미터 저지대로 하루 내내 안개가 자욱하다. 여름에는 35도에서 39도에 이르는 고온이 다섯 달이나 지속되고 1년 중 절반 이상이 무덥고 습하다. 이러한 자연

자료: 마오타이주 홈페이지 www.china-moutai.com (2013. 4.)

조건은 술의 원료를 발효·숙성시키는 데 매우 유리하며 동시에 마오타이주의 독특한 향기를 내는 미생물을 형성시키는 작용을 한다. 다른 지역에서 마오타이주를 모방하려 했으나 성공하지 못한 원인도 여기에 있다. 마오타이주는 110여 가지에 달하는 향기를 가지고 있으며 마신 후 빈 잔에도 오랫동안 향기가 사라지지 않는다. 향기 성분은 술 제작과정 중에 향료를 첨가하는 것이 아니라 반복적인 발효과정에서 자연적으로 생기는 것이다. 술 도수(52~54퍼센트)는 중국 명주 중 낮은 편이다. 마오타이주는 생산 후 창고에 최저 3년 이상 저장하고 다시 5년, 8년, 10년, 20년, 30년, 40년씩 저장한 술과 브랜딩한 후 판매한다.

또 다른 증류주 명주인 우량예五粮液의 주산지는 중국 남서부 쓰촨성과 구이저우성에 걸쳐 있다. 이 술은 다양한 도수로 개발되어 중국 증류주 가운데 가장 판매량이 많다. 우량예는 명나라 초부터 생산되기 시작했다. 독특한 맛과 향의 비결은 곡식 혼합비율과 첨가되는 소량의 약재에 숨어 있다. 우량예는 여러 브랜드가 있으며 그중에서도 쓰촨성 의빈宜賓에서 제조한 우량예가 가장 유명하다. 약 150년 전 의빈에서는 다섯 종류의 곡식(수수, 입쌀, 찹쌀, 밀, 옥수수)을 원료로 하여 술을 빚었는데 당시는 잡량주雜糧酒라고 이름을 붙였으며 20세기 초반에서야 우량예라고 칭하게 되었다. 1970년대 초부터는 도수가 낮은 39도 우량예가 개발·판매되어 인기를 더하고 있다.

다른 바이주인 펀지우汾酒는 쓰촨성 펀양汾陽현 싱화杏花촌에서 만들어졌으며 1,000년의 역사를 갖고 있다. 펀지우는 당대 이전의 황주에 기원을 두고 있으며 후에 바이주로 발전하였다. 역시 1914년 파나마 국제박람회에서 수상한 후 중국을 대표하는 세계적인 명주로 인정받고 있다.

구징궁주古井貢酒 역시 유명 바이주로서 안후이성 보저우시 구징궁주 공장에서 생산한다. 보저우는 역사적으로 유명한 지방으로 동한東漢 때 조조曹操와 명의 화타華陀의 고향이다. 동한 때부터 보저우의 술은 유명했다. 구징궁주를 빚는 물은 우물물인데 그 우물은 남북조시대의 유적이며 1,500여 년의 역사가 있다. 명대 명신종明神宗이 이 술을 마시고 공주貢酒라 명명했으며, 그 후 400여 년 동안 구징궁주는 줄곧 황제들에게 공품으로 진상되어 왔다.

우리가 흔히 중국 음식점에서 접하는 고량주高粱酒는 대중적인 바이주의 통칭이며, 수수高粱를 원료로 하므로 고량주라 한다. 누룩의 재

료는 일반적으로 대맥과 작은 콩이 사용되나 소맥, 메밀, 검은콩 등이
사용되는 경우도 있다. 숙성과정에서 반드시 흙으로 만든 항아리를
용기로 사용한다. 무색이며 장미향을 함유하는 경우도 있다. 주정은
59~60퍼센트 정도이며 톈진산産이 유명하다.

곡물을 이용한 양조주인 황주黃酒의 대표적인 술로는 사오싱주紹興酒,
라오주老酒 등이 있다. 사오싱주 중 대표 브랜드는 사오싱가반주紹興加飯
酒로서 저장성 사오싱현의 지명을 따서 명명된 것이다. 도수가 낮으며
색깔은 황색 또는 암홍색인 황주이다. 주원료로 찹쌀에 특수한 누룩
을 사용하는 방법이 일반적이며 누룩 이외에 신맛이 나는 재료나 감초
를 사용하는 경우도 있다. 제조방법은 찹쌀에 누룩과 술약을 넣는 복
합발효법이 사용되나 지역마다 독특한 비법이 내포되어 있다. 사오싱
주는 중국에서 보기 드물게 14~16퍼센트의 저알콜 술이다.

한약재·과실 등을 섞어 발효시킨 혼합주藥味酒 중 대표적인 술로는
오가피주, 죽엽청주, 장미주 등이 유명하며 그중 죽엽청주竹葉靑酒가 대
표적이다. 죽엽청주는 1,400년 전부터 유명한 양조 산지로 알려진 싱화
촌의 약미주로 고량을 주원료로 녹두, 대나무 잎 등 10여 가지 천연약
재를 사용하며 연황빛을 띤다. 향기롭고 풍미가 뛰어난 술로 첫 번째
는 탁 쏘는 강한 맛이, 두 번째는 단맛이 난다. 혈액을 맑게 순환시켜
간·비장의 기능을 상승시키는 효능이 있는 것으로 알려졌다. 주정은
48~50퍼센트인데 죽엽청주의 독한 향을 싫어하는 중국인들도 많다.

오가피주五加皮酒는 고량주를 기본 원료로 하여 목향과 오가피 등
10여 종류의 한방 약재를 넣고 발효시켜 침전법으로 맛을 가미한 술이
다. 도수는 53퍼센트 정도이고 색깔은 자색이나 적색이다.

음주 매너

우리나라에서도 베스트셀러 작가로 유명한 샤먼대학 이중톈易中天 교수는 "술자리를 통해 차별, 금기, 예의가 모두 사라지고 평등, 융화, 친밀 그리고 떠들썩함이 만들어지기 때문에 중국인들은 술을 좋아한다"고 설명한다.[50] 즉 여럿이 어울리기 위해 술을 마신다는 뜻인데, 이 점에서는 한국이나 중국이나 같은 맥락이다.

여러 해 동안의 중국 생활 중에 나 같은 '비주류非酒類'가 불편한 점을 못 느꼈던 이유는 중국 특유의 음주 매너 덕분이다. 그중 한 가지는 '이차대주以茶代酒'라는 네 글자이다. 이는 차(혹은 음료수)로서 술을 대신한다는 관용구이다. 나는 술자리마다 "이차따이지우"를 외치며 술 대신에 물이나 음료수로 건배하였다. 중국인들은 자존심이나 체면이 강해 술을 강권하지 않는다. 이것이 상대방을 무시하는 일이라 생각한다. 술자리가 시작되기 전 "나는 술을 전혀 마시지 못하니 실례가 되지 않는다면 차로서 술을 대신하겠소"라고 미리 말하면 강권하는 사람도 없고 술을 마실 필요도 없다.

일부 한국 바이어가 중국에 비즈니스를 하러 와서 한국에서 하듯 "술을 잘 못합니다"라고 어정쩡하게 말하면 중국인들은 이를 겸양의 표현으로 받아들인다. 즉 '바이어가 술을 정말 못하는 것이 아니라 잘 하는데 중국인의 체면을 위해 겸손을 보이는구나'라고 이해하는 것이다. 그런데 실제로 이 한국 바이어가 50도가 넘는 술을 몇 잔 마시고 독주에 얼굴이 붉어져 권하는 술을 마다하면 중국인은 내심 화를 낸다. 자기를 무시하거나 방금 사인한 계약이 마음에 들지 않아서 내가 권하는 술을 마다하는 것이라 오해할 수도 있다.

따라서 정말 술을 못하는 사람이라면 어정쩡하게 표현할 것이 아니라 "술을 전혀 못합니다"라고 명확하게 표현해야 한다. 이것이 중국 비즈니스에서 성공하는 첫걸음이 된다. 왜냐하면 중국인은 아무리 술을 마셔도 정신을 잃을 정도로 취하거나 주사를 부리는 일이 드물기 때문이다.

또 다른 중국 음주 매너 중 하나는 첨잔添盞이다. 즉 상대의 술잔이 비워지기 전에 가득히 술을 채우는 것이다. 이는 손님의 술잔이 가득 차 있지 않고 비워져 있는 것을 무례로 보는 중국인의 문화관습 때문이다. 그런데 '주는 대로 빨리 다 마셔야 예의를 차린 것'이라 자의적으로 해석하는 한국 비즈니스맨들이 간혹 있다. 그래서 점심시간에 안 마셔도 되는 첨잔임에도 계속 마시다 바이주 몇 병을 비우고 호텔 방에서 곯아떨어진 후, 오후 협상을 그르치는 경우도 있다. 한국과 다른 중국의 음주법 중 하나는 잔을 돌리지 않는 것이다. 절대 자신이 마신 잔을 상대에게 권하지 않는다. 이는 '첨잔'과 연결하여 생각하면 자연스럽게 이해가 될 것이다.

비즈니스 현장에서의 일반적인 음주 매너를 살펴보자. 식사 전에는 차, 탄산음료, 주스 등 가벼운 음료를 마시고 식사할 때는 바이주나 와인, 맥주를 마신다. 한 가지 술을 마시면 계속 그 술을 마시는 것이 일반적인 음주 매너이며 중간에 다른 종류의 술을 마시는 것은 관례가 아니다.

그리고 식사 종류에 따라 술 종류 또한 다르다. 와인은 닭요리, 오리요리와 어울리며, 죽엽청주는 생선, 새우 등 해물류에 맞다. 사오싱주紹興酒와 같은 가반주加飯酒는 찬 요리Cold dish에 맞다. 게요리를 먹을 때는 황주를 마시며 바이주를 마시지는 않는다.

그러나 부득이 여러 가지 술을 한꺼번에 마셔야 할 때는 순서를 지킨다. 낮은 도수에서 높은 도수로, 거품 있는 술에서 없는 술로, 새로운 술에서 오래된 술로 그 순서를 정한다. 또한 비싼 것보다는 보통 가격대의 술을 먼저 마시며, 단술보다는 쓴술을 먼저 마신다. 와인의 경우 화이트와인을 먼저 마시고 레드와인은 다음에 마신다.

술자리에서 적절한 축배사祝酒詞를 하는 것도 중국에서 필요한 음주 매너이다. 혹시라도 자리에 어울리지 않는 축배사를 했다가는 분위기가 어색해질 수 있으니 일반적이고 보편화된 술자리 축배사를 미리 익혀놓는 노력이 필요하다. 중국의 음주 매너는 끝이 없다. 술을 거절할 때 쓰는 거주사拒酒詞도 있다. 중국인은 상대방의 체면을 지켜주기 위해 술을 마시지 못해도 강권하지 않는다. 그러나 상대방이 기분 상하지 않도록 술을 사양하는 거주사를 해주는 것이 올바른 비즈니스 음주 매너이다. 통상 많이 쓰는 거주사로는 다음과 같은 문장이 있다.

- 술을 마시지 못하여 차로 술 대신 마시며: 真不好意思 我以茶代酒 您能者多劳!
- 음료수로 술을 대신해서 마실 경우: 只要感情有 喝啥都是酒.
- 차로 술을 대신해서 마실 때: 男人不喝酒 枉在世上走 只要心里有 茶水也当酒.

술자리의 또 다른 즐거움 중 하나는 중국의 명시를 읊는 것이다. 이는 술자리의 품격을 올리는 데 적당한 방법이다. 중국 비즈니스 술자리

에 단골로 등장하는 시성詩聖 이백李白의 시 〈월하독작月下独酌〉 중 일부
는 다음과 같다.

天若不愛酒 酒星不在天.

地若不愛酒 地應无酒泉.

天地旣愛酒 愛酒不愧天.

만약 하늘이 술을 좋아하지 않는다면 주성이라는 이름의 별은 하늘에
　　없을 거네.

땅이 술을 좋아하지 않는다면 땅에 주천이라는 지명이 없을 거네.

천지가 모두 술을 좋아하니, 애주가가 하늘을 부끄러워할 필요가 있겠
　　는가.

5. 선물문화

::

　중국에서 선물을 주는 것을 '쏭리送禮'라고 한다. 즉 선물을 주는 행위를 '예를 보낸다'고 표현하는 것이다. 상대방에게 예를 표시하는 것이니 바꾸어 말하면 선물은 아주 보편적이고 자연스럽다. 따라서 아주 작은 선물이라도 준비하여 상대방에게 주는 것이 중요하며, 비즈니스 협상을 앞두었을 때는 특히 전략적인 선물법이 요구된다. 즉 상대방을 배려하는 선물이 필요하다. 상대방 부인이나 자녀에게 하는 선물은 배려하는 선물이며 지난번과 똑같은 선물을 하는 실수를 한다면 상대방은 분명히 성의 없다고 느낄 것이다.

　중국인이 좋아하는 선물에 대한 정답은 없다. 하지만 보편적인 선물은 몇 가지 꼽을 수 있을 것이다.

　• 술은 양주도 좋고 한국 전통주도 환영받는다.[51]

- 한국 특산품 중 홍삼, 인삼 제품도 좋아하는 품목이다.
- 한국 담배는 상대가 이를 좋아하는지 먼저 살펴보아야 한다.
- 만년필 같은 필기구도 좋다. 아직도 나이가 지긋한 중국인은 만년필을 이용한다.
- 한류 관련 상품(영화 DVD, 음악 CD 등)은 상대방 자녀에게 선물하면 좋다.
- 한국 공예품은 의외로 중국인의 환영을 받지 못하는 경우가 많다.
- 화장품 선물은 친한 경우가 아니고는 부담스럽다(여성마다 사용하는 타입이 다른 것도 한 이유이다).

중국인이 선물을 주고받는 명절로는 설春節(춘지에)과 추석仲秋節(중추지에)이 있다. 음력으로 절기를 따지는 중국은 설과 추석이 우리와 똑같다. 일반적으로 춘절에는 가족끼리 선물을 주고받거나, 직장 상사가 부하에게 혹은 회사에서 직원들에게 일괄적으로 선물하는 경우가 많다. '꽌시'를 구축하기 위해 비즈니스 선물이 오가는 때는 일반적으로 춘절보다는 중추절이다. 아직도 중추절에는 문케이크mooncake라 불리는 월병月餅을 많이 선물한다.

월병은 중국 남송南宋(1127~1279)시대부터 전해지는 과자로, 음력 8월 15일에 둥근 달의 모양을 상징해서 만든다. 밀가루에 라드, 설탕, 물엿, 달걀 등을 섞어 뜨거운 물로 반죽해서 껍질을 만들고 안에 팥소 또는 말린 과일을 넣은 다음 무늬가 있는 둥근 나무틀에 끼워서 모양을 만든다. 마지막으로 표면에 광택을 내는 액(난황, 설탕, 캐러멜 등)을 바르고 굽는다. 수만 원짜리 월병 선물 박스에 수백만 원의 포도주나 위

중추절에 주고받는 월병

자료: 〈중화미식망(中華美食網)〉 www.zhms.cn (2013. 1.)

스키를 끼워 넣어서 '선물'로 포장된 '뇌물'을 주는 때도 바로 중추절이다. 값비싼 월병을 선물하는 구습을 없애자고 TV에서 공익방송을 할 정도이다.

간혹 선물을 완곡히 거절하는 사람을 만나는 경우가 있다. 이럴 때는 상대방이 선물이 너무 부담되어 반드시 그에 상응하는 무엇(청탁)을 돌려주어야 한다고 느꼈을 가능성이 높다. 따라서 너무 과한 선물은 오히려 상대방과 멀어지게 만들 수 있으니 주의해야 한다.

그럼에도 비즈니스 협상과정 중 필요에 따라 과다한 선물을 해야 할 때가 생긴다. 이 경우 중국에서는 선물을 받는 사람의 지인을 통해서 전달한다. 즉 직접 선물을 전달하지 않고 선물하려는 사람과 받는 사람 모두를 아는 제3자를 통해 선물하는 경우가 보편적이다. 이는 혹시라도 선물 받기를 거절할 경우 상대의 체면을 배려해서이다.

선물이 비즈니스 현장에서 어떻게 활용되는지 실제 사례를 살펴보자. 우선 전혀 부담감이 없는 특산품(기념품)부터 선물한다. 처음부터 값비싼 선물을 건네면 뇌물로 판단하기 쉽고 상대도 당황하기 때문이다. 몇 차례 왕래를 거듭하면서 신뢰관계를 구축하는 것이 먼저다.

식사자리를 통한 신뢰 구축이 가장 효과적이다. 중국인들은 식사하면서 우정을 쌓아간다. 그리고 식사자리에는 분위기를 더욱 친밀하게 하는 술이 등장한다. 이런 과정에서 상대방과 일정한 신뢰가 형성되면 자연스럽게 "요즘 신형 카메라가 나왔던데 성능이 어때요?" 등의 대화가 오갈 수 있다. 다음에 그 파트너를 만났을 때 이전 대화에서 언급되었던 '신형 카메라'를 선물한다면 성공적인 선물 활용이라고 할 수 있다. 이는 고가의 신형 카메라에 한정되는 것은 아니다. 대화에서는 화장품, 옷, 영화 등 선물로 '변신'할 수 있는 많은 소재가 등장한다.[52]

선물과 금기

시계는 죽음을 의미

탁상시계나 괘종시계는 중국어로 '종鐘'이라고 한다. 그런데 '종을 준다送鐘'라는 중국어 표현은 '죽은 사람을 송별한다'는 의미의 '송종送終'과 발음이 같다. 따라서 개업하는 식당이나 새로 창업한 회사에 시계를 보내는 일은 피하는 게 좋다. 회사 개업식에서는 시계 대신 거울이나 화분 혹은 중국 특유의 거대한 장식물(수석이나 사자석)을 보내는 것이 일반적이다. 반면 손목시계는 '비아오表'라고 발음하기 때문에 개의치 않고 선물할 수 있다. 더구나 젊은 중국인들에게 멋진 디자인의 시계 선물은 언제나 환영받는다.

병문안 때 피해야 할 과일

배는 중국어로 '리梨'이다. 이별을 뜻하는 '리離'와 발음이 같다. 따라서 병문안 갈 때 배를 선물하는 것은 금기다. 과일을 선물할 경우에는 배보다는 사과가 좋다. 이는 사과의 발음인 '핑궈苹果'가 평안, 안녕을 뜻하는 '핑안平安'과 비슷하기 때문이다. 다만 상하이 등 일부 지역에서는 '핑궈' 발음이 '병들어 죽다'라는 뜻의 '빙구病故'와 유사해서 사과도 피한다고 한다. 이에 유념할 필요가 있다.

주의해야 할 꽃 선물

국화는 중국에서도 장례식에 쓰이는 꽃이다. 따라서 꽃을 선물할 때는 주의해야 한다. 중국에서는 생화보다는 조화造花가 유난히 많이 쓰인다. 서구와는 달리 중국에는 화원의 수가 적고 역사적으로도 꽃을 이용하는 습관이 없었다. 노동절인 5월 1일, 국경절인 10월 1일을 제외하고는 꽃을 사용하는 경우가 드물었다. 중국인들이 관혼상제 때 꽃을 이용한 역사는 40년도 채 되지 않는다. 이런 이유로 생화보다는 조화가 자주 등장하는 것이다.

홍콩에서는 재스민차를 만드는 데 쓰는 말리꽃과 매화 두 가지 꽃은 사업상 선물로 적합하지 않다. 말리꽃의 중국어인 '모리茉莉'와 이익이 없다는 뜻의 '몰리沒利'의 발음이 유사하다. 그리고 매화梅花의 '메이梅' 역시 재수가 없다는 뜻의 중국어 '다오메이倒霉'의 '메이霉' 발음과 같다. 그래서 피하고 있으므로 주의해야 한다.

가위는 금물

가위는 두 토막으로 동강을 낸다는 이미지를 가지고 있다. 또한 날이 날카로워서 무기로도 사용될 수 있으니, 가위는 선물로 적당하지 않다.

선물의 개수

중국인은 짝수를 좋아한다. 따라서 선물도 가능한 범위 내에서 짝수로 하는 것이 좋다. 결혼식, 생일 등 경사스러운 자리에는 짝수 선물을 선호하는 편이다. 그리고 상점에서 파는 월병은 박스 안에 짝수로 포장되어 있다. 이는 좋은 일이 계속된다는 의미의 '하오스청솽好事成雙'이라는 관용어와 관계가 있다. 물론 아주 비싼 선물을 두 개씩 할 수는 없지만 일반적인 선물(사탕, 과자, 과일 등)은 짝수를 맞추어 주는 것 좋다.

선물 포장지

중국인은 선물 포장지로 붉은색이나 금색을 선호한다. 붉은색은 존엄과 존귀를 상징하며 금색은 예부터 황제의 색깔이었다. 반면 흰색이나 검은색은 흉색으로 간주되므로 주의해야 한다. 특히 흰색은 죽음을 의미한다.

생일선물

중국인에게 가장 중요한 생일은 66세 생일이다. 이는 육순(60), 칠순(70), 팔순(80)을 따지는 한국과는 다른 점이다. 이는 사자성어 '리우리우따순六六大順'과 관계가 있는데 '한평생 순조롭게 살았다'는 의미이다.

66세 생일 때 자녀는 0.6근의 고기를 사드리고 66개의 물만두를 빚어서 생신을 축하한다. 50세 생일은 샤오서우小壽(소생신), 80세는 쭝서우中壽(중생신), 100세는 따서우大壽(대생신)라고 부른다.

73세와 84세 때에는 병이 들기 쉽고 많이 돌아가신다고 해서 건강에 주의하는 풍습도 있다. 이런 풍습은 공자와 맹자의 사망 나이 때문에 비롯되었다는 설이 있다. 공자는 73세에 서거했고, 맹자는 84세에 세상을 떠났다. 이 두 사람은 성인으로 추앙받는 유학자들이다. 따라서 그 나이 때는 액운이 따른다고 믿고 매우 조심해서 보내는 것이다.[53]

허난성 안양시 일대에서는 '45세'라고 부르는 것 자체를 금기시한다. 이는 북송 때 청백리였던 포청천(999~1062)과 관계가 있다. 포청천은 45세 때 악행을 일삼던 황제의 친척과 다툼을 벌였는데 그 과정에서 아주 곤란한 처지에까지 이르렀다. 이를 계기로 이 지역 사람들은 '45세'를 언급하지 않는다. 누가 몇 살이냐고 물으면 "작년에 44세였습니다"나 "내년이면 46세가 됩니다"라고 답한다. 혹시라도 '45세'를 입에 담지 않는 중국인을 만난다면 이러한 이유가 있다는 사실을 상기하기 바란다.

의미를 가진 숫자와 해음

중국인이 숫자에 의미를 부여한다는 것은 잘 알려진 상식이다. 2008년 베이징에서 개최된 올림픽 개막시간은 8월 8일 8시 8분이었다. 이는 중국인이 숫자 8ba(바)을 얼마나 사랑하고 있는지를 극명하게 보여주는 사례이다. 숫자 8은 상관습과도 연결되어 있다. 8의 발음 '바'는 '부자 되세요'라는 뜻을 가진 새해 인사말 '꿍시파차이恭喜發財'의 '파fa'와 발음이 같다. 그래서 중국 일반인들에게 숫자 8은 서양의 럭키 세븐과 같은 행운의 의미를 갖는다.

숫자 6의 발음은 '리우liu'인데, 이는 '매우 순조롭다'는 뜻의 고사성어 '리우리우따순六六大順'에서 유래되었다. 역사책 《좌전左传》에는 "임금이 의롭고, 신하는 임금의 명을 행하며, 아버지는 자애롭고, 자식은 효성스러우며, 형은 동생을 사랑하고, 동생은 형을 공경하는 것이 여섯 가지 순리六順[54]다"라고 밝혔다. 즉 숫자 6은 만사가 순조롭게 진행된다는 의미를 내포하고 있는 것이다. 또한 유통과 흐름을 뜻하는 리우流, liu와도 발음이 같아 특히 사업하는 사람들에게는 8 이상으로 환영받는 숫자이다.

다음으로 선호하는 숫자 중 하나는 9jiu(지우)이다. 예로부터 중국에서 9는 황제의 숫자로 여겨져 왔다. 하늘을 9개로 나누어 가장 높은 곳에 천자天子, 즉 황제가 위치했다. 그리고 천자의 생일은 1월 9일(음력)이었다. 그리고 황제는 1년에 9번 제사를 지냈고, 베이징에는 9개의 문이 있었으며, 자금성 안에는 9개로 장식된 가로등·문고리 장식 등이 배치되었다. 또한 9는 오래 산다는 의미를 가진 지우久와 발음이 같아서 선호하기도 한다.

반면 중국인이 싫어하는 숫자도 있는데 대표적인 것은 4si(쓰)이다. 이는 우리나라와 마찬가지로 죽을 '사死, si'와 발음이 같아서이다. 그리고 중국인들은 행운의 숫자 7을 그다지 선호하지 않는다. 이는 화가 난다는 의미의 중국어인 '성치生气, Seng Qi'와 발음이 같기 때문이다.

이처럼 적지 않은 중국인의 금기禁忌, 길상吉祥은 해음諧音 현상과 관계있다. 해음이란 A와 B 두 글자가 서로 다르지만 같거나 유사한 발음을

자료: 〈항저우일보(杭州日報)〉 (2012. 4. 5.)

갖고 있을 때 A를 이야기하면서 동시에 B의 이미지를 연상하는 것이다. 예를 들어 '4=四=死'의 과정이 일어난다. 중국어에는 해음 특징으로 어떤 사물(단어)을 이야기하면 같은 발음을 가진 다른 사물(단어)의 이미지가 자연스레 떠오르는 경우가 유달리 많다. 이러한 해음 현상 때문에 중국인들의 금기 범주는 더욱 광범위해지고 있다.[55]

이러한 의미를 지닌 숫자들은 중국 실생활에서 경제적 가치로 환산된다. 대표적인 것이 이동전화 번호와 자동차 번호이다. 즉 6, 8, 9가 들어간 이동전화 번호와 자동차 번호는 그렇지 않은 것보다 몇 배 더 높은 가치로 시장에서 거래된다. 중국에서 결혼식이 가장 많이 열리는 날짜는 8월 8일이다. 그리고 백화점에 새로 출시되는 제품 가격을 1,666위안 혹은 2,888위안처럼 끝자리를 6이나 8로 맞출 때가 많다.

우리도 중국 비즈니스 현장에서는 이들 숫자를 활용한 마케팅을 염두에 두어야 할 것이다.

같은 한자, 다른 의미

한·중·일 3국은 한자문화권이다. 지금은 각국마다 표기법이 정자, 약자, 번자체, 간자체 등으로 변했지만 그 근원은 똑같은 한자이다. 그리고 상당한 부분에서 같은 한자를 쓰고 있다. 2013년 7월 8일에는 '한·중·일 30인회'가 3국 공통의 상용한자 800자를 선정해 발표하기도 했다. 하지만 같은 한자라도 각 나라에서 전혀 다른 의미로 쓰이는 경우가 많다. 따라서 비즈니스 현장에서는 이를 체크하는 정성이 필요하다.

가장 쉬운 예로 '신문'을 들 수 있다. '新聞'은 한국에서는 '신문', 일본에서는 'しんぶん'로 쓰며 'Newspaper'의 뜻을 갖고 있다. 그러나 중국에서 '新聞'은 'News'의 의미이다. 우리의 '신문'에 해당하는 중국어는 '바오報'이다.

일본의 고급 호텔 식당에는 각 룸마다 고유의 이름을 붙여놓는데 '지극히 평안하다'는 의미인 '태평太平'이라는 이름이 붙은 곳이 많다. 그런데 중국에서는 '태평'이라는 이름을 사람이 죽은 후에 시체를 안치하는 '영안실太平房'에서 쓴다. 만약 이 이름이 붙은 룸으로 중국인을 초대한다면 '영안실'에 손님을 초대하여 식사하는 것과 마찬가지다. 이는 큰 실례가 아닐 수 없다.[56]

제 3 장

차이나 머천트와의
상거래전략

CHINA MERCHANT

1. 차이나 머천트 상관행

::

중국인의 의식구조와 상인 기질을 다음의 몇 가지로 요약할 수 있다. 이는 차이나 머천트의 상관행商慣行 특징이라 할 수 있다.

- 개인보다는 집단과의 조화를 중시한다.
- 혈연, 지연 등을 중시한다.
- 상담 시 본심을 타인에게 노출하지 않는다.
- 돌다리도 두드리는 성향이다.
- 계약서보다 융통성을 중시한다.
- 신용을 제일로 삼고 체면을 중시한다.
- 상담 시 상대를 높여주는 연기력이 풍부하다.
- 10년 이상 시간을 두고 친구를 사귄다.
- 불필요한 가정假定을 싫어하고 현실에 처한 대로 일을 풀어간다.

- 말이 많은 사람은 신뢰하지 않는다.
- 돈의 중요성을 잘 안다.

그리고 차이나 머천트는 다음과 같은 원칙을 가지고 상거래에 임하고 있다.

조심성

상대방에게 신뢰감을 주는 것이 우선이다. 결정하기 전에 세 번 이상 생각三思而行하는 신중한 모습과 거래처를 세 곳 이상 비교하는貨比三家 조급하지 않은 태도는 중국상인의 기본이다. 그러므로 중국인과의 상거래에서 조바심은 금물이다. 중국 각지의 상인 특징을 서술한《절인상지浙人商智》,《온주상경溫州商經》등의 책은 "상거래에 임하는 자세는 의연하게 해야 하며, 절대로 한 곳에만 매달리는 모습을 드러내지 말 것"이라고 충고한다. 상대방이 선택의 여지가 없다는 것을 아는 순간, 거래 상대자는 절대 양보하지 않을 것이 분명하다.

첫 거래에 의심을 품은 상인들에게 거래 상대자는 반드시 '즈지런自己人(자기인)', 즉 자기 사람이 되어야 한다. 중국인은 흔히 첫 만남에서 '펑요우朋友(친구)'라고 스스럼없이 호칭한다. 그리고 친구가 소개해준 친구는 '하오펑요우好朋友(좋은 친구)'이기도 하다. 그러나 오랜 친구인 '라오펑요우老朋友'가 되기 위해서는 시간을 가지고 믿음을 주면서 관계를 만들어야 한다.

꽌시와 체면

상거래에서 '꽌시'는 만능열쇠가 아니지만, 열쇠를 잘 돌아가게 하는 윤활유임에는 틀림이 없다. 따라서 적재적소에 꽌시를 활용하는 것은 차이나 머천트의 또 다른 상관습이다. 중국은 특히 고문顧問, Advisor제도를 폭넓게 두고 있다. 이는 중국 특유의 꽌시 문화와 무관하지 않다. 한 분야에서 최고 전문가의 경지에 올랐다가 은퇴한 퇴직자들은 고문 직을 통해 업계 로비스트 역할을 수행하고 있다.

실제로 많은 다국적기업이 중국 정부와의 관계 구축을 위해 정부 출신 전문가를 고용하라고 조언하고 있다. 적지 않은 비용을 내면 인허가권을 가진 고위관리와의 면담을 주선해주겠다는 중국 컨설턴트들도 있지만, 많은 외국 기업은 퇴직 관료나 다른 기업에서 정부 관계 업무를 전담하던 중 이직을 원하는 사람을 채용해서 '고문' 역할을 맡기고 있다.[57]

제대로 된 '고문'은 어떤 조건을 갖추어야 할까? 첫째, 현장 경험이 풍부하고 실제 비즈니스를 통해 '어려움'을 경험한 사람이라야 한다. 둘째, 변화하기 쉬운 국제정세, 특수한 중국의 산업구조, 경제변동 등에 대처할 수 있도록 최신 정보에 접근할 수 있어야 한다. 셋째, 중국 내·외부 사정을 모두 알고 있거나 알 수 있는 위치에 있었던 사람이다. 넷째, 명확하지 않은 문제는 "모른다"고 분명히 대답하고 차후 조사하여 사실을 알려주는 태도를 갖추어야 한다. 다섯째, 중국을 한 국가나 한 민족으로 뭉뚱그려 생각하지 않고 지방에 따라 세분화된 특색을 인지하고 있어야 한다. 여섯째, 관련 인맥(꽌시)이나 필요한 정보의 생산처(기업·단위·정부기관 등)에 근무한 경험이 있는 사람이다.[58]

많은 다국적기업은 베이징에 사무소를 운영하고 있는데, 이들 사무소의 주요 역할 중의 하나가 중앙정부를 전담하는 것이다. 투자규모가 크거나 투자주체가 외국 기업일 경우 중앙정부의 인허가는 필수요건이다. 2011년 베이징 GRDP(지역내총생산) 중 먹고 마시는 3차산업 비중이 중국 최고치인 76.1퍼센트에 달하는 것은 놀라운 일이 아니다. '꽌시'를 유지하기 위해서는 비용이 든다.

한 예를 보자. 식당을 상대로 사업을 하는 마크 세키아란 사람이 있다. 그에게 '계약'은 유용한 문서라기보다는 형식상의 절차이다. 그는 계약은 의미가 없고, 결국 사업은 얼마나 좋은 '꽌시'를 유지하느냐에 달렸다고 믿고 있다. 그는 직원들을 납품 식당으로 자주 보내 소통을 하도록 하고 있다. 그는 회사 관리자들이 두 달에 한 번 거래 식당을 찾아가 매번 200위안(36,000원)어치 식사를 하게 한다. 이때 식당 사장들은 밥값을 받는 데 주저하지만, 관리자들은 절대 공짜로 먹지 않는다. 그의 회사는 140개 식당과 거래관계를 유지하고 있고 그 모든 식당에서 약 2개월마다 200위안어치 식사를 사서 먹는다. 결국 1년에 16만위안(2,880만 원) 이상이 드는데, 이는 이미 맺고 있는 '꽌시'를 강화하는데만 드는 비용인 셈이다.[59]

중국 상관습에서 선물은 '체면'과 '꽌시'가 중요함을 표현하는 수단의 하나이다. 따라서 거래처 방문 시 적당한 선물 준비는 필수이다. 실용주의가 발달한 중국 상관습에서 선물의 종류는 그다지 중요해 보이지 않는다. 중요한 것은 내가 선물을 준비할 만큼 상대에게 신경을 썼다는 정황이다.

중국에서는 문제 직원을 해고할 때도 '체면'을 고려해야 한다. 실제로 자기 체면을 세우고 재취업에 유리하게 만들기 위해 징계 대상자가 회사 험담을 늘어놓으며 먼저 사직서를 제출하는 경우도 있다. 비록 자신이 잘못한 상황이더라도 해고를 당하면 체면이 손상당하기 때문이다. 흥정과 에누리도 '체면'의 문제로 볼 수 있다. 즉 싸게 사려는 손님과 비싸게 팔려는 주인의 입장이 있기 때문이다. 명품 짝퉁을 찾는 이유, 명함에 많은 직함이 적히는 것도 '체면' 때문이다.

중국 비즈니스 현장에서 체면을 고려하는 것은 매우 중요하다. 한 사례를 보자. 한 기업에서 납품한 물품이 석연치 않은 이유로 검사 불합격 판정을 받았다. 불합격을 받은 회사 CEO는 화를 내거나 심하게 항의하는 대신 상대의 체면을 세워주는 방향으로 문제를 해결하고자 했다. 그는 최신 검사기계를 중국 측 회사에 선물했고 일정 시간이 지난 후 새로운 기계로 재검사를 요청했다. 그 결과는 합격 통보였다. 비즈니스 상대가 누구든 항상 무시하지 않고 체면을 살려주는 태도가 필요하다.[60]

접대와 협상

술자리는 비즈니스가 연장되는 또 다른 장소이며 이는 중국도 다르지 않다. 술좌석에서 업무 이야기를 하는 것이 옳은지 그러지 않는 것이 좋은지에 대한 정답은 없다. 그러나 중요한 것은 중국인들은 공적인 '사무관계'만큼 사적인 '인간관계'를 중요하게 여긴다는 점이다. 따라서 술자리에서 맺은 좋은 인간관계는 사무적인 관계에도 도움이 된다.

여기서 한국인이 특히 주의해야 할 점은 과도한 음주 후의 술주정이다. 중국에서 술을 잘 마신다는 것은 자신이 술을 제어할 수 있음을 의미한다. 그런데 술주정으로 자신의 체면을 깎아내리는 모습을 상대방에게 보인다면 신뢰를 쌓기 어려울 것이다. 중국 술자리에는 반드시 잔을 비워야 하는 '간베이干杯'도 있지만, 자기 주량만큼 편하게 마시는 '쑤이이隨意'도 존재한다. 술을 잘 마시지 못하는 상대방을 배려하며 상대의 체면을 세워주고 술을 강권하지 않는 것이 중국의 술문화이다.

아이스 브레이킹Icebreaking은 어색한 자리나 서먹한 관계를 깨기 위한 대화기법이다. 중국인은 비즈니스 회의 시에 아이스 브레이킹 매개체로 담배를 활용한다. 술을 마셔가면서 회의를 할 수 없기 때문이다. 자신의 담배를 상대방에게 건네거나 함께 피움으로써 우호적인 감정을 느낄 수 있다. 그렇다고 담배를 피우지 않는 사람이 비즈니스 성사를 위해 억지로 담배를 피울 필요는 없다. 하지만 흡연자인 상대방을 위해 담배를 소지하고 다니는 비흡연자 비즈니스맨이 의외로 많은 것이 중국의 상관습이다.

PAC그룹의 샤 피루지는 중국 내 협상에서 가장 중요한 논의들이 식당이나 휴게실 같은 협상장 밖에서 오히려 더 많이 이루어진다는 것을 깨달았다. 그는 원래 비흡연자이지만 중국에 와서 담배를 피우게 되었다. 그 이유는 협상의 가장 중요한 부분, 즉 잠깐 쉬면서 밖에 나가 담배를 피우는 시간에 동참하기 위해서였다고 한다. 그때 오가는 대화가 협상장의 대화보다 오히려 더 중요한 정보를 지니고 있음을 안 후에 그 기회를 놓치지 않고 싶었기 때문이다.[61] 참고로 알아둘 것이 있다. 중국 내 회의장에서 담배를 권할 때 탁자 위에 담배를 획 던지는 경우가 있다. 이것은 상대를 무시하거나 기선을 제압하기 위한 목적이 아니라 친밀함의 표현이니 당황할 필요가 없다.

말과 계약서의 차이

상거래에서 기본은 계약서를 통한 계약의 체결이다. 그런데 중국에서는 체결된 계약서가 무효가 되는 경우가 적지 않다. 따라서 비즈니스맨의 기본적인 자세는 거래가 종료될 때까지 확신하지 않는 것이다.

상거래에서 중요한 것 중 하나가 화술話術이다. '외교학'의 원칙 중 하나는 '자신의 답변은 모호하게, 상대방의 답변은 정확하게 이해할 것'이다. 이는 상거래에서도 활용되고 있다. 실제로 중국어 자체에 모호한 표현과 단어가 적지 않다.

예를 들면 확정되지 않은 사안에 대해 "문제없을까?"라는 질문을 던질 때 상대방에게서 들을 수 있는 대답은 최소한 열 가지가 넘는다. 대표적으로 "可以 應該沒問題" "基本上沒問題" "沒問題" "完全沒問題" "我保證, 沒問題" 등이 있다. 이 다섯 가지를 우리말로 풀면 각각 "OK, 당연히 문제없을 거야" "기본적으로 문제없어" "문제없어" "절대 문제없어" "문제없어, 내가 보증하지"이다.

그런데 중국인과의 상관행에서 이의 해석방법은 조금 다르다. 이런 답변을 하는 중국인들이 체감하는 실현 가능성은 어느 정도일까? 아마도 각각 10퍼센트 → 20퍼센트 → 30퍼센트 → 40퍼센트 → 50퍼센트 정도일 것이다. 즉 "可以 應該沒問題"나 "基本上沒問題"는 문제가 없기를 바란다는 희망 정도 수준이고 '沒問題' 앞에 '完全' '保證' '絕對' 같은 수식어가 붙어야 '문제가 발생하지 않도록 내가 노력해볼게'라는 뉘앙스가 포함되었다고 보면 된다.

청탁방법

중국 속담에 "일이 없을 때 밥을 먹고 일이 생기면 부탁한다没事吃饭 有事办事"라는 말이 있다. 이 속담은 중국에서 친구를 사귀는 방법을 시사하고 있는데 중국인의 청탁문화를 압축적으로 표현했다고 할 수 있다. 신세 질 일이 생긴 후에 식사 한번 같이하자고 접근하면 안 되고, 평소에 자주 식사를 하면서 우의를 돈독하게 해놓아야 필요할 때 부탁하고 도움을 받을 수 있다는 의미로 해석된다.

차이나 머천트의 청탁문화는 느긋하며 간접적이고 은근하다. 그러므로 한국상인이 중국인에게 "식사나 한번 같이하자"고 말하면, 듣는 중국인은 '이 사람이 앞으로 무슨 청탁을 하려고 하는구나'라고 생각할 수도 있다. 그냥 가볍게 식사 한 끼 하자고 한 부탁을 중국 파트너가 거절했을 때에는 그 상대방이 그냥 식사 한 끼가 아닌 '청탁을 위한 예비동작'으로 인식하고 있을 가능성이 크다.

식사가 아닌 선물의 경우도 마찬가지다. 심지어 수년 동안 생일, 결혼식, 출장 때마다 선물이나 돈을 건네면서 관계를 쌓아간다. 이는 내가 필요할 때는 도와주어야 한다는 일종의 암묵적 계약Implied Contract인 셈이다. 이에 비해 한국에서는 부탁할 일이 있을 때 식사를 청한다. 이는 중국 상관습 시각에서 보면 즉흥적이며 직접적이고 노골적이다.

중국 비즈니스 에티켓

'꽌시'는 상호적이다. '내게 무슨 이익이 있을까'의 관점이 중요시된다. 특히 사업적 거래 목적으로 형성된 꽌시는 일종의 상호작용Give & Take이다. 중국인과 외국인의 관계인 경우는 더 그렇다. '친구'를 위해 도움을 주었으면 당신에게 받을 빚이 있다고 생각한다.

지나친 선물은 오히려 당신의 도움을 받았다는 강한 의미를 전달할 수 있다. 그러므로 비슷한 정성(선물)을 주고받거나 상대방에게 약간의 빚을 더 받을 수 있겠다는 마음가짐을 주는 선에서 선물하는 것이 좋다. '꽌시'를 맺고 있는 중국인은 당신에게 도움을 주었다는 것, 그래서 당신에게 받을 빚이 있다는 사실을 소중하게 여긴다. 만약 요구하지 않았던 호의가 주어졌다면 뜻하지 않게 그 대가가 요구될 수 있다. 1980년대에는 조직(기업)을 위한 큰 선물을 주로 했다면, 지금은 개인을 위한 작은 선물이 일반적이다. 선물할 때 주의할 점이 한 가지 있다. 세 번의 사양은 선물을 원하지 않는다는 뜻이 아니다. 이는 중국 특유의 체면에서 비롯된 일반적 행태이다.

외국인의 칭찬은 중국인을 크게 고무시킨다. 적절하게 존중받기를 원하는 중국인은 특유의 체면문화에 영향을 받은 것이다. 따라서 중국 파트너의 상사를 만날 경우 반드시 실무자를 칭찬해줄 필요가 있다.

중국은 집단주의 성향이 강하다. 따라서 협상 시 당신이 회사를 대표한다는 느낌을 줄 필요가 있다. 내(개인)가 아닌 회사(집단)의 이익을 위해 최선을 다하고 있음을 보여주어야 한다. 즉 나와 거래하는 것이 당신(중국 파트너)이 속한 집단에도 큰 이익이 됨을 강조하는 것이다.

관료주의와 유교의 유사점은 의무, 충성, 효심, 성실, 노인과 연장자에 대한 존경, 권위에 대한 복종, 서열의식, 겸손, 절제, 관대 등을 들 수 있다. 직접적 대립 회피는 유교의 특성이다. 중국 또한 엄격한 계급으로 구분된 관료주의 사회이다. 따라서 서열과 특권에 따라 역할이 구분되어 행사됨을 고려해야 한다.

중국인은 여러 가지 방법으로 "No"를 말한다. 만약 중국인이 "형편이 되지 않아서" "고려 중이다" "논의 중이다"라고 답변할 경우 곤란한 상황에서 벗어나려고 그렇게 말했을 수 있다. 그리고 손님의 체면을 세워주기 위해 거짓말도 한다. 즉 협상장에서는 "Yes"라고 했지만 협상 후 계약을 체결할 때는 얼마든지 "No"라고 번복할 수 있는 것이다.

2. 상거래전략

::

손자병법과 비즈니스 전략

중국에서는 상거래전략에서도 《손자병법孫子兵法》이 많이 등장한다. 이는 중국인에게는 비즈니스가 또 다른 전쟁터임을 방증한다. 《손자병법》은 기원전 6세기경 손무孫武가 쓴 병법서인데 죽간에 기록된 것이 1972년에 발견되었다. 모두 13편 6,109자로 구성된 간결한 책이지만 병법의 성경이라는 뜻인 '병경兵經'으로 불린다. 그만큼 중국 최고지도자부터 대학생들까지 널리 읽는 필독서이다.

손무는 2,500년 전 춘추전국시대 말기 제나라에서 태어나 후에 오나라로 이주했다. 그가 태어난 제나라는 현재의 산둥지역으로 당시 정치·군사활동의 중심지였다. 그 시대는 노예제도가 봉건제도로 바뀌는 과도기로 130여 제후국들이 치열한 전쟁을 벌여 합종연횡合從連衡이 되풀이되었다.[62] 또한 손무가 태어나기 전인 춘추전국시대 초기 200년 동안에도 400여 차례에 달하는 크고 작은 전쟁들이 발생했다. 따라서 손무는 그동안 벌어진 수많은 전쟁에서 다양한 전투상황을 사례로 수집할 수 있었다. 손무는 그것을 바탕으로 반복적으로 되풀이되는 규율 법칙들을 추출해냈다. 그 결과가 《손자병법》이다. 이는 전쟁을 넘어 비즈니스뿐만이 아니라 정치·군사·외교 상황 및 사회적 상황에도 대입하여 전략을 도출할 수 있는 원전原典으로 자리 잡았다.

실제 손자는 오왕의 참모인 오자서의 추천으로 오나라 왕 합려를 만나 최고 군사지휘자인 군사軍師로 임명되었다. 그는 오자서와 함께 6만의 병력을 이끌고 서쪽의 강국인 초나라를 공격하여 5전 전승으로 20만 명의 초나라 군대를 격파하였다. 이후 남쪽의 월나라를 점령했고 애릉에서 제나라 군대를 대패시켰다. 그리고 주변의 제후국들과 연맹하여 진晉나라를 제압하여 오나라를 패주로 등극시켰다. 손자는 실제 자신의 병법에 근거하여 30년간 혁혁한 전공을 세움으로써 그의 이론이 타당함을 증명했다.

이후 《손자병법》은 대대로 전쟁의 지침서가 되었다. 기원전 200년경 서한시대에는 장량과 한신이 《손자병법》을 배우고 유방을 보좌하여 중국을 통일하고 한漢왕조를 세웠다. 조조와 제갈량도 《손자병법》으로 패권을 다투었다. 620년 수나라 말기에 이세민이 당 왕조를 세울 때도 지침이 되었다. 가깝게는 마오쩌둥이 《손자병법》을 이용하여 일본을 물리치고 신중국을 성립했다고 알려진다. 중국이 WTO에 가입할 때도 《손자병법》을 활용하여 협상을 유리하게 이끌었다고 자랑스럽게 이야기하는 것을 들을 수 있다.[63]

《손자병법》 제3편 〈모공謀攻〉편에서는 싸우지도 않고 이기는 방법上兵

伐謀(상병벌모)을 설명하고 있다. 싸워보지 않고 승리를 미리 알 수 있는 방법으로 다섯 가지가 있다. 첫째, 싸울 수 있을 때와 싸우지 못할 때를 구별할 수 있는 자가 승리한다. 둘째, 병사의 많고 적음에 따라 병법을 달리할 수 있는 자가 승리한다. 셋째, 위와 아래가 한마음으로 뭉쳐 있는 군대는 반드시 승리한다. 넷째, 미리 준비하고 준비를 갖추지 않은 자를 상대하는 군대도 승리한다. 다섯째, 장수가 전장에 나가서 왕의 간섭 없이 소신껏 지휘할 때 승리한다.[64]

이를 시장경쟁에 적용해보자. 단순한 매출액의 높고 낮음보다는 이익을, 이익보다는 순이익률을, 순이익률보다는 미래의 기업발전 가능성을 중시해야 한다. 또한 기업의 효율보다는 사회적 효율이 더 중요시되어야 한다. 그래야만 수많은 경쟁사를 물리치고 10년, 50년, 100년을 지속하는 기업이 될 수 있을 것이다. 비즈니스 전쟁터에서 승리하기 위해서는 창조적인 사고와 행동이 필요하다. 기업이 눈앞의 돈을 벌기 위해 주변을 오염시키면 환경파괴의 재앙을 초래할 뿐만 아니라 미래 발전을 위한 토대를 훼손하게 된다. 이와 같은 논리의 합당함은 최근 중국 내에서 비즈니스 활동을 할 때 기업의 사회적 책임CSR: Corporate Social Responsibility이 왜 중시되어야 하는지에 대한 대답이 된다. 그리고 이를 무시한 기업들의 실패사례에서도 그 근거를 찾을 수 있다.

성동격서

'성동격서聲東擊西'는 서쪽을 격파하기 위해 동쪽에서 소리를 지른다는 뜻이다. 그 목적은 상대를 교란하여 올바른 판단을 못 하게 하는 데 있다. 이는 중요하지 않은 조건을 중시하는 척하면서 이를 양보해주고 중요한 것을 취하는 전략이다. 차이나 머천트는 협상에서 주요 목표를 달성하기 위해 중요하지 않은 기타 문제를 물고 늘어져 거래 상대자의 관심을 분산시킨 다음, 준비가 부족한 틈을 타 많은 양보를 얻어내는 전략을 구사한다.

차이나 머천트는 이렇게 얻은 양보가 자신에게 유리하면 서면으로 작성하여 거래 상대방의 확인을 받아둔다. 이렇듯 차이나 머천트는 성동격서 전략에 아주 뛰어나다. 상담 시 상품 품질이 좋지 않다거나 납기나 애프터서비스에 문제가 있다는 등의 구실을 내세워 자신이 취하고자 하는 원래 목적인 가격조건을 유리하게 이끌어가려고 한다. 따라서 차이나 머천트가 상담 초기에 제시하는 조건들은 상담을 결정짓는 데 크게 중요한 사항이 아니라는 점을 알고 오히려 느긋하게 대응하는 전략도 필요하다.

업그레이드된 성동격서 전략을 보자. 상인 A가 "당신의 상품은 볼품도 없고 내구성도 떨어지는군"이라고 말하면 같이 온 상인 B는 "볼품은 없지만 내구성은 있네"라고 절반만 거든다. 얼떨결에 상인 C는 자신의 상품이 볼품없다고 자인하게 되고, 이를 근거로 A와 B는 협상을 유리하게 전개해나간다.

병불염사

'병불염사兵不厭詐'는 전쟁에서 병력을 배치할 때 상대방을 속이는 허허실실 술책을 마다치 않고 적극 사용한다는 뜻이다. 차이나 머천트는 상대 거래 당사자에게 상담일자를 긴박하게 바꾸거나 중국 측의 정보를 고의로 흘려주거나 다른 경쟁회사와 상담하는 모습을 의도적으로 보여주기도 한다. 또한 상대 거래 당사자의 사소한 허점을 고의적으로 지적하여 거래 당사자끼리 싸우다가 공멸하도록 경쟁을 붙이는 것도 병불염사 전략이다. 이는 상대 거래 당사자를 최대한 속여서 본인의 의도를 정확히 파악하지 못하게 만드는 것이다.

화비삼가

'화비삼가貨比三家'는 말 그대로 세 곳을 비교한다는 뜻이다. 차이나 머천트는 상담 시 거래가격에 가장 관심을 두고 있다. 가격을 많이 깎는 담당자는 인사고과 때 좋은 평가를 받고 그렇지 못한 경우에는 뇌물을 받은 것으로 의심받을 정도이다. 차이나 머천트가 가격협상 시에 사용하는 전형적인 상술이 바로 화비삼가이다. 즉 구매하고자 하는 물품의 오퍼(가격문의)를 세 곳에 내어 이를 비교해본 후 접촉하는 전략이다. 차이나 머천트는 납품업체들로부터 상품을 구매할 때 반드시 세 곳 이상의 견적서를 받아 비교해보고 서로 경쟁하게 만들어 최대한의 이익을 얻어내는 전략을 구사한다. 이렇듯 화비삼가는 중국 기업들이 가장 보편적으로 많이 사용하는 가격결정 방식이다.

창홍백검

'창홍백검唱紅白臉'은 붉은 얼굴과 하얀 얼굴 2개의 얼굴을 가진다는 뜻이다. 이는 '베이징 오페라'라고 불리는 경극京劇에서 주인공 가면(분장)은 붉은색, 악당 가면(분장)은 흰색을 쓴 것에서 유래했다. 즉 협상 시에 강경파와 온건파 2개 팀으로 구성하고 밀고 당기는 전략을 병행함으로써 계획하는 목표를 달성하는 전술이다. 차이나 머천트는 협상 전

자료: 국가경극원 홈페이지 www.cnpoc.cn (2013. 2.)

에 미리 목표를 정해놓고 하급실무자들은 하얀 얼굴 팀의 강경파 역할을, 최고결정권자는 온건파인 붉은 얼굴 팀의 역할을 담당한다. 이 같은 중국 측의 계획적인 역할분담을 잘 이해하지 못해 협상을 실패로 몰고 가는 경우도 의외로 많다.

지피지기

'지피지기知彼知己'는 나를 알고 적을 알아야 승리한다는 《손자병법》의 유명한 원칙이다. 이를 비즈니스에 적용하면 상거래전략에서 준비 없는 전쟁은 하지 않는다는 뜻이 된다. 즉 국제계약을 할 때 어떤 수단을 이용해서라도 상대방의 전략을 상세하게 이해하고 특징을 분석한 뒤

각종 대책을 충분하게 준비하여 협상에 나선다.

숙련된 상인들은 협상 전에 해야 할 과제로 가능한 한 상대방의 사업을 깊숙이 파악하는 점을 들고 있다. 기업의 경우 매출, 이익, 사업목표 등이 그것이다. 상대방이 어떤 방식으로 얼마나 이윤을 내는지 알고 있어야 한다. 실제로 제품을 통해서 얼마나 돈을 버는지도 알아야 한다.

불로규각

'불로규각不露圭角'은 자신이 가진 능력을 드러내지 않는 방법을 이른다. 자신은 단순히 대리인의 입장이라고 설명하면서 까다로운 조건은 모두 가공의 위탁자를 내세워 책임을 돌리는 전략이다. 이것은 유능한 상인들이 즐겨 사용하는 상거래전략이다. 즉 자신의 이익을 반영한 입장은 철저하게 상대방에게 요구하지만, 상대방의 요구나 제안에 대해서는 자신이 계약자가 아니라 대리인이기 때문에 받아들일 수 없다며 뒤로 빠지는 방식이다. 자신이 협상 당사자이면서도 협상장에서 대리인이라고 주장하는 방식은 협상 테이블에 단골로 오르는 메뉴임을 명심할 필요가 있다.

선고후락

'선고후락先苦後樂'은 처음은 어렵고 뒤는 즐겁게 만드는 전략이다. 구체적으로 말하자면 협상 개시 때 강경한 조건이나 터무니없는 제안을 먼저 제시한 후 협상을 진행하면서 요구조건들을 조금씩 약화시키는 방식이다. 최종적으로는 당초 예상한 것보다 유리한 조건을 얻어내는 것이 목적이다. 상대방에게 어려움을 먼저 안기고 후에 협상 타결의 즐거움을 느끼게 해주지만 정작 이익은 자신의 수중에 있다.

사졸보차

'사졸보차捨卒保車'는 장기판의 '차車'를 보호하기 위해 '졸卒'을 버리는 것을 말한다. 중요한 핵심문제는 한 치도 양보하지 않지만, 지엽적인 문제는 조금씩 양보하여 원하는 바를 얻는 협상술이다. 이 협상술의 성공전략은 상대방이 무엇이 '졸'이고 무엇이 '차'인지 모르게 모호한 태도를 보이는 것이다. 상대방이 수많은 '졸'을 얻어 협상에 성공한 것처럼 생각하게 함으로써 결과적으로 가장 중요한 '차'를 양보하게 만드는 협상술이다.

제아고

'제아고擠牙膏'는 치약 짜기로 해석될 수 있는 말이다. 이는 통쾌하지 못하고 마치 치약을 찔끔찔끔 짜듯 소심하고 소극적인 성격을 이르는 말이다. 협상술에서는 마치 치약을 짜내듯 단계적으로 양보하는 전략을 가리킨다. 즉 어차피 불리한 협상위치에 앉아 있다 하더라도 한꺼번에 모든 것을 내놓고 백기투항하는 전략을 쓰기보다는 최대한 조금씩 내어놓음으로써 손실을 최소화할 수 있다.

이는 외교학에서 이야기하는 '살라미salami 전술'과 유사하다. 이것은 하나의 과제를 여러 단계별로 세분화해 해결하는 협상전술을 의미하는데 얇게 썰어 먹는 이탈리아 소시지 '살라미'에서 따온 말이다. 협상 테이블에서 한 번에 목표를 관철시키는 것이 아니라 문제를 부분별로 쟁점화함으로써 각각에 대한 대가를 받아내어 이익을 극대화한다. 이 전술의 대가는 북한이다. 핵협상 단계를 최대한 나누어 하나씩 단계별로 이슈화하고, 이를 빌미로 국제사회로부터 경제적 보상을 최대로 얻어냈다.

하출복류

'하출복류河出伏流'는 물이 거세게 분출하여 급류를 이루듯이 협상장에서 의도적으로 감정을 폭발시키는 전략이다. 중국식 협상은 상당한 수준의 드라마로 발전할 가능성이 크다. 계획적인 감정들이 표출되고 누군가 크게 화를 내기도 한다. 중국 내 협상 전문가들은 이런 과정을 협상 게임의 일부로 받아들이라고 조언한다.

싱가포르 컨설턴트인 제니 씨우는 '서류가방 내려치기banging briefcase'라고 부르는 전술을 사용한다. 협상이 한계점에 도달해 상대방에게 '당신이 너무 많이 요구하고 있다'는 신호를 줄 필요가 생기면 그는 협상 도중 주먹을 쥐고 서류가방을 내리쳐 '쾅' 소리를 내고 닫아버린다. 그리고 그 가방을 들고 협상장을 나가버린다. 그러면 대부분의 경우 새로운 안을 가지고 협상이 다시 시작된다고 한다.[65]

이는 협상장에서 '벼랑 끝 전술brinkmanship'을 쓰는 것이다. 이것은 '위기정책'으로 해석되는데, 정치에서 사람들을 원하는 대로 유도하기 위해 겁을 주면서 상황을 아주 위험한 지경으로 몰고 가는 수법이다. 1분 동안 적이 됐다가 곧바로 최고의 친구로 돌변하는 경우는 중국식 협상에서만 볼 수 있는 풍경이다. 두 사람이 탁자에 앉아서 고함을 치다가 10분이 지나면 팔짱을 끼고 엘리베이터로 걸어가는 장면이 연출된다.

차이나 머천트들에게는 자유로운 감정 제어도 필요한 셈이다.

도원일모

'도원일모道遠日暮'를 말 그대로 풀이하면 '날은 저물었는데 갈 길은 멀다'
는 뜻이다. 즉 시간상 압박을 활용하여 협상에서 주도권을 쥐는 방법
이다. 한 외국 상인은 여러 가지 핑계를 대며 정오 15분 전에 협상을 시
작한다. 중국인들이 정오에 점심을 먹지 못하면 평정심을 잃는 경향이
있다는 점을 이용한 것이다. 하지만 그 외국 상인은 협상이 끝나기 전
까지는 상대방이 테이블을 떠나지 못하도록 붙잡는다. 그래서 협상은
통상 12시부터 오후 2시까지 진행되는데 이 경우는 다른 시간 때보다
아주 효율적이고 빠르게 협상이 진행된다고 한다.

만약 오전 9시에 협상을 시작하면 종일 걸릴 것이 뻔하다. 오전 내내
필요하지도 않은 주제를 가지고 서로 간의 탐색전을 벌일 것이고, 독한
바이주가 몇 병 오가는 점심시간을 거칠 것이며, 오후 내내 후끈하게
오른 술기운 때문에 제대로 된 판단을 하기 어려울 것이다. 그러다 보
면 모두가 즐거운 만찬장에서 무언가 부족한 협상결과 때문에 속이 쓰
릴지도 모른다.

4박 5일, 5박 6일 등 일정을 정해놓고 중국을 방문하는 한국 협상단
은 일단 핸디캡을 안고 가는 셈이다. 차이나 머천트는 이미 한국 협상
단이 귀국할 때 타야 할 비행기 스케줄을 알고 있는 셈이니 협상 주도
권은 넘어가 있는 것이나 마찬가지다. 이럴 때 아예 출장 일정을 늘릴
자신이 없다면 협상범위를 좁히고 전략을 치밀하게 세워 대응하는 방
법이 필요하다.

베이징에 주재하는 한국 종합상사의 한 주재원은 중국 내 다른 도시에 출장을 갈 때면 항상 일부러 적절한 출장 일정보다 2~3일을 더해 현지 호텔을 예약한다고 한다. 중국 파트너가 정해진 출장 일정을 알게 되면 쉽게 '도원일모' 전략을 쓸 수 없기 때문이다.

3. 협상전략

::

차이나 머천트와의 구체적인 협상전략

중국인의 형식주의를 존중하자

계약서 사인은 반드시 공식행사로 해야 한다. 지루한 협상과정을 통해 타결에 이른 계약은 호텔 연회장 같은 곳을 빌려 격식을 차리고 공식적인 행사(사회자 진행, 사진촬영, 서명의식 등)로 진행하는 것이 보통이다. 이는 상대방의 체면을 세워주는 당연한 예의로 통한다. 그리고 적당한 형식주의를 갖춤으로써 자신의 체면도 높이는 방법이다.

신중한 담판을 두려워하지 말자

중국인이 쓰는 '담판談判'이라는 용어는 상담과 협상을 복합적으로 의미한다. 중국인과의 성공적인 담판을 할 수 있는 비결은 꼭 집어낼 수가 없다. 즉 서로(한국과 중국 간에) 일반적인 것, 상식적인 것에 충실해야 한다.

중국인이 담판할 때 하룻밤이라도 잠을 자면서 하는 것은 신중하기 때문이다. 그런데 담판현장에서 바로 국제전화를 돌려가며 실무자와 통화하면서 확인하고 그 자리에서 답을 내놓는 것은 한국식이다. 우리가 중국에서 큰 계약을 앞두고 협상을 성공적으로 하기 위해서는 잠을 자면서 신중하게 하는 중국식 담판을 이해하고 활용하는 지혜가 필요하다.

한국식으로 속전속결로 담판을 밀고 나간다면 이를 수긍하는 차이나 머천트는 한 명도 없을 것이고 협상이 성공할 가능성도 낮다. 중국인과의 담판을 위해서는 하룻밤 자면서 신중하게 생각해보는 전략도 필요하다. 차이나 머천트 입장에서 생각해보고, 상대의 수를 미리 예상해보면서 내 득실을 따지는 꼼꼼한 전략을 밤새 준비할 수 있을 것이다.

협상에서는 메모를 하자

종이와 한자를 발명한 중국은 기록문화를 가지고 있다. 개혁개방 초기 중국 국유기업에는 회의 기록만을 전문으로 하는 직책이 있었을 정도였다. 차이나 머천트의 특징을 한 가지 꼽으라면 자기가 한 말은 잘 들추지 않으며 상대방이 한 말은 너무나 잘 알고 있다는 점을 들 수 있다. 이는 모두 기록에 의한 것이다. 따라서 우리도 이러한 중국 상관습을 보고 배워야 한다. 협상에서 철저한 메모는 불필요한 협의시간을 단축해주며 상대에게 신중한 이미지를 보여줄 수 있다.

중국 파트너에 대한 파악은 끝이 없다

중국은 사회주의 시장경제를 추구하고 있으며 공산당이 기업의 경제활동에 영향을 끼치고 있다. 상대방이 국유기업이라면 말할 필요도 없거니와 민영기업이라 할지라도 협상 파트너에 대한 배경은 복잡하다.

민영기업가이지만 전직 공산당 간부나 공무원이 아닌지 등 협상 전에 협상 상대에 대한 파악을 해두어야 하며, 협상 중간에도 부단하게 해야 한다. 우리나라도 그렇지만 명함에 적힌 부사장이라는 직함만 가지고는 상대방이 결정권자인지 아닌지 알 수가 없다. 따라서 중국인과의 협상은 길어질 수밖에 없으며, 차이나 머천트도 이를 당연히 여긴다.

중국의 거의 모든 기업에는 노조公會와 공산당 조직(당 위원회)이 있다. 따라서 중국 측 파트너가 지금 우리와 하는 협상의 결과가 중국 공산당의 방침, 노조의 이익과 이념에 배치될 경우 이에 대한 대비가 필요하다.

협상 중에 차이나 머천트의 내부 다툼에 개입하지 않아야 한다. 대형기업의 경우 중국 측 파트너 부서 간 이해관계가 충돌할 수 있다. 이럴 때 한국 측의 섣부른 개입은 좋지 않은 결과를 초래한다. 현재 중국의 기업들은 '현대기업제도'를 도입하여 우리 주식회사 제도와 유사한 형태를 가지고 있지만 여전히 '사업단위'라고 불리는 반관 반기업 형태의 사업조직도 존재한다. 사업의 종류에 따라서는 기업보다는 이러한 '사업단위'와의 합작이 더 유리할 수도 있지만, 규정이 언제 또 바뀌어 현재의 합법적인 거래가 나중에는 위법이 될지 모른다. 따라서 중국 파트너에 대한 파악은 계약체결 후에도 지속되어야 한다.

차이나 머천트는 담판에서 우위를 점하고 있다

중국은 5,000년에 이르는 무역과 협상의 역사를 갖고 있다. 협상은 그들 문화의 일부이다. 중국에서 하는 담판에서 홈그라운드의 이점을 가진 차이나 머천트의 협상력은 당연히 상대방보다 우월하다. 전혀 객관성이 없는 무리하고도 주관적인 난제를 얼굴색 하나 변하지 않고 담판장에 들고 나오며, 또 관철시켜 나간다. 이는 사회주의체제에서 익힌 담판 경험과 복합적인 민족성에서 교육된 담판능력에 따른 것이라고 유추해볼 수 있다. 결론적으로 우리가 상대하는 차이나 머천트의 담판능력은 언제나, 어디서나, 어떠한 상황에서도 우리보다 우월할 것이라는 점을 인정해야 한다. 그다음은 우리가 준비할 몫이다.

조급함은 협상 실패의 지름길

이제 중국과 수교한 지도 20년이 넘었다. 우리는 중국과 수교 전인 1980년대 말부터 홍콩 등을 경유해 무역 거래를 해왔으니 우리나라가 차이나 머천트와 담판을 벌인 역사는 30년이 다 되어가는 셈이다. 즉 차이나 머천트는 이미 경험을 통해 협상현장에서의 한국인들의 약점을 터득하고 있다.

"이번 건은 반드시 성사시켜야 한다" "이번 건은 우리 그룹 회장님의 관심사항이어서 당신의 양보가 필요하다" "이번 건 성사에 내 승진 여부가 달려 있다" 등 한국 사업 파트너의 조급함은 오히려 협상을 어렵게 할 뿐이다. 이러한 상황을 중국 파트너가 인지하는 순간 협상의 주도권은 상대 측으로 넘어간다. 차이나 머천트와의 협상에서 조급함은 실패의 지름길이다.

컨설턴트 조셉 지로도 같은 충고를 한다. 그는 "중국에서 협상할 때는 독일식으로 철저하게 준비하고, 중국식으로 앉고, 협상과정을 지중해식으로 느긋하게 즐기면 된다"고 조언한다. 독일식 준비는 계획이나 목표와 관련된 모든 사항을 가능한 명확하게 확인하라는 의미다. 중국식으로 앉으라는 말은 앉아서 편안하게 이야기를 나누라는 뜻이다. 계약은 단지 초안을 만드는 것뿐이라고 생각하면 조바심이 덜 할 것이다. 즉 지금은 이렇게 이야기할 수 있지만 나중에는 다시 저렇게 계약이 바뀔 수 있다고 생각하라는 의미다. 서양인들은 한 가지 쟁점을 끝내고 다음 쟁점을 다루는 방식을 선호한다. 그러나 중국인들은 한 쟁점에서 다른 쟁점으로 옮겨갔다가, 다시 이전의 쟁점을 다루곤 한다. 마지막으로 지중해식으로 협상을 즐기라는 의미는 라틴 사람들이 인생을 즐기듯 협상과정을 즐기라는 뜻이다. 또 속임수를 피하고 어떻게 협상이 진행되는지 파악하는 데 자신의 직관을 사용하라는 조언도 포함된다.[66]

개인 사정이 협상에 개입하는 경우

간혹 협상장에서 거래 자체와 관계가 없는 개인적인 문제를 요구하는 경우나 자신의 이러한 개인 사정을 상대 파트너가 이해해주기를 요구하는 경우가 있다. 즉 계약 당사자인 '갑'과 '을'의 회사뿐만 아니라 자신의 개인적인 문제(퇴임 후, 승진 후, 타 부서 이동 후, 타 회사 이동 후)까지 고려한 협상전략을 들고 나오는 것이다. 이때 상대방의 주관적인 협상 의도를 정확하게 파악하는 것이 중요하다. 바꾸어 생각해보면, 중국 측은 협상이 가능한 범위 혹은 상대 측이 수용할 수 있는 정도의 문제를 제기했을 것이기 때문이다.

차이나 머천트는 담판장의 언어 사용도 주관적이다

차이나 머천트와의 협상에서 협상 언어의 함의含意 혹은 숨은 뜻을 미리 숙지해야 한다. 문제는 그 언어의 사용과 의미가 지극히 주관적이어서 중국인 자신도 이해하기 어렵다는 것이다. 다음은 담판장에서 자주 등장하는 언어인데, 경험에 근거하여 대략의 의미를 해석해보았다.

- 하오好: 좋다

상황에 따라서는 동의한 것이 아니다. 그냥 그 상황 자체가 좋은 것(너에게는 좋지만 나에게는 좋지 않을 수도 있다)으로 해석하는 것이 정확하다.

- 칸칸看看: 두고 보자

이는 부정적인 의미가 강하다. 두고 봐도 호전될 가능성이 없을 때 관례상 칸칸이라고 말한다.

- 이엔지우 이시아研究一下: 한번 연구해봅시다

연구해보자고 하니 그 결과는 아무도 모른다. 연구결과가 성공일 수도 있고 실패일 수도 있다. 하지만 긍정적으로 보면, '상황이 어려우나 내가 너를 위해서 일이 성사될 수 있는 방법을 모색해보겠다'는 뜻으로 해석할 수도 있다.

- 상량 이시아商量一下: 의논해봅시다

'이엔지우 이시아'보다는 다소 긍정적이다. 성사 가능성은 전혀 알 수 없으나, 좋은 결과가 나올 수 있도록 우리 모두 함께 생각해보자는 의미다.

- 짜이수어再說: 나중에 다시 이야기합시다

완곡한 거절의 표현이라고 해도 틀리지 않다. 지금 당신에게 "No!"라고 하면 당신 체면이 깎이니 "나중에 다시 이야기하자"며 예의를 차려서 표현한 것이다.

- 밍바이明白, 즈따오知道: 이해하겠다, 알았다

상대방이 "알았다"고 하면 우리는 이를 곧잘 동의의 표현으로 이해한다. 그러나 협상장에서는 '당신이 처한 상황' 혹은 '당신이 나에게 동의를 구하려는 상황'을 인지했다는 의미로 해석될 수 있다. 좀 더 냉정하게 표현하자면 '당신이 처한 상황은 알겠는데, 내 상황은 당신과 다르다'고 풀이해도 틀린 해석법이 아니다.

처음엔 소인, 나중에 군자先小人 後君子

차이나 머천트는 낮이 간지럽더라도 시작할 때 이익利益과 관련된 모든 일을 먼저 깨끗이 처리한다. 먼저 돈을 받은 후에 물건을 넘겨주고 흥정이 끝난 뒤에 일을 시작하는 것이다. 그리고 가능한 외상거래를 하지 않는다. 그래야 나중에 '군자'가 될 수 있기 때문이다.

한국에서처럼 "섭섭하지 않게 해드릴 테니 걱정하지 마세요" "알아서 해주세요" 등 애매하게 일을 시작했다가는 밑지고 만다. 협상장 뒤에서 '소인배'라고 손가락질을 받을지언정 시시콜콜하게 미리 따질 것은 따진 후에 거래를 성사시킨다.

완행으로 시작해서 급행으로

중국인과의 협상이 처음부터 끝까지 느린 것은 아니다. 시작단계는 속도가 매우 느리지만, 사업관계가 한 번 성공적으로 형성되기만 한다면 세계 어떤 지역보다 훨씬 단단하고 협력적인 관계가 맺어진다. 이는 우리가 지금까지 살펴본 '꽌시'에 근거한 것이다.

미국 협상 전문가 진 슬루제빅츠는 "첫 협상이 이루어지는 데 중국이 서양보다 시간이 더 걸리지만 파트너십이 작동하기 시작하면 추가 협상 시에는 오히려 시간이 대폭 짧아진다"고 강조한다. 그는 "전체적인 기간을 놓고 볼 때 미국에서보다 중국에서 오히려 여러 절차가 빠르게 진행되며 비용도 훨씬 적게 든다"고 평가하고 있다.[67]

중국에서의 협상은 흑백이 뚜렷하지 않다. 점진적으로 진행되며 회색처럼 매우 모호하다. 중국인의 생각은 "자, 이 부분부터 시작하고 점점 고쳐나갑시다"라는 접근으로 시작하는데, 서양인들은 협상이 끝났을 때 "이런 식으로 끝내자는 것이 내 요구사항입니다"라며 자신이 원하는 바를 명확하게 제시한다. 중국인은 협상의 시작단계에서 협상의 목표를 정하고 임하는 경우가 드물다. 그들은 첫 협상을 상대에게 어느 정도 요구할 수 있을지 가늠하는 시금석으로 활용한다.

중재인의 역할

협상장에서 미리 예고되지 않은 새로운 제안은 준비하지 못한 중국 파트너를 당황스럽게 한다. 이런 상황에서 중국인은 침묵으로 "No"를 표시할 것이다. 원래 계획했던 의제 외의 사안은 정식 대화나 협상이 끝나고 중재인을 통해 전달하는 것이 바람직하다.

중국 협상장에서는 '중재인'의 역할이 중요하다. 협상이 진전되지 않았다고 해서 현장에서 결렬을 선언해서는 안 된다. 서로의 이익을 위해 추가협상이 필요하면 중재인을 통해 수정안을 보내올 것이기 때문이다. 여기서 '중재인'은 컨설팅업체, 고문, 업계 관계자 등을 말한다.

브라질 출신 무역 사업가인 윈스턴 링은 중개인의 중요성을 강조한다. 그는 컨테이너를 들여올 때 중국 관리로부터 말도 안 되는 절차나 서류를 요구받았다. 중국 관리의 저의底意가 있다고 판단한 윈스턴 링은 중개인을 고용하여 관리가 원하는 것이 무엇인지 파악하고 적절히 대응하였다. 그는 중개인을 이용하는 이점으로 "일은 처리되고, 내부 사정은 굳이 몰라도 되는 점"을 꼽았다.

또한 난제에 익숙한 중개인을 쓰면 양쪽의 정확한 메시지가 전달되는 장점도 있다. 만약 중국 측 관리가 '선물'이 아닌 '뇌물'을 요구할 경우 이를 거절하고 싶을 때는 중개인을 통해 간접적으로 거절의 뜻을 전달함으로써 관리의 체면을 세워줄 수 있다.[68]

협상장에서의 전략

중국어를 하는 외국인은 플러스 요인이다. 단 파트너가 중국어 방언으로 당신 앞에서 대화한다면 당신을 경계한다는 의미다. 중국인은 통일된 목소리를 낼 수 있는 방문단에 익숙하다. 경제단체, 협회 등의 방문 시에는 비록 많은 CEO의 모임이지만 일치된 결정이 도출될 수 있도록 유의해야 한다. 이러한 맥락에서 중국 측 대표단 단장의 목소리는 전체 대표단의 의사를 의미한다.

협상장에서 개인적인 질문을 던지는 중국인은 당신에게 호감이 있음을 표현한 것이라 볼 수 있다. 단, 외국인은 중국인에게 개인적인 질문, 정치적인 질문을 해서는 안 된다. 그리고 서로의 방문단에 걸맞은 접대가 필요하다(부장 대 부장, 사장 대 사장). 상대방의 서열이 곧 당신의 서열이다. 즉 부장이 주최하는 연회에 중국 측 사장을 초청하는 것은 큰 실례이다.

회의 준비는 반드시 중국 측에 서면으로 사전 정보(참석자 약력, 의제, 토의 내용)를 먼저 제공하면서 시작해야 한다. 회의 일자 2~3주 전에 제시하는 것이 바람직하다. 중국인은 뜻밖의 상황에 처하는 것을 싫어하며, 회의에 적절한 참석자를 미리 배석시켜 상대 체면을 고려하고자 한다. 또한 중국들인은 식사자리 같은 비공식적인 장소보다는 회담장 같은 공식적 장소에서 새로운 파트너를 소개받고 인지하고자 한다.

첫 번째 회의에서 결정되는 것은 아무것도 없다. 따라서 조급하지 말아야 한다. 회의 마무리는 반드시 다음 회의와 연결시키도록(다음 회의 의제, 참석자 등) 하는 것이 좋다. 상대 측 파트너가 아닌 통역자에게 눈을 맞추는 무례를 범해서는 안 된다. 한국 측이 회의를 중시했다는 인상을 주어야 한다. 중국 방문단이 올 경우 중국 국기, 플래카드, 꽃장식, 회담 후 사진촬영 등을 준비할 수 있다. 중국 비즈니스 관행상 여성 파트너라고 차별하지 않는다. 연회에 대한 최고의 보답은 연회이다. 두 명의 고위급 관리(예를 들어 국장 대 국장)를 한 장소에 초청하여 연회를 여는 것은 위험한 행동이다. 연회장 매니저에게 참석할 중국 측 VIP에 대한 정보를 미리 주어 걸맞은 서비스가 진행되도록 유도해야 한다. 서열화에 따른 중국 접대 관행이 서비스업계에 상존하기 때문이다.

4. 차이나 머천트가 보는 한국상인

::

2002년에 베이징에서 발행된 《세계각국상인世界各國商人》이라는 책은 중국인이 보고 느끼는 세계 각국 상인의 상관습을 서술하고 있다. 저자인 천관런陳冠任은 중국 공산당 연구원이며, 소장파 정치경제학자이다. 이 책은 중국국제무역촉진위원회CCPIT(우리의 대한무역투자진흥공사KOTRA에 해당) 내부자료도 참고하여 쓴 것이다. 따라서 전 세계 각지에 주재원을 파견하고 있는 CCPIT의 정확한 시각이 담겨 있는 것으로 판단된다.

이 책을 살펴보면, 차이나 머천트들이 한국상인을 어떻게 생각하고 있는지와 이에 따른 차이나 머천트의 전략을 알 수 있다. 따라서 우리는 이 책을 통해 역지사지易地思之 전략을 수립할 수 있을 것이다.[69]

한국상인과의 거래에는 충효사상을 활용하라

충과 효는 중국인이 절대 모방할 수 없는 한국인의 행동철학이다. 부모에게 효도하고 조상을 섬기는 풍속은 오늘의 한국에서도 사라지지 않았다. 실제로 한국 젊은이는 어른 면전에서 담배를 피우지 않으며, 술도 매우 조심스럽게 마신다. 따라서 한국상인과 거래 시 무엇보다도 그들의 효심을 존중해주어야 한다. 일상적인 대화나 무역상담에서 절대 그들의 조상이나 부모를 평가절하해서는 안 된다.

한국인은 중국인보다 성씨를 중시한다. 그들의 성씨에 관심을 표시하고 그 성씨는 중국에서도 명문이라고 치켜올려 주는 중국상인을 싫어하는 한국상인은 없을 것이다. 한국상인의 부모와 집안 어른을 따뜻하고 깍듯이 모셔야 한다. 기회가 있을 때마다 안부를 묻고 그들 부모의 생일에 정성이 담긴 조그만 선물을 전달해준다면 금상첨화이다.

한국인의 반일감정은 중국인 못지않다. 한국인 앞에서 일본 상품을 칭찬하거나, 일본상인의 우수성을 치켜세우다가는 계약은 고사하고 욕을 먹을지도 모른다.

두 번 속지 않는다

한국상인과의 거래는 성심성의를 다해야 한다. 한강의 기적을 일군 한국상인들은 강한 승부욕과 불굴의 의지를 가지고 있다. 불량품으로 한국상인들을 속이려 하지 마라. 그들은 절대 두 번 속지 않는다. 괜한 트집을 잡아 벌써 지불했어야 할 외상값을 차일피일 미루지 마라. 중국상인에게 부당하게 당하고 나서 꿀 먹은 벙어리처럼 잠자코 있을 한국상인은 한 명도 없다. 한국상인에게는 취득 가능한 이윤의 예상 목표액을 보여주되 어느 정도는 실현이 가능한 목표여야 한다. 장밋빛 전망만 늘어놓아서는 상황판단이 빠른 한국상인을 이해시킬 수 없다.

《손자병법》은 중국인의 전유물이 아니다. 한국상인은 《손자병법》, 《삼국지》, 《육도삼략六韜三略》을 꿰뚫고 있다. 한국상인은 시작단계를 중시한다. 서로 만나면 좋은 협상 분위기를 주도하며 협상과 관계없는 여행, 취미, 스포츠 등의 주제를 먼저 꺼낸다. 한국상인은 논리정연한 체계화를 선호한다. 본 협상이 시작되면 주요 의제를 밝히며 일반적으로 의향과 호가, 흥정, 협상, 계약체결 등의 순서를 따른다. 많은 한국상인은 협상장에서 협상의 주도권을 쥐기 위해 노력하는 편이다.

한국상인은 정치평론가이다

박학다식한 한국상인은 마치 중국의 베이징인처럼 정치와 역사, 통일과 이념에 대해 관심이 많다. 따라서 이러한 토픽을 주제로 이야기하기를 좋아한다. 이러한 대화의 장에서는 고개를 끄덕이면서 시종일관 진지하게 경청하는 자세를 보여야 한다. 실상과 다르거나 듣기 거북한 정견이 나오더라도 고개를 흔들며 거세게 반박할 필요는 없다. 우리 중국인들은 정치가가 아니라 돈을 많이 벌어야 할 상인이 아닌가?

오픈카드를 즐겨 쓰는 흥정의 고수

한국상인 일행 중에는 일반적으로 제일 앞장선 사람이 직위가 제일 높은 사람이며 협상의 결정자이다. 따라서 그를 집중공략해야 한다. 한국은 중국처럼 '간판 따로, 실세 따로'인 경우가 거의 없다. 대부분 명함에 적혀 있는 직위와 실세가 일치한다.

협상장에서 한국상인은 일본상인보다 호쾌하다. 그들은 자신의 의견과 생각을 비교적 빨리 내어놓는다. 히든카드보다는 오픈카드를 즐겨 쓴다. 상대에게 자신의 카드를 공개하고 상대방을 어떻게든 설득시키려는 경향이 강하다. 그들은 협상의 명수이다. 1보 후퇴하나 결국에는 2보 전진한다. 한국상인은 열세를 우세로 전환시키는 흥정에 능수능란하다.

'빨리빨리'의 한국상인은 요리하기 쉽다

CCPIT 베이징분회 한국팀장은 이렇게 자신의 경험을 이야기한다. "한국상인은 '오늘 협상하면, 내일 계약하고, 모레는 개업하자'고 달려든다. 그들은 마치 처음 만나는 상대와 거래가 꼭 이루어져야 한다는 강박관념에 사로잡힌 것 같다. 이러한 한국상인을 처음 대하면 당혹스럽기까지 하다. 그러나 빨리 성과를 보아야 직성이 풀리는 한국상인의 조급성을 잘 알고 대처하면, 그들처럼 상대하기 쉬운 외국상인은 없다."

한국상인은 세밀하고 차분한 시장조사와 사업타당성 심사과정은 생략한 채 우선 일을 저질러놓고 보는 경향이 있다. 결국 이러한 한국상인의 태도는 좋지 않은 결과를 초래한다. 중국에서 한국상인은 말은 많이 하지만 실제로 성사된 것은 많지 않다는 평가를 받는 편이다. 따라서 한국상인과의 거래 시에는 그들의 조급성을 모른 체하는 것이 상수이다. 지연작전을 쓰고 시간을 끌어라. 성격이 급한 한국상인들은 분통이 터지고 제풀에 겨워 백기를 들고 말 것이다.

또 다른 성공기법은 한국상인의 말을 모두 듣고 일단 되는 쪽으로 답변한 후, 나중에 그 가능 여부를 검토하는 전략이 있다. 이는 중국상인이 소기의 목적을 달성하는 데 도움이 될 것이다. 한 가지 주의할 점은 '미리미리'라는 비장의 무기를 감춘 유능한 한국상인도 있다는 것이다. 상대를 잘 파악하지 않고 '만만디'로 한국상인을 요리하려 할 경우 오히려 '미리미리' 만사를 준비해온 한국상인에게 역전당할 수도 있다.

적당주의는 한국상인에게 통하지 않는다

한국상인은 라틴계 사람처럼 쉽게 흥분하고 쉽게 화를 잘 내는 편이다. 화가 나면 무서운 것이 없는 기질이다. 따라서 한국상인과의 거래 시에는 모호한 화법보다는 직선적인 의사표시가 바람직하다. 그들에게는 히든카드 기법보다는 중국 측의 카드를 노출함으로써 성의 있는 협력을 유도하는 오픈카드 기법이 호소력이 더 크다.

희로애락의 표정을 감추지 못하는 한국상인의 태도와 면모를 상세히 관찰하여 그들의 진정한 의도가 무엇인지 파악해야 한다. 한국상인과의 거래 시 냉정하고 쌀쌀맞은 태도는 바람직하지 않다. 한국상인을 무표정하게 사무적인 태도로만 응대하면 당신을 성의가 없고 사업에 의지가 없는 중국인으로 간주할 것이다.

한국은 대단한 서열사회이다. 외국 바이어가 보는 앞에서 부하에게 호되게 야단치는 상사와 그렇게 야단을 맞고도 아무렇지도 않은 부하는 중국에서는 상상도 할 수 없는 장면이다. 이런 모습은 전 세계에서 한국상인이 유일할 것이다.

좀 친해졌다고 해서 한국상인의 어깨를 툭툭 치며 친근하게 펑요우 朋友라고 부르면 안 된다. 한국에서 '친구'의 개념은 나이도 같아야 하지만 계급도 같아야 한다. 한국상인은 성 뒤에 직책을 붙여 "김 부장님" "박 사장님" 등으로 불러야 한다.

한국상인은 꼼꼼하고 깔끔하며 세심하게 따진다. 상품을 검사하거나 인수할 때 아주 작은 흠결이라도 착오 없이 잡아낸다. 따라서 한국상인과의 대충주의, 적당주의식 거래는 신뢰를 잃을 수 있다. 계약서 작성 시 가격표시나 규격, 부품 목록 자구를 일부러 빠뜨리는 식의 전술은 한국상인에게 통하지 않는다.

한국상인의 유머는 무례하다

저명한 한국의 학자가 중국에 왔다. 그는 중국 사장과 면담하는 자리에서 젊은 중국인 비서에게 "아가씨는 양귀비를 빼다 박았군. 자, 양귀비여 나하고 한잔 건배하세"라고 외쳤다고 한다. 또 중국의 공식 만찬행사에 초대받은 한국의 정부고관은 중국의 중년부인을 보고 "만일 내가 20년 전에 당신을 만났다면 한눈에 반해 틀림없이 결혼했을 텐데'라고 말했다고 한다.

이런 장소에서 이런 류의 농담은 중국인이라면 상상조차 할 수 없는 일이다. 하지만 한국상인은 하나도 이상하게 여기지 않는다. 농도가 진한 음담패설도 한국의 비즈니스 업계에서는 흔히 통용된다. 따라서 한국상인과 거래할 때는 이러한 농담을 즐기는 그들의 생활방식과 상관습에 대한 이해가 필요하다. 단, 한국인은 부모와 가족에 대한 농담은 싫어하므로 삼가야 하며, 죽을 '사死'와 음이 같은 숫자 4도 금기시한다. 이는 성조가 틀려 4를 곧잘 쓰는 중국인과는 다른 관습이다.[70]

5. 실전 성공전략

::

중국시장 성공전략

후안 안토니오 페르난데스(2007)가 인터뷰한 중국 전문가 28명은 중국 시장에서 이기는 전략으로 다음 몇 가지를 제시하고 있다.[71]

첫째, 이길 수 있는 경쟁을 선택해야 한다. 중국 기업이 지배하는 일부 분야는 외국 기업이 제시할 수 없는 아주 저렴한 가격으로 제품과 서비스를 제공하고 있다. 따라서 이런 분야에 대한 외국 기업의 진입은 거의 불가능하다. 대표적인 시장으로는 중국 가전업체들이 장악하고 있는 일반 백색가전(냉장고, 세탁기, 에어컨, 전자레인지 등)을 들 수 있다.

둘째, 혁신하라. 중국 기업은 외국 기업의 개발 속도에 맞추어서 제품과 서비스를 업그레이드하고 있다. 따라서 외국 기업의 최고 생존전략은 계속 변화하는 것이다. 이는 변화하지 않는 외국 기업은 중국 기업에 추월당한다는 의미다. 2013년 4월 초 중국 하이난다오海南島에서

열린 보아오포럼에 다녀오던 이재용 삼성전자 부회장은 공항에서 기자들을 만나 중국에 놀랐다고 했다. "중국 기업이 운영하는 연구소가 있는데 거기에는 삼성만 연구하는 태스크포스팀이 있다더라"는 것이었다. 중국이 삼성을 속속들이 알고 있다는 이야기다.[72]

셋째, 싸우지 말고 인수 또는 합병하라. 중국 현지 기업의 거센 도전에 맞서는 방법은 계속 싸우기보다는 협력하는 것이다. 중국에 진출한 많은 다국적기업이 현지 기업을 인수하거나 합병하고 있다. 특히 중국에서 M&A는 위험과 위협을 줄여주며 합작기업이 수익을 거둘 기회를 제공하고 있다.

넷째, 마케팅을 현지화하라. 랑콤 화장품이 중국에 출시한 화이트닝 로션은 유럽에서는 존재하지 않는 제품이다. 이것은 중국 고객의 니즈에 맞추었기 때문이다. 유니레버 차이나는 중국의 '소황제' 현상과 소위 '6개 주머니 신드롬six pocket syndrome'을 마케팅에 활용하고 있다. 즉 중국의 한 가정 한 자녀 정책은 부모, 조부모, 외조부모 등 총 6명의 어른이 하나의 아이를 극진히 보살피는 이례적인 현상을 연출했고, 이들 '소황제'를 중심으로 구매활동이 일어난다는 점을 활용한 것이다.

다섯째, 목표를 설정하라. 특히 중국에 진출한 기업은 목표고객을 분명히 해야 한다. 경제수준, 취향, 관습이 지역별로 다양한 곳이 중국이다. 지난 20여 년 동안 베이징, 상하이, 광저우 같은 대도시가 다국적기업의 목표시장이었다면, 이제는 내륙지역에 위치한 중소도시를 타깃으로 하고 있다. 베이징 현대자동차의 중국 내 성공 스토리도 소위 '2선' '3선' 도시라 불리는 중국 내륙 중소도시의 탄탄한 유통망에 기인한다. 화장품 기업인 로레알 역시 어떤 브랜드를 중국 내에서 출시할 때 전국에서 동시에 해당 제품을 출시하는 방식을 택하지 않는다. 한 도시에서 시작하고, 그다음 다른 도시로 넘어가는 전략을 쓴다. 즉 로레알 제품을 구매할 수 있는 최소한의 경제수준에 도달한 도시를 목표로 하는 것이다.

중국 정부와 협상

후안 안토니오 페르난데스(2007)는 중국 정부와의 협상전략을 다음과 같이 6가지로 요약하고 있다.[73]

첫째, 최고경영진이 참여하는 방법이다. 중국 정부는 '체면' 문제로 조직의 최고경영진과 직접 상대하기를 원한다. 업무시간의 상당 부분을 정부와 상대하는 일에 할애해야 한다.

둘째, 정부에 정통한 현지 전문가를 고용하라. 중국에서 기업을 운영하기 위해서는 지방정부는 물론 투자규모와 성격에 따라 중앙정부를 상대해야 한다. 공무원 출신 컨설턴트나 고문을 활용하여 전문가를 채용해야 한다. 이는 사업 성공에 결정적 영향을 미칠 것이다.

셋째, 중국 정부의 태도에 대한 이해가 필요하다. 변화를 추진하는 정부의 노력을 이해해야 한다. 대결적인 태도보다는 협조적인 태도가 바람직하다.

넷째, 여러 부처의 정부기관으로부터 지원을 받을 수 있도록 해야 한다. 해당 사업의 담당 부서는 물론 담당이 아니더라도 이해가 미칠 수 있는 부서 공무원과의 관계를 수립하여 필요 시 지원을 받을 수 있도록 해야 한다.

다섯째, 철저한 준비와 규정을 준수해야 한다. 실제 행정절차가 어떤지 파악할 필요가 있다. 맞는 시기에 올바른 부서에 있는 합당한 공무원이 누군지 파악해야 한다. 전문가로 구성된 팀이 이런 일을 수행해야 한다.

여섯째, 협상에서 자신의 입장을 고수해야 한다. 두려워하지 말고 원하는 것을 분명하고 구체적으로 말할 필요가 있다.

현지에서 터득한 상술

베이징공업대학 김준봉 교수(2005)가 정리한 바람직한 합작방법 중 주요 내용은 다음과 같다.[74]

첫째, 장기적인 계획이 필요하다. 토지계약, 인력수급 등은 한국에서는 몇 달이면 될 일이나 중국에서는 수년이 흐른다. 계약에서 생산, 판매에 이르기까지 중국 현지 사정을 고려한 '중국식' 시간표가 필요하다.

둘째, 현지 파견직원에게 전권을 주어라. 많은 한국 기업의 주재직원이 한국 본사의 허락을 기다리다가 사업을 실기失機하는 경우를 많이 목격했다.

셋째, 합작하라. 중국에서 혼자 돈을 벌려는 생각은 잘못된 것이다. 그 파트너가 정부부처 산하 공기업도 좋고 민영기업도 좋다. 합작 파트너를 찾아라. 자기 기업과 동종업계에서 중국 기업을 찾으면 된다.

넷째, 히든카드를 잃지 마라. 합작하면 기술만 뺏길 우려가 있다는 의견도 있다. 그러나 핵심기술, 원천기술을 보유하고 이를 철저하게 유지하며, 더욱 업그레이드시킨다면 여러분의 히든카드가 될 수 있다.

다섯째, 합작合作투자의 성공을 밑거름 삼아 합자合資투자로 발전시켜라. 사업범위, 투자규모와 아울러 리스크도 커지는 합자투자는 합작투자를 통해서 상대방의 장단점을 모두 파악한 후에 시작해도 늦지 않다.

여섯째, 중국 직원의 사고를 연구하라. 중국인은 지역별로 사고방식과 사유의 배경이 되는 살아온 환경이 다르다. 같은 중국인이지만 전혀 다른 나라 사람처럼 행동하고 말하는 직원을 마주하게 될 것이다. 이에 대한 사전지식이 없다면 어려움을 해결하기 힘들다. 중국 기업도 같은 문제를 해결하기 위해 심지어 한 지역 출신 근로자만을 고용한 경우도 있다.

일곱째, 모든 변수를 담을 수 있는 계약서는 없다. 공사기일을 맞추기 위해 시공계약 시 지체보상금 조항을 넣어 기일 엄수를 기대했지만, 이를 지킬 수 없었던 한 건설업체는 공사현장에 불을 놓아 천재지변이라며 계약사항을 빠져나갔다고 한다. 계약서가 모든 것을 해결해주지 않으니 대비가 필요하다.

여덟째, 물류비는 성공의 결정적 요인이다. 서울-부산 간의 물류망체계에 의한 사고방식으로 중국에서 사업하는 것은 위험한 일이다. 철도망이 있다고 해서 모든 기업이 적절한 비용으로 철도망을 활용할 수 있는 것이 아니다. 각종 부가비용을 요구받는 도로망도 마찬가지다. 중국 내수시장을 겨냥한다면 정확한 물류비용 산정이 성패를 결정할 것이다.

중국에서 성공전략

배홍규 총경리(광저우햇미소유한공사)는 중국 내 성공전략을 다음과 같이 요약하고 있다.

① 정직이 생명이다.

정직과 신의가 차별화이고 차별화로 승부할 수 있다. 관우가 재물신이 된 것은 관우가 신의의 상징이기 때문이다. 소탐대실小貪大失하지 않는다. 명분과 실리 모두를 챙긴다. 멜라민 사태는 일부 졸부들의 유산이다. 더 많은 양식良食을 파는 기업들이 있다.

② 종사 분야의 진정한 전문가가 되어야 한다.

전문가가 되려면 1만 시간의 훈련과 경험이 필요하다. 끊임없는 공부와 노력으로 인정을 받아라. 실전경험 없는 지식과 테크닉에만 의존하면 낭패하기 쉽다.

③ 품질로 승부하라.

제품의 품질과 서비스의 품질 모두를 중시하라. 중국이 아직 미흡한 분야가 서비스의 질이다. 양보다 질 위주로 경영하라. 양은 산업사회, 질은 정보화사회의 산물이다. 중국과 양으로 경쟁하면 백전백패한다. 중국의 5퍼센트 상류층을 타깃으로 고급화하라.

④ 현장을 직접 다녀야 한다.

생생한 현장정보를 접해야 한다. 중국은 하루가 다르게 빨리 변한다. 고객을 감동시켜라. 고객의 입장에서 생각하고 행동하라. 직접 발로 뛰어야 현장을 제대로 이해할 수 있다. 보고서로 판단하면 그릇된 결정을 하게 된다. 중요한 결정일수록 직접 사람들을 만나봐야 한다.

⑤ 건너온 다리를 끊지 마라.

경력은 쌓아가는 것이다. 중국 사람들은 넓은 대륙에 살다 보니 인연을 소중히 여긴다. 한국 사람들은 감정에 따라 인연을 끊고 사는 경우가 많다. 경험과 인연을 소중히 생각하고 활용하라. 삶은 만남의 연속이다. 만난 사람의 이름을 잘 기억하라. 사람은 자신에게 호의를 베푸는 이를 상대하고 싶어 한다. 중국 사람들과 진정한 친구가 되면 장기거래로 발전한다.

⑥ 비용 개념, 시간 개념을 가져야 한다. 결제조건을 꼼꼼히 따져라.

원가의식이 없으면 겉으로 남고 안으로 깨진다. 과거 중국 국영기업들이 원가의식이 없어서 대부분 적자였다. 원가의식이 부족한 기업과의 거래는 가급적 피하라. 최적의 투자로 최대한 효과를 내도록 하라. 물건을 파는 데에만 집중하면 돈 받는 조건에 소홀하기 쉽다. 원칙적으로 현금으로 거래하라. 신용 있는 고객만 외상으로 하되 그 기간과 대상을 최소화하라. 많은 중국 사람이 시간 개념이 부족하다. 납기를 잘 지키는 고객에게 인센티브를 부여하라.

⑦ 개인기업은 의식주 관련 분야가 위험성이 적다.

IT는 고수익 고위험 분야이다. IT는 시간이 오래 걸리고 많은 자금이 소요되기 때문이다. 의(의복, 액세서리, 신발 등), 식(식음료, 주류 등), 주(부동산, 가구, 주방용품 등)는 개인기를 잘 발휘할 수 있는 분야이다. 중국 사람 중 개인기에 가장 능숙한 사람들이 많다. 이들과 윈윈할 수 있는 분야를 찾는 것도 방법이다.

⑧ 외모에 신경 써라.

첫인상이 중요하다. 사람을 처음 만났을 때 첫인상으로 그 사람을 판단하는 경우가 많다. 중국의 신세대 총경리들은 판단을 빨리하는 편이다. 장소에 어울리는 옷차림을 하라. 호텔이나 고급음식점에서 식사 미팅 시에는 정장이나 캐주얼 정장이 좋다. 종업원의 대우도 달라진다. 중요한 미팅 시 차림새에 특히 신경 써라. 이는 상대방에 대한 예우이고 스스로 자신감을 줄 수 있다.[75]

중국 소매업 진출전략

외국인에 대한 진입장벽을 넘어야 한다. 중국에서 소규모 소매업종은 아직 외국인에게 개방되어 있지 않아서 외국인 이름으로 직접 등록이 안 된다. 믿을 만한 현지 중국인과 실제 합작 또는 명목적 합작을 해야 한다. 실제 합작은 중국인을 합작 파트너로 경영에 직접 참여시키는 것이고, 명목적 합작은 중국인의 명의만 사용하고 실제 경영에는 간여하지 않게 하는 것이다. 명목 합작의 경우 소정의 명의 사용료를 지불하고 계약 내용과 영업허가증을 변호사를 통해 공증받아 놓는 것이 안전하다.

실제 합작은 현지 파트너의 실질적 지원이 필요한 상황일 경우 고려할 수 있으나 소규모 점포는 기동성 있게 움직여야 하는 점을 감안할 때 의사결정 등에 제약이 따를 수 있다. 부득이 실제 합작을 해야 할 상황이라면 중국 측中方에 마이너리티 지분(40퍼센트 미만)을 주어 한국 측韓方이 경영권을 장악하는 것이 바람직하다.

위치를 최우선적으로 고려해야 한다. 소규모 점포는 첫째도 위치, 둘째도 위치, 셋째도 위치이다. 대형 할인마트의 경우 충분한 주차공간이 우선적으로 확보되어야 하듯이, 소점포는 고객이 모여 있는 곳으로 가서 근접 서비스가 가능해야 한다. 최근 소비자들은 대형 점포보다는 전문화된 아이템으로 자신들의 욕구를 가까이에서 즉시 충족시켜 주는 전문 점포를 선호하는 추세이다. 한국에서는 기업형 슈퍼마켓SMM이 유행인데, 중국에서도 규모는 줄이되 소비자에 물리적으로 더욱 가까이 다가가는 점포가 각광을 받을 것이다.

의식주 관련 아이템으로 시작하라. 자영업은 리스크가 큰 IT업종보다는 안정적 수요가 있는 의식주 관련 품목으로 승부하는 것이 좋다. IT업종은 잘되면 대박이지만 그 확률이 높지 않은 반면, 의식주 관련 제품은 삶의 원초적 욕구로서 꾸준한 수요가 있기 때문이다. 의에 속하는 주요 품목은 의류, 신발, 액세서리 등이고, 식은 식품, 음료, 주류 등이며, 주는 가전·주방용품, 냉난방용품, 유아용품, 가구, 장식 소품, 침구류 등이 있다.

소싱 능력을 확보하라. 양질의 제품을 경쟁력 있는 가격으로 공급하는 업체를 발굴하는 것이 첫 단계의 과제이다. 다음 단계는 이 업체와 거래할 때 신뢰관계를 형성하여 대리점권agency 또는 상응하는 호혜 관계를 맺는 것이 좋다. 환율을 고려하여 한국산 제품 중 경쟁력이 회복된 품목의 제조업체를 발굴하여 수입해 오는 방안도 병행하여 추진한다.

매장의 독창성을 가져라. "그곳에 가면 뭔가 다르더라"라는 평을 받도록 해야 한다. 간판 하나에서부터 실내장식까지 색다른 느낌을 주는 점포가 되어야 한다. 중국인들이 한국산에 대한 평판이 좋은 편이므로 중국에서 생산된 제품을 취급할지라도 간판과 제품안내 포스터 등에 한글을 사용하는 것이 좋다. "다른 가게에서 볼 수 없는 물건이 많다"고 할 정도의 공급능력과 "거의 비슷한 물건인데도 달라 보인다"고 평할 정도의 디스플레이 능력을 갖추어야 한다.

1호 점포를 성공 모델로 만들어라. 한 지역에 첫 점포를 성공시키는 것이 거점구축 차원에서 매우 중요하다. 중국은 지역이 커서 북방지역의 성공 모델이 남방지역에서 통한다는 보장이 없다. 따라서 지역별로 첫 점포를 성공 모델로 만들어 이를 동일 지역에서 프랜차이즈화하는 것이 효율적이다. 성공 모델을 만들기 위해서는 그 지역 특성에 대한 사전 연구가 필수적이다. 그 지역의 소비자들의 욕구를 충족하기 위해서는 이들의 소비성향을 파악해야 한다. 소득수준이 높은 곳은 가격보다는 제품의 품질과 서비스의 질을 최우선으로 본다. 소비자들이 주로 몰리는 시간대에는 직원(파트타임 직원) 수를 늘리는 것도 방법이다.

고정비용을 최소화하라. 지금처럼 불황 속에서 살아남기 위해서는 고정비용을 최소화해야 한다. 고정비의 주된 것이 임대료, 급여 등이기 때문에 매장규모와 직원 수를 적정 규모로 시작하는 것이 바람직하다. 평당 임대료가 비싼 지역을 택할 수밖에 없는 경우에는 평당 매출을 감안하여 매장 면적을 최소화하도록 한다.

품질과 서비스로 승부하라. 한국인들이 주 고객인 점포는 특히 제품의 품질과 서비스의 질에 신경 써야 한다. 지구상에서 제일 까다로운 고객 중 하나가 한국인이라는 평가가 있을 정도이다. 중국인들도 소득이 높아짐에 따라 품질과 서비스에 민감해지고 있다. 멜라민 사태 때문에 한국산 우유가 각광을 받고 있는 것과 농약 문제가 심각해지면서 유기농 채소가 잘 팔리는 것 등을 주목할 필요가 있다.

고객의 목소리를 경청하라. 모든 문제의 해답은 고객의 목소리에 있다. 고객의 요구나 불만을 무시할 때 그 회사는 망하는 길에 접어든 것이라고 볼 수 있다.

정직과 신의가 생명이다. "장사하면서 결코 남을 속이지 않는다" "고객의 이익이 나의 이익이다" "정직하면 손해 보는 것 같지만 결국은 롱런한다" 등의 신념으로 무장하고 단기적 돈벌이의 유혹에서 벗어나야 한다. 광둥 지역에서 공통적으로 찾아볼 수 있는 것이 있는데, 그것은 관우상이다. 《삼국지》의 관우는 조조의 회유에도 불구하고 유비와의 신의를 지켰다는 이유로 신의의 상징이 되었다. 장사꾼들에게 제일 중요한 것이 신의이기 때문에 관우가 재물신으로 추앙받고 있는 것이다. 이처럼 광둥 사람들은 신의를 목숨처럼 생각하는데, 이는 장사꾼이 신의를 잃으면 모든 것을 잃는다고 여기기 때문이다.[76]

중국에서 성공하는 CEO

중국에서 성공하는 CEO는 어떠한 점을 갖추어야 할까? 먼저 《손자병법》에서 꼽은 유능한 장수의 유형을 CEO에 적용하여 설명해보자.[77]

첫째, 군사 분야(시장, 비즈니스)에서 많은 지식과 경험, 경영능력을 가진 전문가여야 한다.

둘째, 논리적인 사고로 주변 사물을 냉철하게 관찰하고 정확하게 분석할 줄 알아야 한다.

셋째, 발이 넓어 다양한 정보와 많은 사람의 의견을 수집할 수 있어야 한다.

넷째, 유능한 부하를 적재적소에 이용할 줄 알아야 한다.

다섯째, 주도면밀한 전략과 지혜와 정성의 열정을 가지고 있어야 한다.

또한 최근 중국에서는 기업 경영자들에게 8가지 사항의 인격적 기준을 요구한다.

첫째, 사회주의적 관료의식보다 시장경제적 사업정신을 가져야 하며 횡재, 폭리, 범죄를 추구하지 말아야 한다.

둘째, 경거망동하여 정책 실패를 초래하지 말고 용기와 개척정신을 가져야 한다.

셋째, 안정되고 건전한 발전을 추구하되 중요한 기회를 놓쳐서는 안 된다.

넷째, 자신감을 가지되 성공했다고 자만해서는 안 된다.

다섯째, 가족이나 친척, 파벌, 관념 등에 얽매여 유능한 인재를 소외시켜서는 안 된다.

여섯째, 현명하되 인색해서는 안 된다.

일곱째, 개방적이며 주변과 잘 협력할 줄 알아야 한다.

여덟째, 부패하거나 타락하지 않도록 늘 예방하고 조심해야 한다.

제 4 장

지역별
차이나 머천트

CHINA MERCHANT

중국인과 차이나 머천트

::

반세기 동안의 냉전논리에 익숙해진 우리는 사회주의 국가에서 활동하는 차이나 머천트들이 상거래에서 우리보다 뒤질 것이라는 편견에 사로잡혀 있을 때가 많다. 현대적인 교역기법에 익숙지 못한 차이나 머천트가 최신 금융기법이나 비즈니스 이론에서는 우리보다 뒤질 수도 있을 것이다. 그러나 금전에 대한 감각이나 상거래 기술 면에서 중국인은 한국인에 결코 뒤지지 않는다.

중국인은 설 명절에 "새해 복 많이 받으세요" 대신 "꽁시파차이恭喜發財(돈 많이 버십시오)"라는 인사말을 나눈다. 그리고 대화를 할 때에도 돈을 번다는 뜻의 '좐치엔賺錢'이라는 말을 자연스럽게 사용한다. 개혁개방 이후 노력한 만큼의 대가가 자신에게 돌아오게 되자, 많은 중국인이 돈벌이 전선에 뛰어들고 있다. 좌우 이념투쟁에서 숨죽이고 있던 중국인의 상본능商本能이 개혁개방과 동시에 분출하고 있는 것이다.

계산에 대한 감각도 결코 우리에 뒤지지 않는다. 원주율圓周率을 가장 먼저 계산해낸 민족이 중국인이다. 암산능력이 가장 뛰어난 상인으로 유대상인과 함께 중국상인이 꼽힌다. 실크로드 상인에서 알 수 있듯 이 중국인의 국제무역 상거래 역사는 세계에서 가장 오래됐다.

상인이라는 표현 또한 중국에서 나왔다. 기원전 10세기경 나라가 망해 전답을 잃고 고향을 떠나 장사를 하게 된 상商(은殷)나라 사람을 가리켜 상인商人이라 불렀다. 돌아다니면서 거래를 하는 사람은 행상行商, 한곳에 자리를 잡고 물건을 매매하는 사람을 좌고坐賈라 했다. 춘추전국시대에 이미 전국을 상대로 장사를 한 여불위呂不韋는 지금부터 2,000년 전에 박리다매薄利多賣라는 상술을 구사하여 거상巨商이 됐다.

중국인들은《손자병법》식 상술에 능했다. 그들은 정세변화에 적응하는 지혜와 결단의 시기에 밀어붙일 수 있는 용기, 남이 버리면 줍고 원하면 주는 인仁, 참고 기다릴 수 있는 강인함을 가지고 있었다. 중국이 사회주의라는 죽의 장막을 치고 난 뒤에도 본토 바깥에 거주하고 있는 화상華商은 그들의 뛰어난 상술로 성공을 거두었다.

중국의 일반인은 실속을 챙기며 지극히 현실적인 생활철학을 가지고 있다. 대부분의 상인도 이 범주에 속한다. 실속을 추구하는 것도 알고 보면 그들의 상본능과 무관하지 않다. 가장 경제적인 생활방식을 선택하는 것이다.

중국인의 국민성은 지역에 따라서도 큰 차이를 보이고 있다. 장강을 중심으로 북쪽에 사는 북방인은 대체로 도량이 넓고 인내심이 강하며 의리를 중하게 여겨 비밀을 잘 지키는 대륙적 기질을 계승하고 있다. 북방인은 역사적으로 정권과 문화를 주도해왔기 때문에 남방인을 무시하는 경향이 있다. 남방인은 전통적으로 상업에 능하고 두뇌회전이 빠르다. 남방상인은 일단 계약이 체결되었더라도 불이익이 예상되면 이를 잘 지키지 않을 때도 있다.

북방인이든 남방인이든 상인들이라면 모두 계산과 상술에 능하다. 중국인의 공통점을 발견하는 일도 중요하지만, 자신이 만나는 중국인의 계층이나 신분, 출신지역에 따른 차이를 파악하는 일도 필요하다. 중요한 것은 내가 만난 중국인은 결코 모든 중국인을 대표하는 사람이 아니라는 점이다. 그러므로 중국인의 일반적인 상관습 이외에도 지역에 따라 차이를 둔 상관습을 알아야 할 필요성이 있다.

지역마다 지니고 있는 역사·문화 배경을 통해 그 상인의 성격을 대략 파악할 수 있다. 물론 상인 개개인의 성장배경 및 특별한 경력에 따라 개인의 성격 및 상거래 스타일이 다를 수 있다. 그러나 우리가 상거래에서 새로운 잠재고객을 접할 때 그의 출신지역을 알고 그 지방의 문화에 맞추어 고객을 접대한다면 큰 무례나 실수를 피할 수 있을 것이다.

56개 민족, 31개 성·시·자치구를 가진 중국은 서로 다른 자연환경 및 문화적 배경을 기반으로 각 지역이 독특한 성격을 형성하고 있다. 서로 간의 차이도 크다. 베이징상인은 정치와 가까이한다. 비즈니스 모델 또한 권력과 연계하는 방식을 선호한다. 수도에 살기 때문에 새로운 정보도 많다. 베이징상인은 권리와 정보를 통한 상거래가 특징이다.

반면 광둥상인은 정치를 멀리하고 종일 일하며 모든 에너지를 돈 버는 데만 집중한다. 상하이상인은 치밀하며 계산적이다. 중국 다른 지역 시장에서는 킬로그램 단위로 식품을 판매하지만, 상하이시장에서

중국 권역도

2001년 중국 100대 기업체 본사 소재지와 사업주 출신지역

지역	본사 소재지 수	사업주 출신지역
광둥성	14	8
상하이시	15	9
저장성	16	17
장쑤성	6	8
베이징시	12	8
톈진시	5	4
기타 지역	32	46
합계	100	100

자료: 강효백(2002), 28쪽.

는 밀리그램 단위로 판매하는 것이 일반화되어 있다.

중국은 땅이 넓고 물산이 풍부地大博物한 나라이며 광활한 지리만큼이나 지역문화 격차도 크다. 베이징상인, 광둥상인, 상하이상인이 모든 차이나 머천트를 대표할 수 없다. 그러므로 우리는 중국과 상거래할 때 각 지방 상인의 상관습을 더욱 깊이 이해할 필요가 있다.

위 표는 2001년 중국 100대 기업 본사 소재지와 CEO의 고향을 나타내고 있다. 총 54명의 CEO를 배출한 6대 지역 중 17명을 배출한 저장성 출신이 가장 많고, 다음으로 상하이시, 광둥성, 장쑤성, 베이징시 출신 CEO들이 현대 중국 비즈니스계에서 두각을 나타내고 있음을 알 수 있다.

2013년도 〈신차이푸〉 중국 100대 부호

2013년 5월, 월간지 〈신차이푸新財富〉는 2013년 중국 부자 500위 순위를 발표했다. 〈신차이푸〉는 광둥성 신문출판국 주관으로 발행되는 월간지로 2001년 3월에 창간되었으며, 선전증권거래소 산하 증권정보 포털인 〈취안징왕全景网〉이 제작에 참여하면서 비중 있는 경제전문지로 부상했다. 〈신차이푸〉는 관방 월간지임에도 2003년부터 매년 중국 부자 500위 리스트를 공개 발표하여 언론의 주목을 받은 바 있다.

원래 중국 부자 리스트 원조는 영국 출신 공인회계사인 루퍼트 후게베르프Rupert Hoogewerf가 1999년에 창간한 〈후룬 보고서The Hurun Report〉이다. 1990년대 중국에서 근무했던 루퍼트는 최초의 중국 부자 리스트를 1999년 〈포브스〉에 제공했다가 큰 반향을 일으키자 자신이 직접 '후룬바이푸胡润百富'라는 업체를 창설하여 2002년부터 매년 독립적인 중국 부자 리스트를 공표하고 있다.

2013년도 중국 1위 부자는 와하하 그룹 종칭허우宗庆后 총재가 차지했다. 전년도 1위였던 왕젠린王健林(완다그룹)을 밀어낸 것이다. 중국 최대 음료회사인 와하하 창업자인 종칭허우의 자산은 700억 위안(12.6조 원)으로 2위보다 29.6퍼센트 많은 규모이다. 1987년 저장성 항저우에서 교내기업을 시작으로 와하하영양식품창을 설립하고, 1991년에 국유기업이던 항저우관두식품창을 합병하여 지금의 종합식품그룹 와하하로 발전했다. 와하하의 절대 지분은 지방정부 소유였으나, 2001년 지분개편을 하면서 29.4퍼센트는 종칭허우에, 24.6퍼센트는 직원 자사주로 나뉘었고, 항저우 지방정부 지분은 46퍼센트로 축소되었다. 2012년 와하하 매출액은 636억 3,100만 위안으로 전년 대비 6.23퍼센트 성장했고, 세전이익은 101억 2,000만 위안(18.19퍼센트 증가)을 기록했다.

종칭허우는 〈신차이푸〉 리스트 집계 후 8번째 중국 1위 부자이다. 그런데 소비업종에서 1위가 나온 것은 처음이다. 2003년 이후 11년 동안 공포된 리스트를 보면 부동산업 CEO가 네 번 1위를 차지했으며, 기초설비(SOC 인프라)가 세 번이었고, 온라인게임, 태양에너지설비, 철강업 CEO들이 한 번씩 중국 부자 1위로 등극한 바 있다. 중신타이푸의 CEO 롱즈지엔荣智健이 2003년과 2004년, 비구이위안의 여성 CEO 양후이옌楊惠妍이 2007년과 2008년에 중국 최고 부자 자리를 차지한 바 있다. 이는 부동산업이 부를 축적하는 데 가장 유리한 투자 중심의 중국형 경제발전 구조를 방증하는 것이다. 아울러 SOC 인프라 시장을 독과점하고 있는 국유기업 연계형 CEO의 득세를 보여준다.

다음 표는 〈신차이푸〉 리스트(2013)에 나타난 100대 부호 기업체 본

2013년 중국 100대 기업체 본사 소재지와 사업주 출신지역

	본부 소재지	창업자 고향		본부 소재지	창업자 고향
광둥	27	22	베이징	16	2
저장	14	21	후난	0	2
산둥	4	8	충칭	1	2
장쑤	8	7	허난	0	1
쓰촨	4	7	산시	0	1
푸젠	4	6	깐수	0	1
안후이	0	5	헤이룽장	0	1
허베이	5	4	후베이	0	1
상하이	11	3	신강	1	0
랴오닝	2	3	하이난	1	0
합계	100	100	기타	2	3

주: 기타에는 홍콩 포함.
자료: 신차이푸 홈페이지 www.xcf.cn (2013. 6.)

사와 사업주의 고향을 지역별로 분류한 것이다. 앞서 살펴본 2001년도 지역별 구분과 큰 차이는 보이지 않는다. 창업자 고향은 광둥성(22퍼센트)과 저장성(21퍼센트)이 절대적인 우세를 보이고 있어서, 중국 최대의 장사꾼은 광둥상인과 저장상인임을 다시금 확인할 수 있다. 그다음으로 산둥성, 장쑤성, 쓰촨성이 7~8퍼센트 수준이고, 푸젠성(6퍼센트)과 안후이성(5퍼센트)이 뒤를 잇고 있다.

본부 소재지는 중국 내에서 가장 많은 수출과 생산이 이루어지는 광둥성(27퍼센트)이 단연 1위이며, 그 뒤를 베이징시(16퍼센트), 저장성(14퍼센트), 상하이시(11퍼센트)가 따르고 있다. 그리고 1곳 이상 100대 부호 기업의 본사 소재지를 가진 곳이 중국 내 31개 성·시·자치구 중

2013년 〈신차이푸〉 중국 10대 부자 순위

순위	전년도 순위	재산 (억 위안)	성명	회사명	주요 업종
1	11	700	쭝칭허우	와하하(娃哈哈)	식품 음료
2	1	540	왕젠린	완다(万达)	상업부동산, 유통, 도소매
3	4	420	류용싱	둥팡시왕(东方希望)	사료, 투자, 알루미늄
4	8	405.1	마화텅	텅쉰(腾讯)	IT, 인터넷
5	2	380	양원건	싼이(三一)	건축, 중장비기계
6	7	351.5	쉬쟈인	헝다(恒大)	부동산
7	3	349	리옌홍	바이두(百度)	IT, 인터넷
8	9	329.8	양후이옌	비구이위안(碧桂园)	부동산
9	14	328	쉬롱마오	스마오(世茂)	부동산
10	5	300	장스핑	웨이차오(魏桥)	알루미늄, 방직

자료: 〈신차이푸〉 홈페이지 www.xcf.cn (2013. 6.)

15곳에 불과하여 현지에서 이야기하는 비즈니스 환경과 CEO가 판단하는 비즈니스 환경과는 큰 괴리가 있음을 알 수 있다.

2013년 〈신차이푸〉 리스트에 이름을 가장 많이 올린 5개 업종에 새롭게 등장한 의약·바이오(33명, 총자산의 5.7퍼센트) 분야는 빠르게 고령화되어 가고 있는 중국 사회의 단면을 반영한다. 2013년 500명 부호 리스트(총자산 3.57조 위안)에 가장 많이 등재된 5개 업종은 부동산, 종합, 일용소비품, 의약·바이오, 정보기술·문화매체인데 이 중 의약·바이오는 전년도의 기계·전기설비업을 밀어내고 등장했다. 최다 업종인 부동산은 총 109명의 부자가 24.2퍼센트의 자산을 점유하고 있다. 그 외 종합(86명, 17.1퍼센트), 일용소비품(40명, 8.6퍼센트), 정보기술·문화매체(32명, 7.5퍼센트) 수준이다.

미국발 금융위기가 시작된 2008년부터 소위 '국진민퇴'로 불리는 '국유기업 확장, 민영기업 퇴조' 기조가 2013년 〈신차이푸〉 리스트에도 반영되었다. 중국 정부가 4조 위안을 투입하여 경기를 부양하려는 정책의 혜택은 소비형 민간 중소기업보다는 투자형 중대형 국유기업들이 보았으며, 특히 부동산과 중공업 분야가 수혜를 입었기 때문이다.

2013년 리스트에도 10대 부호 중 부동산업종 CEO가 4명이나 이름을 올렸다. 최근 11년간 500위 부자의 1인당 자산액은 2009년에 처음으로 전년 대비 감소세(52.1→ 32.6억 위안)를 나타냈고, 2012년에도 감소세(75.3→ 61.8억 위안)를 보인 것은 '국진민퇴' 기조일 가능성이 크다. 자산 100억 위안 이상 부호 수도 2009년에 17명으로 전년 대비(2008년 53명) 큰 폭으로 줄었으며, 2012년에도 68명으로 전년 대비(2011년 90명) 감소했다.

신에너지·의류·소매업 분야 CEO들은 수요부진과 경기의 영향으로 자산규모가 줄어들었다. 500위 리스트에 오른 에너지·환경 분야 부자들은 전년도 26명이었으나 2013년에는 17명으로 축소되었으며 1인당 자산액도 41.8억 위안에서 49.5억 위안으로 줄어들었다. 실제 2006년 150억 위안의 자산으로 중국 1위 부자 반열에 오른 태양전지 업체인 선택파워 CEO 스정롱은 부호 반열에서 사라졌다.

최근 2년간 〈신차이푸〉 리스트를 분석하면 '국진민퇴' 기조에도 불구하고 민영기업들은 국유부문보다 앞서 경제회복세를 보이고 있으며, 특히 민간 분야의 투자장벽을 해소한 최근 정책 변화로 더욱 부의 증가를 이룰 것으로 전망된다. 2012년 자산 500억 위안 이상 부자는 1명

최근 〈신차이푸〉 중국 부자 500위 순위에서 나타난 변화

연도	자산총액 (억 위안)	1인당 평균 자산 (억 위안)	500위 커트라인 (억 위안)	자산 100억 위안 부자(명)
2003	3,031	7.6	2	0
2004	5,001.9	10	2.4	0
2005	5,950	11.9	3.5	2
2006	7,465	14.9	4.5	3
2007	12,800.2	25.6	8	15
2008	26,027	52.1	13.5	53
2009	16,285.6	32.6	13.4	17
2010	28,756.5	57.5	19.2	68
2011	37,657.4	75.3	28.7	90
2012	30,921	61.8	21.8	68
2013	35,786.6	71.6	30	87

자료: 〈신차이푸〉 홈페이지 www.xcf.cn (2013. 6.)

도 없었으나, 2013년에는 2명이 등장했다. 그리고 300~500억 위안 규모는 4명에서 8명으로 늘었고, 100~300억 위안 규모는 64명에서 77명으로, 50~100억 위안 규모는 154명에서 192명으로 늘었다. 이는 최근 미국 및 EU의 경기회복세에 민영기업들이 빠르게 반응하여 부를 획득한 것으로 해석할 수 있다.

중국 정부는 2012년 '민간투자 36조' 규정을 공포하여 민간기업이 진입할 수 있는 투자 분야를 확대하였으며, 민영기업 활동이 활발한 지역을 중심으로 '금융종합개혁실험구'를 지정하여 민간기업의 파이낸 싱 채널을 확대하고 있다. 중국 정부는 2012년부터 저장성 원저우시, 주장삼각주珠江三角洲, 푸젠성 취안저우시 등을 금융종합개혁실험구로 지정하여 소액대출공사 등 민간기업 파이낸싱 채널 확대를 위한 제도와 기구 마련에 나서고 있다.

2013년에도 16명의 여성이 500위 부자 리스트에 이름을 올렸다. 이들 중 비구이위안 부동산그룹 CEO 양후이옌이 여성 부호 1위를 기록했다. 양궈창楊國強 비구이위안 회장의 차녀인 양후이옌은 2005년 회사 주식의 70퍼센트를 양도받았는데, 2007년 홍콩 상장으로 일거에 부호 순위에 올랐다. 여성 부자 3위 첸 리후아陳麗華 푸후아인터내셔널 CEO(자산 190억 위안)는 72세로 나이가 가장 많다. 여성 부자 16명의 평균 나이는 50세로 나타났다. 이들 여성 부자들의 자산총액은 500대 자산총액의 4.9퍼센트를 차지했고, 100억 위안이 넘는 부자는 6명이었다. 16명 여성 부자의 1인 평균자산은 109.5억 위안으로 500대 부자의 평균치보다 많았으며, 전년보다 46.7퍼센트나 불어났다. 중국 부자의 주된 업종이 부동산인 것과 달리 여성 부자들은 다양한 업종에 종사하고 있으며, 특히 13명은 자수성가했다는 점도 큰 특징이다.

2003년 〈신차이푸〉 20위 안에 들었던 부자 중 2013년에도 20위권에 남아 있는 부호는 류융싱劉永行, 쉬롱마오許榮茂 단 두 명에 불과할 정도로 아직은 부를 축적하기 위한 중국 내 제반 환경이 녹녹하지는 않다. 동팡시왕 CEO 류융싱은 2003년에 자산 37억 위안으로 17위(2013년 3위, 420억 위안)를, 스마오그룹 CEO 쉬롱마오는 48.5억 위안으로 7위(2013년 9위, 328억 위안)를 기록했다.

억만장자 배출 대학은?

〈법제만보法制晚報〉는 〈중국교우회망〉이 발표한 '2012 중국 대학 우수

졸업생 배출 순위' 보고서를 인용해 칭화대학이 개혁개방 30년 동안 84명의 억만장자를 배출함으로써 중국에서 가장 많은 '부富'를 창출한 대학에 올랐다고 보도했다. 그러나 총 배출 인재 수에서는 여전히 베이징대학이 1위를 고수하고 있는 것으로 나타났다.[78]

계획경제 시절 중국의 대학들은 국가가 100퍼센트 비용을 부담하여 인재를 배양하고 졸업 후에는 국가가 원하는 계획된 곳으로 배출하는 '고급인력 인사부처' 역할에 머물러 있었다. 그러나 1980년대 개혁개방 이후 대학은 서서히 국가의 부를 창출하는 경제발전의 '기지'로 거듭나기 시작했다. 또한 대졸자에 대한 국가의 일괄적인 직장 배정이 사라지고, 자비 수학제도가 도입된 1998년 이후에 대학은 무한경쟁 시대에 돌입하게 된다.

1999년부터 2011년까지 〈포브스〉, 〈후룬리포트〉, 〈신차이푸〉 등 잡지의 부호 순위에 이름을 올린 억만장자 중 고학력을 가진 소위 인텔리형 부자는 총 1,580명으로 전체의 61퍼센트를 차지했다. 이들을 출신 학교별로 나누어보면, 칭화대학이 84명의 억만장자를 배출했고 총 자산규모도 3,000억 위안(약 54조 원)에 달해 1위를 차지했다. 그다음으로는 베이징대학이 82명으로 2위를 기록했다.

그러나 정계, 과학계, 인문사회계 등 각 분야를 망라한 인재 배출 순위에서는 여전히 베이징대학이 1위를 점유하고 있다. 정계, 학계 및 기업 진출 인재 8,000여 명 중 베이징대학 졸업자가 456명으로 가장 많았다. 그다음으로는 칭화대학이 292명으로 2위, 런민대학人民大學이 222명의 인재를 배출해 3위를 차지했다. 1977년 가오카오高考(중국 대입 수능)제도가 부활할 후 대학의 인재 배양 기능이 정상궤도로 복귀하여

2012년 중국 대학별 배출 인재 현황

순위	대학명	소재지	정계 인물	과학계 인물	인문사회계 인물	억만 위안 부자	인재 합계
1	베이징대	베이징	48	144	182	82	456
2	칭화대	베이징	49	141	18	84	292
3	인민대	베이징	37	1	154	30	222
4	푸단대	상하이	21	83	60	46	210
5	난징대	장쑤	10	63	48	21	142
6	저장대	저장	9	37	19	66	131
7	지린대	지린	29	30	38	8	105
8	우한대	우한	3	28	56	18	105
9	하얼빈공업대	헤이룽장	18	52	3	15	88
10	상하이교통대	상하이	12	40	2	25	79

자료: 〈중국교우회망(中国校友会网)〉 www.cuaa.net (2013. 6.)

수많은 인재가 쏟아져 나올 수 있었다.

이들 10위권 내 대학들은 중국 내 소위 중점대학들로 중국 전역에 있는 우수한 인재들이 지원하여 입학하게 된다. 따라서 소재지에 따른 특성보다는 대학별 특성이 주목받아야 할 것이다. 베이징대학은 중국의 최고 명문대답게 모든 분야에서 골고루 인재를 배출하고 있음을 알 수 있고, 반면 칭화대학은 이공대 중점대학답게 인문사회계 인재는 18명에 불과하여 그 차이가 심하다. 런민대학은 단연 정계 및 인문사회계 인재를 다량 배출하고 있으며 억만장자 부호 순위에서는 6위권에 머무르고 있다.

그럼에도 불구하고 앞서 살펴본 것처럼 100대 부호의 고향과 기업의 본사가 밀집된 주요 지역들은 대학별 인재 현황에서도 중복되어 등장하고 있다. 먼저 상하이에 소재한 푸단대학과 상하이교통대학 두 곳이 10위권 인재 배출 대학에 이름을 올렸고, 난징대학(장쑤성 난징시), 저장대학(저장성 항저우시) 역시 많은 수의 억만장자를 배출하고 있다. 이는 지방소재 중점대학들도 지역적 특성과 무관하지 않음을 보여준다.

이외에도 지린성 창춘시에 소재한 지린대학, 후베이성 우한시에 소재한 우한대학, 헤이룽장성 하얼빈시에 있는 하얼빈공업대학 등은 내륙지역에 있는 불리한 위치에도 인문사회계, 정계, 이공계 등으로 특화되어 적지 않은 인재를 배출하고 있음을 알 수 있다.

1. 광둥상인

::

　광둥성은 춘추春秋시대에는 '백월百越'이라고 칭하고 명나라 때부터 현재의 '광둥'으로 칭했다. 광둥성 대외무역은 서한 초기에 형성되었다. 〈한서지리지漢書地理志〉에는 광저우항구의 해상 실크로드 노선이 구체적으로 기록되어 있다. 당·송시대부터 무역이 급속히 발전하여 페르시아 및 아라비아와 교역이 이루어졌다. 명 말기와 청 초기에 유럽 각국으로 교역을 확대하고 광주부치廣州府治를 세워 중국 최대의 무역항으로 발전했다. 청나라 때 총독제를 신설해 광둥성과 광서자치구에 양광兩廣 총독을 두었으며, 1746년에 총독부를 광저우에 설치했다.

　근현대에는 아편전쟁, 태평천국운동, 신해혁명, 북벌전쟁, 광저우 봉기 등 중대한 역사적 사건이 발생했다. 1911년 신해혁명으로 중화민국이 건국되었는데 중화민국 국민정부가 광저우에 설립되었다. 1938년 일본의 중국 침략으로 광저우가 일본에 점령된 바 있다. 서구 문물을 가장 먼저 받아들여 중국의 선진지역으로 발전하였지만 1842년에 홍콩 섬, 1860년에 구룡시九龍市를 영국에 할양하였으며, 1898년에는 구룡반도가 영국의 조계지로 되었다. 1887년에 조차하였던 광저우만은 1946년에, 홍콩 섬은 1997년에, 마카오는 1999년에 중국에 반환되었다. 1949년 11월 6일 광둥성 인민정부가 수립되었으며, 1988년에는 광둥성에서 하이난성을 분리했다.

광둥성은 중국 최남단에 위치해 푸젠, 장시, 후난, 광시, 홍콩, 마카오와 인접해 있고 바다는 남해와 접했으며 북회귀선이 광둥성 중부를 지난다. 송나라 때 이곳에 광남동로廣南東路를 설치, 줄여서 '광둥로'라고 부르기도 했는데 이것을 줄여서 광둥이라 부르게 됐다. 춘추시대 이 지역에서 살던 소수민족이 바이위에百粵였던 것으로 알려지는데 이런 이유에서 광둥성을 '위에粵'로 약칭하게 됐다.

광둥인들은 일을 수행함에 통쾌하고 의협심이 강하며 위세가 등등한 것이 그 특징이라 할 수 있는데, 여성들의 걸음걸이에서도 우물쭈물함이 없는 아주 당당한 분위기가 잘 나타난다. 광둥인들은 말과 행동에서도 솔직담백하여 비교적 충동적이긴 하지만 말을 빙빙 돌려 하지 않고 있는 그대로 잘 표현한다. 그들의 생각과 사상 역시 어떤 구속에 얽매임이 없고, 상상력과 창조력이 풍부하다. 내부단결이 잘되는 편이고 생활 중에서는 사소한 일로 남과 다투거나 힘겨루기를 삼가는 편이다. 실제로 광둥인들은 근면하고 성실하며, 인내심이 강하면서 일에도 상당히 몰두한다. 고생을 잘 참으며 그 어떤 목적에 도달하기 위해 불굴의 정신을 발휘하는 등 이론적인 것보다도 실제적인 것에 치중하는 편이다. 광둥지방의 부녀자들은 북방의 여자들에 비해 가정적이고 고생을 잘 이겨내면서 가정의 전반적인 일을 관장한다. 반면 남자들은 밖에서 돈 버는 일에만 열중한다.[79]

문헌에 의하면 일찍이 당나라 때부터 광둥인들의 외국 진출이 시작됐다. 광둥인들의 핏속에는 그들의 조상으로부터 물려받은 충만한 개척정신과 임기응변 능력 및 실용적인 성격이 있다. 따라서 천성적으로 총명하고 상업의식이 뛰어난 기질을 형성했다. 이론에 강하면서 실제적인 면에서 다소 우둔한 북방인들과 비교할 때 광둥인은 이국 타향의 환경에 쉽게 적응한다. 게다가 일단 적응을 하고 나면 곧바로 기회를 잡고 자신들의 이상을 실현하고 있다. 이름도 알려지지 않은 평범한 노동자가 갑자기 백만장자로 올라서는 것은 광둥에서 가끔 볼 수 있는 현상이다.

외지인들은 광둥인들이 상대방을 잘 믿지 않으며 솔직하지 않다고 여긴다. 실제로 외지인들이 광둥인과 거래를 하다가 종종 자기 거래선까지 광둥인의 손에 의해 장악당하는 일을 겪기도 한다. 광둥인의 이 같은 능수능란한 행위는 비정하고 냉혹한 인식의 결과이다. 그들은 사업을 전쟁터로 생각하고 똑똑한 자가 승리한다는 믿음을 품고 있다. 이러한 광둥인의 악덕상인 이미지는 어쩌면 광둥인들이 내면적인 수양이 결핍되어 있음을 반영하는 것이다.

또한 광둥인들은 돈이 많다 보니 향락적인 것을 생각하고 추구하려 하기도 한다. 오늘날 광둥지역의 심각한 사회문제를 말할 때 종종 성매매가 번창하는 퇴폐현상이 지적된다. 실제로 광둥지역에서는 강도사건, 살인사건 등이 점증하는 추세이다. 그리고 음란행위를 통해 돈을 갈취하는 사건이나 매음을 강요하는 현상이 갈수록 뚜렷해지고 있다. 베이징인들은 광둥지역을 한마디로 '롼乱'이라고 표현한다. 즉 '질서가 잡히지 않아 복잡하고 어지럽다'는 의미다.

광둥인에게 정치는 한마디로 '크고 텅빈 것'으로 인식되고 있다. 다시 말해서 그들에게 가장 큰 문제는 돈을 버는 일이고, 정치는 그들과 실제적인 관련이 없는 추상적인 것으로 간주된다. 작고 총명하며 의기소침한 광둥인들은 지도자가 되려는 따위의 생각은 지니지 않고 있다. 자신이 건립한 안락한 곳에서 안주하기만을 바란다. 대다수 광둥인의 눈에 경제라는 것은 단지 돈 버는 것이나 부자가 되는 것으로 인식된다.

광둥인들은 개성을 지니고 있으면서도 논쟁 벌이기를 즐기지 않고 실무적인 것을 선호한다. 그래서 적지 않은 광둥인들이 학문(도가의 철학사상 등)을 기피한다. 광둥인들은 종교에도 '비과학적'이다. 대다수 광둥인들에게 진정한 신앙은 없으며, 관상·풍수·운명 등을 중시해서 그들의 숙명을 점치고 따른다. 그 결과 광둥인의 미신에 대한 열광적인 관습이 형성되었다. 재물에 대한 남다른 욕심을 지닌 광둥인들에게 재신財物神, 財神爺은 매우 다양하고 함축적 의미를 지닌다.

재신은 광둥인들의 전통신앙이다. 그들은 장사를 할 때 집이나 점포에 재신을 모셔놓고 공양을 드린다. 재신은 장엄하고 당당한 모습으로 홍색으로 된 옷을 입고 넓은 양미간에 불그스름하고 윤기 있는 얼굴로 미소를 짓고 있으며, 그 어떤 요구도 들어줄 듯한 모습을 하고 있다. 광둥인들은 매일 재신에게 향을 피우고 공양을 올리면서 재물이 굴러 들어 오기를 빌고 있다. 광둥인들은 장사를 할 때도 고객을 재신으로 여기고 있다.

옷 입는 스타일에서도 베이징인과 상하이인, 그리고 광저우인(광둥성의 성도)들은 추구하는 바가 다르게 나타난다. 베이징인들은 새로운 '트렌드'를 뒤쫓고, 유행에 가장 앞선 상하이인들은 품위와 의식 그리고 외모를 가장 중시한다. 반면 광주인들은 '인스턴트 문화' 같은 소비품을 쉽게 받아들이며, 그것이 새로운 유행이면 아무리 비싸도 사고야 만다. 광둥의 구매력은 이미 홍콩을 능가했으며, 광둥지역은 중국 사치품과 고급소비품시장의 테스트 베드(신제품 시험 시장)가 되었다.

광둥상인의 상술

어느 기자가 광둥의 한 기업을 방문했는데 그때의 분위기를 이렇게 묘사했다. 공장장과 지배인은 기업의 상황을 잘 알려주지 않았고 홍보에 소극적이었다. 나중에 그 이유를 물어보니 기업 비밀을 유지하기 위해서라고 답했다. 즉 기자가 알면 경쟁업체에 비밀을 누설하여 판매에 영향을 받을까 우려해서였다는 것이다. 그 기자는 광둥상인은 장사에만 전념하는 사람들로 장사 외에는 그 어떤 것에도 신경을 쓰지 않았다고 평가했다. 식사시간에도 조촐하게 초대하고 겉치레를 하지 않았고 그 흔한 기념품 하나 받지 못했다고 한다.

광둥상인은 돈에 대해 과감하게 이야기하며 흥정하지 않는 사람을 상인으로 취급하지도 않는 경향이 있다. 그러므로 광둥상인과 비즈니스를 할 때에는 철학이나 인생에 관해 이야기하지 말고 본론으로 들어가 가격흥정부터 해야 한다. 광둥상인과의 불필요한 인적 교류는 장사에 도움이 되지 않는다.

광둥상인의 중요한 특징 중 하나는 항상 먼저 움직이는 '퍼스트 무버first mover'라는 점이다. 즉 중국어로 '시엔싱先行'을 중시했다. 다른 사람이 감히 하지 못하는 일을 모험심을 발휘하여 가장 먼저 시도해왔다. 홍콩의 화교 부호인 리자청李嘉誠이 그 대표적인 인물일 것이다. 그는 22세(1950)에 설립한 플라스틱 산업이 승승가도를 달릴 때 거기에 머무르지 않고 다른 산업에 손을 뻗었다. 1966년, 중국대륙 전역에 불어닥친 문화대혁명의 광풍은 홍콩에 부정적인 영향을 주었고 이에 따라 부동산 가격이 폭락하였다. 그러나 리자청은 경기회복을 예측했고 부동산을 헐값에 사들이기 시작했다. 그의 예상은 적중했다. 그는 수십 배의 수익을 내 지금의 창장그룹을 만들어낼 수 있었다.

홍콩이 영국의 식민지였을 때 다른 기업들이 영국 자본에 의존한 것과 달리, 리자청은 스스로 일어서서 창장그룹을 세웠다. 처음에는 조그마한 플라스틱제품 공장에서 시작한 리자청은 잡지를 읽으며 플라스틱 관련 사업을 연구했다. 그러고는 많은 이들이 경제적 풍요와 함께 꽃에 관심을 둘 것이고, 그러면 플라스틱 조화 또한 엄청난 시장성이 생기리라고 예견했다. 그의 선견지명은 맞아떨어졌고 그는 유럽시장에서 엄청난 수익을 올릴 수 있었다. 투자의 기회를 잘 알고 변화에 능숙한 것은 광둥상인인 그가 지닌 사업가적 면모이다. 광둥상인과 거래할 때는 될 수 있는 한 창의적인 협력을 진행해야 한다. 광둥상인은 새로운 것을 좋아하며 늘 새로운 비즈니스를 원한다. 새로워야 경쟁에서 이길 수 있다고 믿기 때문이다.

광둥상인만큼 광고에 능한 상인은 없다. 베이징상인이 "황금이라면 언젠가는 빛을 내는 법"이라고 말하며 점잖게 뒤로 빠져 있을 때, 광둥상인은 앞에 나서 자신과 자신의 제품을 PR하는 데 인색하지 않다. 중국에서 가장 먼저 대형 스타를 동원해서 제품광고에 나선 사람도 광둥상인이다. 이들은 1984년 LA올림픽 체조 스타인 리닝을 젠리바오라는 건강음료 모델로 데뷔시켰으며, 월드 스타가 된 여배우 궁리를 메이디그룹의 에어컨 모델로 등장시켰다. 할리우드 스타 청룽도 샤오바왕이라는 컴퓨터 학습기 모델로 1990년대 중국 TV에 등장했다. 그들은 언제나 첫 번째 기록을 만들며 중국 탁구 국가대표단, 여자 배구 국가대표단(1984) 등 이전에는 상상도 할 수 없었던 대상들을 광고 모델로 내세웠다.

광둥상인은 시장을 꿰뚫어 보는 광고 마케팅 능력을 지니고 있다. 따라서 현지 광고전략 수립과 광고 스타일을 광둥상인에게 맡겨두는 것도 좋은 방법일 것이다.

광둥상인의 금기

광둥인은 미신에 대한 집착이 강한 것이 특징이다. 그들은 풍수, 미신, 금기 등에 자유롭지 못하다. 만약 광둥상인과 식사할 일이 있다면 이런 특성을 고려해야 한다. 특히 다음과 같은 식탁에서의 금기에 주의해야 한다. 먼저 닭 머리와 생선의 배 부분은 주빈을 향해 놓아야 한다. 이는 존경의 표시이며 그 유래는 춘추시대 오나라 공자광公子光 고사에 나온 '어복장검魚腹藏劍'에 있다. 따라서 광둥지역에서 생선의 등 부분이 주빈을 향해 놓이는 것은 금기사항이다.

기원전 500년, 공자광은 왕이 된 요와 왕위쟁탈전을 벌이고 있었다. 그는 오왕 요가 진귀한 음식을 좋아한다는 정보를 입수하고 전제專諸라는 자객을 요리사로 잠입시켜 암살을 꾀한다. 전제는 오왕을 위한 특별한 음식을 준비한다. 요리된 잉어의 배에 칼을 숨긴 것이다. 그리고 오왕을 암살한다. 이후 공자광은 오왕 합려가 된다. 이때 나온 말이 "고기 뱃속에 칼을 숨긴다(어복장검)"라는 고사성어이다. 이런 유래 때문에 지금도 광둥상인은 요리된 생선의 배를 주빈을 향하도록 놓고 있는 것이다.

앞서 중국인의 금기에서 설명한 바와 같이 광둥지역 바닷가에서는 특히 선원, 어민, 운전기사와 식사를 할 때 절대 생선을 뒤집어서는 안된다. 이는 차나 배가 뒤집히는 전복顚覆을 연상시키기 때문이다. 젓가락으로 식기를 두드리는 것 역시 금기다. 이는 죽음을 부르는 주술인 고독蠱毒과 연관이 있다. 즉 젓가락을 이용하여 상대를 암살하려는 주술을 연상시킨다.

식사 중 젓가락을 접시 위에 가로로 두는 것은 술 취하고 배가 불러 더는 먹지 않겠다는 의미다. 그러므로 주빈이 먼저 식사를 마치기 전에 다른 참석자가 젓가락을 가로로 두는 것은 실례다. 각기 크기가 다른 젓가락이 식탁에 있는 것은 불길한 의미다. 이는 관棺이나 죽음을 의미하는 사자성어인 '삼장양단三長兩短'에 유래를 두고 있다. 즉 관을 짜는 목재는 3장의 긴 판자와 2장의 짧은 판자로 이루어진다. 이처럼 크기가 다른 젓가락들은 관을 짜는 목재를 연상시킬 수 있다. 또한 '비어 있다'는 뜻의 '공空'자는 액운을 상징하는 '흉凶'과 광둥어 발음이 같아서 금기시된다.

비즈니스 협상 시에는 이처럼 미신에 집착하는 광둥상인의 특성을 염두에 두어야 한다. 금기시하는 단어를 쓰거나 행동을 하는 것을 삼가야 하며, 그들이 열광적으로 미신이나 징크스에 관해 이야기할 때 잘 들어주는 것이 좋다. 광둥상인과 협상이나 계약을 할 때는 그들이 날짜를 선택하도록 배려하고, 좋은 장소와 날짜를 스스로 고르도록 선택권을 주는 것이 좋다.

전형적인 장사꾼 광둥상인

광둥상인은 차이나 머천트의 전형적인 모습으로 각인되어 있다. 푸젠상인에 버금가는 화교상인華商들이 바로 광둥 출신이다. 또한 동남아 각지에서 경제를 좌지우지하는 광둥 화상도 쉽게 접할 수 있다.

이미 명대와 청대에 광둥에는 해상무역을 위주로 하는 상인그룹이 형성되어 있었다. 이들은 역시 해상무역을 위주로 하는 푸젠상인들과 경쟁했으며 이들보다 한발 앞서 나갔다. 광둥은 1949년 신중국 설립 후 1980년대 초에 가장 먼저 대외개방되었다. 경제특구가 설치되면서 중국인들이 상인의 기질을 마음껏 펼칠 수 있는 마당을 제공한 지역이다. 그 후 홍콩이라는 관문을 통해 최대 수출기지가 되었다. 또한 광둥은 중국 최대 수입시장으로서 외국 제품과 정보가 광둥을 통해 들어오고 있다. 풍부한 상업무역 전통과 문화적 저력 그리고 중국 내륙보다 발달한 상업적 시각을 가진 광둥상인은 중국 대표 장사꾼의 이미지를 표출하기에 충분하다.

광둥상인은 세상의 흐름에 민감하며 임기응변에 능하다. 특히 저장상인은 앞을 읽는 재주가 있다. 광둥상인은 안후이상인, 산시상인처럼 폭리를 취하는 것을 마다치 않는다. 청조 건륭 22년(1757)에 조정은 푸젠, 저장, 장쑤의 세 군데 세관을 폐쇄하고 광둥세관만을 남겨두어 대외통상의 창구로 삼았다. 독점적 지위를 확보한 광둥은 이를 기회로 획기적인 발전을 꾀하게 된다. 이후 상품경제가 발전하여 광둥상인의 규모를 성장시켜 주었다.

'세계의 공장'인 중국에서 '중국의 공장' 역할을 하는 광둥은 이미 명대 초기에 주장삼각주 지역에서 농수산물 재배에 필요한 농기구 제조, 농수산제품 가공업을 일으켰다. 이후 포장재료 제조, 운송업 등을 발전시켰다. 이러한 환경의 변화는 광둥인의 사상을 크게 변화시켰다. 학문에 정진하여 관직을 얻는 것이 최고의 가치라는 전통사상에서 해방된 것이다. 이후 광둥지역에서는 관직을 버리고 상인이 되거나, 선비(유교)의 길을 마다하고 상인이 되거나, 농민에서 상인이 된 사람이 늘어났다. 이는 다양한 계층 구성원들이 상인의 길을 걷게 됨에 따라 다재다능한 광둥상인의 특징이 형성되는 토대가 되었다. 아직 봉건시대의 기풍이 남아 있던 19세기 말 중국에서, 적어도 광둥성에서만큼은 상인이 첨단 트렌드였던 셈이다.

광둥상인의 기질을 만든 또 하나의 요인은 바로 홍콩이다. 홍콩은 아편전쟁 후 난징조약에 따라 1842년부터 영국이 점유하게 되었으며, 그 결과 홍콩에 인접한 광둥상인들은 어떤 중국인들보다 빨리 구미식 시장경제를 접하게 되었다. 이후 광둥상인들은 "공허한 것을 취하지 않고 실속 있는 것을 취한다"는 실무實務주의 경향을 갖게 되었다. 홍콩과 떼어놓을 수 없는 요소가 화교들이다. 홍콩이 영국에 할양되면서 홍콩에 거주하던 중국인은 화교가 되었는데, 이들 중 80퍼센트는 고향이 광둥이었다. 당연히 이들 화교들은 홍콩과 광둥을 오가면서 광둥상인의 기질을 조성하게 된다.

광둥상인이 중국 최고의 상인으로 인식된 것은 중국 각지 상인들이 구비한 장점을 모두 가졌기 때문일 것이다. 광둥인은 개방적이다. 중국에 최초로 기독교를 전파한 사람도, 제일 먼저 외국 유학을 다녀와 서양 문명을 배울 것을 주장한 사람도 광둥인이었다. 그들은 무엇이든지 다 받아들인다. 마찬가지로 광둥상인은 무엇이든지 다 취급한다. 중국에서도 광둥산 가짜 시계가 유명한 이유가 여기에 있다. 소비자가 원하는데 못 만들 이유가 없다.

광둥은 적응력이 뛰어나다. 일본에서든 한국에서든 히트한 노래는 오래지 않아 광둥 가수가 광둥어로 더 멋지게 불러 녹음한 CD가 나온다. 개방하여 수입한 외래 문물에 빠르고 쉽게 동화되는 것이다.

광둥상인은 사업기회를 놓치려 하지 않는다. 그들은 시간이 기다려주지 않는다는 사실을 잘 알고 있다. 이러한 적극적이고 민첩한 행동은 광둥상인에게 항상 비즈니스 기회를 가져다준다. 따라서 광둥상인은 리스크 테이킹risk-taking(위험 감수)에 대담하고 기민하며 성격이 원만하고 총명하다.

광둥상인의 마케팅 기법을 보여주는 사례가 있다. 광둥상인은 다섯 가지 '3'에 능통한데, 먼저 3면兔(무료 운송·설치·시험), 3포包(품질보증, 반품·교환 가능), 3전專(염가상품 전문 코너, 특수규격·특정 소비자 전문 코너), 3시試(옷 입어보기, 화장품 써보기, 시식), 3우郵(인터넷, 전화주문, 우편판매)가 그것이다.

국수 한 그릇을 먹을 때에도 중국인들의 태도는 다양하게 나타난다. 베이징인은 체면에 맞는지 그리고 맛있는지를 생각한다. 상하이 사람은 이 국수를 전시회에 가져가 외국인에게 자랑할 상상을 한다. 허난 사람은 국수 양이 한 그릇이 맞는지 의심한다. 그런데 광둥인은 맛있는 국수 한 그릇을 활용하여 어떻게 장사로 연결할지 궁리한다. 이런 광둥인의 천부적인 상인 기질은 근대 200여 년이라는 짧은 기간에 축적된 것이다.

이러한 광둥상인은 배금주의拜金主義의 상징으로 치부되기도 한다. 중국 최대의 가짜상품시장이 존재하는 점, 최대 밀수시장이 횡행했던 점 등이 그 배경이다. 그러나 1년간 품질보증이 되는 짝퉁 시계를 온라인과 오프라인에서 동시에 파는 이들 광둥상인에게 장사에서만큼은 최고라는 호칭을 부여하기에 부족함이 없다.

다재다능한 광둥상인과 마주할 때 준비할 수 있는 특별한 협상 전략은 많지 않아 보인다. 중국 전문 경영서적조차 광둥상인과의 거래에서는 '정답'이 없다고 할 정도이다. 그들은 이미 서양식 상술을 익혔고, 필요에 따라 중국식 상술을 구사한다. 그래서 광둥상인을 대하는 전략은 고작 식사 접대가 협상에서 차지하는 비중이 다른 지역보다 크니 주의하라는 정도이다.

객가인

객가인客家人은 '타향에 사는 사람들'이라는 뜻으로 그들이 스스로 붙인 이름이다. 이들은 한족의 줄기이며 세계 전역에 8,000만 명 정도가 살고 있다. 타이완 인구 15퍼센트가 객가인이고 동남아에 거주하는 화교 대부분도 객가인이다. 객가인의 조상은 본래 중원지역의 한족이었다. 당나라 말엽과 송나라 시대에 가뭄과 전쟁을 피해 많은 사람이 고향을 등지고 타지로 이주했는데, 이때 객가인들도 장시성, 푸젠성과 광둥성이 교차하는 지역에 처음으로 거주지를 마련하게 된다.

현재는 광둥, 푸젠 등 중국 남부를 비롯해 인도네시아, 말레이시아, 필리핀, 싱가포르, 태국 등 80여 개 국가와 지역에 산다. 언어는 고유어인 객가어를 사용한다. 이들은 머리가 좋고 부지런해서 경제에 강하고 관료 출신도 많다. 태평천국의 창시자인 홍수전洪秀全을 비롯해 쑨원孫文, 덩샤오핑, 타이완 전 총통 리덩후이李登輝, 필리핀 정치가 아키노Corazon Aquino, 싱가포르 전 총리 리콴유李光耀 등도 객가인이다.

객가인은 교육을 중시하여 문풍文風이 흥성했다. 이들의 선조는 중원의 사인집단으로 높은 문화적 소양을 지니고 있었기 때문이다. 따라서 객가상인은 돈을 벌면 반드시 사원을 세워 후학을 양성했다. 객가인의 또 다른 특성 중 하나는 종족관념과 고향관념이 강하다는 점이

푸젠성 객가인 거주지 토루

자료: 객가민속박물관 www.szlgkjbwg.com (2013. 3.)

다. 푸젠성에 아직도 남아 있는 객가인의 거주지인 토루土樓는 외관이 웅대하여 성벽같이 보이기도 하는데, 이러한 객가인의 관념을 잘 나타내고 있다. 객가인은 근면하고 어려움을 잘 견디며 스스로 노력하고 게으름을 피우지 않는다. 이러한 특성을 지닌 객가인들이 광둥상인, 푸젠상인으로 탄생한 것은 놀랍지 않다.

이미 외국으로 많이 진출해서 각 지역 내에서 일정한 경제권을 형성한 이들은 매년 '세계객가대회世界客屬懇親大会'를 열어 전통을 계승하고 그들만의 비즈니스 기회를 포착하고 있다. 세계객가대회는 1971년 홍콩에서 첫 번째로 개최된 이후 타이베이(1973, 1976, 1984, 1998, 2006), 미국 LA 및 샌프란시스코(1978, 1988), 일본 도쿄(1980), 태국 방콕(1982),

말레이시아(1990, 1999), 타이완 가오슝(1992), 싱가포르(1996), 인도네시아 자카르타(2002) 등에서 개최되었다.

1994년 12월에는 처음으로 객가인의 고향 중 한 곳인 광둥성 메이저우시梅州에서 제12회 대회가 개최되었는데 이를 계기로 이후에는 중국에서 세계객가대회가 여러 차례 열렸다. 2000년 11월에 푸젠성 롱옌에서 제16회 대회가 개최되었고, 2003년 10월에는 허난성 정저우(18회)에서, 다음 해인 2004년 11월에는 장시성 간저우(19회)에서 대회가 개최되었다. 2005년 10월에는 쓰촨성 청두에서(20회), 2008년 10월 산시성 시안(22회)에서, 2010년 11월 광둥성 하위안(23회)에서, 2011년 11월 광시베이하이广西北海(24회)에서, 2012년 11월에는 푸젠성 싼밍三明(25회)에서 열린 바 있다. 제26회 대회는 다시 인도네시아에서 2013년에 개최될 예정이다.

주룽제지 회장 장인

보유자산 330억 위안으로 중국 내 최고 여성 갑부로 꼽히는 장인張茵 주룽제지玖龍紙業 회장(1957년생). 그는 2006년 한때 중국 내 모든 남성 갑부를 따돌리고 부자 서열 1위에 오르기도 했다. 장 회장이 일군 부가 놀라운 것은 폐지수집으로 시작해 한 푼 두 푼 늘려가며 이룬 것 때문이다. 2006년 홍콩에서 열린 기자회견에서 장 회장은 "정직하게 일해서 부자가 됐기 때문에 떳떳하다"고 말했다. 장 회장에겐 '폐지대왕'이란 별명이 붙어 있다. 1957년 8남매 가운데 맏딸로 광둥성 샤오관에서 태어난 그녀가 1985년 3만 위안을 가지고 홍콩으로 건너가 처음 벌인 사업이 폐지수집이고 그 사업을 제지로 확장해 대성공을 거두었기

자료: 주룽제지 홈페이지 www.ndpaper.com (2013. 1.)

때문이다.

그녀의 부친이 문화혁명 와중에 투옥되자 맏딸인 장 회장은 섬유회사에 들어가 일하며 가족을 부양해야 했다. 그 후에 중국 남부지역에 있는 작은 제지공장 회계직으로 옮긴 그녀는 그곳에서 비범한 사업 감각을 발휘한 덕에 오늘날 부를 일구는 기초를 닦았다. 포장지 원자재로 쓰이는 폐지 수요가 폭발적으로 늘어나는 것을 지켜본 그녀는 1985년 20대 후반 젊은 나이에 홍콩으로 건너가 폐지수집회사를 차렸다. 홍콩의 폐지가 부족해 수요를 충당하지 못하자 1990년 그녀는 남편과 함께 미국으로 건너갔다. 미국에는 폐지가 무한정으로 널려 있다는 사실을 알았기 때문이다.

영어 한마디 할 줄 몰랐지만, 미국 LA에 폐지수출회사를 만들었다. 거기서 미국으로 수출된 중국 상품 포장지를 수거해 중국으로 보냈다. 중국에선 이것을 재가공해 질 좋은 포장지로 만들었는데 이는 장 회장에게는 든든한 수입원이 됐다. 이 회사는 5년여 만에 미국에서 가장 큰 폐지수출업체로 성장했다. 장 회장은 미국에 7개의 포장공장과 운송회사를 세웠다. 폐지수출회사는 2002년엔 파지 300만 톤을 수출하며 미국 내 1위를 차지하였고, 현재는 연간 수출량이 500만 톤을 넘어 유럽에서 가장 큰 종이 공급상으로 꼽힌다.

물론 장 회장에게도 부침이 있었다. 중국 제지회사에 대한 무리한 투자로 자금을 날리기도 했다. 그녀는 실패를 거울삼아 1995년 주룽제지를 설립하고 광둥성 둥관에 첫 번째 제지공장을 지었다. 연간 20만 톤 규모 설비를 들여놓고 제지업에 본격적으로 뛰어든 것이다. 그리고 2000년부터 거의 매년 새 설비를 추가하며 사업을 키웠다.

주룽제지는 장쑤성 타이창에도 공장을 지었고 충칭과 톈진에도 생산기지를 건설해 현재 중국 내 생산기지가 4곳으로 늘었다. 연간 생산능력도 둥관 445만 톤, 타이창 250만 톤, 충칭 80만 톤, 톈진 80만 톤 등 총 855만 톤에 달한다. 장 회장은 주룽제지를 2006년 3월 홍콩증시에 상장하면서 재계의 주목을 받기 시작했다. 2008년 5월에는 베트남 제지공장 지분 60퍼센트를 인수해 베트남은 물론 라오스, 캄보디아 등 동남아시장에도 진출했다.

폐지수집상에서 출발한 장인 회장이 비교적 짧은 시일에 제지업계 거목으로 성장한 비결은 무엇인가? 장 회장 스스로는 '신용'을 꼽는다. 그녀는 미국에서 사업을 하며 신용의 중요성을 배웠다고 한다. 그녀는

주룽제지 경영실적　　　　　　　　　　　　　　　　(단위: 억 위안)

	2009	2010	2011	2012	전년비 증감률
매출액	131.28	179.46	243.86	271.69	11.40%
영업이익	17.34	31.11	31.57	30.70	−2.75%
세전이익	18.36	25.78	24.03	19.08	−20.60%

자료: 주룽제지 지주사 홈페이지 공시자료 (2013. 6.)

중국 회사들도 글로벌 기업으로 성장하기 위해서는 세계 표준에 맞춰야 한다고 강조한다. 세계시장에 진출하기 전부터 장기계획을 세워 준비하고 해낼 수 있다는 확신을 갖고 밀어붙여야 한다는 말이다. 재무정보도 투명하게 공개하는 것을 원칙으로 삼고 있다.

장 회장은 자신의 성공을 이야기할 때마다 운이 좋았다고 한다. 창업할 때 중국이 개혁개방의 황금기였고 미국에 건너간 뒤에도 미국 경제가 지속적인 번영기였다는 것이다. 특히 미국은 삼림자원이 풍부하고 제지업이 발달한 데다 폐지회수 시스템도 과학적이어서 도움을 크게 받았다는 설명이다.

홍콩에서도 회사 자금이 풍부했고 성실하게 경영한 덕에 발전속도가 빨랐다. 최고보다는 최선을 다하는 게 중요하다는 것이 장 회장의 지론이다. 그는 직원관리에 대해 "개인은 작은 가정이고 회사는 큰 가정"이라는 관점을 견지하며 인간적 관리방식을 중시한다. 그런데 주룽제지 탄생과 발전과정에서는 무엇보다도 시장을 읽는 장 회장의 탁월한 능력과 과감한 결단력이 힘을 발휘했다. 20대 후반의 나이에 여성의 몸으로 홍콩에 건너가 폐지수집사업을 시작한 것이나 영어도 잘 못하면서 미국으로 건너가 폐지수출업체를 꾸린 것이 모두 그런 혜안과 과단성에 뿌리를 두고 있다.

미국에서 싼값에 널려 있는 파지를 구매해 저렴한 운반비를 들여 중국으로 운송하고 중국의 토지·에너지·인력을 활용해 낮은 원가에 고급종이제품을 생산하는 장 회장의 비즈니스 모델은 지금까지 대성공을 거뒀다. 그가 구축한 사업 모델은 각 단계가 모두 원가 측면에서 우위를 갖춰 중국 최고 갑부를 탄생시킨 비결로 작동하고 있다. 주어진 기회를 포착하는 광둥상인의 전형적인 모습이 장 회장에게서 발견된다.

중국 최대 에어컨 메이커 메이디 회장 허상지엔

1968년 플라스틱 병마개를 생산하는 향진기업鄕鎭企業(농민들이 관리하는 소기업)으로 출발했던 메이디美的는 현재 직원 수만 7만 명이 넘는 중국 최대 에어컨회사로 발돋움했다. 에어컨은 물론이고 에어컨 압축기, TV, 전기밥솥, 선풍기, 전기난로 6개 상품군에서 두각을 나타내고 있다. 중국 토종 가전업체 메이디를 창업한 이는 광둥상인 허상지엔何享健이다. 1942년 광둥성 순더順德에서 출생한 허 회장이 처음 만든 공장에서 생산한 제품은 제약용 유리병과 병뚜껑이었다. 이후 소형가전을 생산하기 시작한 메이디는 중국의 개혁개방 직후인 1980년에 선풍기를 생산했고, 불과 5년 후인 1985년에는 에어컨을 생산하였다. 이는 중국이 개혁개방을 시작한 광둥지역이어서 가능했다. 1992년에는 선전과 상하이 주식시장 개설을 계기로 메이디를 주식회사로 변신시켰으며 1993년에 선전증시에 상장하였다. 이는 중국에서 향진기업이 주식회

자료: 메이디 홈페이지 www.midea.com.cn (2013. 1.)

사로 전환하여 증시에 상장한 첫 번째 사례였다.

1997년 중국 최초로 독립채산제를 기초로 하는 사업부제를 도입했고, 1999년에는 종업원 사주제도, 2001년에는 고위경영자에 대한 스톡옵션제도까지 도입하여 가장 빠르게 변신하는 가전업체로 꼽혔다. 이는 주어진 환경에 최적화하여 적응하는 광둥상인 기질을 가진 허 회장이어서 가능했을 것이다. 2001년에 매출액 150억 위안, 수출 3.3억 달러의 중국 2대 가전업체로 부상했다. 2003년에는 자동차 메이커를 M&A 하여 새로운 사업영역을 개척했다. 브랜드 가치가 400억 위안에 달하는 메이디는 2007년 매출 750억 위안을 기록했다.

허 회장은 2009년 상반기 실적에 대해 "어떤 의미에서 우리는 금융위기가 고맙다. 재무 데이터가 중요한 게 아니라 위기를 통해 경험을 쌓고 전략이 더 확고해졌기 때문이다"라고 했다. 실제로 메이디는 2009년 2분기 매출은 물론 이익, 현금흐름까지 핵심 경영지표가 모두 분기별 사상 최고치를 갈아치우며 승승장구하고 있다. 이는 금융위기 직격탄을 맞아 헤매고 있는 다른 업체들과 대비된다.

중국 최대 가전사인 하이얼에 비해 규모는 다소 작은 편이지만 성장성은 더 뛰어나다. 특히 에어컨에선 시장을 좌우하는 최강자이다. 사실 메이디도 2008년 말 판매가 줄었고 2009년 1월에는 외국 주문이 급감한 적이 있다. 하지만 메이디는 위기를 기회로 삼는 데 탁월했다. 당시 메이디를 이끌던 창업자 허샹지엔 회장은 내부 회의에서 "매번 시장 위기 때 메이디는 발전 기회를 잡았다"며 "피동적으로 위기를 맞지 말고 위기에서 기회를 찾자"고 직원들을 독려했다.

이 같은 메이디 성장에는 위기를 기회로 바꾸는 경영진의 적극성이 한몫했다. 거기에다 1990년대부터 끊임없이 추진한 구조조정, 불황을 틈타 강화한 연구개발R&D 투자, 전략적 인수·합병 성공 등도 그 밑거름이 됐다. 메이디는 2001년 일본 전자업체 산요 산하의 전자레인지 부품공장을 인수하기도 했다.

메이디는 급변하는 업계 경쟁환경에 적응하기 위해 자사 브랜드 전문매장을 확대하고, 쑤닝, 궈메이 등 가전양판점 공급을 늘렸다. 또 에어컨 제품을 소비자에 따라 인버터 에어컨, 농촌 보급형 에어컨, 고효율 에어컨, 산업형 에어컨으로 세분화해 공급하는 전략을 써 효과를 봤다. 메이디는 최근 새로 각광받는 에너지 절약형 인버터(주파수 변조기) 에어컨에 공을 들여 판매량을 매월 100퍼센트 이상씩 늘리고 있다.

광둥메이디전기 경영실적

(단위: 억 위안)

	2009	2010	2011	2012	전년비 증감률
총자산	316.57	420.54	615.10	608.99	-1%
매출액	472.78	745.58	931.08	680.71	-26.80%
영업이익	25.19	25.56	50.33	47.43	-5.76%
세전이익	27.52	49.63	55.71	50.76	-8.80%
순이익	-	40.43	45.51	41.28	-9.29%

자료: 광둥메이디전기 홈페이지 공시자료 (2013. 6.)

중국시장 내 인버터 에어컨 공급을 선도해 이미 시장점유율이 92퍼센트에 달한다.

전압이 낮은 지역에서는 에어컨이 작동되면 전등이 희미해지는 현상이 종종 있다. 이는 주기적으로 컴프레서(냉매압축기)를 가동시켜 냉기를 뿜어내는 에어컨이 많은 전력을 소비하기 때문이다. 해결책 중한 가지가 인버터 에어컨이다. 기존 에어컨 컴프레서 모터는 정격전압 220V(주파수 60)의 회전속도로 작동을 반복하며, 이미 차가워진 실내온도에 상관없이 일정한 냉방 출력으로 불필요한 전력을 소모한다. 즉실내온도 변화에 따라 적절한 냉기 출력을 조절할 수만 있으면 절전이가능한 것이다. 인버터 에어컨은 컴프레서 모터의 회전 수를 다양한 속도로 제어하여 냉방 출력과 전기소모를 최적화하는 기술을 채용하여전력소모량을 30퍼센트가량 줄였다.

하지만 이 같은 장점에도 불구하고 교류를 직류로 전환하는 컨버터와 전압 및 주파수 변환장치 등이 필요해 기존 에어컨보다 가격이 비싼것이 단점이었다. 이를 해결한 것이 메이디이다. 시장 내 절대강자이면서도 대당 평균가격을 최근 1년 새 5,000위안대에서 4,000위안대로 낮췄고 추가인하를 추진했다. 아무도 따라올 수 없는 수준까지 가겠다는 의지다.

30개가 넘는 에어컨 메이커 중 메이디의 전체 에어컨 시장점유율은 24.9퍼센트로 1위이다. 장즈권 메이디 에어컨부문 팀장은 "수량 위주에서 품질 위주로 바꾸면서 성공을 거뒀다"고 설명했다. 메이디 성공의 비밀이 품질이란 의미다.

위기 때 빛을 발한 게 바로 메이디의 상품경쟁력이다. 메이디는 품질을 더 높이기 위해 일본 도시바와 제휴해 분공장을 가동하면서 선진화된 에어컨 생산라인 가동에 들어갔다. 또 메이디는 도시바와 공동으로 3억 위안을 투자해 압축기를 연간 300만 대 생산할 수 있는 생산기지를 안후이성에 건설하고 있다. 이 합작공장은 연간 500만 대 규모를 갖추고 중국 냉장고 시장 내수 3,000만 대, 수출 2,000만 대 가운데 10퍼센트를 차지한다는 계획이다.

메이디는 직원들에게 1,200만 위안에 달하는 상금을 내걸고 기술개발을 독려하는 등 아이디어가 독특한 기업으로 꼽힌다. 특히 연구개발과 브랜드 전략에는 돈을 아끼지 않는다. 금융위기 여파가 지속된 2009년 상반기에도 광고액을 50퍼센트나 늘렸다. 허 회장은 "위기는 결국 지나가고 브랜드 가치는 계속 남을 것이라 믿는다"고 말했다.

2. 저장상인

::

　저장성은 춘추시대에 주로 월越나라에 속했으며(일부는 오吳나라 영토),
전국시대에는 초楚나라, 삼국시대에는 손권孫權의 오吳나라에 속했다.
월나라 왕 구천勾踐이 와신상담臥薪嘗膽 끝에 미인 서시西施를 이용하여
오나라(현재 장쑤성)왕 부차夫差를 멸망시킨 고사에서 나타나듯 저장성
은 서시로 대표되는 미인의 고장으로도 유명하다. 송나라 때는 몽골의
중국 정복에 끝까지 저항한 남송의 중심지이며, 당시의 충신열사인 악
비嶽飛의 묘가 항저우 시후西湖에 있다. 명나라 때 저장포정사사浙江布政使
司가 설치되었고, 청나라 때 절강성이 성립되었다.[80]

　저장성은 동남 연해안에 위치하며, 창장삼각주 남쪽 지역으로,
동북쪽으로는 중국 최대 도시인 상하이와 인접하고 있다. 해안선
6,486킬로미터로 중국에서 가장 긴 해안선을 가진 지역이다. 면적
500제곱미터 이상인 섬이 3,061개로, 저우산군도舟山群島가 있어서 중

국에서 섬이 가장 많다. 삼국시대 손권이 오나라를 세운 곳으로 성내에 흐르는 전당강錢唐江의 옛 이름인 절강浙江에서 저장성의 이름이 유래되었다. 약자도 '절浙'이다.

이처럼 저장성의 긴 해안선은 저장상인들의 성격에 적지 않은 영향을 미쳤다. 저장의 해안선을 따라 유구한 역사를 지닌 닝보, 항저우, 타이저우, 원저우 등 항구도시가 발달하여 저장상인들로 하여금 진취적이고 개방적이며 강한 모험심과 상업적 능력을 배양하게 했다.

저장 요리의 특징은 재료 선택 시 신선도를 중시하고 조리가 매우 정교한 것이다. 색깔은 선명하고 원색적이고 짙으며, 맛이 신선한 데다 종류가 매우 다양하고 영양을 중시한다. 저장인은 평민 기질과 문학가 및 예술가의 기질을 지니고 있다. 반면 정치가나 군인 기질은 부족하다. 온화하고 점잖은 귀족 또는 위엄 있는 제왕의 기상이나 호방한 기질은 더욱 없다. 문학가 린위탕林語堂은 저서 《중국, 중국인中國, 中國人》에서 중국 동남지역, 특히 장강 이남 지역인들의 특징을 언급할 때 "그들은 총명한 상인이자 걸출한 문학가이지만, 전쟁터에서는 겁쟁이로서 언제나 위기에 직면하면 땅에 엎드려 울면서 애걸한다"며 그 나약성을 지적했다. 저장인들은 내용보다는 체면을 중시한다. 도시인이나 농촌 사람, 부자나 가난한 사람을 막론하고 대다수 저장인들은 타인 앞에서의 체면을 유지하는 문제를 중시한다.[81]

저장인들은 임기응변이 뛰어나며 잔재주를 부리지 않는다. 그중에서도 저장의 역사·문화도시인 사오싱인들이 가장 총명하다. "사오싱은 사부를 배출하고 후난은 장군을 배출한다"는 말처럼 예로부터 사오싱은 책사나 모사가 많이 배출되었으며, 그들의 뛰어난 지모와 임기응변들은 천하에 유명했다. 특히 청대의 정부 각 부분의 관공서에서 사오싱인들이 절대다수를 점하는 등 사오싱 출신의 관리는 그 능력과 자질을 인정받았다.

위다푸郁達夫는 저장성의 수도인 항저우 사람들의 특성에 대해 "의지가 박약하고 의견이 분분하며 겉으로 강해 보이나 속은 텅 비고 나서기를 좋아하고 작은 일에 기민하지만 큰일에 우둔하다"고 지적했다. 스스로 지적이고 고상한 척하며 단지 즐거움만 추구하고 애써 분투하지 않는 성향은 항저우인들에게서 특히 두드러지게 나타난다.[82]

항저우인들의 음식 습관은 고상함만을 추구한다. 그래서 식탁 위에 놓여 있는 정성스럽게 만든 몇 접시의 요리를 감상과 함께 즐긴다. 항저우인들이 스스로 행복감을 느끼고 자만하는 원인은 아름다운 서호西湖가 있으며 황제가 살던 수도의 시민이었다는 자부심에서 찾을 수 있다. 중국에서 어느 곳도 그 경치를 비교할 수 없으리만큼 서호의 경관은 매우 아름답다. 항저우는 일찍이 남송의 도읍이었기 때문에 항저우인들의 의식 속에는 천자의 그늘에서 생활한다는 자부심이 있다. 항저우인들은 유구한 역사와 문화적 우월감 덕분에 성격이 점차 보수적이고 폐쇄적으로 된 것이다.

거의 모든 중국인이 체면을 중시하지만, 항저우 사람들의 체면은 유별나다. 중국 언론들도 이를 허세라고 비판한다. 그러나 중국 최대 명품 백화점이 항저우에 있는 것은 오히려 이를 활용한 적절한 상술로 보인다.

항저우 시내에 있는 항저우프라자백화점은 1990년대 항저우시 순위 9위의 작은 백화점에서 하루 순이익이 100만 위안(약 1억 8,000만 원)을 넘고 세계 최고급의 명품 브랜드가 몰려 있는 거대한 유통제국으로 변신했다. 러우진옌樓金炎 항저우프라자 이사장은 "최근 몇 년간 우리 백화점은 연간 카드 결제 수수료만 4,000만 위안(약 72억 원)으로 전국 백화점 중 으뜸이다"라며 "프라자는 베이징, 상하이 등 대도시의 백화점을 제치고 매출액, 이익과 납세금 등에서 6년간 전국 선두였다"라고 자랑스럽게 말했다.

건물 면적 18만 제곱미터에 4개의 빌딩으로 이뤄진 이 프라자에는 세계에서 제일 고급스럽고 으뜸가는 명품 브랜드와 천문학적인 가격의 상품들이 가득 진열돼 있다. 이 백화점의 랑콤 화장품 매출은 전 세계 매장 중 1위이고, 오메가 시계는 아시아에서 1위일 정도로 명품이 불티나게 팔리고 있다. 이렇게 사치품들이 산더미처럼 쌓여 있는데 판매가 걱정되지 않느냐는 질문에 러우 이사장은 "항저우에는 팔리지 않는 물건이 없다. 좋은 상품이면 들어오는 족족 없어진다"고 답변했다.[83]

저장상인의 상업성과 특징

첫째, 창조정신을 꼽을 수 있다. 창조성이 풍부한 저장인들은 특유한 저장문화를 창조했다. 이러한 창조력은 상술에까지 이어지고 있다.

둘째, 개척정신을 들 수 있다. 연해에 위치한 저장은 인구의 유입과 유동이 빈번하고 각종 문화가 교류하면서 발전했다. 지역문화, 중원문화, 서구문화가 저장에 혼재한다. 저장상인들은 외부로부터 많은 것을 받아들여 이를 개척정신으로 승화했다.

셋째, 자유정신이 있다. 저장상인들은 보수적이지 않다. 언제나 새로운 것을 받아들이며, 독창적인 것으로 창조하여 이를 비즈니스와 연결한다. 보수적이고 침울한 것이 중원문화의 한 단면이라면, 활발하고 자유로움이 저장문화의 특징이다. 이 책에서 소개하는 '마윈'의 인터넷 비즈니스는 그 좋은 사례라 할 것이다.

넷째, 현실주의 정신이 있다. 적지 않은 중국 내 상인들이 그렇듯이 저장상인도 실리를 추구하고 실제적인 효과를 중시한다. 그들은 공허한 허풍이나 설교를 싫어한다.[84]

이러한 특징을 가진 저장상인과 거래할 때는 우선 칭찬에 주의해야 한다. 감언이설과 상대의 환심을 사려는 행동을 주시해야 하며 변화하는 상황에 대처할 능력도 필요하다. 저장상인들은 개인 플레이어이다. 동향의식이 가장 강한 산둥상인들처럼 함께 사업을 도모하지 않고 개인적인 활동을 중시한다. 이는 장사수완이 좋아서 가능할 것이다. 따라서 직장 동료나 동종업계 종사자 간에 견제가 심한 편이다.

저장상인들은 인간관계에서 유연한 책략을 사용한다. "사람을 보면 사람 말을 하고, 귀신을 보면 귀신 말을 한다见人说人话,见鬼说鬼话"는 속담은 저장상인에게 적합하다. 이는 상대방의 지위, 신분, 경력, 관점에 따라 수시로 책략을 바꾸어가며 다양한 모습을 보여준다는 의미다. 나갈 때와 물러설 때를 알며 아부를 해도 정곡을 찌르고 거절할 때도 상대방에게 미안해하지 않을 정도로 능숙하다.[85]

저장상인은 항저우상인, 닝보상인, 원저우상인과 같이 각 도시별로 유명한 상인이 거론될 정도로 상술에 뛰어난 장사꾼들이 많다. 그중에서도 항저우상인은 상술이 가장 처지는 편인데, 이는 저장성의 수도 시민으로서 현실에 안주하는 성격이 크기 때문이다. 이는 시장을 개척하고 과감하게 모험하는 것으로 유명한 닝보상인, 원저우상인과 비교되는 점이다.

항저우상인은 체면을 중시하며, 외지에 나가 장사하는 이가 드물다. 항저우상인이 표방하는 '10퍼센트 이익'이라는 마케팅 전략은 상거래 시 억척스럽게 큰 이익을 추구하기보다는 적당한 이익을 보는 선에서 거래를 마무리 지으려는 항저우상인의 특성을 잘 나타낸다. 즉 도매가격에 10퍼센트 이익만을 더해 소매판매를 하는 마케팅 정책을 구사했다. 심지어 가격표에 도매가와 소매가를 같이 표기하기도 했다. 그러나 이러한 안일한 상술은 오래 지속될 수 없었다.

외국시장 개척자 닝보상인

닝보상인은 고향을 등지고 외지에서 창업을 꿈꾸는 개척정신으로 무장한 저장상인이다. 19세기 말부터 1940년대 사이에 닝보상인들은 두 차례에 걸쳐 대규모로 일본, 유럽, 홍콩 및 마카오에 진출하여 사업을 벌인 바 있다. 이 시기 외국으로 이주한 닝보상인이 10만 명이라는 기록이 있다. 그리고 국민당 정부 시절에 홍콩, 마카오, 타이완으로 이주하였고, 이들 지역에는 약 7만 명의 닝보상인이 거주하고 있는 것으로 파악되고 있다.[86]

닝보상인의 또 다른 특징은 새로운 비즈니스 영역을 개척하고 신흥 업종을 과감하게 경영한다는 점이다. 즉 투자에서도 개척정신과 모험정신이 넘쳐난다. 일정한 자본이 생기면 땅을 사두거나 고리대금으로 자본을 증대시키고, 이윤을 새로운 산업에 투자하여 상업자본과 산업자본을 결합했다. 닝보상인은 푸젠상인만큼이나 위험감수 능력이 뛰어나다. 닝보상인들은 비즈니스 기회를 손에 넣으면 즉시 전략을 재조정하여 성공을 거두는 일이 많다.

닝보상인의 다른 특징 중 하나는 "고객은 왕이다"는 개념을 이미 가졌다는 점이다. 닝보 속담에는 "천하의 주인도 손님보다 못하다天下之主不如買主"라는 말이 있다. 이는 장사를 할 때 고객을 주인으로 여기고 존중해야 한다는 원칙을 담고 있는 것이다. 고객이 문에 들어서면 언제나 웃는 낯으로 맞이하고, 차를 권한다. 상품은 고객의 집까지 배달해준다. 닝보상인들에게는 고객을 만족시키는 서비스가 기업경영의 최종 목표인 셈이다.

중국의 유대인 원저우상인

저상浙商이라 불리는 저장상인은 계산이 빠르고 단결력과 추진력이 강하며 리스크 테이킹에 능한 것으로 평가된다. 저장성은 중국에서 사유기업이 가장 많은 곳이다. 이 중에 원저우라는 지역의 원저우상인은 '중국의 유대인'이라 불린다. 특히 이들은 단결하고 조직 만들기를 좋아하며 모험정신이 있다. 중국 혹은 외국 어디에서든 돈 벌 기회만 있다면 같이 돈을 모아 단체로 투자한다.

원저우상인은 남보다 앞서서 생각을 추진하는 추진력이 뛰어나다. 중국의 개혁개방 초기인 1980년대에 많은 사람이 과연 이러한 과감한 경제실험이 성공할지 의구심을 가졌다. 그러나 원저우상인들은 묵묵히 시장경제의 이점을 잘 활용해나갔다. 가정단위의 도급생산, 주식합작, 변동금리, 부업, 농민도시農民城 같은 실험은 원저우 사람들이 가장 먼저 시도한 것들이었다.

한꺼번에 큰 투자기회를 노리려는 후난상인과 달리 원저우상인들은 한 푼의 돈이라도 벌 수 있는 기회를 포착하면 온 힘을 다해서 전력투구한다. 원저우상인들이 단추, 액세서리, 지퍼와 같은 작은 소상품(일용잡화)에서부터 지금의 부를 일구어온 것이 이를 증명한다. 원저우상인들은 낯이 두껍다. 남의 시선보다는 자신이 정한 목표를 위해 묵묵히 전진해나간다.

물론 원저우상인에 대한 나쁜 평도 상존한다. 장사수단에 정통한 원저우상인들은 접대, 청탁, 선물, 사기, 밀수 등 불법(편법)적인 수단까지 동원한다. 원저우상인은 자금력이 있다. 이들은 국가의 지원 없이 제화, 의류, 전등, 전기, 가구 등 6대 전략산업을 중국 내 최고 수준까지 창출해냈다.

원저우상인과의 거래 시에는 탁상공론卓上空論을 일삼기보다는 실질적인 것을 추구하는 것이 옳다. 원저우상인의 대담하고 융통성 있는 행동에 유의하고 시장 변화를 꼼꼼히 체크하고 대비해야 한다.

최근 상하이의 아파트값이 오르자 원저우상인들은 단체로 돈을 모아 상하이 부동산을 투기하고, 이라크 전쟁터에서는 미군과 유엔군을 상대로 식당과 술집을 경영했다. 그리고 최근에는 중국 서부 내륙지방 몽골, 신강, 티베트 등 오지에서 에너지 등 천연자원을 개발하고 있다. 해발 3,600미터의 산소가 부족한 고원도시인 티베트 라싸에서 행상에 종사하는 상인 중 50퍼센트는 원저우상인이다. 프랑스에도 원저우거리가 있고, 파리 13구와 14구에 사는 중국인의 대부분이 원저우상인이다.

원저우상인이 중국의 유대인으로 불리는 것은 저장인 중에서도 독특한 성격을 지니고 있기 때문이다. 원저우인들은 전통 저장인들의 근면함, 똑똑함, 세밀함을 지님과 동시에 개방의식과 민첩한 판단, 합리적인 부지런함을 갖추고 있다. 역사적으로 원저우는 단지 하나의 항구에 불과했다. 1980년 이후 개혁개방시대로 진입하면서 원저우인들은 노동력 수출을 위주로 했고, 소규모 상품에 대한 도매업 위주로 상업을 시작했다. 중국에서 가장 먼저 외국 기업과의 합작사업을 시도하는 등 원저우인들은 외향형 발전전략을 택했다. 원저우인들은 상업에 중점을 두었으며 작은 것으로부터 큰 것을 취하는 방식을 택했다. 소규모 경제로 시작해서 점차 가공형 경제 및 외향형 경제로 발전한 것이다. 원저우인들은 점차 자신의 상표를 붙인 제품을 생산해서 판매하기 시작했고 그 결과 최근에는 국제사회에서 원저우 상품의 품질과 신용이 인정받게 되었다.

개혁개방 이후 원저우인들의 경영능력이 더욱 발휘되었는데 이 같은 특징은 향진기업의 부흥과 개체경제의 발전에서 잘 나타나고 있다. 원저우인의 사상은 개방적이고, 두뇌가 기민해서 사업수완이 좋으며, 한 곳에서 안주하는 생활에 만족하지 않는다. 과거 닝보상인이나 현재의 원저우상인들이 모두 새로운 영역을 개척하려는 굳센 의지와 과감성을 지녔는데, 그들은 저장인의 걸출한 대표이다. 근대 중국 대표 상인으로 상권을 주름잡던 산시상인과 안후이상인은 이미 몰락하여 그 화려했던 흔적을 찾기 어렵다. 그러나 저장상인은 아직도 건재하며 원저우상인이 그 중심에 있다.

원저우 모델

원저우시는 저장성 동남 연해에 위치한 도시다. 근교에 뤼안시瑞安市와

융자시永嘉市 2개의 직할시와 둥터우洞頭 등 7개의 현을 가지고 있다. 전체 인구는 685만 명이고 시 도심의 인구는 40만 명이다. 1984년에 이미 대외에 개방된 이 도시는 1986년부터 원저우식 모델이라는 도시경영을 시행했다. 중국 정부는 사회주의식 시장경제 혹은 중국식 시장경제가 성공을 거둔 곳이 원저우라고 보고 있다.

원저우시의 경제 모델은 초기에는 작은 상품으로 큰 시장을 개척하였다. 1985년 원저우시에는 연간 수입 5,000위안 이상의 농가가 이미 40만 가구에 달했는데 이는 총 농가의 1/3에 해당하는 숫자였다. 원저우식 모델은 상업을 먼저 시작하고 그 후 공업을 발전시켰다. 결국은 대량의 가내공업과 개체경제가 형성되었다. 원저우는 국가의 지원을 전혀 받지 않고 자신의 힘으로 지금의 부를 이룩한 곳이다. 물론 규모가 작고 고급기술이 아니며 품질이 완벽하지 못한 결점도 있다. 하지만 이것은 초기에 나타난 현상일 뿐이었다.

먼저 원저우의 농촌지역은 1980년대 초 '가정연합 생산위탁 경영제聯産承包'를 도입한 후 남는 노동력을 2차 산업과 3차 산업에 투입하였다. 원저우 농촌의 특징은 경지면적이 작고 인구는 많은 데 있었다. 1인당 평균 경작지는 0.5헥타르도 못 되었다. 특히 청강淸江, 비운강飛雲江을 비롯한 5개의 강으로 나뉘어 있었던 원저우는 당시 다리가 하나도 없는 낙후된 농촌지역이었다.

자본이 없는 잉여 농촌인구가 할 수 있는 가장 기본적인 것은 가내수공업이었다. 1984년 원저우의 가내수공업 공장은 13만 개에 달했다. 여기에서 나는 수익은 시 전체 수익을 앞질렀다. 개체호 혹은 개체 경제로 불리는 영세자영업(77.8만 개 개체상점) 역시 원저우에서 발전했다.

이렇게 많은 상점과 개체호들은 당연히 경쟁을 유발할 수밖에 없었다. 원저우 농민들은 곧 규모화, 고품질, 신제품, 신설비만이 경쟁을 이기는 방법임을 깨달았다. 하지만 개혁개방 초기 은행에서 이들에게 돈을 대출해주기는 불가능하였고, 사영 금융기관의 고리대금 역시 농민들에게는 큰 부담이었다. 결국 이들은 4~10가구가 자금을 모아 일종의 주식합작사 형태를 설립하는 방법을 강구하였다. 위험의 공동 분담이었다.

이러한 원저우식 모델에는 몇 가지 특징이 있다. 첫째는, 모두가 자원해서 설립한 주식회사들이라는 데 있다. 국가의 지시나 성정부의 지도는 전혀 없었다. 둘째는, 주주들이 직접 생산과 경영 그리고 판매에 참여하는 회사라는 점이다. 이른바 100퍼센트 종업원지주제인 셈이다. 셋째는, 이들 기업이 자발적으로 이익 일부분을 투자하여 공공 인프라 건설을 위해 공공기금 설립을 지원한 점이다.

이러한 특수한 형태의 기업을 원저우인들 자신도 '주식합작기업股分合作企業'이라고 부른다. 원저우 시정부는 1987년 11월에 '농촌 주식합작기업에 관한 규정'을 제정하여 이들 기업에 자주권을 주는 등 법률적 기반을 마련하였다. 1993년 말 통계에 의하면 원저우시의 이러한 주식합작기업이 3만 6,887곳에 달했다.[87] 대부분의 이런 주식합작기업들은 혈연관계로 이루어진 경우가 많다. 따라서 이들 친지 간 경영의 단점은 장기적인 경영이 불가능하다는 데 있다. 눈앞에 보이는 단기적인 이익을 우선시하는 경향도 적지 않다.

원저우인들은 예로부터 소상인 기질이 있는 유명한 민족이었다. 총인구 685만 명 중 15퍼센트에 해당하는 100만 명이 이미 원저우 밖 여러 지역에서 비즈니스를 하고 있다. 베이징에만 10만 명의 원저우인이 있고, 파리에는 원저우거리가 있을 정도로 그들의 상인 기질을 발휘하고 있다. 중국 각지에 흩어져 있는 100만 명이 매년 고향에 보내는 약 40억 위안이라는 자금은 원저우를 발전시키기에 충분한 자금이다. 현재 원저우시에서 건설되고 있는 항만 부두, 비행장, 고속도로 등의 기초설비는 모두 현지에서 조성된 자금이 바탕이 되고 있다.

원저우 경제환경과 발전전략

저장성의 연해도시인 원저우시는 2011년 말 상주인구가 914만 명으로 도시화율은 66.3퍼센트 수준이다. 이는 저장성 도시화율 62.3퍼센트보다는 4퍼센트포인트 높은 수준이나 성 수도인 항저우시(73.9퍼센트), 경제규모 2대 도시인 닝보시(69퍼센트)보다는 낮다. 지역내총생산GRDP을 보면 항저우(7,019억 위안), 닝보(6,059억 위안) 다음을 차지한다. 상주인구 규모로는 원저우가 항저우(873만 명)와 닝보(762만 명)보다 앞선다.

원저우시는 개혁개방이 시작된 1978년만 해도 GRDP가 13.22억 위안에 불과하고, 1인당 국민소득은 전국 평균 수준에도 못 미치는 낙후된 지역이었다. 그러나 2011년 원저우시의 GDP는 3350.87억 위안으로 연평균 18.3퍼센트 성장세를 기록했다. 1인당 GDP도 4만 2,278위안(약 6,546달러)으로 중국 평균치인 3만 5,181위안(약 5,447달러)보다 20퍼센트 높다. 특히 2011년에 발표된 중국 도시경쟁력 평가에서 원저우시는 허페이(안후이성, 57위), 타이위안(산시성, 76위) 같은 성의 수도를 제치고 45위를 차지했다.

이러한 원저우시가 중국의 개혁개방 추진과정에서 '원저우 모델'이라는 성공발전 모델로 제시된 것은 원저우 특유의 경제 및 인문지리 환경과 관련이 깊다. '원저우 모델'은 가족경영 위주의 개체호 혹은 사영기업형 향진기업을 통한 발전 모델로 요약할 수 있다. '원저우 모델'은 1985년 5월 12일, 〈해방일보解放日報〉에 "원저우에서 33만 명이 가정공업에 종사"라는 제호의 장편기사가 실리면서 처음으로 집체기업과 외자기업 위주의 발전 모델을 채택했던 장쑤 남부 모델蘇南, 향진기업 위주의 주강珠江 모델과 다른 지역발전 모델로 주목을 받기 시작했다.[88]

이와 같은 '원저우 모델' 성공요인은 다음 세 가지로 요약된다. 첫째, 원저우상인 네트워크에 기인한 수요창출이다. 1980년 말부터 인구 10퍼센트 이상이 외지로 나가 현지에서 비즈니스 활동을 영위하였던 원저우상인들은 고향에 있는 가내공장에 주문이 연결되도록 하여, 당시로서는 획기적인 유통망을 구성할 수 있었다. 현재 원저우는 국내외 원저우상회를 중심으로 내부 네트워크를 형성하고 있다. 현재 중국 내 75개 지역에 상회가 결성되어 있고 일본에도 진출해 있다. 원저우 출신으로 외지에 진출한 기업인 수는 200만 명으로 추산되는데 이 중 50만 명은 외국 80여 개 국가와 지역에 진출했다. 이러한 내부 네트워크는 원저우의 사업가정신 및 풍부한 현금동원력과 함께 경제성장의 동력으로 작용하고 있다.[89]

둘째, 농촌별로 특화된 산업 클러스터를 형성하였다. 2011년 말 현재 원저우시에는 38개 국가급 생산기지(공단)가 있으며, 20개의 성급 전문제품 생산기지가 조성되어 있다. 원저우는 세계적인 경공업제품 공급기지로 신발, 의류, 플라스틱 제품, 인쇄, 펌프밸브, 안경, 라이터,

원저우 소재 국가급 공업단지 현황

품목	지역	품목	지역
스테인리스 무봉강, 금속위생설비, 합성가죽, 밸브	룽완구(4곳)	안경, 면도기, 라이터, 열쇠	루청구(4곳)
자동차 · 오토바이 부품, 간편화, 인쇄포장 및 의약기계, 가방, 공예품(선물), 구두, 방직용품, 단조, 플라스틱박막	뤼안시(9곳)	전기기기, 지능전기, 드릴비트, 전자부품, 정밀금형, 개폐기, 방폭전기기기, 캐주얼의류	웨칭시(8곳)
지퍼, 단추, 문구, 펌프밸브	융자현, 어우하이구(4곳)	필기구	루청구, 룽완구
비즈니스 의전용품	창난현, 핑양현	인쇄, 선물용품	창난현(2곳)
의류, 신발, 식약품기계, 계측기기	원저우(4곳)	플라스틱 편물, 가죽	핑양현(2곳)

자료: 원저우시 인민정부 www.wenzhou.gov.cn (2013. 1. 24.)

면도기, 단추, 지퍼 등으로 유명하다.[90] 이러한 산업 클러스터링을 통해 각 지역의 생산기지는 압도적인 시장점유율을 바탕으로 가격 경쟁력과 효율적인 생산 메커니즘을 형성하고 있다.

셋째, 금융제도의 혁신이다. 민영기업의 발달과 함께 1980년 말부터 사금융조직이 생성되어, 비록 고금리라 하더라도 다른 지역 민영기업이 얻을 수 없었던 자금을 제공받을 수 있었다. 소비자금이 생산자금화되었고, 단기자금 조달시장이 조성되었다. 사금융시장에서의 금리변동은 시장 메커니즘에 의해 이루어졌으며, 자원의 효율적인 배분에도 기여하기 시작했다.

원저우상인 궈광창

〈포브스〉 중국어판이 발표한 '2007년 중국 부호 400명'을 보면 이들은 크게 세 부류로 나뉜다. 첫째는 중졸이나 심지어 초등학교도 못 마친 자수성가형, 둘째는 외국 유학파이거나 대학 졸업 후 창업전선에 뛰어든 인텔리형, 셋째는 고관대작인 부모나 본인이 일했던 국유기업의 후광을 업고 부자가 된 태자형이다.

그중에서 궈광창_{郭廣昌}(1967년생)은 중국 명문대학인 상하이 푸단대학 철학과를 졸업한 대표적인 인텔리형 부호이다. 그는 중국 대학생들이 가장 닮고 싶어 하는 창업형 CEO이기도 하다. 그는 대학 졸업 후 1992년에 자본금 10만 위안으로 과학기술자문회사 광신_{廣信}을 창업했고, 15년이 지난 2008년에는 자산 362억 3,000만 위안으로 중국 3위 부호의 반열에 올랐다.

궈광창의 고향은 저장성 둥양현으로 모든 가족이 농촌 호적(후커우)을 가진 농민 신분이었다. 궈광창의 아버지는 1980년대 개혁개방정책으로 저장성 일대가 공사현장으로 변하자 더 많은 소득을 얻기 위해 공사현장에 농민공으로 뛰어들었다. 그러나 오래지 않아 폭약작업을 하던 중 손에 심한 부상을 당하고 고향으로 돌아오게 되었고, 월급 15위안을 받는 공장 경비원으로 취직해 가정을 부양해야 했다. 이때 궈광창은 14세였으며, 누나 두 명과 힘겨운 생활을 이어나가면서도 대학 입학을 꿈꾸었다. '농민'이라는 신분에서 벗어날 유일한 기회가 중점대학 입학이었기 때문이다. 그의 부모는 고향에서 편하게 교직생활을 할 수 있는 사범전문학교에 진학하기를 원했으나, 궈광창은 고집을 꺾지 않고 대학 진학이 가능한 일반고교에 진학했고, 1985년에 중국 최고 명문대 중 하나인 상하이 푸단대학 철학과에 입학하게 된다. 1989년에 학교를 졸업한 궈광창은 대학강사로 있으면서, 그 시기

많은 명문대생이 그랬던 것처럼 유학을 준비했다. 유학을 위해 토플과 GRE 자격을 취득했고 친척들로부터 유학자금까지 빌려놓았다. 그러나 1992년 궈광창의 인생 방향을 바꾼 일대 사건이 일어났다.

1992년은 덩샤오핑이 화난華南지역을 순방(남순강화)하며 개혁개방 의지를 천명한 때였다. 당시는 1989년 6월에 일어났던 베이징 천안문 사태로 개혁개방정책이 주춤했던 때였는데, 덩샤오핑의 남순강화 천명은 당시 많은 젊은이에게 새로운 희망을 심어주었다. 25세였던 궈광창 역시 그중 하나였다. 궈광창은 고민 끝에 유학자금을 이용하여 푸단대학 출신 친구 네 명과 함께 자본금 10만 위안으로 정보자문회사인 광신과기자문공사를 창립했다.

명문대의 후광과 남순강화 이후 중국의 새로운 성장엔진으로 등장한 상하이라는 입지에 힘입어 회사는 설립 10개월 만에 100만 위안의 이익을 냈다. 첫 종잣돈을 만든 궈광창은 과감하게 고위험 고수익 업종을 찾았고, 바이오·의학 분야로 전업을 결정한다. 1993년에 회사 이름을 지금의 푸싱復星으로 바꾸고, 이후 유전공학을 전공한 왕췬빈, 탄지엔, 판웨이 등 또 다른 푸단대학 졸업생을 영입했다. 푸싱공사의 첫 번째 제품은 B형 간염 진단을 위한 핵산 증폭 검사PCR 진단시약이었는데 이 제품으로 사세를 크게 키울 수 있었다. 푸싱의 자본금은 1995년에 이르러 1억 위안으로 늘었다.

푸싱공사는 한 달에 한 제품꼴로 간염, 성병, 유전병 관련 제품을 출시하면서 성장세를 이어갔다. 전국적으로 자체 판매 네트워크를 구축하여 중국 전체 시장을 100퍼센트 활용하는 수완도 갖추게 되었다. 1998년 푸싱공사는 주식회사 형태인 푸싱실업復星實業(이후 푸싱의약으로 재편)으로 전환한 후 그해 7월 상하이증권거래소에 상장했다. 당시에는 주식시장이 크게 발달하지 않아 공모자금이 3억 5,000만 위안에 불과했다. 그러나 귀광창은 상장을 계기로 주식시장에 주목했고, 이후에 주식시장을 활용해 사업을 확장했다.

2001년 8월, 귀광창은 전국적인 판매 네트워크를 보유한 예원상성의 지분 13.25퍼센트를 매입하여 1대 주주로 등장하게 된다. 그러나 귀광창이 실제로 노린 것은 예원상성의 자회사(보유지분 53.33퍼센트)였던 상하이동함춘제약을 간접 소유하는 것이었다. 이 인수로 당시 자산 6억 위안에 불과하던 청년기업 푸싱실업은 1966년에 설립된 중약 전문 제조사인 상하이동함춘제약의 브랜드와 기술을 일거에 흡수할 수 있었다. 상하이동함춘은 육미지황환, 동충하초 관련 중의약 분야 특허와 기술을 보유한 국유 제약회사였다. 이후 우의그룹에 대한 지분투자를 통해 중국 대형유통업체인 상하이연화슈퍼마켓 지분 51퍼센트도 확보하는 등 귀광창의 활약은 계속됐다.

푸싱그룹이 사업을 확장하는 방식은 '살 수 있는 것은 빌리지 않고, 빌릴 수 있는 것은 만들지 않는다'이다. 현재 푸싱은 산하에 20여 개 제약회사를 보유하고 있는데, 이 중 처음부터 투자해서 설립한 곳은 한 곳에 불과하다.

M&A를 통해 사세를 확장한 귀광창은 분명한 M&A 원칙을 세워두고 있다. 첫째 피인수업체는 해당 업종에서 수위에 들 정도의 경쟁력을 갖추었을 것, 둘째 피인수업체의 중간관리층이 푸싱의 도전적인 경영 스타일을 수용할 수 있는 적응력이 있을 것이다. 실제로 푸싱은 중간관리층의 적응력 부족으로 M&A 후 경영 실패를 경험한 적이 있었

푸싱그룹 총재 궈광창

자료: 푸싱그룹 홈페이지 www.fosun.com (2009. 10.)

다. 푸싱은 제약업의 매출신장률을 능가하는 외형확대를 위해 한 제약
회사의 지분 60퍼센트를 인수한 적이 있었다. 그 회사는 자본금 600만
위안, 세후이익 300만 위안으로 5년 연속 흑자를 내던 기업이었다.
5년 동안 교수, 제약사, 전문경영인, 다국적기업 영업임원 출신의 사장
으로 교체해가며 매출신장을 꾀했으나, 결국 중간관리층의 적응 부족
으로 목표를 달성하지 못했다. 결국 푸싱은 미련 없이 이 회사를 한 건
강식품회사에 양도해버렸다.

푸싱그룹의 또 다른 경영 특성 중 하나가 동업관계를 잘 유지해오고
있다는 것이다. 친구나 친척과 동업한 기업 중 상당수는 회사가 일정
궤도에 오른 후 동업자들이 초창기 창업정신을 잊고 분쟁을 겪게 된

다. 그러나 푸싱의 창업멤버는 푸싱그룹의 최고경영진으로 활약하고 있다. 1993년 푸싱과기공사를 설립할 당시 정했던 궈광창(58퍼센트), 양신쥔(22퍼센트), 왕췬빈(10퍼센트), 판웨이(10퍼센트) 등의 동업자 지분율은 15년이 지나서도 계속 유지되었다.

이처럼 안정적인 경영을 유지할 수 있었던 비결에 대한 궈광창의 답변은 의외로 간단하다. 동업자의 결점이 아니라 장점을 찾고, 또한 본인의 단점을 동업자의 장점으로 보완하려 노력한다는 것이다. 이러한 경영방침으로 궈광창은 동업자들의 신임을 얻고 비약적인 발전을 이룰 수 있었다.

궈광창의 인사 스타일은 '인재를 모으고 사업은 집중화하며, 능력을 배양할 수 있는 업무를 주어 업적을 통해 인재를 평가한다'로 요약된다. 이러한 원칙에 따른 철저한 분권화를 실시해 동업자의 능력을 최상으로 끌어올리고 있다. 정부부처에서 내린 낙하산 인사들이 경영을 맡는 국유기업이나 업무와 무관한 친인척이 요직을 맡는 민간기업과는 달리 철저히 전문성에 따라 분권화하는 것은 푸싱이 가진 여러 장점중의 하나이다.

이러한 투자 스타일은 '항상 남보다 반 보 먼저'라는 사풍으로 자리잡았다. 의료·제약부문에 주력하던 푸싱은 외형성장에 한계를 느껴왔고, 그 대안으로 철강업을 주목하게 된다. 푸싱의 남경강철 M&A는 지금도 중국 내에서 대표적인 민영화 성공사례로 꼽힌다. 푸싱은 국유기업의 M&A 성공을 위해 인수자는 재산권 소유자인 정부, 이해관계자인 종업원, 절차 인허가권자인 관계기관 3자를 모두 만족시켜야 한다는 원칙을 확인시켜 주었다.

푸싱그룹은 2005년에 IBM 노트북 사업부문을 인수했던 리엔샹, 최대 민영철강사인 사강, 가전 유통업체인 쑤닝전기에 이어 중국 민영기업 매출액 4위를 기록한 바 있다. 다른 3사가 사업다각화를 이루지 못한 반면, 푸싱은 상호 보완적인 사업다각화를 이루었다는 점에서 차별성이 있다. 국책 연구기관인 국가발전연구센터DRC는 푸싱에 대한 사례 분석을 통해 푸싱이 지속적인 발전을 위해 최적의 사업다각화를 수행했다고 평가한 바 있다. 즉 푸싱은 경기 사이클이 비교적 길고 수익이 안정적인 철강업과 그와 반대로 경기 사이클이 짧고 사업손실 위험이 높은 부동산업, 중간 성격인 의약업과 유통업을 보유하고 있어 균형을 맞추고 있다는 것이다. 푸싱그룹은 최근(2013. 5)에 세계 최대 리조트업체인 프랑스 클럽메드Club Med를 악사보험과 공동으로 인수했다. 2012년에만 8,300만 명이 외국 여행을 다녀온 중국인을 겨냥한 것이다.

2008년 11월, 궈 회장은 '상하이대학생창업포럼'에 성공한 창업자로 초청되어 수많은 대학생에게 그의 경험을 들려주었다. 그는 제2의 궈 회장을 꿈꾸는 수천 명의 대학생에게 날 선 충고도 아끼지 않았다. 궈 회장은 창업정신의 제1원칙은 처음부터 너무 큰 것을 원하지 않고 아주 작은 것도 귀하게 여기는 정신이라고 밝히면서 자신의 경험담을 소개했다. 그가 푸단대학을 다니면서 처음으로 한 돈벌이는 유행가 인기 순위를 매기는 일이었는데 돈을 절약하기 위해 왕복 2시간을 자전거로 출퇴근했다고 한다.[91]

궈광창은 중국에서 보기 드물게 철학과 출신의 CEO이다. 인텔리형 CEO인 궈 회장의 경영능력을 높이 평가하는 푸싱의 주주들은 그가 또 어떤 새로운 업종에서 활약을 계속할지 기대하고 있다.

저장상인 알리바바닷컴의 마윈

마윈馬云(영어 이름 'Jack Ma') 알리바바 회장은 1964년 10월 저장성 항저우시에서 태어났다. 1988년 항저우사범대학 영어과를 졸업한 마윈은 그 후 20년이 지난 지금 중국 최대 인터넷기업의 총재가 되었다.

지금 '중국의 빌 게이츠'로 통하는 마윈 회장도 2000년 이전에는 거의 주목받지 못했다. 그는 대학에 다닐 때까지만 해도 컴맹이나 마찬가지였다. 항저우사범대학에서 영어를 전공해 어학강사·관광가이드를 했고 통·번역 회사를 운영하기도 했다.

그러던 마윈 회장이 인터넷과 인연을 맺은 것은 극적이다. 저장성 정부와 미국 업체 간 계약분쟁 통역으로 나섰다가 미국인 계약 상대에게 이틀 동안 감금되는 황당한 사건을 겪은 것이다. 중국에서 인터넷사업을 할 수 있게 도와준다는 서약을 한 후 겨우 풀려난 그는 인터넷을 처음 접하고는 가능성을 엿보게 된다. 곧바로 인터넷업계에 발을 들여놓은 것은 물론이다.

마윈 회장의 인터넷사업은 1995년 항저우에서 2,000달러를 들여 '차이나페이지닷컴中國黃页'이란 회사를 만든 것이 출발이다. 이 회사를 통해 인터넷 홈페이지 구축사업을 시작한 그는 한때 제작해준 홈페이지가 인터넷 기반시설 미비로 열리지 않아 사기꾼으로 몰리기도 했다. 하지만 1997년 베이징에서 대외경제무역부 공식 사이트 개설과 정부·무역업체 간 인터넷 네트워크 구축을 맡으면서 사업 도약의 계기를 맞았다.

1999년 마윈 회장이 10여 명의 젊은이와 뭉쳐 항저우시에 내려온 뒤 사정은 180도 바뀌었다. 창업자금 50만 위안으로 알리바바닷컴을 세운 그는 '원가를 줄인 기업 간 거래 중개'란 간단한 아이디어로 새로운 시장을 열었다. 당시 기업 간B2B 전자상거래는 거의 미미했다. 기업·소비자 간B2C 시장에서는 아마존, 소비자 간C2C 시장에서는 이베이가 강자로 군림했던 시절이다. 마윈 회장은 경쟁자가 가지 않은 길을 택해 지금까지도 독주하는 기반을 세웠다. 이제 그는 월스트리트에서 빌 게이츠보다도 더 주목받는 세계적 기업인으로 우뚝 섰다.

중국 저장성 항저우컨벤션센터에서 세계 전자상거래업계 최강자 알리바바그룹 창립 10주년 기념행사가 막이 올랐다. 마윈 알리바바 회장은 내빈 소개 후에 빌 클린턴 전 미국 대통령을 행사장에 설치된 대형 화면으로 불러 "내 친구 클린턴"이라며 참석자들에게 소개했다. 마윈 알리바바 회장이 내 친구라고 부르는 인물은 클린턴 외에도 하워드 슐츠 스타벅스 회장, 미국 프로농구 슈퍼스타 코비 브라이언트 등 즐비하다. 마윈 회장은 2009년 5월엔 미국 시사주간지 〈타임〉이 선정한 '세계에서 가장 영향력 있는 100인'에 버락 오바마 대통령 등과 함께 오르기도 했다.[92]

창립 10주년 기념행사가 치러지기 하루 전날 알리바바닷컴에는 파란이 일었다. 회사 창업멤버 18명이 일괄 사표를 낸 것이다. 이날은 알리바바닷컴이 만들어진 지 딱 10년이 되는 날이었다. 10년 만에 전 세계 인터넷상거래시장을 제패한 알리바바를 한 단계 더 점프시키겠다는 의지가 담긴 사직서였다. 앞으로 10년 더 발전하고 전진하기 위해서는 설립자가 아닌 파트너 문화가 정착돼야 한다는 게 마윈 회장의 생각이었다. 초창기 동고동락했던 창업동지들마저 2선으로 물리고 완전히 변신하겠다는 각오였다.

알리바바닷컴은 세계 240개국에서 4,200만 개 업체가 이용하는 세계 최대 기업 간B2B 전자상거래업체가 된 지 오래다. 2009년 상반기에만도 400만 개 업체를 신규 회원사로 유치했을 정도로 고속성장을 거듭하는 중이다. 알리바바는 2003년 타오바오닷컴淘寶網을 만들어 소비자 간C2C 인터넷거래시장에서도 최강자로 부상했다. 중국시장에서 C2C 전자상거래를 장악하고 있던 이베이는 타오바오의 등장으로 점유율이 급강했다. 타오바오닷컴의 시장점유율이 3년 만에 80퍼센트 선을 오가고 있어서다.

타오바오닷컴이 출범했을 때에는 '이베이이취ebay易趣'가 이미 중국 온라인시장의 90퍼센트를 장악하고 있는 상황이었다. 그래서 업계에서는 마윈의 성공을 '골리앗을 이긴 다윗'에 비유한다. 그 성공의 배경에는 남들이 가지 않는 길을 개척하는 마윈의 혁신경영이 있었다.

마윈은 "90퍼센트의 사람들이 찬성하는 방안이라면 나는 그것을 쓰레기통에 버린다. 많은 사람이 좋다고 하는 계획은 분명 많은 사람이 시도했을 것이고 그 기회는 우리 것이 아니기 때문"이라고 자신의 경영철학을 밝힌 바 있다. 이베이라는 강력한 선두주자가 군림하고 있던 C2C시장의 장악은 타오바오의 도전정신과 알리바바의 유전자가 어우러진 결과였다.

이베이와 달리 수수료를 없애고 판매자들이 무료광고를 할 수 있도록 했다. 이베이는 무료는 비즈니스 모델이 아니라며 타오바오의 전략을 비웃었지만 타오바오는 무서운 속도로 시장을 점유해나가기 시작했다. 결국 2006년 이베이는 결국 거대한 손실을 안고 중국시장에서 물러나야만 했다. 또 다른 타오바오의 성공요인은 최대한 중국 C2C 고객

알리바바닷컴 창립자 마윈

자료: 알리바바닷컴 홈페이지 www.alibaba.com (2009. 10.)

들의 거래 습관과 스타일에 맞춰 서비스를 제공한 데 있다. 마윈 회장이 점유한 타오바오 지분은 5퍼센트가 채 안 되며 65퍼센트는 직원들이 보유하고 있다.

알리바바는 2008년 하반기부터 확산된 글로벌 금융위기 와중에서도 마윈 회장 주도 아래 고속질주를 계속하고 있다. 2009년 초에 1억 명을 넘어선 타오바오닷컴 이용자 수는 6개월 새 1억 4,500만 명으로 늘었다. 거래액도 이미 2009년 상반기 중 오프라인 유통업체를 제치고 선두로 나섰다.

알리바바가 10년 만에 세계 최대 전자상거래업체로 부상한 비결은 뭘까. 마윈 알리바바 회장은 '운'이라고 말한다. 하지만 거기에는 시대의 흐름을 파악한 선견지명, 인재유치, 넓은 시장이자 공장인 중국을 적절히 활용한 전략 등이 자리 잡고 있다. 주요 국가에서 강한 시장영향력을 가진 현지 파트너와 전략적 협력관계를 구축한 것도 주효했다. 알리바바는 야후와 대주주 지분관계이고 각국 무역조직과 다양한 협력관계를 맺고 있다.

2013년 5월, 마윈은 또 다른 중대한 결정을 내리게 된다. 알리바바의 창업자로 회장 겸 CEO인 마윈이 CEO직을 내놓은 것이다. 마 회장은 5월 10일, 항저우에서 열린 사내행사에서 알리바바 CEO직에서 공식적으로 물러났다. 마 회장은 회사의 전략적 결정에 계속 관여하겠지만, 무엇보다 교육과 환경보호에 전념할 계획이라고 밝혔다. '창업자가 회사를 떠나지 못하면 그 회사는 건강하지 않게 된다'면서 자신은 젊은 사람들이 뛰어나다는 것을 알았기 때문에 애초부터 45세가 되면 회사를 떠나려 했다고 말했다.

2013년 그의 나이는 48세였다. 마 회장은 1960년대 출생자의 절대다수가 올해 알리바바의 핵심업무에서 손을 놓을 것이며, 앞으로 1970년대와 1980년대 출생자들이 주요 자리를 맡게 될 것이라고 밝혔다. 차기 CEO로 지명된 루자오시陸兆禧 수석부사장은 2000년부터 알리바바에서 근무하면서 알리바바 판매팀에 근무했고 온라인 결제시스템인 '알리페이' 등을 만들었다.[93]

아이디어를 자유분방하게 내놓는 기업문화도 장점이다. 알리바바닷컴 본사 5개 건물 중심부엔 야외 카페, 체육시설 등을 설치해 직원들이 자유롭게 이야기를 나누는 것은 물론 수첩에 아이디어를 적으며 사색을 할 수 있게 했다. 언제든 직원들의 신선한 생각을 사업 아이디어로 끌어들이는 게 알리바바의 생존·발전 전략이다. 총명함의 대명사 저장상인 마윈이 이끄는 알리바바는 '마윈 웨이'를 걸어가고 있다.

3. 상하이상인

::

상하이上海는 당대에 청룡진靑龍鎭이 설치되면서부터 무역항으로 발전했다. 1267년 남송시대에는 상하이진上海鎭이 설치되면서 행정구역상 '상해上海'라는 지명이 처음으로 등장했다. 1842년 아편전쟁 결과로 체결된 난징조약으로 영국·미국·프랑스의 조계가 설치됨으로써 상하이는 외국 자본의 중국 진출 교두보 역할을 시작하게 되었다. 1927년 현에서 특별시로 승격했고 1930년 직할시로 승격되었다. 상하이는 1921년 중국 공산당이 탄생한 지역이며 문화대혁명의 진원지이자 사인방四人幇의 근거지다. 중국 개혁개방의 선도지로서 다수의 국가지도자를 배출하는 등 그 정치적 위상을 공고히 해오고 있다.

상하이는 중국 동남부의 창장삼각주에 위치를 두고 있다. 동으로는 동해東海, 남으로는 항저우만, 서로는 장쑤성·저장성과 접하고 있으며, 북으로는 창장과 맞닿아 있다. 남북 거리는 120킬로미터, 동서 거리는

100킬로미터이다.

상하이上海라는 이름은 송나라 때 '상하이푸上海浦'라는 부두명으로부터 비롯됐다는 설도 있다. 약칭은 후沪이며 이는 어부들이 물고기를 포획하는 도구의 이름이다. 또 선申으로 약칭하기도 하는데, 이는 춘추전국시대 초나라 현사였던 춘신군 황헐春申君 黃歇(기원전 314~기원전 238) 봉읍의 일부였기 때문이다.

상하이는 중국에서 가장 현대화된 도시 중 하나이다. 창장이 바다와 만나는 곳에 위치하여 선박의 통행이 원활하고 삼각주 평야가 있어 많은 원자재와 풍부한 노동력을 제공하여 서구문화를 받아들이는 창구 역할을 했다. 19세기 말 서구열강의 군사력을 동원한 침략으로 외국에 조계지를 허용하는 등 근 100년 동안 상하이가 성장·발전한 방식은 중국 현대사의 축소판이었다.

19세기 말 상하이에는 중국 정부가 직접 통치하는 법령 조계지와 외국이 통치하는 외국령 조계지가 있었다. 당시 조계지는 방회帮會라는 조직의 우두머리가 총독이 되었고 조계지의 경찰서도 방회가 장악했다. 그들은 유랑민들을 동원하여 각 지역에서 세력을 형성하고 암흑세력과 결탁하여 담배 밀매, 도박, 매춘, 인신매매 등을 일삼았다. 그 같은 혼란한 사회환경은 상하이인들로 하여금 '자신에게 관계된 일이 아니면 관심조차도 두지 않고, 알고 있는 일이라도 말을 많이 하지 않는다'라는 처세와 사고를 형성했다. 다른 중국인들이 상하이인들을 평할 때 교활함, 실리주의, 사리사욕이 강함 등을 거론하는 것도 이와 같은 이유에서일 것이다.[94]

정치·사회적인 혼란 속에서 상하이인들은 자신의 몸이 재앙에서 벗어나도록 애썼고 정치에 대해서는 냉담함과 무관심으로 일관하여 순한 백성과 신하의 태도를 보였다. 5·4운동 때도 그러했고, 문화대혁명 시기에도 마찬가지였다. 상하이는 중국에서 첫째가는 경제도시다. 상하이가 경제적 선진도시라는 것을 부정하는 사람은 아무도 없다. 그러나 중국은 역사 이래로 정치 중심적인 통치국가로 정치가 경제를 결정해왔고 경제가 정치를 결정하지 않는 전통을 지니고 있다. 그래서 상하이를 정치의 도시라고 간주하지 않는다.

상하이의 경제적 번영도 조계지를 중심으로 중국 근대도시의 건설이 추진되면서 이루어졌다. 고딕양식·러시아식·일본식 건축 등 건물들이 조계지 안에 세워졌고 서구인들은 각양각색의 웅장하고 특이한 건축물을 직접 설계하였다. 구미에서 유행한 르네상스와 낭만주의, 절충주의 등 건축유파의 기풍도 상하이를 통해 중국에 전파되었다.

대다수 상하이인은 눈앞의 이익을 지나치게 따지는 경향이 강하다. "미간을 찌푸리면 묘안이 생긴다" 등의 표현은 상하이인들이 작은 지혜를 만들어내는 행위를 묘사하고 있지만 그들의 '묘안'이나 '묘책'은 대단한 식견에서 나온 것이 아니다. 그래서 상하이인들의 지혜는 아주 사소한 일에 편중된다. 그 대신 큰일을 도모하는 기세나 비분강개 등은 부족하다.

상하이는 개방도시로 템포가 빠르고 생산방식도 빠르며 정보자원이 풍부하고 지리적 위치도 뛰어나다. 근 100년 역사의 상하이 의류상점인 페라몽PeRamong(1928, 상하이 최초 양복점)이나 홍샹HongShang(1917, 상하이 최초 서양식 여성복점) 등은 고객의 주문으로 직접 제작하는 고급의류상점으로 재료 선택에서부터 철저하고 정교한 솜씨로 제작하는 데 정평이 나 있다. 1946년 영국 황실의 엘리자베스 2세도 이들 상점에 이브 닝드레스를 주문했다. 그 외에도 상하이는 간결성, 실용성, 정교성, 적정한 가격 등의 특징을 가지고 있다. 중국 각 지역에서 일하는 상하이인들은 '정교한 솜씨'와 '일의 정확성' '성실성' 등으로 평가를 받고 있다.

계산이 빠른 상하이상인

상하이상인은 국제적인 감각이 뛰어나며, 두뇌회전이 빠르고 외관과 디자인을 중시하는 특징을 보이고 있다. 서양 자본이 최초로 탄생한 곳이 상하이라는 말이 있듯이, 상하이는 중국에서 가장 먼저 서구의 영향을 받은 도시다. 상하이 도시인의 특성은 여성들의 치장에서 구체적으로 드러난다. 즉, 상하이 사람의 '국제성'은 여성들의 외모에서 잘 나타나고 있다. 상하이 여성의 외국 브랜드 소비율은 전국 1위로서, 타도시에서는 물어보는 사람도 없는 수백 위안짜리 립스틱 구매가 상하이 화이트칼라 여성들에게는 이미 보편적이다.

상하이식 문화의 오랜 영향으로 상하이 사람들은 섬세하고도 우수하며 노련한 특징을 형성하게 되었다. 특히 여성들은 견식이 넓고 단아하며 아름답다. 상하이 사람들은 계산이 철저해 항상 손익을 따져본다. 경제를 매우 중시하고 검소하게 생활하지만, 경쟁적 소비심리와 허영심은 큰 편이다. 그리고 겉치레를 중시하여 혼례를 성대하게 치른다. 〈해방일보〉의 혼례비용 조사에 의하면 1998년 상하이 사람의 평균 혼례비용은 9만 3,900위안이며 15만 위안이 든 사례도 있었다. 이러한 소비수준은 선진국 수준이라고 할 수 있을 것이다.

한가한 어촌이었던 상하이의 대외개방은 1840년에 벌어진 아편전쟁이 출발이다. 아편전쟁에 패한 청나라가 상하이를 개방하는 난징조약을 체결함으로써 상하이의 세계화가 시작되는 계기가 되었다. 1843년 11월 17일, 상하이는 개항과 함께 중국 강남의 중요한 상업 중심지로 발전을 시작한다. 곧 저장성의 닝보상인과 안후이상인들이 몰려들었으며, 이들 외지 이주자들은 외국인 거류지가 번화해지자 독특한 상관습을 체득한 상하이상인으로 자리 잡게 된다. 그 결과 중국에서 가장 먼저 서양 상업 노하우를 받아들이게 되었다. 경쟁의 개념을 가장 먼저 체득한 것 역시 상하이상인이다. 상하이 방언으로 돈을 번다는 말을 '바펀扒分'이라고 한다. 즉 돈을 버는 것은 '흙 속의 금을 캐내는 것'과 같은 뜻이다. 이 말에는 자신의 장점을 최대한 이용하여 돈을 벌기 위해 '악착같이 맨손으로 땅을 파는' 상하이상인의 기질이 녹아들어 있다.

'매판買辦'이라는 말도 상하이에서 먼저 시작되었다. 매판의 사전적 의미는 "① 근대 중국에서 외국 상점이나 영사관 등에 고용된 중국인 중개인, ② 외국 자본에 붙어 제 나라를 잊고 사리私利를 탐하는 일" 등이다. 따라서 매판자본買辦資本은 외국 자본과 결탁하여 자국민의 이익을 해치는 식민지나 후진국의 토착 자본을 의미하는 것이다.

매판을 처음에는 '강백도康白度'라고 불렀는데, 이는 영어 'Comprador'의 음역이었다. 무역을 중개하는 대리인으로 독자적인 점포나 판매망을 구축했던 상하이의 매판은 급속하게 상하이 경제의 중심축으로 등장하게 되었다. 이들은 세계 경제의 흐름과 근대 상공업 및 경영기업을 가장 잘 이해한 사람들이었으며, 상하이 초기 기업가로 성장해나갔다.

이후 무역에서 시작된 상하이 상업은 금융, 수상운수업으로 발전했으며 나중에는 보험, 항만, 선박의 수리와 조선업으로까지 확대되었다. 즉 지금의 세계적인 금융도시 상하이의 모습이 이미 100여 년 전에 조성되기 시작한 것이다. 20세기 초 상하이의 투자환경이 갖추어지자 많은 화교가 상하이에 와서 백화점, 은행 등을 설립하기도 하였다.

1921년 중국의 주요 은행 27개 중 22개의 본사가 상하이에 있었고 상하이 은행들의 업무량은 전국 은행 업무총량의 75퍼센트에 달했다. 1933년 통계를 보면 상하이 은행들의 총자산가치는 전국 은행 총자산가치의 89퍼센트를 점유하고 있었다. 1935년 상하이 은행 수는 109개로 늘어났다. 당시 도쿄에는 58개, 홍콩에는 27개의 은행이 있었던 것과 비교하면 엄청난 숫자이다. 이 시기 상하이는 뉴욕과 런던에 이어 세계 3번째 금융도시였다. 이처럼 상하이인들의 피에는 개방과 금융이라는 유전자가 자리 잡고 있다.

상하이상인과의 협상전략

상하이상인과 거래는 어느 지역보다 힘들다는 것은 중국상인이 모두 아는 사실이다. 이처럼 상하이상인은 꼼꼼하게 따지며 눈앞의 이익에 집착한다. 대상인보다는 소상인 기질을 띠고 있다. 상하이에서의 협상은 매우 구체적이고 직설적이어야 한다. 그 대신 한 번 계약을 체결하면 정말로 그 계약이 지켜진다. 상하이상인들은 세부사항에서는 협상 상대와 맞붙지만, 원칙을 세우는 데는 큰 관심이 없다. 이는 베이징상인과 정반대이다.[95]

상하이상인은 모두 전문가여서 상품도 알고 도리商道도 안다. 또한 도리에 따라 경쟁을 하는 데 능하다. 이들과의 거래에서 돈을 벌기란 매우 어렵다. 따라서 상하이상인과 거래할 때는 서로의 목표이익을 대략 추산해보고 자신이 얻을 수 있을 만큼만 얻고 무리하지 않는 것이 좋다. 이것이 거래를 성사시키는 조건이다. 상하이상인 역시 상대방에게 무리한 요구를 하는 일이 없다. 그들이 예상했던 타산에만 맞으면 의외로 세심하게 따지지 않는 경향도 있다.

신중한 상하이인들과 합작하여 사업을 진행하려면 어려움이 따른다. 이들은 상담 전에 여러 차례 시장조사를 하며, 거래 상대방에 대한 자세한 상황까지 파악한다. 즉 충분히 준비해놓은 후 협상에 임하는 것이다. 상하이인들은 상담할 때 항상 작은 문제로 논쟁을 벌여 시간을 끌고 상대를 피곤하게 한다. 예를 들면 1톤 화물을 수입하면서 화물의 품질과 가격을 뒤로 제쳐두고, 포장재질로 반나절 협상하는 식이다. 따라서 상하이인을 상대하려면 상당한 인내력이 필요하다. 그리고 계약이 성사된 후에는 계약서에 명시된 세세한 내용까지 매우 철저하게 확인하고 이행한다는 사실을 명심해야 한다. 만약 상품 포장을 인장 강도 2등급의 빨간색 끈으로 하기로 했다면 이것까지 확인하는 것이 상하이인이다.

상하이인은 '모험을 하니 거래를 하지 않겠다'는 식의 안전주의를 추구한다. 상하이인의 상거래는 모든 것이 타당할 때만 시작한다. 북방인처럼 일에 착수한 다음 당면한 상황에 대해 논쟁을 벌이지 않는다.

상하이인들은 응당 가져야 할 이익은 반드시 챙겨야 한다고 생각하며 비현실적인 이익은 추구하지 않는다. 북방인들은 "이번 거래가 성사되었으니 우리 앞으로 잘해봅시다. 이제 우리는 친구가 아니요?" 등의 말을 한다. 그리고 이번에 손해를 보거나 이익이 많지 않더라도 미래

거래에서 이익을 보기 위해 잠시 현재의 이익을 유보할 때가 있다. 그러나 상하이인에게 이런 개념이나 말은 통하지 않는다. 단순한 상거래 성사일 뿐 다른 감정이 개입되지 않는다. 즉 미래의 상거래는 내일의 일이지 현재의 계약과는 근본적인 관계가 없다. 따라서 실리주의에 입각하여 상하이인과 협상하는 전략이 필요하다.

상하이상인이 국제적 수준과 기준에 따라 거래한다는 점을 주목해야 한다. 따라서 이들과 거래하는 상대방도 국제수준에 도달해야 한다. 그 대표적인 사례가 정확한 계약서의 작성일 것이다. 상하이상인은 표현이 정확한 계약서를 작성하려 하며, 발생할 수 있는 쌍방 간의 책임과 의무에 대해 모든 것을 문서화하려 한다. 물론 서명된 계약서는 틀림없이 이행되며 모호한 태도를 보이지도 않는다.

상하이상인과의 거래에서 좋은 결과를 얻을 수 있는 결정적인 요소는 정감 어린 말이나 행동이 아니라 이성적인 태도임을 알 수 있다. 북방인은 정적情的인 형제관계 형성이 거래의 시작과 끝이지만, 상하이인은 그렇지 않다. 감정은 계산되지 않으며 물질적 이익만을 기준으로 거래에 임한다.

상하이인과 거래 시 오퍼 가격에 대한 충분한 검토가 필요하다. 검증된 가격으로 그들과 상담에 임했을 때 유리하게 거래를 이끌 수 있을 것이다. 그리고 논쟁의 여지가 있는 문제들을 객관적으로 분석하여 상대를 정확히 파악한 다음 자기 의사를 밝혀야 한다. 상하이상인이 제시한 가격은 변동폭이 크지 않음을 알아야 한다. 그들은 이미 합리적인 가격을 가지고 협상 테이블에 나오며 이를 변동시키기 위해서는 역시 합리적인 이유가 필요하다. 협상전략 중 하나로 '블러핑bluffing'

과 '치킨게임chicken game'이 자주 언급된다. 그러나 상하이상인에게 블러핑, 즉 실체보다 부풀려서 거짓으로 협상에 임하는 일은 찾아보기 어렵다.

왕컴퓨터 창립자 왕안

왕컴퓨터는 한때 IBM을 위협했던 컴퓨터기업이다. 왕안王安은 1920년 상하이에서 출생했다. 상하이 교통대학과 미국 하버드대학을 졸업한 왕안은 1948년에 하버드대학에서 박사학위를 취득했다. 이후 컴퓨터 저장능력을 획기적으로 늘릴 수 있는 핵심부품인 CPU 메모리(자기코어 기억장치)를 발명했다. 1951년에는 컴퓨터 개발을 위해 유명한 왕연구소Wang Laboratories를 창립했다. 1956년에 CPU 메모리 특허를 IBM에 판매하여 40만 달러를 확보했는데, 이 돈은 전부 컴퓨터 개발에 투입되었다.

1964년 왕안이 액정 디스플레이가 달린 최초의 사무자동화 기구인 사무용 컴퓨터를 개발하면서 왕컴퓨터의 성공 스토리가 시작되었다. 그가 만든 대수계산기LOCI는 왕Wang컴퓨터 성장의 시작이었다. 1967년 8월에는 추가 연구개발자금 조달을 위해 왕컴퓨터를 상장(250만 달러)하였으며 이를 통해 5,000만 달러의 부호로 등극하기도 하였다. 1972년에는 반도체를 적용한 워드프로세서를 개발했으며 이후 업그레이드된 사무자동화 기구를 계속 개발하였다.

왕컴퓨터가 1976년에 출시한 워드프로세서는 사무실에서 타자기를 쫓아냈다. 이것은 기술적 측면에서는 대단한 발명이 아니었다. 기존의 세 가지 도구, 곧 타자기와 디스플레이 장치, 초보적인 컴퓨터를 조합

자료: 바이두 사진 데이터베이스 (2009. 11.)

한 정도였다. 이런 기존 요소의 통합이 사무실 업무혁명으로 이어진 것이다.

왕안의 첫 번째 성공비결은 과감한 광고의 활용이었다. 1970년대 말미국에서 TV 광고의 효과를 인지하고 거액을 투입하여 광고할 수 있었던 기업은 IBM, 제록스, 하니웰 등 소수 대기업에 불과했다. 왕안은 115만 달러라는 거금을 들여 TV 광고를 했고 그 결과 워드프로세서 '대박'을 터뜨렸다.

둘째는 인재의 적절한 활용이다. 콜크, 모리스, 카불로라는 인재를 등용하고 과감한 권한부여를 했다. 지금의 사업부제에 해당하는 독립적인 권한을 받은 이들 3인은 각자 연구팀을 통솔하여 신제품을 개발하였다. 특히 카불로는 프로그래머로 입사한 후 능력을 인정받아 연구팀장까지 올라갔고, 히트 제품을 개발하였다.

셋째는 차기 제품개발 타이밍이었다. 막 개발한 제품이 시장에서 히트하기 시작할 때 왕컴퓨터 연구팀은 바로 차기 제품 연구개발에 착수하였다. 그리고 히트 제품의 매출 상승곡선이 정점에 이를 때 차기 신제품을 출시하였다. 이러한 끊임없는 시장 만족형 경영은 왕컴퓨터의 황금기를 만들어냈다.

1980년대는 왕컴퓨터의 전성기였다. 1986년에 연매출 30억 달러를 돌파하여 〈포춘〉 500대 기업 중 146위를 차지한 바 있으며, 전 세계에 3만 1,500명의 직원을 보유한 다국적 IT그룹으로 성장했다. 이후 IT시대의 흐름을 놓친 왕컴퓨터는 쇠락의 길을 걷게 되었다.

왕안은 특허문제로 IBM과 사이가 좋지 않았다. 이런 점은 그의 경영전략에도 영향을 준 것으로 보인다. 왕안은 1980년대 초 개인용 컴퓨터 시장에서 IBM이 업계 표준으로 자리 잡고 있다는 트렌드를 잘 알고 있었다. 그러나 자신이 개발한 신기술을 가로챈 적이 있는 IBM에 적대적인 감정을 품고 있었다. 이 때문에 IBM과는 완전히 다른 독자적인 운영시스템을 개발하려다 소비자의 외면을 받게 되었다. IBM의 운영시스템은 IBM이 개발한 것이 아니라 마이크로소프트가 공급한 것인데도 말이다.

개인용 컴퓨터에 대한 수요가 막 생겨났을 무렵 IBM은 합리적인 가격으로 개인용 컴퓨터를 시장에 선보여 성공을 거두었다. 업계 전체가 IBM 호환 기종을 대세로 받아들이고 있을 때 왕안은 자사가 개발한 독점적인 운영체제만을 고집한 것이다. 사업 초기부터 기술 라이선스

계약을 둘러싸고 티격태격한 전력이 있어서 IBM에 대해 악감정을 가지고 있었던 왕안은 어떤 논리적인 이유보다도 감정에 더 기댔다. 그래서 IBM과의 어떠한 연계체제도 받아들일 수 없었던 것이다.

실제로 왕안은 개인용 컴퓨터사업을 "들어본 말 중 가장 멍청한 소리"라며 일축했다고 한다. 이는 워드프로세서에 집착했던 왕컴퓨터의 한계였던 셈이다. 1988년 왕컴퓨터는 4.24억 달러의 적자를 기록했다. 아들까지 경영일선에 나서 재기를 노렸지만 1990년 왕안은 세상을 떠났고 왕컴퓨터도 결국 1992년에 파산하게 된다.

4. 안후이상인

::

안후이성은 춘추전국시대에는 초나라와 오나라의 땅이었다. 한나라 때는 강소성 양주, 하남성에 속했으며 원나라 때는 하남성과 저장행성浙江行省에 속했다. 안후이성은 철학가 장자, 삼국시대 조조와 명의 화타, 송나라 유학자 주희, 청백리 포청천, 명나라를 건국한 주원장朱元璋 등 역사상 유명한 인물들을 다수 배출한 곳이다. 안후이성은 오래전부터 상업활동이 활발했던 지역으로, 특히 명·청시대 이후 휘상徽商으로 일컬어지는 유명한 상인들이 활동했으며, 현재까지도 전 세계에 퍼져 있는 휘상들이 1년에 한 번씩 허페이시에 모여 휘상대회中國國際徽商大會를 개최하고 있다.

안후이성은 중국 동부 내륙지구, 창장 하류에 위치한다. 동으로는 장쑤와 저장, 북으로는 산둥, 서로는 후베이와 허난과 인접하고 있다. 동서 길이 450킬로미터, 남북 길이 570킬로미터이다. 청나라 강희제 때 안경부安慶府와 휘주부徽州府의 첫 글자를 따서 동쪽 지역을 '안후이성'으로 명명했다. 청나라 초 이전에는 지금의 안후이와 장쑤 및 상하이를 포함해 강남성江南省(장난성)으로 분류됐었다. 그 후 안휘와 강소 두 개 성으로 나뉘었고 안휘의 관청은 안경安庆부였다. 안경에는 환산皖山, 환수皖水 등이 있었고 춘추시대에는 환국皖国까지 있었으므로 안후이를 환皖. Wan(완)으로 약칭하게 됐다.

안후이를 동에서 서로, 남에서 북으로 돌아다니면 마치 중국 전체를 일주한 것과 같이 느껴질 것이다. 안후이인의 성격에 대해 한마디로 말하자면 중국의 '축소판'이라 할 수 있다. 역사적으로 안후이인들은 타지인 및 타 문화와의 접촉과 융합을 통해 중국 각 지역의 문화심리를 함께 지니게 되었다. 그 결과 그들은 북방인의 늠름한 기개와 남방인의 뛰어난 솜씨, 화동인의 근면함, 중·서부인의 순박함도 함께 갖게 되었다. 안후이의 문화적 특징을 말하라고 한다면 '포용성'이라고 이야기할 수 있다. 이런 복합성은 안후이인들로 하여금 독특한 특색을 지닌 안후이문화를 창조하게 했다.

안후이 남부인 후이저우의 관습에 따르면, 남자는 16세가 되면 집을 나가 장사를 한다고 한다. 이때부터 정처 없이 유랑하며 어떤 이는 수년에서 수십 년이 지난 후에야 고향으로 다시 돌아온다. 이러한 안후이 상인들의 발자취는 전국에 두루 미치고 있다. 초기에 후이저우상인들의 영업품목은 단지 문방사우文房四友(종이·먹·벼루·붓)와 옻칠나무, 차 등의 지방 특산물로 한정되어 있었다. 이후 영업품목의 종류도 점차 다양해졌으며 판매대상 지역도 넓어졌다. 후이저우인들의 본성은 검소하며 힘든 일을 잘 참고 견딘다. 경영에도 뛰어나 '후이저우주판徽州珠板'

이라는 명성을 얻었다. 중국 각지의 제염업, 전당포, 목재, 식량, 찻잎, 외국무역 등 많은 업종이 후이저우인들에 의해 독점되었다.[96]

안후이성 출신 사상가이자 교육자인 후스胡適(1891~1962)는 회상의 개성을 '휘낙타徽駱駝'로 표현한 바 있다. 즉 후이저우상인은 처음에는 작은 가게나 장사로 사업을 시작하고 그 과정에서 고생을 밥 먹듯 하지만 꾸준하게 돈을 모아 조금씩 두각을 드러낸다. 낙타는 열악한 환경인 사막에서 살아가는 동물이다. 휘상을 '휘낙타'로 부르는 것은 안후이 사람의 굽힐 줄 모르는 개척정신과 진취성을 찬양하는 것이다. 또다른 이야기도 있다. 휘상이 외부에서 장사할 때 삼베봇짐을 등에 지고 다녔는데 그 모습이 낙타 같다고 해서 '휘낙타'로 불렸다고 한다. 그들은 봇짐에 밧줄 세 가닥을 넣고 다녔는데 이 밧줄은 험한 산과 물을 건널 때 사용되었으며 여의치 않은 상황에서는 목을 매어 자살할 때도 이용했다. 즉 휘상에게 '밧줄'은 고생을 마다치 않는 강인함과 배수진을 치는 절실함을 대변하는 상징인 셈이다.[97]

유서 깊은 유상 안후이상인

안후이상인, 즉 휘상徽商은 '유상儒商'으로 불릴 만큼 역사가 깊다. 유상은 상인으로 시작하여 과거 급제를 통해 벼슬에 나가거나 자식 대에서라도 관직에 나가는 상인을 의미한다. 따라서 안후이상인은 유상이기도 하며 관방상인을 의미하는 관상官商이기도 했다.

안후이상인은 문화수준이 높은 상인들이었다. 그들은 '성誠, 신信, 의義, 인仁'으로 대표되는 상업 도덕주의를 표방하였다. "불이익은 참아도 불의는 용서하지 못한다"라는 말은 안후이상인의 특성을 함축해서 보여준다. 이는 안후이지역이 역사적으로 종이·먹·벼루·붓의 원산지였음과 무관하지 않다. 안후이상인은 명말 청초에 가장 전성기를 누렸는데 친정치적인 대상인이었다고 표현할 수 있을 것이다. 안후이상인은 중국 10대 상방 중 서열 1위를 차지했다. 소금을 비롯한 목재, 차, 전당포 등 역대 중국의 4대 상업은 휘상에 의해 장악되었다.

안후이상인은 서양의 초기 자본가들처럼 중국 각처에서 창업하고 돈을 벌러 다녔다. 한때 창장 연안의 모든 도시를 안후이상인이 만들었다는 말이 유행했다. 실제로 당나라 말엽 이래 오랫동안 경기침체에 빠져 있던 장쑤성 양저우는 후이저우 염상鹽商들이 투자함으로써 중흥을 맞게 되었다.

안후이상인은 처음에 문방사우와 칠, 나무, 차 등의 토산품 판매부터 손을 댔다. 그 후 전국의 염상, 전당포, 목재소, 정미소, 양조장, 녹차상, 외국무역상까지 장악했다. 특히 청나라 시절 중국 대형 염전들을 안후이상인이 독차지하여 중국상인 서열 1위를 확고히 했다. 후이저우에서는 예로부터 "7산 1물 1밭 1길"이라는 말이 전해 내려올 만큼 농사짓기가 쉽지 않았다. 남자들은 열서너 살만 되면 외지로 나가 수십 년을 떠돌아야 했다. 농경에 열악한 자연환경과 부모에 대한 봉양을 지극히 강조한 유상의 특색에 따라 그들은 어느 정도 돈을 벌면 반드시 고향으로 되돌아왔다. 귀향은 후이저우의 오랜 불문율이었다.

아직도 안후이상인은 소농의식에서 벗어나지 못했다. 그들은 돈을 조금 벌면 만족하고, 더는 재투자하려 하지 않는다. 사업을 더 확장하지 않는 것을 마치 상도商道와 상덕商德처럼 여긴다. 그들의 가슴 한쪽에는 상인을 천시하는 자기비하와 자기학대 의식이 자리 잡고 있는 듯하다.

안후이상인은 상업을 벼슬을 얻기 위한 수단으로 삼았으며, 대를 이어 장사하지 않았다. 그들 가운데 상업으로 시작했다가 죽을 때까지 상업을 한 사람은 매우 드물다. 인생의 초중반에 부자가 되면 후반부터는 관리가 되려고 노력했다. 아버지는 상인이지만, 아들은 관료가 되는 일이 흔했다. 안후이상인은 돈을 모았다고 생각되면 곧장 관직의 길로 나섰다.

즉 저장이나 광둥상인처럼 상업만을 인생의 유일한 생업으로 정하지 않았다. 그들은 번 돈으로 관직을 사거나 의연금이나 기부금을 많이 바쳐 조정의 환심을 사는 데 몰두했다. 또 장사로 큰돈을 번 조상을 기리는 사당을 건립하거나 수십 년 동안 평생을 수절한 여인들을 위해 '파이팡牌坊', 즉 중국식 열녀문을 세우기도 했다.

중국이 시장경제시대에 들어서면서 이러한 안후이상인의 쇠락은 필연적으로 뒤따랐다. 근대에 이르러 안후이는 청 말의 실권자 이홍장李鴻章과 중국 공산당 창시자 천두슈陳獨秀 등 중국의 명운에 결정적인 영향을 끼친 거물들을 낳았다. 특히 안후이상인의 요람, 후이저우의 지시현績溪縣은 중국 제일의 명산인 황산黃山, 중국 불교의 명산 주화산九華山, 중국 도교의 명산 지윈산齊云山이 그리는 삼각형의 중심에 있어 중국의 알프스라는 별칭만큼 풍광이 수려하다.

지시현은 3명의 호胡 씨 성을 가진 인물을 배출했다. 근대 중국의 상성商星 혹은 거상巨商이라 불리는 호설암胡雪岩, 20세기 신문학운동을 주도하고 베이징대학 총장을 역임한 후스, 중국의 제4 세대 지도자인 후진타오의 고향이 지시현이다.

호설암과 유상의 한계

1823년 후이저우 지시현에서 태어난 호설암은 소년 시절 한 전당포의 점원으로 일하며 장사꾼 수업을 시작했다. 37세에 이르러 자신의 전당포 부강전장阜康錢庄을 개설한 후, 26개 중국 주요 상업지역에 지점망을 두면서 전국을 포괄하는 금융망을 건설하게 된다. 또한 금융업에서 얻은 이익을 기반으로 중국에서 가장 영향력이 큰 호경여당胡慶餘堂이라는 약국 체인을 전국적으로 운영하면서 거상으로 부상했다. 이후 환전상, 찻집, 견직물 상점 등으로 사업을 다각화했다.

호설암은 근대 중국 상업사에서 최고의 상인을 뜻하는 상성商聖으로 불리고 있다. 현대 중국에서도 그의 경영전략을 대학 MBA 교재에 도입하는 등 최고 경영전략가로서 추앙을 받고 있다. 그의 경영전략을 요약하면 다음과 같다.

첫째, 호설암은 무엇보다도 인재 중심의 경영을 강조하고 있다. 그는 돈보다 사람을 먼저 얻어야 한다는 신념으로 전당포에서 결손처리된 500냥을 왕유령王有齡이라는 미래의 관리가 될 사람을 위해 썼다. 이 때문에 호설암은 전당포에서 쫓겨나는 신세가 되었다. 그러나 그 후 관리가 된 왕유령의 도움을 받아 사업기반을 다질 수 있었다. 호설암은 "상인이 갖춰야 할 가장 중요한 능력은 사람을 제대로 쓸 줄 아는 것이다"라고 했다. 그는 '티 없는 돌보다는 티 있는 옥'을 좋아했다. 그리고 일단 사람을 쓰면 신뢰하고 적재적소에 배치하여 그의 능력을 발휘할 충분한 기회를 주었다. 신뢰경영의 전범이 된 셈이다.

둘째, 호설암은 큰 상인이 되기 위해서는 깊은 안목과 넓은 시야를 가져야 한다고 강조했다. 큰 상인은 4덕(지智, 인仁, 용勇, 신信)을 갖춰야 한

다. 특히 상인으로서 성공하기 위해서는 용모勇謨(용기와 지략)를 갖춰야
한다. 즉 상인이란 모름지기 남이 보지 못한 것을 보고 남이 살피지 못
한 것을 살피며 높이 서서 멀리 행동할 줄 알아야 한다는 것이다. 상인
은 자신의 미래를 예측하고 배부를 때 굶게 될 날을 생각해야 한다고
주문하고 있다. 이는 지금의 '준비경영'과 일맥상통한다.

셋째, 호설암은 관계 중시의 사업경영을 강조했다. 그는 모든 힘은
권력으로부터 만들어진다고 믿었다. 그래서 호설암은 유망한 관리들
을 지속적으로 지원했으며 때로는 관리들에게 지모와 책략을 제공했
다. 그는 관리들의 지원을 받아 단단한 울타리를 만들어 그에게 이익
을 가져다주도록 이용했다. 그리고 호설암은 인간의 감정을 사업에 활
용했다. 사업 상대에 대해서는 금전출납부만 쓰는 것이 아니라 '인간관
계' 출납부도 함께 써야 한다는 것이 그의 지론이다. "먹고 입는 것이
모두 고객에게서 나온다"라고 말할 만큼 호설암은 고객 중심의 경영을
했다. 호설암은 밀착형 고객관리기법인 CRMCustomer Relationship Management
을 이미 19세기에 도입한 셈이다.

넷째, 천하의 이익을 얻기 위해 시장을 키워야 한다고 강조했다. 시
장이 커지고 안정되면 사업은 저절로 번창하게 된다. 시장을 개척하기
위해서는 우선 고객을 만족시켜야 한다. 사업부지를 선택할 때 세심하
게 고려해야 하며 상점을 특이한 장식으로 배치해야 한다. 그리고 사업
의 세력을 넓히기 위해서는 사업이 늘 새로워야 한다. 사업장을 아름답
고 깨끗하게 꾸미는 것이 상인의 기본정신이다. 그는 특히 간판을 보면
사업의 성패를 알 수 있다고 했다. 기업이나 점포의 외관은 사람의 얼
굴과 같기 때문이다.

중국 거상 호설암

자료: 휘상박물관 홈페이지 www.hs-bwg.com (2013. 4.)

　다섯째, 상인은 모름지기 양명揚名의 정신을 가져야 한다. 명성을 높이기 위해서는 좋은 이름과 독특한 브랜드를 창조해야 한다. 상호는 특이해야 하며 그 사업에 적합해야 한다. 또한 길상吉祥의 문자를 사용해야 한다. 고객에게 신뢰를 주는 브랜드 이미지를 창조하는 것도 중요하다.

　반면 호설암의 사례는 유상의 한계도 보여준다. 호설암은 왕유령이라는 유생의 손에 500냥을 쥐어주며 상경하면 매관할 뇌물로 쓰라고 했다. 이 때문에 호설암은 점포에서 쫓겨나는 신세가 되었고 후에 매관에 성공한 왕유령의 도움을 받아 사업기반을 다질 수 있었다. 그 후 호설암은 재력은 정치권력에서 비롯된다고 확신했다. 그는 유망하다고 생각되는 관리들을 지속적으로 지원하고 관리들에게 정보와 책략을 제공했다. 관리들의 지원으로 튼튼한 울타리를 만들고 이 관계망이 자신에게 이익을 가져다주도록 이용했다.

왕유령이 병사하자 잠시 언덕을 잃은 호설암은 태평천국 진압군 사령관 좌종당左宗棠에게 반란군 진압 성금 명목으로 군량미 10만 석을 바쳐 그를 자신의 배경으로 삼는 데 성공했다. 그러나 1882년 이홍장李鴻章과의 권력투쟁에서 좌종당이 패배하여 실각당하자 호설암의 경제적 기반도 급격히 쇠락하게 된다. 많은 점포가 다른 사람의 손에 넘어가고 말았다. 호설암은 관상결탁으로 일어나 관상결탁으로 쓰러졌다는 비난을 받기도 한다.

그러나 호설암이 지금도 진정한 상인으로 추앙받는 것은 그가 상인은 상술뿐만 아니라 상도를 갖춰야 한다고 강조하고 이를 실천했기 때문이다. 우선 상인은 돈을 벌기 위해서라면 무엇이라도 해야 하지만, 그렇다고 국법과 규율을 어기면서까지 의롭지 못한 재물을 탐내서는 안 된다고 주장했다. 그가 강조한 상도는 다음과 같이 요약된다.

가급적 쉬운 방법으로 돈을 벌되 남의 약점을 이용하거나 자신의 이익을 위해 남의 밥그릇을 빼앗는 짓은 하지 않는다. 친구들의 힘을 빌려 돈을 벌긴 하지만 이 때문에 친구들에게 손해를 입히거나 면목 없는 짓은 하지 않는다. 기회를 잘 잡아 활용하되 사람을 배신하지 않는다. 돈 버는 일을 일상의 모든 활동 가운데 가장 중요한 것으로 여기되 사람들에게 베푸는 데에도 항상 넉넉한 마음을 보이고 모아놓은 재물을 지키기 위해 안달하지 않는다.

호설암은 "재물의 가치는 재물 그 자체에 있는 것이 아니라 이를 유통시키고 소비하는 과정에서 찾는 만족감에 있다"라고 말했다. 그는 이러한 경영철학에 따라 구휼창에서 많은 난민을 구제했고 기금을 모았으며, 파괴된 명승고적이나 사찰을 복원했다. 호설암은 의義와 이利를 조화시키는 방법을 꾸준하게 모색했다.

중국이 2001년에 WTO에 가입하면서 경제 관련 서적들이 베이징 서점가에 봇물처럼 쏟아지기 시작했다. 그 주인공 중 하나가 바로 호설암이다. 이는 중국에서도 〈포춘〉 100대 부호의 앞순위를 장식하는 거상이 탄생하기를 바라는 국가적인 염원과 맥이 닿아 있는 것 같다. 그 후 호설암의 상술은 '경영전략'으로 분석되어 중국은 물론 한국의 서가를 채우고 있다.

한국에서 번역 출판된 《상경商經》은 호설암의 경영전략을 집대성했고, 《장사의 신 호설암》, 《홍정상인 호설암의 인간경영》, 《호설암의 기회경영》 등도 호설암을 내세운 책들이다. 호설암은 중국의 위대한 사상가이자 문학가인 루쉰이 '중국 5,000년 역사상 가장 위대한 상인'으로 치켜세운 바 있으며, 중국인들이 가장 존경하는 상인으로 손꼽히는 인물이기도 하다. 지금도 중국에서는 호설암에 대한 소설·드라마·영화가 만들어지고 있으며 차이나 머천트의 롤모델로 자리 잡고 있다. 중국인들이 생각하는 상인의 의미와 개념을 살피려면 안후이 유상 호설암을 이해해야 할 것이다.

안후이상인 몰락의 원인

베스트셀러 경제학자인 랑셴핑郎咸平이 지적한 안후이상인 몰락의 원인은 우리가 참고할 만하다. 명나라 중엽 이후부터 청나라 도광

(1821~1850) 연간에 이르는 약 300년에 달하는 시기는 휘상의 최고 전성기였다. 소금, 전당포, 찻잎, 목재가 휘상의 주력사업이었다. 그러나 이들이 사업으로 벌어들인 거대한 자금은 산업 자금으로 전환되지 못했다. 이들은 향락과 사치로 몰락의 길에 접어들었다.[98]

소금밭에서 돈을 벌어들인 휘상은 전당포사업에 착수한다. 전당포만 500개가 되었던 남경지역에서 경쟁자는 푸젠상인이었다. 당시 푸젠상인은 이자를 3~4퍼센트 받았지만 휘상은 1퍼센트만 받았다. 후이저우의 치먼祁門 홍차도 중요한 사업수단이었다. 1634년 황궁을 수리할 때 독점적으로 목재를 공급할 권리를 가졌던 휘상들이 돈을 벌었다. 지역 출신 과거급제자들은 휘상이 세운 사당이나 지원을 통해 관직에 올랐으며 이들은 조정에서 휘상의 이권을 보호하기 위해 역할을 했다.

이렇듯 부를 축적한 휘상은 유학의 영향으로 각종 패방牌坊을 세우는 데 재력을 탕진한다. 휘상은 6,000여 개나 되는 거대한 사당을 지었다. 호충현 가문의 호 씨 사당은 명나라 가정 연간(1522~1566)에 백은 1,300만 냥을 들여 수리했다. 그 당시 이 돈은 철갑선 10척을 건조할 수 있는 가치가 있었다. 제73회 아카데미상 수상작인 이안 감독의 영화 〈와호장룡〉의 배경이 된 곳 중 하나가 휘상이 세운 엽가葉家 사당이었다. 기록에 보면 휘상은 사당 하나를 짓는 데 황금 100냥을 썼으며, 건물을 짓는 데 백은 60만 냥을 썼다. 이렇게 호화스럽게 지은 건물에는 거금을 주고 초청한 가극단이 와서 공연했으며, 미인을 첩으로 데려다 놓았다. 휘상은 번 돈을 후대의 부를 재생산하기 위한 산업자본으로 활용하지 못하고 향락과 사치에 몰입했던 것이다.

소금으로 흥했던 휘상은 소금으로 망했다. 1832년 휘상이 누려왔던

휘상 영화의 상징이었던 휘주 패방

자료: 우후시휘상박물관(芜湖市徽商博物馆) (2013. 7.)

소금 독점권이 폐지되면서 몰락한 것이다. 즉 누구든지 돈만 있으면 소금을 취급할 수 있도록 제도가 바뀌자 준비를 게을리했던 휘상은 급격한 몰락의 길로 접어들게 된다. 휘주의 치먼 홍차 역시 인도와 실론(스리랑카)에서 생산된 홍차와 경쟁을 피할 수 없게 되었다. 이처럼 주력산업인 소금이 타격을 받게 되자 다른 업종도 힘을 잃었다.

그린 에너지의 대표주자 왕촨푸

중국에서 왕촨푸王傳福 비야디比亞迪. BYD 회장은 '배터리 대왕'으로 불렸다. 그는 축전지 불모지나 다름없던 중국 전지업계에 혜성처럼 나타나 비야디를 세계 2위 업체로 키워냈다. 그런 왕 회장의 별명이 이제는 '전기차 대왕'으로 바뀌고 있다. 도요타, GM 같은 대형 자동차업체도 아직 완성하지 못한 전기로만 가는 완벽한 전기자동차를 상용화하여 세계 전기차시장 선도에 나섰기 때문이다.

왕 회장은 1966년 안후이성 차오후시에서 태어났다. 1987년 중난中南 대학에서 야금물리화학을 전공한 뒤 베이징유색금속연구원에서 석사과정을 마치고 그곳에 남아 연구를 계속하다가 1995년 선전에서 충전용 휴대폰 배터리 제조업체 비야디를 조그맣게 시작했다. 이때 그는 증권투자를 하는 사촌 형 뤼샹양呂向陽에게 250만 위안을 빌려서 종잣돈으로 썼다. 하지만 2009년 그는 13억 달러 재산을 가진 세계 559번째 거부로 성장했다.

'오마하축제'로 일컬어지는 버크셔해서웨이 주주총회가 2009년에도 어김없이 5월 첫째 주말에 열렸다. 버크셔해서웨이는 '오마하의 현인'이라 불리는 워렌 버핏 회장이 이끄는 투자지주회사이지만 1년 새 주가가 30퍼센트 이상 폭락하고 순이익이 전년의 절반으로 줄어들어 우울한 한 해를 보냈다. 이 암울했던 주주총회장에서 사람들의 주목을 모은 것은 중국의 신생 전기자동차회사 비야디였다. 비야디는 2008년 9월 버핏이 2억 3,000만 달러를 투자함으로써 지분 10퍼센트를 매입하여 세계를 놀라게 했던 주인공이다. 비야디는 2009년 5월 주총에 처음으로 '버핏 패밀리'로 참가하였으며 버핏의 배려로 전기자동차 E6와 F3DM 실물을 전시했다. 비야디의 현장 책임자는 "2011년까지 미국에서 E6와 F3DM을 판매하는 것이 목표"라는 포부를 밝혔다.

자료: 비야디 홈페이지 www.bydauto.com.cn (2009. 11.)

비야디는 1995년 2월 광둥성 선전시에 설립한 자본금 250만 위안의 신기술회사를 모태로 한다. 충전지용 전해액을 개발하여 사세를 확장한 비야디는 1997년에 자체 기술로 첫 리튬이온 배터리를 생산했다. 2000년에 모토로라, 2001년에 노키아의 충전지 공급 자격을 취득했으며, 같은 해 한국에도 사무소를 설립하여 삼성 등 국내 기업과 거래를 시작했다. 이 같은 눈부신 성장에 힘입어 2002년 7월에는 홍콩증권거래소에 상장했으며 홍콩 금융잡지 〈아시아 머니〉가 선정한 '2002년 가장 주목받는 상장사'에 뽑히기도 했다.

2003년 비야디의 변신이 시작됐다. 비야디는 적자 상태의 국영기업 친촨자동차西安秦川汽車를 매입했다. 당시 중국에는 100여 개가 넘는 완성

차업체가 난립했고, 정부는 '자동차산업 정책'을 공포하여 자동차업 신규진입을 엄격히 규제하고 있었다. 따라서 자동차생산 허가권을 보유한 기존 제조사를 인수하는 일이 유일한 진입방법이었다. 이 시기 많은 타 업종 민영기업들이 적자상태에 놓인 소규모 자동차회사를 매입했으며 비야디 역시 그들 중 하나로 치부되었다. 생산능력이 2만 대에 불과했던 친촨자동차의 회사명은 비야디자동차로 바뀌었다. 그리고 시안 첨단기술산업개발구 내에 100만 제곱미터 부지를 마련해서 2005년 4월에 20만 대 규모의 생산라인을 확충했다. 자동차회사 인수 후 불과 3년 만에 중견 승용차제조사로 부상한 비야디는 2008년에 승용차 17만 대를 생산·판매하여 86억 4,600만 위안의 매출을 기록한 바 있다.

중국은 1956년에 이미 트럭(지에팡) 생산기술을 보유하고 있었다. 구소련의 지원이 있었지만, 상용차 부문에서는 부품에서 완성차까지 규모의 경제를 갖춘 상태였다. 다만 기술력이 부족한 승용차 부문에서는 외국 기업과의 합작을 선택할 수밖에 없었다. 지금도 기술력이 선진국에 미치지 못한다는 것이 세간의 평가이다. 이런 상황에서 하이브리드자동차나 전기자동차 개발은 요원한 목표였을 수도 있었다. 그러나 비야디는 이런 고정관념을 타파하고 나섰다.

비야디는 2005년 12월에 전기자동차 개발을 전담할 신사업부를 설치했다. 반년 후 전기차 시제품인 F3e를 개발하여 1회 충전으로 350킬로미터 주행에 성공했다. 중국식 전기자동차 상용화를 위한 첫걸음인 셈이다.

2008년 12월 15일, 비야디는 드디어 중국 최초 하이브리드카 F3DM 모델을 출시했다. 특히 F3DM은 집에서 전기충전 후 단거리는 전기모터로, 장거리는 가솔린엔진을 사용하는 '플러그인 하이브리드 카' 방식을 세계 최초로 채용했다. F3DM은 1회 충전으로 100킬로미터까지 주행할 수 있으며, 가격 역시 15만 위안(약 2.2만 달러) 정도로 앞으로 친환경차 시장에서 우위를 점할 조건을 두루 갖추고 있다. 폭스바겐은 최근 비야디와 하이브리드 및 전기자동차의 기술개발·생산협력 계약을 체결해 비야디의 독자 기술력을 인정한 바 있다.

비야디를 창업한 왕촨푸 회장은 2013년 현재 마흔여덟 살이다. 그는 스물아홉이던 1995년에 20여 명의 직원으로 비야디를 시작했다. 이 회사는 이제 14만 명이 근무하는 자동차·에너지 종합그룹으로 성장했다. 2008년 비야디의 매출비중을 보면 2차 충전지가 23.1퍼센트, 이동전화와 그 부품이 44.5퍼센트, 승용차가 32.3퍼센트 수준이다. 이런 사업구조가 최적화에 가깝다는 것은 평균 영업이익률 20퍼센트라는 높은 수익률이 증명한다. 이에 더해 앞으로 비야디는 2차 충전지의 63.4퍼센트를 점유하는 리튬이온 배터리의 매출비중을 높일 계획이다. 그리고 하이브리드 자동차를 포함하여 승용차 생산비중도 대폭 높일 계획을 세워놓고 있다.

그러나 F3DM의 판매량이나 경제성, 관련 부품의 기술수준 등에 의문을 품는 이들도 있다. 비야디는 섣부른 기술공개로 빚어질 수 있는 모방차 양산을 우려해 아직 적극적인 판촉활동에는 나서지 않고 있다. 다만 비야디가 위치를 둔 선전의 시정부는 일부 택시를 F3DM으로 전환할 계획을 세우는 등 지원책 마련에 분주하다.

2008년 20만 대 생산능력을 갖춘 비야디는 2009년에는 M&A 등을 통해 생산능력을 두 배인 40만 대로 확장했고 2015년까지 100만 대 생

비야디 경영실적　　　　　　　　　　　　　　　　　　　(단위: 억 위안)

	2010	2011	2012	전년비 증감률
총자산	529.63	656.24	687.1	4.70%
매출액	484.48	488.26	469.04	−3.90%
영업이익	27.67	14.10	−3.04	적자전환
세전이익	31.42	17.27	2.90	−83.20%
순이익	29.18	15.95	2.12	−86.70%

자료: 비야디고분유한공사 홈페이지 공시자료 (2013. 6.)

산능력을 갖출 계획을 수립했다. 그리고 워렌 버핏 주총에서 선보였던 100퍼센트 전기동력차인 e6 상용화 모델(최고 시속 160킬로미터, 최대 주행거리 400킬로미터)을 시장에 내놓을 계획을 세웠고[99] 현재 본격적인 출시에 돌입했다.

언론에서는 왕 회장을 '중국의 다이아몬드'와 같은 존재라고 평하고 있다. 어떤 이들은 왕 회장이 기존 상업질서와 게임규칙을 얕본다고 하지만 그는 중국 젊은 기술자의 실력이 유럽 기술 전문가들보다 뛰어나 어떤 물건이든 만들어낼 수 있다며 자신감에 차 있다.

왕 회장은 비야디가 만든 제품은 다른 기업에서 만든 비싼 제품보다 더 오래 쓸 수 있다고 강조한다. "다른 사람이 생각하는 것을 나는 실행하고 다른 사람이 생각하지 못하는 것을 나는 감히 생각하려 한다"는 왕 회장의 말은 그의 과감한 경영철학을 그대로 드러낸다. 세계 최대 자동차 내수시장인 중국의 신에너지·친환경에너지 자동차의 미래는 민영 자동차 메이커 비야디가 개척하고 있으며, 안후이상인 왕촨푸의 성공 여부를 전 세계가 주목하고 있다.

5. 푸젠상인

::

푸젠성은 733년 당나라시대에 복건경략사_{福建經略使}를 설치하여 복건_{福建}으로 불리기 시작했다. 남송_{南宋} 때는 팔민_{八閩}이라고도 불렀다. 원나라 초기에는 강절행성_{江浙行省}의 복건도_{福建道}가 되었다가 나중에 다시 성_省을 설치했다. 푸젠은 중국 해상 실크로드의 발원지이며 상업무역 집산지이다. 푸저우_{福州}, 샤먼_{廈門}은 일찍이 중국의 5개 통상항구에 속하였으며, 마웨이_{馬尾}항은 중국 근대 조선공업의 첫 항구이다. 푸젠성은 중국 동남부 해안에 위치를 두고 있는데 타이완_{臺灣}해협을 사이에 두고 타이완과 마주하고 있다. 푸저우_{福州}(복주)와 젠저우_{建州}(건주)에서 각각 한 자씩 따서 푸젠(복건)으로 불렸다. 진_秦나라 때 민중군_{閩中郡}이라는 행정구역이었고 오대_{五代} 때 민_閩나라 땅이었으므로 민_閩으로 약칭한다.

푸젠은 역사적으로 일찍부터 경제문화가 발달한 지역이다. 송·원시대 항구의 대외개방, 해상 실크로드의 개통, 외국무역 교류의 빈번함으로 경제의 전성기에 들어섰고 중국에서 중요한 해상무역 위치를 차지했다. 명·청시대에는 견직물·제당·찻잎생산·조선·제지 등의 업종에서 상당한 발전을 이룩했다. 그러나 청말 '해상통행금지' 등 쇄국정책이 시행되어 푸젠의 경제는 심각한 영향을 받았다. 1978년 덩샤오핑이 개혁개방정책 추진 후 샤먼에 경제특구를 설치함으로써 푸젠성은 중국에서 제일 먼저 개혁개방을 실시한 지역이 되었다.

푸젠지역은 산이 많고 평지가 적으며 육상교통과 수륙운송이 불편해서 외지인의 이민이 비교적 늦었으며 민월閩越족의 문화가 비교적 장기간 독립적으로 발전하였다. 서진 말 중원인들은 난을 피해 국가와 가문을 떠나 강을 건너 남하하여 민閩으로 들어왔다. 민남閩南은 통상 복건 남부 하문·장주와 천주泉州(취안저우) 지역을 가리킨다. 이 일대의 백성은 민남어를 사용했고 자신들만의 독특한 역사배경과 문화전통을 갖추고 있다. 타이완과 홍콩, 동남아 일대에 취안저우인이 많으며 취안저우는 중국 최대의 화교들의 고향이다. 민남은 상인문화를 중시하는 분위기가 강해 민남인들은 장사를 하여 돈을 벌겠다는 의식이 아주 강하다. 취안저우에는 "사장이 될 수 없다면 용감한 남자라 할 수 없다"는 말이 유행할 정도이다.

오늘날 취안저우시 진강晉江 유역의 삼각주 시장경제의 번영은 민남인의 중상重商 전통을 분리하여 생각할 수 없다. 진강 유역의 삼각주 일대는 중국의 대형 국유기업들이 미처 개척하지 못한 지역인데 그 지역의 경제적 특징은 시장경제와 중소기업이 총 경제의 90퍼센트 이상을 차지하며 주류를 이루는 것이다.

| 푸젠성 푸톈시 메이저우다오에 있는 마조상 |

자료: 푸톈시 인민정부 www.putian.gov.cn (2013. 1.)

민남인들은 역사적으로 바다를 건너 해양세계를 주름잡는 전통이 있었다. 일찍이 송, 원대의 천주泉州는 동방의 큰 항구로서 그 명성을 널리 떨쳤다. 해상의 비단길의 중요한 종착역으로 일찍이 전 세계의 상인이 물밀 듯이 몰려드는 상황 속에서 대외개방과 해양문화가 유구한 역사를 지니게 되었다. 민남인의 해양진출 의지는 강렬했다. 민남지역에서는 수백여 년간 '외국으로 나가는 것'이 영웅적 행위로 간주되었다. 그 결과 민남인의 동남아 이민은 계속 이어졌다. 현재 60만 필리핀 화교 중 90퍼센트는 민남인의 후손들이다. 또한 민남어는 싱가포르·말레이시아·인도네시아의 800만여 화교 사이에 광범위하게 통용되는 언어가 되었다. 현재 타이완, 홍콩, 동남아 각국에 사는 민남인의 후예는 약 2,000만 명으로 추정되는데 이는 대륙에 거주하는 민남인 인구보다 더 많은 숫자이다.[100]

19세기 말 푸젠의 부유한 상인들은 타이완, 필리핀, 말레이시아, 싱가포르, 인도네시아 등지에서 활동했다. 그들은 선조의 가르침을 대대로 전해왔으며, 자녀에게 예의범절을 엄격하게 교육하고 존비尊卑를 분명히 하였다. 가정교육은 모두 유교적 기준을 따랐다. 그러나 한편으로 생산과 무역을 하는 데 근斤을 기준으로 할 정도로 세밀히 계산하고 정확히 가르쳤다. 외국에 나가 생계를 도모하던 푸젠인의 선조들은 타국에서 생활하면서도 언제나 자신의 옛 고향을 잊지 않으며 고향의 발전과 건설을 위한 역량을 발휘했다.

푸젠인은 해양과 자신의 운명이 서로 연결되어 있다고 인식했다. 실제로 '마조媽祖'는 푸젠인 선원들의 안전을 보살펴주는 '수호신'이었다.[101] 푸젠상인들은 매번 출항할 때마다 마조신 앞에 향을 피우고 절을 올렸다. 지금까지도 마조신은 여전히 외국 거주 푸젠인들이 신봉하고 존중하는 숭배의 대상이다.

미래를 내다보는 개방적인 푸젠상인

행동이 빠르고 이익에 밝은 광둥상인과는 달리 푸젠상인은 눈앞의 이익보다는 먼 장래를 보고 거래하는 것으로 유명하다. 푸젠상인은 명·청 때부터 국내외 무역을 통해 중국의 대표적인 지역상인으로 군림했다. 그런데 과거 그들의 상업행위는 봉건왕조의 조공무역이나 해상무역 금지정책과 배치되는 것이었다. 따라서 그들은 과거에 밀무역을 해왔던 셈이다. 봉건사회가 해체되면서 푸젠상인은 외국으로 진출하여 지금의 최고 화교상인으로 자리 잡게 된다.

푸젠상인이 다른 지역상인과 다른 점은 실패를 두려워하지 않고 실패한 후에도 여전히 노력한다는 것이다. 푸젠성 출신의 화교상인을 민예화상閩裔華商이라고 불렀는데 이 민예화상이 부르는 민남어 방언 노래에는 이런 구절이 있다. "30퍼센트는 하늘이 정한 것이고 70퍼센트는 노력에 의한 것이라네."

앞서 설명한 것처럼 푸젠성 남부지역 상인인 민남상인은 장사 소질이 가장 뛰어나며, 실제로 최대 화상 집단을 구성하고 있다. 이에 반해 민서(푸젠 서부)상인은 종족을 소중히 여기며 내부 응집력이 강하다. 그리고 민동(푸젠 동부)상인은 안정을 추구하고 혼잡함을 두려워한다. 민북(푸젠 북부)상인은 본분을 지키고 낙관적인 성격의 소유자이며 가난하더라도 인생을 즐기며 산다. 푸젠상인들의 신조는 '사장이 되지 못하면 성공한 남자가 아니다'이다. 이는 푸젠성과 타이완에 왜 그렇게 중소기업이 발달했는지를 잘 설명해준다.

푸젠상인이 대상인으로 추앙받는 이유는 '부를 사회로 환원시킨다'는 원칙을 잘 지켜왔기 때문이다. 외지에서 자수성가한 푸젠상인은 고향으로 돌아와 고향을 발전시켰고 공익사업에도 적극적이었다. 마오쩌둥은 "광둥인이 혁명을 하면, 푸젠인은 돈을 내놓고, 후난인은 병사로 나서며, 저장인은 관료가 된다"고 언급한 적이 있다.

가장 일찍이 외국으로 진출한 푸젠상인은 동남아시아의 유력한 화상이 되어 각국 경제에서 중요한 역할을 하고 있다. 청나라가 멸망하고 일본이 침략하며 국민당과 공산당 사이에 전란이 벌어지는 등 중국이 혼란에 빠지자 푸젠상인들은 홍콩, 마카오, 타이완, 필리핀, 싱가포르, 말레이시아, 인도네시아, 일본 등지로 진출하여 해상무역에 종사하게 된다. 이들이 현재 동남아시아 경제를 좌지우지하는 지금의 화상이 된 것이다. 그래서 동남아시아에서 만난 화상들에게 푸젠상인을 칭찬하는 일은 그들을 기분 좋게 하는 협상전략일 것이다.

패밀리 비즈니스

원저우상인은 일찍이 '가족 중심'의 기업에서 시작해서 나중에 '주식제 경영방식'으로 발전시켰다. 이에 반해 푸젠상인은 가족 중심 경영인 '패밀리 비즈니스' 경영방식을 고집하였다. 즉 초창기 푸젠상인은 가족의 자본과 가족구성원의 노동력에 의존하여 회사를 창립하였다. 기업의 주식은 유통하지 않고 가족과 친지, 친구들에게 분배하였으며 기업 경영자 역시 가족 중 가장 신임받는 사람이 임명되었다. 할아버지가 아버지에게, 아버지가 아들에게 그 자리를 물려주는 부자세습이 이루어졌다.

이런 푸젠상인의 기업들은 환경변화에 대한 적응력이 뛰어났다. 즉 기업의 운명은 곧 가족의 운명이었으므로 치명적인 실수를 할 가능성이 있는 결정은 배제되어야 했다. 기업규모는 당연히 중소기업이었으며 제품도 단일화되었고, 전문성은 높아졌다. 가족경영 방식은 기업이 대형화되면 비과학적으로 될 가능성이 높다. 인재보다는 믿고 맡길 수 있는 가족에게 중요한 직책을 맡기기 때문이다.

대표적인 화상인 타이완플라스틱 회장 왕융칭은 이렇게 언급한 바 있다. "회사경영의 성패는 사람의 요인이 크다. 사람의 경험, 경영능력,

품행, 마인드, 근면함 등 무형의 자원이 유형의 자원보다 중요하다. 사람에 효과적인 관리를 더한 것이 기업의 생명이다." 즉 왕융칭 회장은 가족 참여 경영법이 갖는 단점을 '가족식 경영'으로 승화하였다. 기업에 들어온 인재들 하나하나를 소중히 여겨 마치 가족처럼 대했으며, 종업원들은 자발적으로 내가 기업이라는 가정의 가족인 것처럼 행동하였다. 현재 동남아시아 각국의 화상들이 비즈니스를 성공적으로 펼치는 이유 중 하나는 이러한 친화적 기업경영 문화에서 찾을 수 있다.

1990년대 초 많은 경제학자가 원저우상인들에게 빨리 '가족 경제'를 벗어나 대기업을 만들지 않으면 더 이상의 발전은 기대하기 어렵다는 진단을 내린 바 있다. 그러나 그 후 원저우 경제는 '가족 경제'를 중심으로 승승장구했고 일부 대기업이 부실한 와중에도 원저우 경제를 버티는 역할을 해내었다. 전 세계 화교 기업을 상대로 조사한 결과, 성공한 기업 중 90퍼센트가 가족기업이었다고 한다. 가족기업, 즉 패밀리 비즈니스는 다음과 같은 장점을 가지고 있다.[102]

첫째, 창업이 쉽다. 혈연관계를 바탕으로 자금을 모을 수 있고 인적자원의 동원 또한 어렵지 않다. 남방상인들은 개인기업 창업과 관련된 법률·법규가 완전하지 않은 개혁개방 초기(1980년대)에 창업하면서 불필요한 분쟁을 피하기 위해 가족기업을 설립했다.

둘째, 일의 진행이 빠르다. 가족기업은 보통 구성원들의 이익이 일치하게 마련이다. 따라서 어떤 사안에 관한 결정과 집행이 빠르게 이루어질 수 있다. 따라서 신제품개발에 걸리는 시간이 신속하다. 일반적으로 새로운 의류를 만드는 데 일반 제조공장에서 3~5개월이 소요되지만, 저장성의 민영기업에서는 12일밖에 걸리지 않는다.

셋째, 관리비용이 낮다. 가족기업은 경영권과 소유권이 일치하기 때문에 다른 기업에 비해 관리비용이 적게 든다. 이는 가격경쟁력으로 나타난다.

넷째, 기업 간 응집력이 뛰어나다. 1991년부터 EU는 중국산 1회용 라이터에 대해 반덤핑관세를 부과하기 시작했다. 당시 1회용 라이터는 저장성 닝보시, 원저우시 등지에 산재한 '가족기업'이 주로 생산하고 있었다. 중국은 WTO에 가입한 2001년부터 이들 기업을 주축으로 EU에 본격적으로 응소하기 시작했다. 2002년과 2003년에 공식적으로 WTO와 EU에 응소했고, 10여 년이 지난 2012년 11월, EU는 일부 기업에 대해 반덤핑소송을 철회하게 된다.[103]

타이완플라스틱 왕융칭 회장

왕융칭王永慶은 1917년 1월 18일 타이완 타이베이현臺北縣 신띠엔新店의 즈탄直潭이란 작은 마을에서 태어났다. 본적이 푸젠성 안시현인 그는 타이완과 대륙을 통틀어 가장 성공한 푸젠상인으로 꼽힌다. 왕융칭 가족은 이곳에서 차를 재배하였는데 왕융칭은 8남매 중 장남이었다. 그의 부모는 매일 새벽 4시부터 찻잎을 따서 포장한 뒤 배에 싣고 타이베이의 도매상에게 운반했다. 차 수확은 봄에서 여름까지만 이뤄졌다. 가을이 되면 차 농가는 할 일이 없었다. 식구들을 먹여 살려야 했던 그의 부모는 가을이 되면 나무를 베어 목탄을 만들어 팔았다.

왕융칭은 이렇게 회고했다. "어머니는 강인한 의지력으로 어려운 환경을 극복하는 데 인생의 참뜻이 있음을 보여주셨다. 그래서 어머니의 삶은 헛되지 않았고 나는 영원히 내 가슴에 어머니의 이야기를 담고 살아가고 있다."

초등학교를 졸업한 왕융칭은 15세 때 고향을 떠나 취직을 했다. 지아이嘉義라는 지역의 쌀집 점원이었다. 왕융칭은 1년간 점원으로 일하면서 쌀을 들이는 법, 쌀을 고르는 법, 쌀값을 계산하는 법 등을 눈여겨봤다. '쌀가게를 하면 굶지는 않겠다'는 결론을 낸 그는 아버지가 빚을 내 모아준 돈으로 작은 쌀가게를 열었다. 첫 창업이었다. 이때가 1931년, 그의 나이 15세 때였다.

당시 타이완의 쌀가게는 쌀에 섞여 있는 돌을 골라내지 않은 채 그냥 판매했다고 한다. 왕융칭은 이 점에 착안했다. "돌 없는 쌀 팝니다"라고 크게 붙여놓은 뒤 돌을 골라내고 장사를 한 것이다. 이뿐만 아니었다. 당시엔 쌀을 산 고객이 직접 집으로 쌀을 들고 가는 것이 당연한 일이었다. 왕융칭은 이 점에도 변화를 모색했다. 그는 타이완 최초로 '쌀 배달제'를 실시했다. 왕융칭은 고객 집으로 쌀을 날라주는 데서 그치지 않고 쌀부대를 쌀독까지 들고 가서 직접 쌀을 부어줬다. 여기서 그치지 않았다. 왕융칭은 고객 가정의 가족 수, 식사량 등을 미리 파악해서 쌀이 떨어지기 2~3일 전에 '알아서' 쌀을 배달해주는 맞춤형 서비스를 제공했다. 이런 판매방식은 당시로선 혁신적이었다. 왕융칭의 판매기법은 선풍적 인기를 끌었다.

타이완 정부는 1953년 일본 식민통치와 전쟁으로 피폐해진 경제를 살리기 위해 제1차 경제개발 4개년 계획을 세웠다. 계획 중에는 미국의 원조를 받아 타이어공장을 세운다는 내용이 들어 있었다. 이 계획을 알게된 왕융칭은 사업권을 따내기 위해 뛰어들었다.

왕융칭은 플라스틱에 대해서는 문외한이었다. 그가 갖고 있던 자

타이완 포모사그룹 창립자 왕융칭

자료: 포모사그룹 홈페이지 www.fpc.com.tw (2009. 10.)

료는 당시 일본의 플라스틱 한 달 생산량이 3,000톤이란 것뿐이었다. 당시 타이완 인구는 일본의 10분의 1이었으므로 왕융칭은 한 달에 300톤 미만을 생산하면 큰 위험이 없을 것이라 판단했다.

1954년 3월, 38세의 왕융칭은 자기자본 50만 달러에 미국 원조자금 67만 달러를 합쳐 총 자본금 117만 달러의 포모사플라스틱주식회사를 출범시켰다. 왕융칭은 플라스틱에 관한 것이라면 가리지 않고 섭렵했다. 그는 플라스틱 전문가가 되어갔지만 사업은 순탄치 못했다. 예상과 달리 플라스틱 판매량이 20톤에도 미치지 못한 것이었다. 원인은 공급과잉이었다. 공급이 넘칠 때는 생산을 줄여야 한다. 하지만 왕융칭은 거꾸로 생각했다. 그는 판매부진의 원인을 비싼 가격 때문이라 판단했고 가격을 낮추기 위해 오히려 생산량을 늘리는 쪽으로 가닥을 잡았다.

판단은 정확했다. 가격을 낮추자 판매가 증가했다. 왕융칭은 엄청난 이익을 볼 수 있었고 포모사플라스틱주식회사는 화학섬유, 방직공장, 석유화학, 자동차, 전선, 전자, 중공업, 종합물류 등 30개 계열사를 거느린 방대한 그룹으로 도약할 수 있었다. 이후 포모사그룹은 매출 617억 달러(2007), 종업원 9만 명을 보유한 타이완 최대 기업으로 발전하였다.

왕융칭은 자린고비였다. 그는 양복 한 벌을 20년 이상 입었으며 목욕용 때수건 한 장을 30년간 사용했다. "국제 전화비가 아깝다"며 유학 중인 자녀에게 전화도 자주 걸지 못하게 했고 편지를 쓸 땐 앞·뒷장에 작은 글씨로 빽빽하게 안부를 적었다. 딸의 결혼식에 "신랑에게 잘해주라"는 덕담과 함께 면도기 한 개를 혼수품으로 준 일화는 유명하다.

왕 회장은 자기관리에도 철저했다. 그는 매일 새벽 2시에 일어나 1시간가량 명상을 한 뒤 1시간 동안 조깅을 했다. 그는 "새벽 운동을 거르지 않는다고 해서 나보고 '대단하다'고 말하는 사람들이 많은데 사실 대단할 것이 없다"며 "먹고살기 위해 새벽 2~3시에 장사를 나와야 하고 다음 날 장사를 위해 그날 밤 12시가 넘어 잠자리에 드는 일을 매일 되풀이하는 상인들이 정말 대단한 사람들"이라고 말했다.

매사에 철저하고 알뜰했던 그도 주변을 돕는 일에선 '자린고비'가 아니었다. 왕 회장은 의료혜택을 받지 못하고 떠난 아버지 왕창껑王長庚을 기리기 위해 1976년 20억 타이완달러를 쾌척해 비영리재단인 창껑기념병원을 설립했다. 2008년 5월 중국 쓰촨성에 지진이 발생하자 1억 위안의 의연금을 누구보다 먼저 내놓기도 하였다.

왕융칭은 자식들에게 엄격한 태도를 견지했다. 영국 런던대학 화학 박사인 맏아들 왕원양王文洋이 1980년에 돌아와 가업을 이으려 했을 때 그는 "말단 사원부터 시작해 과장, 조장, 부장 등의 단계를 남들과 똑같이 거쳐라"라고 강요했다. 이후 간부로 승진한 맏아들이 결혼 문제로 의견을 달리하며 우유부단함을 보이자 "경영자로서 자질이 부족하다"며 그룹 총재직을 조카이자 전문경영인인 왕원위앤王文淵에게 물려준 뒤 아들과는 의절했다. 그는 "세상에 쉽게 얻을 수 있는 것은 아무 것도 없다. 이 진리는 쉽지만 실천하는 사람은 많지 않다"며 "보통 사람의 약점이 바로 여기에 있다"고 말했다.

맨발로 출발해 세계적 기업을 일으켜 '경영의 신神'으로 추앙받아 온 왕 회장은 2008년 10월 15일 91세의 나이로 세상을 떠났으나 재산을 사회에 환원한다는 유지의 유언장이 공개되면서 깊은 감동을 전했다. 왕 회장의 유산은 2,223억 타이완달러(약 8조 원)에 달했다. 그의 유언은 다음과 같다. "인간은 누구나 재부財富를 바라지만 태어날 때부터 가지고 온 사람은 없다. 떠날 때 가지고 떠날 수 있는 사람도 없다. 모으는 재산은 다를지 모르지만 세상과 작별할 때는 모두 사회에 돌려줘야 하는 데에는 예외가 없다. 돈은 하늘로부터 잠시 빌린 것일 뿐이다." 왕 회장은 부富를 사회에 환원한 또 한 명의 푸젠상인이었다.

6. 산시상인

::

현재 산시山西(산서)지역의 역사는 상고上古시대로 거슬러 올라간다. 요堯·순舜·우禹 황제는 서남부 요도평양堯都平陽(현재 린펀臨汾), 순도포판舜都蒲阪(현재 융지永濟), 우도안읍禹都安邑(현재 샤현夏縣)에 도읍을 정하였다. 춘추전국시대에는 산시성 대부분 지역이 진晉나라의 관할이었다. 전국시대 초기 한韓·조趙·위魏 씨 집안이 진나라를 분할하여 삼진三晉이라고도 불린다. 이처럼 산시성은 진秦·한漢·위魏·진晉시대에 정치, 군사, 경제, 문화 등 각 방면에서 중요한 역할을 했던 고도古都이다.

수나라 말 이세민(당 태종)은 태원太原(타이위안)에서 군사를 일으켜 당나라를 건국했다. 원대에는 11개 성 중 산서(산시), 산동(산둥), 하북(허베이)을 '복지腹地(중심지)'로 지정했으며, 대동大同(다퉁), 평양平陽(현재 딩링臨汾), 태원이 황하黃河(황허) 유역의 수도가 되었다. 명대에 이르러서는 진상晉商이라 불리우는 산시상인이 중심이 되어 상업이 흥성하였다. 다퉁시 윈강석굴雲崗石窟, 핑야오고성平遙古城, 우타이산五台山 등은 유네스코 세계유산으로 지정되어 있다.

동으로 허베이성, 서로 샨시(섬서)성, 남으로 허난성, 북으로 네이멍구자치구와 인접했으며 베이징에서 500여 킬로미터 떨어져 있다. 산시성이라는 이름은 타이항산太行山(태산)의 서쪽에 위치를 두고 때문에 유래되었다. 마찬가지로 산둥山東(산동)은 타이항산 동쪽에 있어서 산둥이 되었다. 약칭은 춘추시대 진晉나라의 땅이었으므로 진晉이라 한다. 산시성은 7대 경제구 구분법에서는 화북권에 속하지만, 중부굴기정책 해당 지역인 6개 성 중 하나이다.

참고로 섬서성陝西省과 산서성山西省의 중국어 발음(한어병음)은 동일하게 'ShanXi'로 표기된다. 그러나 혼동을 피하기 위해 우리 일부 언론에서 陝西는 '샨시'로, 山西는 '산시'로 표기하는바, 이 책 역시 이에 따랐다. 중국 역시 혼동을 피하기 위해《중국통계연감》등에서 산서성은 'ShanXi'로, 섬서성은 'ShaanXi'로 표기하고 있다.

찬란했던 과거, 진상

중국 최대 석탄산지인 산시성의 별칭은 진晉으로 표기한다. 이는 지금 산시성의 위치가 춘추전국시대 진晉나라 영토였던 지리적 요인이 배경이 된다. 따라서 산시성 출신 상인의 호칭은 산시상인이 아니고 진상晉商이라 했다. 이 명칭은 그들의 옛 영화榮華를 나타내는 또 하나의 표현일 것이다.

산시상인은 다른 지역의 관념과는 달리 상업을 중요시했다. 총명한 사람이 학자가 되거나 벼슬자리를 얻는 것보다 상인이 되어 큰돈을 버

중국 첫 번째 민간은행, 일성창

자료: 김동하 ⓒ 2012

　는 것이 산시지방의 풍토이다. 그리고 산시상인이 부를 축적할 수 있었
던 큰 이유는 바로 근검과 절약을 미덕으로 생각했기 때문이다. 즉 성
공은 근면과 절약으로 이루어지고 실패는 사치 때문이라고 믿었다. 근
면과 절약은 산시상인의 중요한 경영원칙 중 하나이다. 따라서 중국에
서 만난 산시상인을 외모나 옷차림으로 판단하는 실수를 피해야 할 것
이다.

　산시상인의 전성기는 명·청대 500년에 걸쳐 있다. 이들의 가장 큰
영화의 상징은 중국 최초의 민간금융기관인 표호票號가 산시성에서 출
범했다는 것이다. 기록에 따른 중국 최초의 민간금융기관인 표호는

1824년(청 도광 4년)에 산서(산시)성 평요(핑야오)시에 설치된 일성창日升昌(르성창)이다. 일성창은 전국 각 도시에 지점을 개설하고 본점에서 발행된 어음을 유통하는 등 은행업무를 수행했다. 전성기 이러한 표호는 33개나 있었으며 이들이 전국 각지에 설치한 지점은 400개를 넘었다. 이들 '산시은행'은 전국 지점망을 갖춘 당시 유일한 상업은행이었던 셈이다. 심지어 일본(도쿄, 오사카), 러시아(모스크바), 싱가포르 등에 지점을 둔 표호도 있었다고 하니 당시 진정한 국제금융기관이었다고 해도 과장된 것이 아니다.

이를 계기로 산시상인은 유통업과 금융업을 중심으로 중국상권을 장악했다. 이런 진상은 '천하제일부호天下第一富豪'로 불리는 영예를 얻게 되었다. 표호는 무거운 금속화폐를 직접 운반하고 다니며 원시적인 거래방식이 통용되던 시대에 획기적인 발상의 전환을 가져온 금융기법이었다. 표호는 여신과 송금업무를 취급했으며 현재의 금융기관과 견주어도 손색없는 금융 서비스를 이미 185년 전에 상인들에게 제공하였다. 내가 2012년에 방문했던 산시성 핑야오시는 표호의 유적지가 가장 많이 남아 있어 '중국의 월스트리트'라는 별칭이 붙어 있었다. 그리고 이미 유네스코 세계 문화유산으로 등재되어 있었다.

산시성은 예로부터 농산물이 풍부하여 경제가 번영했던 곳이 아니다. 허난성 정저우나 후베이성 우한처럼 교통이 사통팔달로 발달하여 물류가 원활했던 곳도 아니다. 상하이나 광저우처럼 연해지역에 있어서 개항의 혜택을 본 것도 아니었다. 그런 산시상인이 어떻게 500년간 상권을 장악했을까? 그들의 조직적인 경영능력에서 해답을 찾을 수 있다.

산시상인은 지역적인 연고와 동향同鄕관계를 바탕으로 상방商帮을 조직하였다. 즉 중국 최초로 비즈니스를 집단화·조직화한 것이다. 규모의 경제화를 통해 전국적인 상업그룹을 운영한 셈이다. 실제로 산시상인들은 상방을 통해 신용으로 우선 거래한 후 분기별 결제가 이루어졌으며, 신용을 바탕으로 개인별 차등을 둔 채무한도를 정해 자산의 유동화를 꾀하였다. 또한 이들은 같음을 추구하고 다름은 남겨두는 구동존이求同存異의 유연성, 자강불식自强不息의 근면함, 경업정신敬業精神같은 숭상주의 등의 기업가정신으로 이념무장하고 비즈니스에 임했다.

산시상인들은 거상으로 불렸다. 이는 작은 이익은 쳐다보지 않으며 큰 이익을 추구했기 때문이다. 산시상인이 처음 시작한 비즈니스는 소금 판매였다. 이는 산시성 제저우解州가 염업鹽業의 발생지였기 때문이다. 이 지역에서는 소금호수에서 나는 지염地鹽이 생산되었다. 명조에 이르러 전국 모든 소금 판매는 산시상인이 장악하였다. 청조가 들어서면서 염업은 안후이상인과의 불리한 경쟁관계에 접어들었다. 그러나 산시상인은 곧 새로운 시장을 개척하여 안후이상인과의 경쟁에서 밀리지 않았다. 청대 말기에 이르러 광둥, 상하이가 대외에 개방되면서 비즈니스의 중심은 연해지역으로 이동했다.

결국 산시상인의 상권은 점차 미약해졌으며 그들의 조직력도 급격히 와해되었다. 이처럼 비즈니스에 탁월했던 산시상인들이 시대의 변화에 적응하지 못하고 현대 중국에서 쇠락한 것은 지금도 중국 비즈니스 업계에서는 '역사의 미스터리' 중 하나로 꼽힌다.

산시상인의 상술

산시상인의 대표적 성격은 개척정신과 성실함이다. 따라서 이들 역시

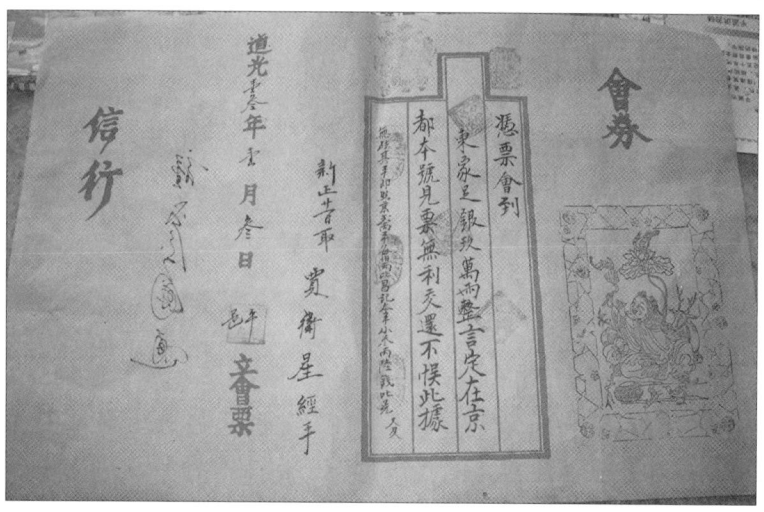

자료: 김동하 © 2012

꾸밈없는 파트너에게 관심을 보일 것이다. 산시상인과의 거래에서는 허세나 겉치레가 필요 없다. 성실하며 소박하고 근검절약하는 모습을 보일 필요가 있다. 지나친 자신감과 오만함은 산시상인에게 불신을 초래할 뿐이다. 겸손함과 따뜻한 배려, 친절함을 보이면 산시상인과 가까워지고 좋은 관계를 맺을 수 있을 것이다. 섣불리 주도권을 잡고 창업안을 제시할 필요도 없다.[104]

모든 상인이 신의를 중요시하지만, 산시상인은 이를 숭상한다고까지 표현할 수 있을 것이다. 이런 절대적 신의는 중국 최초 민간금융기구인 표호를 운영·유지하기 위한 원칙이었을 것이다.

산시상인 역시 박리다매와 주식제도를 기업경영에 일찍이 도입한 바 있다. 남방에서 채소와 설탕, 과일 등을 헐값에 대량으로 구매한 후 몽골 유목민들에게 비싼 값에 팔았으며, 다시 북방 유목민들의 특산품인 양가죽과 양모를 헐값에 구매하여 남방에 판매하였다.

청대 산시상인의 경영방식 중 일부는 현재의 주식제도와 흡사하다. 이들은 주주에게 이익금을 배당할 때 일정 비율의 이익금을 떼내어 유동자본으로 배정하였다. 그리고 일부 자산을 할인하여 상점의 실제 자산이 장부상 자산을 초과하도록厚成 관리하였다. 주식 분배 전에는 일부 이윤을 인출하여 유동자본으로 전환하여 유통시켰으며公座厚利 일부 상점의 부실채권은 이익분배 전에 갚도록 이익 중 일부를 갹출預提護本하였다. 지금의 대손충당allowance for bad debts인 셈이다. 결산기간에 이익금을 나눌 때는 기업주의 출자금과 상점 주인, 점원의 공로를 바탕으로 이윤을 분배人身頂股하였다.

산시상인 몰락의 원인

베스트셀러 경제학자인 랑셴핑이 지적한 산시상인 몰락의 원인은 우리가 참고할 만하다. 산시상인 성공요인 중의 하나는 거대한 산업 가치 사슬industry value-chain을 중국 최초로 도입한 점과 '무한책임'이 동반되는 '무한책임회사'라고 불릴 수 있는 주식 시스템을 구축한 점을 들 수 있다.[105] '무한책임회사'는 기업경영에 문제가 닥쳤을 때 자신의 투자액 한도 내에서 책임을 지는 '유한책임회사'와 달리 자신들의 돈을 털어서라도 문제를 해결한 것을 의미한다. 즉 남다른 책임의식을 가지고 기업을 운영해온 것이다. 하지만 이러한 산시상인들도 때를 잘못 만났다. 개인의 예지와 힘만으로는 사회적 환경 악화에 따른 불행을 피하지 못했던 것이다.

산시상인 몰락의 첫째 이유는 정부의 무분별한 기부금 착취에 있었다. 청나라 말기 당시 표호를 운영하던 주인은 걸핏하면 정부로부터 기부금 요청을 받았다. 현재까지 알려진 것으로는 티베트의 대소 금천 전쟁 때 11만 냥, 백련교도의 난 때 218만 냥, 제1차 아편전쟁 때 200만 냥, 태평천국의 난 때 287만 냥, 좌종당의 신장정복 때 863만 냥 등이 있다. 나라에서는 위기 때마다 산시상인에게 손을 벌렸고 경영주는 상당한 경제적 부담감에 시달렸을 것이다.

둘째는 강력한 경쟁자인 외자은행의 유입이다. 청나라 말기인 1913년, 즉 신해혁명이 일어난 지 3년이 지난 후 중국에 들어온 외자은행은 모두 21곳으로 이들은 앞다투어 125개에 달하는 분점을 중국에 세웠다. 반면 산시상인이 운영하는 표호들은 부패한 관리들과 거래를 해야 했으며, 아직 출셋길에 오르지 않은 관리들에게도 미래의 위험을 대비하기 위해 투자해야 했다. 1906년 호부, 즉 당시 재정부가 보유하고 있던 은냥 중 1/3을 산시상인 표호가 관리하고 있었다. 그런데 돈을 빌린 관리가 갚지 않고 그냥 넘어갈 때도 있었고, 과거에 급제한 관리에게 공짜로 5,000냥의 은자를 빌려주는 등 출혈을 감수해야 했다. 즉 산시상인 표호들은 겉보기에는 사업을 잘 운영하고 있었지만, 속으로는 부패가 심화되고 있었던 셈이다.

이러던 중 태평천국의 난에 이어 청왕조의 타도와 민주혁명을 주장하는 신해혁명이 터졌다. 극심한 혼란이 계속되자 돈을 빌렸던 관리들은 상환을 거부했고, 이 소식이 전해지자 돈을 맡겼던 관리들도 돈을 일시에 빼어가는 '뱅크런bank run' 상황이 발생하였다. 반면 청나라에 들어와 있던 HSBC(홍콩상하이은행, 홍콩에 진출한 스코틀랜드 상인들이 1865년에 설립) 같은 외자계 은행들은 표호가 떠난 자리를 잠식하기 시작하였다. 청나라 정부가 현대식 은행을 설립하기 위해 산시상인 표호에게 지분참여를 요청했지만 이를 거절하였다. 새로운 시대에 새로운 개념을 거부한 산시상인들의 몰락은 가속화되었다. 결국 중국 표호의 시조였던 '일승창'은 1914년 겨울에 파산을 맞았고 산시상인도 종말을 고하게 된다.[106]

'중국의 구글' 바이두 리옌훙 회장

중국 인터넷검색포털업계 지존 바이두百度,www.baidu.com를 만든 리옌훙李彦宏 회장은 중국 사람들에게는 '디지털 영웅'이다. 세계 최강 검색엔진 구글을 중국시장에서 맥도 못 추게 하고 승승장구하며 중국 네티즌들의 사기를 고취하고 있기 때문이다. 현재 중국에서 2억 5,000만 명이 넘는 네티즌이 바이두를 이용하고 있다.

그러나 산시성 사람들에게 리옌훙은 500년 진상의 영화를 다시 밝혀줄 신新진상으로 추앙받고 있다. 리옌훙은 1968년에 산시성 양취안陽泉에서 출생했다. 베이징대학에서 정보경영학을 전공하고 미국으로 건너가 버펄로 뉴욕주립대학에서 컴퓨터공학으로 석사학위를 받은 그는 경제뉴스 전문 다우존스와 검색엔진업체 인포시크에서 현장을 경험했다. 이후 월스트리트의 스카우트 제의를 받았는데, 박사학위 과정을 과감하게 포기하고 비즈니스에 뛰어들었다. 리 회장은 실시간 정보 시스템을 개발해 〈월스트리트저널〉을 비롯한 월스트리트 기업들의 웹사이트를 구축하면서 인터넷 성장성에 눈을 떴고, 기업공개·스톡옵션

등을 배우며 사업 결심을 다졌다.

리 회장이 1999년 미국에서 끌어들인 벤처자금 200만 달러를 가지고 귀국해 중국 베이징의 3성급 허름한 호텔에서 탄생시킨 게 바로 바이두이다. 리 회장은 내핍 경영을 하면서 사업에만 몰두했고 바이두는 불과 창업 5년 남짓인 2005년에 벤처의 희망 미국 나스닥증권시장에 상장했다. 그 후 4년이 지난 2009년 바이두는 야후를 제치고 구글에 이어 세계시장점유율 2위 검색포털로 우뚝 섰다. 출범 초기 10명이 채 안 되던 직원 수는 이제 7,000여 명에 이른다.

미국 시장조사기관 컴스코어에 따르면 바이두는 2009년 전 세계 검색엔진 시장점유율에서 6.9퍼센트를 기록했다. 2008년만 해도 점유율 10퍼센트를 넘어 업계 2위였던 야후는 바이두의 위세에 급속도로 위축되며 뒤로 밀렸다. 바이두는 세계 검색시장에서 점유율이 7퍼센트에 채 못 미치지만, 중국 내에서는 70~80퍼센트를 넘나들며 네티즌들의 절대적 지지를 받고 있다. 20퍼센트 남짓인 구글에 비해 2~3배에 달하는 국내시장 장악력을 발휘하는 셈이다.

리 회장은 2005년 8월 미국 나스닥시장에 상장하면서 국제무대에 화려하게 등장했다. 상장 당일 주가가 400퍼센트 가까이 뛰자 단숨에 재산평가액이 10억 달러를 넘어서면서 거부 반열에 올랐던 그는 중국 젊은이의 롤모델이다. 그는 2008년 미국 〈포브스〉가 선정한 중국 억만장자 가운데 7위에 올랐다.

바이두百度란 이름에는 리 회장의 도전의지가 그대로 담겨 있다. 송나라 때 시에서 영감을 받아 만들었다는 바이두는 '수백 번, 수천 번'을 의미하는 말이다. 리 회장은 창업동지인 친구 쉬융徐勇과 함께 이상을

바이두 회장 리옌훙

자료: 바이두 홈페이지 (2013. 3.)

추구하며 끊임없이 나가겠다는 다짐을 회사 이름에 담았다.

2000년 초 리 회장이 바이두를 만들 당시만 해도 중국의 구글로 키우겠다는 게 목표였다. 하지만 이제는 구글조차 중국 관련 서비스를 베껴갈 정도로 기술적으로 앞서 가고 있다. 리 회장의 변신은 대학 시절부터 닦은 것이다. 1987년 베이징대학에 들어간 그는 학창시절부터 각계 유명인사의 강연을 빼놓지 않고 챙겨 들으며 미래를 설계했다.

점유율이 탄탄해지면서 바이두의 매출액도 폭발적으로 늘었다. 2004년까지만 해도 1.1억 위안에 불과했던 매출액이 2008년 말에는 31.9억 위안으로 4년 만에 30배가 됐다. IT 전문가는 "중국어 인터넷 웹사이트 정보는 영어보다 복잡한 구조가 필요하다. 이것이 바이두가 구글보다 좋은 솔루션을 보유하고 있다는 증거"라고 진단하고 있다. 중국 IT 환경에서는 바이두가 최적의 경쟁자라는 평가이다.[107]

바이두가 발표한 2012년 매출액은 223.06억 위안으로 2011년 대비 53.8퍼센트 증가했다. 2012년도 세전이익은 104.56억 위안(전년 대비 57.5퍼센트 증가)을 기록했다. 회계보고서에 따르면 2012년 회사의 4분기 매출액은 63.35억 위안(41.6퍼센트 증가), 순이익은 27.95억 위안(31.6퍼센트)이었다. 바이두의 매출의 절대적인 부분은 온라인 마케팅에서 이루어졌는데 99.7퍼센트에 달했다. 바이두사의 온라인 마케팅은 고속성장을 지속하고 있는데 이는 고객 수와 고객당 영업수입이 증가했기 때문이다. 리옌훙은 2012년 말부터 시작된 인터넷 검색 성장률 축소는 앞으로 1년간 지속될 것이라 전망했다. 바이두는 차기 성장 엔진으로 이동통신 단말기 내 검색을 꼽고 있으며 관련된 투자를 확대할 계획이라고 밝혔다.[108]

바이두는 시장에 진입한 직후부터 중국인 특성과 생활습관에 맞는 기술과 서비스를 개발해 호평을 받았다. 바이두의 엔지니어는 "다른 외국 검색엔진은 개별 한자로 검색이 이뤄지는데 바이두는 한자를 조합해 만들어진 단어를 중심으로 검색한다"며, 따라서 "검색결과가 훨씬 정밀할 수밖에 없다"고 설명했다. 중국어 특성을 살린 기술이 바이두를 최고의 중국어 검색엔진이 되게 만들었다는 이야기다.

중국산 토종 검색엔진 바이두는 500년 전 진상이 청나라에 협력했던 것처럼 중국 정부 인터넷정책에 순응하고 있다. 이 역시 회사의 성공적 발전요인 중 하나이다. 구글이 중국 정부에 음란물 유포 혐의 등으로 트집을 잡히고 정보검색의 자유를 요구할 때, 바이두는 정책에 순응하며 시장을 점유하고 있다.

문화대혁명 40주년이었던 2006년 가을, 바이두에서 '문화대혁명文化
大革命'이라는 검색어를 입력하면 "당신의 검색어는 관련 법률에 위배될
수 있습니다"라는 경고문이 나왔다. 특정한 시기에 문화대혁명에 대한
네티즌의 호기심은 통제당했으며 바이두는 이를 충실히 수행했었다.
다시 부활한 진상 리옌훙의 바이두는 옛 영화를 현실로 재현하고 있다.

7. 장쑤상인

::

장쑤성의 성도 난징南京은 유서 깊은 도시이다. 삼국시대에 오나라 손권孫權이 도읍을 정한 이후 동오東吳, 동진東晉, 남북조시대의 송宋, 제齊, 양梁, 진陳 등 고대 6개 왕조의 도읍이 됨에 따라 6조의 고도古都로 불리고 있다. 수나라 문제文帝 시대에 소주苏州(쑤저우), 양주扬州(양저우), 서주徐州(쉬저우)가 설치되었으며, 양제陽帝 시대에 강소성(장쑤성)을 통과하여 항주(항저우)−화북(화베이) 지역을 연결하는 경항대운하가 완성된 이후 강소성은 장강과 대운하의 교차점으로써 경제적으로 번영을 구가하였다. 주원장洪武帝이 난징을 수도로 명나라를 건국한 이후 강소성은 농업 생산력이 증진되고 도자기, 차, 비단 등을 중심으로 한 상공업이 급속히 발전했다. 청나라 시대 강소성은 일시적으로 강남성江南省(장난성)에 속했는데 1667년 강희제가 강남성을 강소(장쑤), 안휘(안후이) 두 개의 성으로 나누었다.

중일전쟁 시대 난징은 국민당 정부의 수도였다. 1937년 일본군이 난징을 함락한 후 30만 명의 중국인을 대상으로 비극적인 난징대학살을 자행한 곳이기도 하다. 1949년 수난蘇南, 수베이蘇北 두 개의 행정구가 설치되었고 난징은 직할시가 되었다. 중국 정부는 1953년 두 행정구를 다시 합쳐 장쑤성을 설치하고 난징을 성도로 삼았다.

장쑤성은 동쪽으로 바다를 접하고 있고 서쪽과 남쪽으로는 호수를 끼고 있으며 창장이 중부를 관통한다. 운하가 남에서 북으로 가로지르고 기후가 따뜻하고 토양이 비옥하여, 예로부터 어미지향魚米之鄕(물고기와 벼가 풍성한 곳)이라고 불리기도 했다. 1년 내내 수산물과 육류, 채소류가 넘쳐나 음식재료가 풍부해 요리법들이 발전하였다. 장쑤성지방의 요리인 화이양차이淮揚菜는 난징·양저우·쑤저우 지역 요리를 위주로 한다.

장쑤성은 중국 동부 연해의 중심에 위치를 두고 있다. 동쪽으로 황해黃海, 서쪽으로 안후이성, 북쪽으로 산둥성, 동남쪽은 저장성, 상하이와 인접해 있다. 현재의 난징南京의 옛 이름인 강녕江寧(장닝)과 소주蘇州(쑤저우) 두 도시 이름의 첫 글자를 따서 강소성江蘇省(장쑤성)으로 불리게 되었다. 약칭은 소蘇(쑤)이다.

중국의 각 지역은 별칭을 가지고 있다. 역사적으로 고대왕조 시절 명칭을 차용하거나, 문화적으로 많이 나는 특산물을 내세우거나, 경제적으로 현재 소재하고 있는 주력기업을 내세우는 경우도 있다. 당나라 때 시인 왕준王駿은 시구에서 '어미지향魚米之鄕'이라는 말을 썼다. 즉 생선과 쌀이 풍성하게 나는 풍요로운 지역이라는 의미다. 이는 지리적으로는 창장 중류와 하류를 의미하며 현재의 장쑤성에 해당한다. 또 이

중국 역대 왕조별 과거 장원 본적지 현황

	총계	기타 왕조	당대	명대	청대
장쑤성	85	11	6	18	50
저장성	65	25	0	20	20
안후이성	25	7	1	5	12
장시성	40	17	2	18	3
푸젠성	36	22	0	11	3
쓰촨성	17	9	5	2	1
허베이성	44	22	15	3	4
산둥성	37	19	8	4	6
허난성	47	21	23	3	0
산시성	16	10	6	0	0
기타 지역	62	20	16	8	18
합계	474	183	82	92	117

주: 기타 왕조는 50, 북송, 요, 남송, 금, 서하, 원대를 포함함.
자료: 후자오량(2005), 249쪽.

런 말도 있다. "장쑤지방의 곡식이 여물면 천하가 풍족하다." 이는 장쑤성의 풍족한 자원을 반영하는 말이다. 청나라 시절 117명의 과거시험 장원급제자 중 50명(42.7퍼센트)이 강소(장쑤) 출신이다. 이들은 물자가 풍부한 지역에 사는 덕분에 공부에 전념할 수 있을 것이다. 소위 중국의 '8학군'인 셈이었다. 이처럼 장쑤상인은 풍족한 문화·경제적 배경을 바탕으로 성장해왔다.

현실적이고 독립적인 장쑤상인

근대 상공업 역사에서 장쑤상인은 매우 중요한 역할을 했다. 그리고 이를 통해 장쑤성은 근대 공업의 발상지가 되었다. 장쑤상인은 경영감각이 매우 뛰어나고 인내심이 강한 것으로 유명하다. 그들은 '고객 제일'의 가치 하에 반드시 장사에 성공하려고 노력한다. 그러면서도 전체적으로는 검소하고 학문을 좋아하며 진지한 태도로 재산과 부를 축적한다. 이런 이유로 장쑤상인을 가리켜 '상인의 거울'이라고 칭하기도 한다.

장쑤상인들의 또 다른 특징은 다른 어떤 지역보다도 독립성을 중시한다는 점이다. 이들은 '적게 벌든 많이 벌든 모두 내 힘으로 이룬다'는 관념을 가지고 있다. 이는 장쑤상인이 유능하며 독립심이 강하다는 증거이지만, 다른 쪽으로 보면 혈육의 정$_{血緣}$이나 고향의 정$_{地緣}$에 구애받지 않고 독립적으로 활동하는 상인임을 나타낸다.

장쑤상인의 상업의식은 창업에 대한 욕망으로 나타난다. 중국이 개혁개방을 막 시작한 1980년대 말, 장쑤상인은 생활용품을 등에 지고 전국 각 지역을 떠돌았다. 비록 독립적으로 경영을 추구하였으나 필요하면 외부의 조건을 적극 활용하는 경영방식도 보였다.

장쑤상인이 다른 지역 상인보다 유리한 점은 딱히 발견할 수 없지만 상업에 대한 예리한 직감과 유연한 전략이 뛰어난 것만큼은 분명하다. 장쑤상인은 총명하다. 만약 광둥인, 푸젠인, 저장인, 장쑤인이 함께 달리기를 한다면 광둥인은 꾀가 많고, 푸젠인은 열정이 넘치며, 저장인은 가장 빨리 달린다. 반면 장쑤인은 서두르지 않으며 그렇다고 여유를 부리지도 않는다. 느긋하면서도 침착하다. 단거리 경주라면 장쑤인은 민첩하고 발 빠른 저장인에게 질 것이다. 그러나 장거리 경주라면 장쑤인이 항상 승리할 것이다.

장쑤상인의 승리비결은 무엇일까? 바로 인내력이다. 그들의 경쟁방법은 착실하게 일하면서 점진적으로 우위에 서는 것이다. 초반에 두드러지지 않지만, 장기적으로 축적되어 후반에 이르면 위력을 발휘한다.

홍콩이 1997년 7월 1일 중국에 반환되면서 상하이시에 정치적 기반을 가졌던 장쩌민 정부는 본격적으로 상하이를 중국의 새로운 경제성장 엔진으로 부상시키기 시작한다. 장쑤성은 상하이 발전을 위한 배후기지 역할을 수행할 운명을 맞이했고 장쑤상인들은 주어진 임무를 묵묵히 수행했다. 여기에는 장쑤상인 특유의 인내력이 바탕이 되었다.

신용을 중시하는 것은 모든 상인의 기본일 것이다. 그러나 지역에 따라서 의리가 앞설 때도 있고, 이익을 먼저 도모할 때도 있다. 그런데 장쑤상인들은 "권력자들의 미움을 살지언정 고객들의 신용을 잃을 수 없다"는 경영원칙을 가지고 있다. 이는 장기적인 경영전략을 가지고 있는 장쑤상인들에게는 반드시 필요한 덕목이었을 것이다. 따라서 중국 상업계에서는 '신용 하면 장쑤상인'이라는 이미지가 구축되었다.

푸젠상인에 비해 리스크 테이킹이 부족하며, 광둥상인에 비해 재빠르게 반응하는 영리함이 부족하고, 저장상인에 비해 온 천하를 사로잡을 도량과 포부가 모자란다는 평을 받는 것이 장쑤상인이다. 하지만 다른 시각에서 보면 장쑤상인은 보수적이며 안정적이다.

역사는 그 결과를 명확히 나타내고 있다. 휘상(안후이성)·진상(산시성)·섬상(산시성)·산둥상인은 역사적으로 성대한 전성기를 경험했던 중국의 유명한 상인들이다. 그러나 21세기에 들어서면서 이들의 명성은 이미 쇠락했거나 쇠락하고 있다. 장쑤상인만이 아직도 제 몫을 해내고 있는 것이다.

공장 한 칸을 임대 낸 민영철강사에서 시작하여 중국 3위, 세계 7위

규모의 철강그룹이 된 사강그룹의 선원룽沈文榮 회장, IBM PC 부문을 매입하여 일거에 다국적 IT 기업으로 부상한 리엔샹그룹의 리우촨즈柳傳志 총재, 최대 에어컨 메이커인 춘란그룹의 타오젠싱陶建幸, 그리고 이 책에서 소개할 쑤닝전기의 장진둥 등이 대표적인 장쑤상인이다.

가전유통업 부호 장진둥

쑤닝전기蘇寧電器 회장 장진둥張近東은 자산이 336억 1,000만 위안으로 중국 5위 부호이다. 장진둥은 자본금 10만 위안으로 장쑤성 난징시에서 에어컨대리점을 시작한 지 17년 만에 자산규모 162억 2,000만 위안(2007)인 중국 최대 가전유통업체의 대주주가 된 인물이다. 중국 가전시장 규모는 2010년 기준 1조 위안으로 추산되는데, 장진둥이 소유한 쑤닝전기의 시장점유율이 가장 높다. 쑤닝전기의 유통전략은 '쑤닝 모델'이라 불리며 중국 내 가전 유통전략의 교과서적 모범으로 통해왔다.

장진둥은 1963년 3월에 장쑤성 난징시에서 태어났다. 1980년 장진둥은 난징사범대학 중문과에 진학한다. 1984년 7월, 21세에 대학을 졸업하고 난징시 국유기업인 하오웨이의 사원으로 직장생활을 시작했다. 1984년은 중국이 개혁개방정책을 시작한 이후 첫 번째 시아하이下海 열풍, 즉 철 밥그릇이던 국유기업을 뛰쳐나와 위험과 가능성이 공존하는 민영기업을 창업하는 바람이 불던 때였다. 그가 처음으로 받은 월급 55위안은 단조로운 업무처럼 3년간 변화가 없었다. 결국 청년 장진둥은 고민 끝에 1987년 형 장궤이핑張桂平과 철 밥그릇을 팽개치고 난징시 번화가에 10만 위안을 자본금으로 에어컨대리점을 차렸다.

장진둥이 에어컨대리점을 낸 1987년은 도시민을 중심으로 백색

가전 수요가 급증하여 제품만 있으면 판매에는 문제가 없던 시기였다. 가전판매 경험을 축적한 장진둥은 에어컨대리점을 낸 지 3년 만인 1990년 12월에 쑤닝전기의 전신인 쑤닝가전공사를 설립했다. 쑤닝가전공사는 "춘란에어컨 난징시 전매점"이라는 간판을 달고 춘란春蘭에어컨 한 품목만을 취급했다. 1985년에 설립된 춘란에어컨은 장쑤성 타이저우시에 위치한 국유기업으로 1990년대에 줄곧 에어컨 시장점유율 1위(30퍼센트)를 유지했고, 나중에 연간 생산 500만 대 규모의 대형제조사로 발전했다.

특정 회사의 특정 제품만을 취급하는 방식은 1990년대 초에는 생소한 것이었다. 장쑤성 수도인 난징시에서 유일한 에어컨 전문매장을 보유했던 장진둥은 학교, 기업 등 기관을 대상으로 단체판매에 주력했다. 1990년 당시는 중국의 에어컨 메이커 10개 사, 연간 생산능력이 24만 대에 불과하여 판매자가 우위에 있던 시장구조였다. 그런데도 장진둥은 박리다매 원칙을 고수했다. 이듬해인 1991년 장진둥은 사업범위를 확대하여 수입 에어컨도 취급했고, 1년 만에 매출을 2,000만 위안으로 올려놓았다. 그 후 광둥성 지역을 중심으로 거리(1991), 커룽(1993) 등 중국산 가전 메이커가 등장하면서 중국산 에어컨 대량생산 시대가 도래했다. 1993년 중국 내 에어컨 생산량은 292만 대로 늘었고 기업 설비투자가 계속되면서 1994년에는 생산능력이 800만 대로 늘었다.

전력을 많이 소비하는 에어컨은 중국에서 사치품으로 규정되었다. 그래서 에어컨 구매자들은 별도의 설치비를 내야 했다. 높은 전압이 필요하기 때문에 전용선을 사용했고 일부 지역에서는 전기세를 추가 부담하기도 했다. 이러한 특수성으로 에어컨의 주요 판매경로는 일부 국유기업이 독점했고 특히 여름철 성수기에는 자금과 판매력이 있는 대형 국유유통상이 아니면 물량을 받을 수도 없었다. 반면 비수기인 겨울철에는 공장을 아예 가동하지 않고 직원에게 장기휴가를 주는 일도 있었다.

소규모 민영사인 쑤닝전기는 이러한 계절적인 시차와 시장경제 메커니즘을 활용하여 새로운 수익 모델을 추구했다. 즉 제조회사와 계약을 맺어 비수기인 겨울철에 생산되는 물량을 저가로 확보해놓는 것이었다. 많은 제조회사가 쑤닝전기가 제안한 새로운 방식에 관심을 보였지만, 장진둥으로서는 일대 모험이 아닐 수 없었다. 혹시라도 수요예측이 잘못되어 과다한 물량을 구매한다면 회사는 자금난에 봉착할 수 있었다. 더구나 1년 후의 여름철 날씨를 예측해야 하는 위험 부담도 있었다. 그러나 1992년부터 시작된 '입도선매' 방식은 매년 성공을 거두었다. 이것이 쑤닝전기가 처음 시작한 판매 모델이었고 이후에는 타 유통업체들도 이를 모방했다. 이러한 판매방식의 성공으로 쑤닝전기는 제조회사에 대한 가격 주도권과 물량 확보를 통한 시장 주도권을 동시에 거머쥐게 되었다.

쑤닝전기가 도입한 두 번째 모델은 바로 광고전략이다. 1990년대 초만 하더라도 도시민이 가전제품을 구매할 때에는 소속 국유기업에서 구매권을 받아서 살 정도로 계획경제 메커니즘이 남아 있었다. 이런 상황에서 가전 유통기업이 굳이 광고를 할 필요가 없었다. 그러나 비수기인 겨울철에 에어컨을 팔기로 작정한 쑤닝전기의 시각은 달랐다. 1993년 1월 한겨울에 쑤닝전기는 "시원한 여름을 보내려면 쑤닝에서

쑤닝전기 총재 장진동

자료: 쑤닝전기 홈페이지 www.suning.com (2013. 1.)

에어컨 구매를"이라는 슬로건을 내걸고 무려 50만 위안이라는 광고비를 쏟아붓기 시작한다. 이러한 쑤닝전기의 공격적인 마케팅은 바로 효과를 발휘해 1993년 1~4월간 에어컨 판매는 9,000만 위안을 기록하면서 선 구매량을 초과했다.

세 번째 모델은 박리다매이다. 물론 쑤닝전기의 박리다매 전략은 타 유통업체보다 유리한 조건에서 대량으로 입도선매한 물량이 있기에 가능했다. 1993년 5월에 판매한 화바오 모델은 판매가가 5,562위안이었는데, 이는 타 유통업체보다 12.6퍼센트 저렴한 수준이었다. 그 결과 1993년 쑤닝전기 매출액은 전년보다 187퍼센트 증가한 3억 200만 위안을 기록하게 된다.

중국 소비시장의 특징 중 하나가 시장 단절이다. 즉 지역보호주의가 팽배하여 다른 지역에서 생산되는 제품의 진입이 원천적으로 힘들다. 이는 지역 내 기업 제품 판매가 세수税收와 취업에 직결되고 지역 내 유통기업이 해당 지방정부의 통제 하에 있기 때문이다. 따라서 거의 모든 성급 지방정부가 가전판매사와 유통사를 소유한 1990년대에 난징시에 소재한 민영유통사 쑤닝전기가 전국적인 판매 네트워크를 구축하는 것은 물리적으로 불가능한 일이었다. 그러나 장진둥은 '① 제조사와의 협력 ② 전문적인 고객 서비스 제공 ③ 규모의 경제 추구'라는 세 가지 방법을 통해 이를 돌파하였다.

먼저 제조사와의 협력은 쌍방이 신의를 쌓음으로써 구축했다. 가장 먼저 한 일은 쑤닝전기가 얼마를 버는지 정직하게 공개하는 일이었고, 이를 확인한 제조회사는 더욱 좋은 가격조건으로 제품을 공급하게 되었다.

쑤닝전기는 에어컨 공급처를 같은 장쑤성에 소재한 춘란에어컨 한 곳에 의존하였다. 그러나 사세가 확장되면서 규모의 경제를 갖출 필요성을 느끼게 되었다. 1990년 초 화난지역에 여러 에어컨 제조회사가 등장했으나 품질 및 판매 네트워크 문제 등으로 다른 지역에서 판매하기는 여의치 않았다. 그러나 장진둥은 1992년 가을 신생기업 화바오에 500만 위안의 주문을 넣었다. 이러한 과감한 행보는 다른 지역 제조회사인 산양, 화링, 커룽, 메이디 등으로 확산되었다. 결과적으로 소비자는 쑤닝전기 한 매장에서 전국 모든 브랜드의 에어컨을 비교 구매하는 혜택을 누릴 수 있었다.

쑤닝전기의 고객 서비스는 고객의 입장을 고려하는 것에서 시작한다. 당시 에어컨 설치 시 소요되는 모든 비용은 고객 부담이 원칙이었다. 그러나 쑤닝전기는 이를 제조회사가 부담하는 것으로 바꾸었으며, 이를 할인된 가격에 포함시켰다. 설치 후에 작동을 확인한 고객이 확인서를 제출하면 제조회사가 쑤닝전기에 설치비를 후지급하는 식으로 운영한 것이다. 결국 고객은 추가 설치비 부담을 안 해도 되고 제조회사는 설치비 결제를 에어컨 판매 시까지 유보할 수 있어 원원할 수 있었던 것이다. 또한 에어컨 설치를 책임지는 쑤닝전기 서비스부서 역시 고객만족에 최선을 다해야만 하는 선순환구조를 구축했고, 1993년에 업계 최다 서비스 인력(300명)을 보유했다. 이러한 쑤닝의 노력으로 "쑤닝에서 에어컨을 구매하면 설치·유지·보수에 걱정이 없다"는 소비자의 신뢰를 얻게 되었다.

그 결과 쑤닝은 1996년에 15억 위안 매출을 기록했고 중국 24개 성, 자치구, 직할시를 아우르는 4,000여 곳에 판매대리점을 두게 되었다. 그러나 1995년에 에어컨 생산량이 500만 대, 제조사가 300개로 늘면서 시장은 점차 포화상태에 이르게 된다. 에어컨시장이 포화상태에 이른 1996년에 쑤닝전기는 첫 번째 경영위기를 맞았다. 그동안 가장 신뢰했던 파트너인 춘란에어컨이 10억 위안을 투자하여 직영 판매대리점 3,000개를 개설하기로 전략을 바꾼 것이다. 하이얼, TCL, 메이디 등 다른 제조회사들도 치열해지는 시장경쟁에서 원가절감을 위한 직거래를 확대하는 추세였다.

결국 쑤닝전기는 변신을 꾀하게 되었다. 우선, 소수 가전 메이커만을 상대했던 이전 대량구매방식에서 탈피하며 다사 소량구매방식으로 공급선을 다원화한 것이다. 그다음으로 제조회사에 직접 지분투자를 하여 전략적 동맹관계를 구축했다. 1998년 장쑤산양공사를 필두로 남경슝마오전기설비(1999, 지분 49퍼센트), 페이꺼에어컨(1999, 50퍼센트), 베이징화링전기(2000) 등에 투자했다. 마지막으로 에어컨 전문매장에서 탈피하여 모든 백색가전을 취급하는 종합가전양판점으로 변신을 꾀했다. 1999년 12월 26일, 드디어 쑤닝전기는 가전종합양판점 1호를 난징시에 오픈했다. 이러한 적극적인 변화 노력이 성공을 거두어 2000년 쑤닝전기의 매출은 40억 위안으로 성장했다.

2001년, 중국의 WTO 가입은 쑤닝에게 기회이자 위협이었다. 중국 유통업은 정해진 일정표에 따라 외국에 개방되고 있었고, 안팎 경쟁자들은 힘을 키워갔다. 이때 장진둥이 선택한 성장전략은 증시상장이었다. 장진둥은 2001년 6월에 쑤닝전기연쇄점그룹을 설립하여 국내증시 상장을 위한 작업에 착수했다. 가전업계는 대형 유통상이 상장을 통해 몸집을 불리는 것을 탐탁지 않게 여기고 방해공작을 하기도 했다. 어려움을 정면 돌파한 장진둥은 2004년 7월 21일 연쇄점기업으로는 최초로 쑤닝전기를 선전증권거래소에 상장했다. 최초 발행주식은 2,500만 주로 공모액은 3억 9,600만 위안에 그쳤으나, 증자를 거듭하여 총 주식 수가 7억 2,000만 주로 늘었다. 현재 장진둥은 쑤닝전기의 지분 44.9퍼센트를 보유하고 있다.[109]

쑤닝전기의 미래는 '3C+매장' 구축전략으로 귀결된다. 즉 이전의 가전양판점에서 컴퓨터Computer, 통신Communication 등을 더해 IT 및 가전양판점으로 발전하는 것이다. 이를 위해 2003년 3월 난징시에 3C매장 1호를 열었다. 그다음 단계인 3C+매장은 조명기구, 욕실설비, 헬스용품 판매까지 범위를 넓혔다. 2007년 말 현재 쑤닝전기의 3C+ 매장은

쑤닝전기 경영실적 (단위: 억 위안)

	2009	2010	2011	2012	전년비 증감률
총자산	358.39	439.07	597.86	761.61	27.30%
매출액	583	755.04	938.88	983.57	4.75%
영업이익	38.75	54.31	64.44	30.13	−53.20%
세전이익	−	54.02	64.73	32.41	−49.90%
순이익	−	41.05	48.86	25.05	−48.70%

주: 2013년 2월에 상장사 명칭을 쑤닝전기에서 '쑤닝윈상(苏宁云商)'으로 변경함.
자료: 쑤닝전기 홈페이지 공시자료 (2013. 6.)

82개이다. 현재 쑤닝전기는 중국 내 152대 도시에 연쇄점 632개를 보유하고 있으며 매장의 면적을 모두 합하면 264.21만 제곱미터(연쇄점 1개당 평균 4,180제곱미터)에 이른다.

쑤닝전기의 사원 수첩 1면에는 "쑤닝의 유일한 제품은 고객 서비스"라는 글귀가 적혀 있다. 가전제품양판점으로서 당연한 문구이기도 하지만 쑤닝은 이를 꾸준히 실천해오고 있다. 실제로 쑤닝전기와 장진둥 회장은 수년간 '소비자 신뢰 기업' '가장 일하고 싶은 민영기업' 등으로 선정된 바 있다.

장진둥 회장은 2008년 베이징올림픽과 2010년 상하이세계박람회를 도약의 계기로 삼았다. 그는 연쇄점 1,500개를 개설해 중국 내 333개 도시를 아우르겠다는 목표 달성을 앞당길 계획이다. 중국의 월마트가 되고자 하는 장쑤상인 장진둥의 꿈은 이미 시작된 것인지도 모른다.

8. 산둥상인

::

산둥성은 타이항산太行山 동쪽에 있다고 하여 산동山東(산둥)이라는 이름을 얻었다. 춘추전국시대에 제齊나라, 노魯나라 2개 제후국이 소재하여 산둥지역을 제노齊魯지역이라 부르며, 현재 산둥성은 약칭을 '노魯'로 표기하고 있다. 서주西周시대 약 40여 개 제후국이 있었으며, 그중 제나라와 노나라는 정치·경제·문화적으로 중국 고대사에 커다란 영향을 미쳤다.

춘추전국시대 제나라와 노나라를 중심으로 여러 제후국이 공존하다가 전국시대 말기 노나라가 초나라에 의해 멸망되고 제나라의 세력이 강화되었으며, 진秦시대에는 제나라도 진시황에 의해 멸망되고 중국이 통일되었다. 한漢나라부터 북송北宋 이전까지만 해도 산둥성은 독립적인 행정구역으로 인정받지 못했다.

금나라(1115~1234) 때 전국이 19개 로路로 분할되어 산둥동로山東東

路와 산동서로山東西路가 설치되면서 최초로 행정구역으로서 인정받았다. 청나라 말기 산동성(산둥성)은 10개 부府, 3개 직속 주州, 8개 주州의 96개 현縣을 관장했다. 1945년에 산둥성 정부가 수립되었다. 서쪽으로 허난성, 북쪽으로 허베이성, 남쪽으로 안후이성·장쑤성과 인접하고 있다.

산둥상인과 유가문화

유가문화는 중국의 오랜 봉건사회의 주류문화였기 때문에 중국 전통문화의 주체이자 핵심이라 할 수 있다. 그것은 중국인의 국민성 형성에 상당한 영향을 끼쳤고, 특히 산둥인의 성격 형성에 막대한 영향을 주었다.

공자와 맹자라는 두 성인이 모두 산둥지역에서 출생했다는 사실은 산둥인들로 하여금 강한 전통의식을 형성케 했다. 이러한 의미에서 산둥인을 진정한 유학의 후예라 할 수 있다. 산둥 유학은 공자·맹자 유학의 정통성을 힘써 지키려는 의식을 갖추고 있다.

유교문화의 영향으로 형성된 산둥인의 성격은 대체로 순박하다. 그러나 산둥인들의 순박함은 관념을 폐쇄적으로 만들기도 하고 또 시야를 좁게 하고 사상이 낙후되게 만들어 오늘날 시장경제를 발전시키는 데 필요한 요소와 서로 모순되기도 한다. 산둥인의 이러한 순박한 성격과 토지를 중시하는 관념重土觀念은 유가의 교훈과 불가분의 관계를 지닌다.

산둥인들이 문화와 교육을 중시하는 것은 유가문화의 직접적인 영향을 받은 결과이다. 교육을 중시하고 인재를 배양하는 것은 바로 제노지역의 전통이기도 하다. 제노지역은 공자라는 위대한 사상가를 배출했고, 이 위대한 사상가는 또한 위대한 교육가로서 교육을 중시하여 중국 역사상 가장 먼저 사립학교를 세운 사람이기도 하다. 그리고 전통문화와 성현聖賢 정신을 계승한 산둥인들은 문화적 소양과 지식을 겸비한 사람들을 인재로 보았다. 산둥인이 선생님을 존경하고 교육을 중시하는 풍조는 전통으로 이어 내려오고 있다.

유교문화는 도덕과 수양을 중시하고 노동과 생산을 경시한다. 그리고 치국을 중시하면서 경제를 경시한다. 이 때문에 과학기술의 발전과 과학인재의 배출에는 매우 소극적이었다. 이는 산둥지역의 인재 구조 상에서 잘 나타나고 있다. 실제로 산둥지역은 역대로 걸출한 정치가나 문학가 또는 역사가들이 배출된 곳이기도 하지만 과학기술 인재는 비교적 적게 배출되었다.

유가가 도덕교화를 중시함으로써 산둥인들은 특별한 도덕의식을 갖게 되었다. 산둥인들의 인의仁義, 정의감, 사회적 책임감 등은 모두 도덕의식의 표현이라 할 수 있다. 산둥인들은 마음이 선량하고, 다른 사람에게 선을 베풀고, 자신이 하기 싫은 일을 남에게 강요하지 않는다. 그리고 일종의 정치화·사회화된 도덕의식인 사회적 책임정신을 가지고 있다. 미련하도록 약속에 집착하는 '미생지신尾生之信'의 고사성어 배경이 바로 산둥인 것은 '신의'가 산둥상인에게 얼마나 중요한 덕목인지 잘 드러낸다.[110]

유가문화는 가정과 사회의 안정을 중시하여 그들로 하여금 시종일관 정직과 충성, 애국의 기질을 보존하도록 만들었다. 실제로 산둥인들은 전통을 존중하면서 권위에 복종하고 힘든 일을 원망 없이 해내며 이치에도 밝아서 대세 판단을 잘한다.

산둥인과 접촉을 해보았거나 왕래를 했던 외지인이 산둥인을 묘사할 때 종종 "무던하고 관대하며 소박하며 가식이 없고 솔직담백하고 선량하며 아량이 깊고 소박한 것이 마치 한 그루의 붉은 수수와 같다"고 말한다. 이 같은 특성을 지닌 산둥인들은 사업을 하는 데 실제적인 것을 강구하여 그 효과를 중시하고, 인간관계에서도 인애와 상부상조를 중시한다.

산둥인을 말할 때 '대한大漢' '장한壯漢' '호한好漢' 등의 형상이 사람들의 뇌리 속에서 바로 떠오른다. 확실히 산둥인들은 문무를 겸비하고 체격이 장대하다. 중국 4대 기서 중 하나인《수호지水滸誌》의 배경이 산둥성 양산박山東省 壽張縣임을 보면 알 수 있다.《수호지》에 등장하는 인물인 노지심魯智深, 이규李逵, 무송武松 등은 '대한'의 이미지와 겹쳐진다.[11]

산둥의 경제발전은 산둥인들의 노력에 의한 것으로 중앙정부의 혜택이나 보조가 없었다. 실제로 산둥인들은 자신들이 갖춘 인내심과 노력으로 중국의 각 지방 가운데 경제적 성취도가 비교적 높은 지역으로 발전을 이룩하였다. 이 때문에 중국 경제 무대에서 산둥성은 상당한 저력과 능력을 지닌 것으로 평가되고 있다. 산둥인들의 근면하고 노력하는 정신은 이미 중국 내에서 인정을 받고 있을 뿐만 아니라 국제적으로도 널리 알려졌다.

반면 산둥인은 전통과 경험을 중시한 나머지 지나치게 자아의식과 자기체험 및 자기수양 등을 강조하고 외래문화를 경시하기도 한다. 지나치게 신중하거나 보수적이고 폐쇄적인 성격을 지니고 있다는 평가는 산둥인이 앞으로 해결해야 할 문제이기도 하다.

정직하고 통이 큰 장사꾼 산둥상인

신용과 정직은 산둥상인이 사람을 평가하는 2대 기준이다. 산둥상인과 거래를 하려면 신용과 정직을 최선의 전략으로 삼아야 한다. 그들과 거래하면서 '혹시 속으면 어쩌나' 하는 걱정은 크게 하지 않아도 된다. 유교 발상지라서 그런지 산둥상인은 잔재주는 좀 부족하더라도 마음은 후덕하며, 말주변은 없어도 도리는 지키려는 사람들이다. 신의를 저버리고 정직하지 못한 자는 인정받지 못한다. 이 기준은 산둥에서 일반적인 인간관계뿐만 아니라 서로 속이기 일쑤인 비즈니스 업계에도 적용된다. 산둥상인의 비즈니스 2대 원칙은 첫째 양심을 지키고, 둘째 친구에게 부끄러운 짓을 하지 않는 것이다.

산둥상인의 신용에 관한 인식은 우리도 잘 아는 칭다오맥주 사례에서 발견된다. 주당이 아니더라도 세계적인 맥주 브랜드인 칭다오맥주를 모르는 사람은 드물 것이다. 그런데 칭다오맥주가 정작 칭다오靑島 시민에게는 영 인기가 없었다. 칭다오 시민은 인근 광천수 산지인 라오산勞山지방에서 생산되는 라오산맥주를 훨씬 더 즐겨 마셨다. 라오산맥주는 톡 쏘는 맛이 더 강하고 진한 편이다.

칭다오맥주는 유명 브랜드인데도 불구하고, 정작 고향에서는 무명의 라오산맥주에게 눌려 힘을 못 쓰고 있었다. 이는 칭다오맥주의 치욕이었다. 그래서 1996년 4월 칭다오맥주는 칭다오 시민에게 마스터플랜 하나를 공포했다. "시민에게 그달에 생산된 신선한 맥주를!"이 그것이었다. 그리고 여기에 그치지 않고 "우리의 단기적인 목표는 당일 생산된 맥주를 당일 마시도록 해드리는 것"이라고 발표했다.

이후 칭다오맥주는 시내 200여 개소에 본사 직영 호프집을 개설했다. 수천만 위안을 들여 새로 구입한 40여 대의 맥주 전용 운반차량으로 공장에서 방금 생산된 맥주를 끊임없이 호프집으로 공급했다. 이후 칭다오맥주는 고향 시민으로부터 폭발적인 인기를 얻었다. 이것이 계기가 되어 칭다오맥주의 중국 전체 매출도 한 단계 상승하게 되었다. 음료업계에서는 이것을 칭다오맥주의 '승낙제承諾制. Warranty'로 부른다. 승낙제란 소비자에게 무언가 약속을 하고 시종일관 정직하게 이를 지켜나가는 중국식 보증제도이다. 이를 계기로 많은 중국 기업들이 칭다오맥주의 전략을 모방하고 있다. 산둥상인의 신용 중시 개념이 칭다오맥주의 승낙제로 부활한 셈이다.

이러한 산둥상인과의 거래에는 신용과 정직을 최선의 전략으로 삼고 술수를 부리지 않는 것을 원칙으로 세워야 한다. 상호 신뢰를 바탕으로 다방면에 협력을 아끼지 않는 상거래를 유지해야 한다. 그리고 이익보다는 의리를 중시하는 이미지를 연출하는 것도 산둥상인들을 감동시키는 방법이 될 것이다.

광둥상인과 산둥상인을 비교해보자. 광둥상인은 돈 버는 머리가 아주 빠르게 돌아간다. 그들은 장사를 하더라도 야무지게 하고 돈 안 될 장사도 재간을 발휘하여 절묘하게 돈 될 장사로 바꾸어놓는다. 지리적 위치, 정책의 틈새, 외국의 자금, 홍콩과의 혈연관계 등을 교묘히 활용한다.

산둥상인은 그저 열심히 일하는 정공법 이외는 별다른 테크닉과 술수를 부릴 줄 모른다. 산둥상인은 측면돌파를 하려 들지 않는다. 중앙정부의 정책과 방침을 충실히 따르며 한 발자국도 이탈하지 않으려 한다. 유연성과 융통성을 발휘해야 하는 상인이라고 하기에는 미련할 정도로 고지식하고 준법성이 강하다. 그야말로 '법대로'다.

산둥을 여행하던 광둥상인이 시장 바닥에 대파를 산더미처럼 쌓아놓고 팔고 있는 산둥상인에게 대파가 1근에 얼마인지 물었다. 그리고 훈수를 두었다. "대파를 속과 껍질 부분으로 나누어 팔면 이익이 많을 터인데"라고. 이에 대한 산둥상인의 대답은 역시 통이 크다. "사소한 이익을 대수롭지 않게 여겨야 진짜 산둥 사나이죠."

역사의 고난을 이겨온 산둥상인

산둥상인 역시 동향의식이 매우 강하다. 산둥상인은 외지에 나가 장사하면 서로 돕고 단결하는 특성을 발휘한다. "광둥은 개방에 의지하고 베이징은 중앙정부에 의지하고 산둥은 고향에 의지한다"라는 말은 산둥의 동향의식을 잘 나타내준다. '산둥상방'山東商幫과 '산둥회관'山東會館이란 상업 친목단체는 청나라 때부터 전국에 세워졌다. 산둥상인과의 사업에서 성공하려면 유달리 강한 산둥인의 동향의식을 파악하고 활용해야 한다. 산둥상인의 '꽌시'에 스며들어 '산둥상인'이 되면 외국 업체라 할지라도 그들과 함께 협력하여 경쟁자에 맞서 대응하는 동맹관계 구축도 가능하다. 이러한 동향의식은 고난의 역사와 선이 닿아 있다.

산둥상인은 고난의 역사를 겪어왔으며 고생을 잘 견디는 유전자를 보유하고 있다. 노나라는 진晉, 조趙, 초楚 등의 강대국에 둘러싸여 겨우 생명을 유지하는 소국이었다. 심지어 전국시대 철학자인 고자告子는

"대임을 맡기려면 시련을 겪게 하여 분발하는 정신을 배양하고 인내하는 힘을 길러야 한다"라고 산둥 젊은이들에게 역설했다.

1889년 일본이 중국 침략을 염두에 두고 편찬한 《만주지지滿洲地誌》에서는 산둥인과 산둥상인을 이렇게 평가하고 있다. 산둥인은 극기정신이 강하며 근검절약에 힘쓰고 고생을 참고 견딘다. 노동자들은 강한 단결력을 가지고 서로 도우며 상인들은 서로 연결되어 있어 흡사 회사의 조직과 같다. 각 상점은 회사의 지점과 유사하여 서로 상품을 보급해주고 유통을 도우면서 심지어 자금도 서로 융통해준다. 각각 상점은 경쟁관계에 있음에도 협력한다. 산둥인은 시장을 독점하려 하지 않는다.

산둥상인은 고생은 잘 견디나 좀처럼 모험을 하지 않으려 한다. 잠재적 경제력이 큰 지역인 산둥에서는 리스크가 큰 투자일수록 돈 벌기회가 많고 다른 지역보다 오히려 쉽게 성공할 수 있다. 산둥상인의 위험을 두려워하는 심리와 박리다매 마케팅 기법을 이용하여 '다품종 소량' 거래보다 '한꺼번에 대량'으로 계약하는 협상전략을 구사한다면 다른 지역보다 성공 확률을 높일 수 있을 것이다.

광둥상인은 "작은 것이 아름답다"고 하나 산둥상인은 "큰 게 좋다"고 한다. 이는 산둥 사나이의 호기와 맥락이 닿아 있다. 산둥상인의 생산품은 주로 대형포장과 대량판매이지만 포장의 미관은 중시하지 않는다.

산둥상인과의 상거래
산둥상인의 인내와 노력을 충분히 존중하고 합리적인 보상을 하는 방향으로 거래를 유지해야 한다. 신용을 두텁게 쌓고 친구로 인정받도록 노력하는 것도 산둥상인과의 거래범위를 확대하는 방법이다. 산둥상인은 상황에 따라 적극적이고 자율적으로 대처하는 순발력과 약속을 반드시 지키는 신용을 바탕으로 사업기회를 만들어나간다. 따라서 이들이 추구하는 바를 적절히 활용하는 상거래기법이 요구된다.

비즈니스 협상 중에 산둥상인은 양측의 우의를 무엇보다 중시하기에 작은 손해쯤은 기꺼이 받아들인다. 그러나 상대가 사기를 치거나 불의를 저지르는 것을 허락하지 않는다. 산둥상인의 호방한 기질과 대장부다운 면모를 충분히 이해할 필요가 있다. 협상 중에는 솔직하고 성실해야 하며 이리저리 말을 돌리는 뉘앙스를 주어서는 안 된다. 성격이 급한 산둥상인의 특징을 장점으로 활용할 필요가 있다. 직선적으로 표현하며 급한 것이 약점이지만 속마음은 진실한 장점이 있기 때문이다.[112]

술을 빼놓고 산둥상인을 이야기할 수 없다. "간肝은 상해도 좋으나 정情은 상해서는 안 된다"는 말은 산둥상인이 술자리에서 잘하는 말이다. 그만큼 술은 산둥사람들의 생활 그 자체다. 의류산업은 산둥에서 맥을 못 추고 있다. 산둥 기업들 가운데 유명 의류 메이커는 찾아보기 힘들고 산둥의 의류 구매력은 연해지역에서 가장 낮다. 반면 산둥에서 가장 많은 광고는 바로 술 광고이다. 호탕하게 술 마시는 중국 사람은 둥베이 사람 아니면 산둥 사람이다. 산둥성에서 생산되는 술 브랜드 수는 쓰촨성에 이어 2번째로 많다.

하이얼 회장 장루이민

장루이민張瑞敏 하이얼그룹 회장은 하버드대학 경영대학원의 '기절한 물고기를 살려내는 경영자'라는 호칭부터 '중국의 잭 웰치' '중국 경제를 선도하는 대스승大師' 등 화려한 수식어만큼 스포트라이트를 받고 있는 중국의 대표적인 기업가이다.

1999년 영국 〈파이낸셜타임스〉가 선정한 '비즈니스 리더' 26위, 2004년 〈비즈니스위크〉 선정 '세계 경제에 영향력을 미치는 8인', 2005년 〈파이낸셜타임스〉가 선정한 '세계에서 존경받는 경영인 50인', 베이징대학 중국브랜드연구소 선정 '2005년 중국 최고의 기업 경영자' 등의 평가는 그가 중국은 물론이고 세계에서 차지하고 있는 위상을 그대로 보여준다. 장루이민이 이처럼 최고의 찬사를 받는 것은 23년 전 적자투성이의 하이얼(당시 칭다오 냉장고공장)을 중국의 대표기업이자 세계적인 흑자기업으로 성장시켰기 때문이다.

중국은 여전히 사회주의 국가이다. 하지만 자본주의 국가보다 더 자본주의적인 '장루이민식 경영'은 하버드 경영대학원·스위스 국제경영개발대학원IMD의 연구대상이 됐다. 장 회장은 '경사면 위의 공 이론斜坡球體論(시장에서 기업은 경사면에 있는 공처럼 언제든 뒤로 밀릴 수 있다)', '인단합일人單合一(경쟁을 위한 개인의 사업부화)' 등과 같은 다양한 경영이론을 세웠다.

장루이민은 1949년 중국 산둥성 라이저우萊州에서 노동자의 아들로 태어났다. 그가 고교 1년생이던 1966년에 문화대혁명이 시작됐다. 고교 졸업 후 철강공장에 견습생으로 취직했고, 이후 칭다오가전공사 등에서 열심히 일했다. 그는 모범 근로자, 공장 감독관 등을 두루 거쳐 1984년 12월 하이얼의 CEO 겸 공장장으로 부임하여 회사 재건再建의

하이얼 총재 장루이민

자료: 하이얼 홈페이지 www.haier.com (2013. 1.)

임무를 맡게 된다.

장루이민이 칭다오 냉장고공장(1992년 회사명을 하이얼그룹으로 바꿈)을 맡은 것은 1984년이다. 이 회사는 147만 위안의 적자를 기록한 난파선과 같은 부실기업이었다. 22년 후인 2006년, 하이얼은 전 세계에서 1,080억 위안의 매출을 기록하며 세계 4위의 백색가전회사로 자리 잡았다. "22년 만에 3만 1,000배 성장한 기업" "세계에서 가장 빨리 성장하는 가전업체"라는 평가는 장루이민이 있었기에 가능했다.

칭다오냉장고는 그가 부임하기 전 이미 전임 공장장 3명이 불명예 퇴직한 상황이었다. 부임 후 공장을 둘러본 그는 아연실색할 수밖에 없었다. 먼지투성이인 위생상태는 둘째치고 공장 라인 곳곳에는 직원들이 용변을 본 흔적까지 있었다. 직원들이 공장 비품을 마음대로 가져가는 것도 다반사였다. 35세의 혈기왕성한 그는 직원들의 정신개조에 힘을 쏟았다.

그 결과 중국에서 유명한 '장루이민식 경영이론'의 기초가 된 '13조 관리규정'이 탄생한다. 여기에는 "공장 내 대소변을 금지한다"는 내용도 포함되어 있었다. 이어 심혈을 기울인 것은 '품질관리'였다. 하루는 당일 생산품인 냉장고를 한자리에 모아놓고 품질검사를 해보니 76대가 불량품이었다. 그는 그 자리에서 불량품 모두를 직접 쇠망치로 때려 부수었다. 이것이 중국에서 유명한 '하이얼 76대 냉장고 파괴 사건(1985)'이다. 당시 냉장고 한 대의 가격은 공장 노동자 월급을 반평생 모아야만 살 수 있는 '부의 상징'이었다. 그는 "이번 불량품의 대가는 내가 물기로 하고 월급을 전액 반납하겠다. 대신 이 시간 이후부터 나오는 불량품은 당사자의 월급에서 삭감한다"라고 선언했다. 이후 직원들 사이에 '품질은 기업의 생명선'이라는 의식이 싹트기 시작한 것은 물론이다.

장루이민은 또한 철저한 고객제일주의를 기업의 최우선 가치로 두고 있다. 몇 가지 일화를 보면 그의 신념이 잘 드러난다. 1996년 쓰촨성의 한 농민이 "하이얼의 세탁기로 고구마를 씻었더니 흙과 모래 때문에 파이프가 자주 막힌다"는 엉뚱한 클레임을 제기하자 장루이민은 임직원의 만류에도 파이프를 크게 설계하여 '고구마 세척도 가능한 세탁기' 제작을 지시했다. 1998년 4월 이렇게 탄생한 세계 최초의 '고구마 세탁기'는 대성공을 거두었으며 지금도 1년에 10만여 대가 팔리고 있

하이얼 그룹 전 세계 경영실적

(단위: 억 위안)

연도	1997	1998	1999	2000	2001	2002
매출액	100	168	268	406	602	711
연도	2003	2004	2005	2006	2007	2008
매출액	806	1,016	1,039	1,080	1,189	1,220
연도	2009	2010	2011	2012	전년비	
매출액	1,342	1,357	1,509	1,631	8%	
세전이익	–	62	75	90	20%	

자료: 중국 내 언론자료 종합 (2013. 6.)

칭다오 하이얼 경영실적

(단위: 억 위안)

	2009	2010	2011	2012	전년비 증감률
총자산	227.02	318.28	397.23	496.88	25%
매출액	446.92	646.94	738.52	798.56	8.12%
영업이익	22.58	32.07	40.66	52.69	29.50%
세전이익	23.91	39.4	44.17	54.28	22.88%
순이익	–	30.11	36.5	43.60	19.40%

주: 상하이거래소에 상장된 '칭다오 하이얼'은 그룹 내 백색가전 일부 자산만 상장된 것임. 2012년 전 세계 매출
액 기준으로 약 49% 비중을 차지하고 있음.
자료: 칭다오 하이얼 홈페이지 공시자료 (2013. 6.)

다. 또 10여 년 전에는 하이얼 서비스센터 직원이 광둥성 한 시골에 세탁기를 배달해주려고 나섰다가 도중에 차에 이상이 생겨 90킬로그램짜리 제품을 등에 지고 2시간 넘게 목적지까지 걸어가서 배달한 일이 있었다. 역시 하이얼의 직원이라는 찬사가 쏟아졌다.

장루이민의 자본주의보다 더 자본주의적인 사고는 여기서 그치지 않는다. "많이 일한 사람은 많이 받고 적게 일한 사람은 적게 받고 일하

지 않는 사람은 받지 못한다多勞多得 少勞少得 不勞不得"고 강조하는 그는 평생고용을 뜻하는 철밥통을 타파하고 철저한 능력주의 인사와 목표관리제도MBO를 시행하고 있다. 따라서 하이얼의 기본급 비중은 30퍼센트 정도에 불과하며 목표를 80퍼센트 이상 채우지 못하면 최저생계비 정도만 지급한다. 인재선발도 3공(공평, 공정, 공개) 원칙에 따라 시행하고 있다.

"시장에서 기업 위치는 경사면에 놓인 공과 같다. 기업이 커질수록 뒤로 밀리는 힘도 커진다. 뒤로 밀리지 않도록 하려면 관리능력을 키워야 한다. 하지만 더 중요한 것은 경사면 위로 공이 올라가게 해야 하는데 이 힘은 바로 창의력이다斜坡球體論" 등의 장 회장 경영이론은 이미 전 세계 유수의 MBA 학습목록에 포함된 지 오래이다.

장 회장은 2000년 창사 16주년 기념식에서 비로소 국제화를 선언했다. 1985년 독일 리보하이얼에서 냉장고 생산라인을 들여왔고, 그 후 12년 만인 1997년에 50년 역사를 자랑하는 리보하이얼을 앞선 기념으로 이제는 외국으로 나가도 된다는 자신감을 표현한 것이다.

외국시장 개척준비는 독일에서 이루어졌지만, 공략시장은 미국이었다. 유럽에서 기술표준을 획득하고 브랜드 점검을 마친 하이얼은 1999년 4월 미국에 첫 외국 생산라인을 만들었다. 초기 투자자금은 3,000만 달러였다. 1년 후부터 연간 20만 대의 하이얼 냉장고가 생산되기 시작했다. 사우스캐롤라이나주에서는 하이얼공장이 들어선 지역에 하이얼 스트리트까지 만들어주며 지원해주었을 정도이다. 중국 기업이 미국에 회사 이름을 딴 거리를 확보했다는 것은 다른 나라 기업과는 그 의미가 남다를 것이다.

장루이민의 "뚫기 어려운 선진국 시장을 먼저 공략해 성공하면 나머지 시장의 진출은 쉽다"는 '선난후이先難後易' 경영철학에 기초해 미국 사우스캐롤라이나에 냉장고 생산공장을 세운 것을 시발로 하이얼은 글로벌 네트워크 구축에 박차를 가하고 있다. 우리나라에는 2003년 연락사무소를 세워 진출한 뒤 다음 해 '하이얼 코리아'라는 법인으로 전환하여 TV, 에어컨, 컴퓨터, 와인냉장고, 세탁기 등을 판매하는 등 본격적인 영업을 진행하고 있다.

9. 쓰촨상인

::

쓰촨성은 춘추전국시대에는 파巴와 촉蜀 두 나라로 나뉘어 있었는데 합쳐서 '파촉巴蜀'이라고 칭했다. 한漢대에는 익주益州, 당唐대에는 검남도劍南道, 산남동도山南東道, 산남서도山南西道로 분리되었다. 송宋대에는 익益·리利·재梓·기夔 4개 로路를 설치하여 사천로四川路(쓰촨루)라고 했다. 원元대에는 행중서성行中書省으로 편입되어 사천행성四川行省이라 불렸고, 명明대에는 사천 포정사사布政使司가 설치되었으며 청淸대에 사천성四川省이라 불렸다. 1997년 원래 쓰촨지역에 속해 있던 충칭重慶지역을 충칭직할시로 분리했다. 쓰촨성은 지리조건과 자연환경이 좋아 자원이 풍부하고 시장이 거대하여 예로부터 '천부지국天府之國'이라 불렸다.

쓰촨성은 중국 남서 내륙 창장 상류에 위치를 두고 있다. 북으로 칭하이성·간쑤성·산시성, 동으로 충칭시, 남으로 윈난성·구이저우성, 서로는 시짱자치구와 인접해 있다. 옛날 촉국蜀国의 도읍이었기 때문에

'촉蜀'으로 약칭하기도 하고, 촨川(천)으로 약칭하기도 한다. 송나라 때 이곳을 4개 지역으로 나누고 천섬서로川陝四路(촨산쓰루)라고 불렀는데 이를 '사천(쓰촨)'이라 약칭한 것이 오늘날 쓰촨성 명칭의 유래이다.

쓰촨성四川省을 다른 말로 '파촉巴蜀'이라고도 칭하는데, 고대의 사천(쓰촨)이 파족과 촉족 두 개 부족이 합쳐서 이루어진 것이기 때문이다. 약 4,000년 전 중원지방의 시기에 사천은 동부와 서부의 거주지역이 있었는데, 동부에는 파족이 서부에는 촉족이 살고 있었다.

쓰촨의 지세를 살펴보면 깊은 골짜기에 강이 둥글게 이어져 있고 이곳을 여러 개 산이 둘러싸고 있는 인상을 준다. 중국의 중심지역에 있으면서도 분지 지형이라 다른 성과의 교통이 매우 불편하다. 쓰촨으로 통하는 길이 좁고 사람과 마차들이 출입하기 어려워 이백의 시에는 "촉나라 가는 길이 하늘로 오르기보다 더 어렵다蜀道難"라고 기록되었다. 그만큼 쓰촨성은 외부와의 접촉이 어렵고 평지와 계곡이 이어져 있어 쓰촨을 '나라 속의 나라'라고 불러왔다. 쓰촨인은 이러한 자연환경 속에서 자신들만의 문화와 개성을 형성하였다.

풍요로운 생산품 덕분에 쓰촨인들에게는 보수주의적 성격이 뿌리 깊게 형성되었다. 그들에게는 '만족함을 알면 즐거움이 지속된다' '사물을 최고로 여기지도 않으며 낮은 것으로도 여기지 않는다' 등의 의식이 특유의 사상을 이루었다. 그 결과 '만족함을 알면 귀한 것이 없고, 그만둘 때를 알면 위태로울 것이 없다'는 관념을 지니게 되었다. 이는 낡은 습관을 개혁하고 고루한 풍속을 버리고 새로운 것을 배우며 '감히 세상 앞에 당당히 맞선다'는 광둥인의 진취적인 관념과 차별화된다.

농업을 중시하고 상업을 경시하는 중농억상重農抑商의 전통도 생겨났다. 쓰촨인은 풍족함에서 오는 여유와 만족감을 지니고 있다. 그들은 술이 거나하게 취하여 "곡식이 창고에 가득 쌓이고 술은 항아리에 가득 차 있는데, 더 큰 부자가 될 필요가 있겠는가?"라고 말한다. 실제로 상당수 쓰촨인은 상업의식이 부족하여 장사를 그다지 선호하지 않는다. 그리고 생산규모를 무리하게 확대하거나 과욕을 부리면서 재산을 모으려고 하지 않는다. 그 이유는 지역 내에서 생산되는 것만으로도 생활을 충족시킬 수 있으며, 고향을 떠나 돈을 벌어야 하는 현실적인 필요성도 느끼지 않기 때문이다.

쓰촨인들은 허황한 이야기를 싫어하고 눈에 보이는 효과를 중시한다. 그들은 색깔이 화려하고 아름다워도 그들의 필요와 직접적인 연관이 없다면 소중하게 보지 않는다. 그래서 쓰촨인들은 대나무 의자를 좋아하고 고급스럽고 화려한 등나무 의자를 쓰지 않는다. 실용성과 경제성을 중시하는 쓰촨인들의 성격이 상품 소비에서도 잘 나타나는 것이다.

쓰촨성은 중국에서 면적이 가장 넓지도 않고 자연조건도 최고는 아니다. 그러나 쓰촨인들의 스스로 강해지고자 하는 자강自强정신은 중국 내에서도 보편적으로 인정받고 있다. 쓰촨인은 태어나면서부터 열심히 생활한다. 나약한 습관이 없고 조상과 선조를 존중한다. 특히 가족관념과 고향관념을 중시하는 등 사람을 귀하게 여기고 재물을 최고로 여기지는 않는다. 쓰촨인들은 높은 수준의 가족관념을 가지고 있다. 그래서 쓰촨인들은 특히 조상숭배와 선조의 무덤에 제사지내는 장례관습을 중시한다. 죽어서는 고향에 묻히기를 원한다. 실제로 쓰촨인

중국 지도자 덩샤오핑

자료: 바이두 사진 데이터베이스 (2009. 10.)

들은 결혼보다 장례에 더 많은 돈을 쓴다.

쓰촨의 어메이산峨嵋山은 중국의 4대 불교 명산 중의 하나이고, 칭청산靑城山은 중국 도교의 발원지 중 하나이다. 쓰촨인의 불교에 대한 깊은 믿음 덕분에 어메이산은 온전하게 보존되어 고대 중국 불교의 성지로 현재까지도 쇠퇴하지 않고 번성하고 있다.[113]

중국의 4대 요리 중 하나인 쓰촨 요리는 산짐승, 가축, 생선 등 거의 모든 재료를 이용한다. 쓰촨 요리에 대해 "하나의 요리에 하나의 격조가 있고, 백 가지 요리에 백 가지 맛이 있다"는 평가가 따른다. 실제로 쓰촨 요리는 맛이 다양하고 신선하며 진하고 독특하다.

쓰촨인들의 음식문화는 매우 독특해서 먹는 음식에는 무엇이든 매운 고추를 넣는다. 볶음요리나 냉채탕에 이르기까지 반드시 고추를 넣는다. 충칭의 신선로麻辣燙(마라탕)는 유명한 요리로 맛이 진하고 향이 매운 것이 특징이다. 이 같은 음식문화 때문에 쓰촨인들은 다른 지역 사람들에게 매우 활달한 기질을 지닌 것으로 인식되고 있다. 중국 개혁개방의 설계사인 덩샤오핑은 쓰촨성 광안廣安 출신이다. 광안시는 쓰촨성의 수도인 청두시와 충칭시 사이에 있다.

자급자족의 땅 쓰촨의 상인

쓰촨은 줄곧 대상인이 나오지 않는 땅이었다. 이는 쓰촨의 독특한 지리적 환경에 기인한다. 쓰촨은 사방이 막힌 지형으로 지역 내에서 자급자족경제가 이루어져 왔다. 동에는 다바산大巴山, 북에는 친링秦嶺, 서에는 공협邛峽산맥, 남에는 대누산大婁山·우멍산烏蒙山 등이 있다.

19세기 말에 중국 전역을 답사했던 독일의 지리학자 리히트 호펜 역시 쓰촨에 대해 "쓰촨에는 사람들이 많은데 그들 대부분은 인접한 다른 성에서 이민 온 자손들이다. 그들은 조상의 우수한 부분이 집중되어 있어 고도로 발달한 문화를 가지고 있다. 자존심이 강하고 정열적이면서도 온순하다. 그러나 선조로부터 계승된 상업정신은 찾아보기 어렵다"고 평하고 있다.

쓰촨성의 이러한 자급자족형 소작농 경제는 상업 발전을 저해하는 큰 요인이 되어왔으며, 동시에 쓰촨상인의 시야를 좁게 하는 원인이기도 했다. 역사적으로 쓰촨은 송대에 큰 상업 번성기를 맞이한 바 있다. 송대 쓰촨에서는 교자交子 또는 회자會子라고 부르는 중국 최초의 지폐가 발행된 바 있다. 지폐의 출현은 상업의 발전을 의미한다. 당시

송대 쓰촨에서 발행된 중국 최초 지폐

자료: 쓰촨성박물관 홈페이지 www.scmuseum.cn (2009. 11.)

쓰촨은 차, 제지, 견직물, 칠기 등 꽤 높은 기술을 필요로 하는 수공업품이 대량생산되었으며 자체의 물자도 풍부하여 상업이 번성한 적이 있었다. 그러나 이후 거듭된 외침으로 쓰촨의 경제는 일거에 몰락하게 된다.

먼저 몽골의 쓰촨 침입으로 송나라는 타격을 입고 남송으로 쫓겨났으며, 명나라 때에는 명조를 멸망시킨 이자성李自成의 군사에 의해 다시 쓰촨이 전란에 휩싸였다. 결국 청초에 후베이·후난·광둥·푸젠 지역 사람들이 유입되어 사천성을 구성하게 된다.

이 시기 유입된 사람들 대부분은 농업에 종사하고 있던 객가인客家人들이었다. 객가인은 원래 황허 북부에 살았으나, 서진西秦 때부터 전란을 피해 지금의 광둥성, 푸젠성, 광시성, 장시성 등지의 산간지역으로 이동한 민족이다. 현재 중국을 구성하고 있는 한족의 한 분파이다.

이처럼 쓰촨성의 경제기반이 붕괴되자 산시상인을 필두로 한 다른 지역 상인들이 쓰촨성 시장을 점유하게 된다. 명조 후기에서 청조 초기까지 쓰촨성 주요 생산기반이었던 정염#鹽(염분을 띤 우물에서 정제한 소금)은 모두 산시상인들에 넘어가고 말았다. 그 후 산시상인은 차·약재·직물산업에도 진출했으며, 당시 금융업이라고 할 수 있는 전당포까지 상권을 넓혀 경제적으로는 쓰촨성이 북쪽으로 인접한 산시성 상권에 포함되어 버렸다. 이후 장시상인들도 쓰촨에 들어와 약재·목재업을 장악하였다. 이처럼 자급자족 기반을 가졌던 쓰촨상인은 장사를 위해 밖으로 나간 적은 거의 없고, 오히려 외부에서 유입된 장시인과 산시인이 경제활동을 주도했다.

이후 쓰촨성 경제를 발전시킨 사람은 바로 청대 초기에 유입된 객가인이었다. 이들은 농업에 능한 민족이었으나 특유의 성실성으로 상업부문에서도 탁월한 능력을 발휘했다. 객가인은 '중국의 유대인'이라고 불릴 정도로 유랑민족이었지만, 개척정신이 강하고 목적을 달성하기까지 쉬지 않고 전진하는 근면함과 꾸준함이 있다. 이들은 후대 쓰촨성 경제를 발전시키는 원동력이 되었다.

개혁개방 설계사 덩샤오핑이 한 유명한 말 "흰 고양이이든 검은 고양이든 쥐만 잘 잡으면 된다 된다黑猫白猫論"는 원래 쓰촨 농가에서 전해오는 속담이었다. 이후 이 지역 출신 군사 전략가이자 중국 10대 장성將星 중 하나인 리우바이청劉伯承(1892~1986)이 이 이야기를 했다. 이는 쓰촨상인 특유의 실용주의를 보여준다.

쓰촨상인은 신뢰가 깊어 '믿지 않으면 움직이지 않는다'는 신념이 있다. 따라서 타인의 부탁을 받은 경우 아무리 어려워도 이를 수행한다. 상하이상인처럼 조목조목 따져 완벽에 가까운 계약서 만들기에 치중하지 않으며 한 번 맺은 계약은 약속한 것 이상으로 시키는 점이 이곳 상관습이다. 즉 거래에서 신용과 명예 중 명예를 더 중히 여기며 타인에게 해가 되는 것은 이익이 되더라도 피한다.

거래 중의 온화하고 가족적이며 감정적인 협상 태도는 객가인의 농경문화에서 비롯되었으며, 일의 처리에서도 중용의 도를 지키는 것은 쓰촨이 도교 분파인 오두미도五斗米道의 발생지이기 때문일 것이다.

쓰촨성이 낳은 거상 류융하오

중국 사료 대왕으로 불리는 신시왕新希望그룹 회장 류융하오劉永好는 쓰촨이 낳은 대상인이다. 1999년 중국 언론은 류융하오를 중국의 억만부옹億萬富翁으로 보도했다. 2001년 〈포브스〉는 류 회장을 10억 달러의 재산을 가진 중국 최고의 부자로 소개했다. 2009년 〈포브스〉 부호 리스트에서도 류융하오는 보유 재산이 375.5억 위안으로 중국 2위를 기록했다.

1982년 1,000위안으로 창업한 지 20년이 채 못 되어 류 회장은 중국 최고의 부자가 됐고, 그의 회사는 중국 최대 민영기업으로 성장했다. 부모에게서 물려받은 재산도 없고 권력자의 집안도 아닌 사람이 맨주먹으로 출발해 성공을 이루었다. 쓰촨상인의 성공 스토리를 펼친 것이다.

1951년 쓰촨성 성도에서 태어난 류 회장이 대부호의 자리에 오르게 된 시발점은 엉뚱하다. 어려서부터 지독한 가난을 맛본 탓에 '고기라도 먹어보자'는 생각으로 집 베란다에서 메추리를 키운 것이 시작이었다. 메추리가 예상보다 빨리 자라나면서 이를 내다 팔기 시작한 것이 병아리 사육, 채소 재배 등으로 이어져 오늘날까지 이른 것이다.

신시왕그룹 류융하오 회장에게는 여러 가지 타이틀이 붙는다. 시왕希望그룹 회장, 전국인민정치협상회의 위원, 전국공상연합 부주석, 중국민생은행 부회장 등 중요한 직함만 대여섯 가지에 이른다. 하지만 보통의 중국인들은 그를 '사료 대왕'이라 기억한다. 오늘날의 류 회장과 신시왕그룹을 있게 한 것이 시왕사료회사이기 때문이다. 지난 1989년 내놓은 돼지 사료가 출시 3개월 만에 거대한 중국시장을 장악하면서 그는 중국 농축산업계에서 빼놓을 수 없는 인물이 되었다.

그의 주요 재산은 보유하고 있는 신시왕그룹의 지분 28퍼센트와 민생은행 주식 1.7억 주이다. 그는 총 100억 위안을 농식품사업에 쏟아부어 신시왕그룹을 중국의 카길Cargill로 만들겠다는 포부를 밝힌 바 있다.

류 회장이 밝힌 롤모델은 세계 최대 화교상인이자 홍콩의 부호인 리자청李嘉誠이다. 리자청은 플라스틱 조화를 생산해 돈을 번 뒤 부동산업과 항만·부두 등 사회간접자본, 정보통신으로 잇따라 변신하면서 대기업가가 됐다. 류 회장은 "리 회장은 시대의 흐름에 따라 적절하게 새로운 사업기회를 포착해 성공할 수 있었다"고 말한다.

류 회장이 부를 축적한 과정도 '리자청식'이었다. 세 명의 형제와 함께 1,000위안으로 맨 처음 시작한 사업은 농업이 성 GDP의 20퍼센트를 점유하는 쓰촨성답게 메추리를 키워 고기와 알을 파는 일이었다. '생태 순환 사육법(메추리 분뇨→돼지 사료, 돼지 분뇨→물고기 사료, 어분魚粉

자료: 신시왕그룹 홈페이지 www.newhopegroup.com (2012. 1.)

→메추리 사료)'이라는 새로운 사육법을 개발해 프랑스와 일본에 수출하면서 6년 만에 1,000만 위안의 자본을 축적했다. 이어 사료산업으로 변신하여 쓰촨성을 석권한 뒤 전국 시장으로 확대했다. 국내외 기업들과의 치열한 경쟁에서 이겨 1990년 매출 1억 위안으로 성장했고, 1991년 시왕그룹을 설립해 회사구조를 개편했고 1996년에 신시왕그룹으로 확대되었다.

이때부터 신시왕그룹은 적극적으로 유망업종에 진출했다. 사료첨가제 개발을 위해 동물 의약품을 개발하는 의약회사를 설립했으며, 햄·소시지 등 육가공식품과 우유업에 진출했다. 베트남에도 사료공장을 건설했다. 건설업에도 진출해 1998년 쓰촨성 성도인 청두에 아파트,

학교, 호텔, 주택 등이 함께 있는 신도시를 건설했다. 중앙정부의 국책 사업인 서부 대개발 공사에도 적극 참여 중이다.

신시왕은 또 전국적인 사료판매망을 활용하여 물류산업에도 진출했으며 2002년엔 상하이 인타이銀太백화점을 인수해 유통업에도 발을 들여놓았다. 쑹쭈웨이宋祖慰 그룹 고문은 "중국의 고속성장에 발맞춰 신규 유망업종에 진출함으로써 중국 최대의 민간기업으로 성장했다"고 밝혔다.

홍콩의 리자청처럼 류 회장도 사회간접자본을 새로운 도약의 계기로 잡고 있다. 이는 중국 공산당 제16회 전국대표대회에서 민간기업도 인프라 건설에 참여할 수 있도록 허용했기 때문이다. 서부지역에서 동부로 가스를 공급하는 간선 파이프 공사西氣東輸는 여전히 정부 몫이다. 그러나 간선 파이프에서 도시로 공급되는 가스관 지선공사와 가스배급업은 민영기업도 할 수 있게 됐다. 신시왕은 발빠르게 움직여 광둥성, 선전시 두 도시지역에 액화석유가스LPG와 액화천연가스LNG를 공급하는 허가를 받았다.

1990년대 말에 진출한 금융산업은 류 회장이 매우 중시하는 분야이다. 중국의 대표적인 민영은행인 민생은행의 최대주주가 류 회장이다. 민생은행은 회사가 크게 발전하려면 금융업이 있어야 한다는 류 회장의 건의에 따라 중국 정부가 허가를 내줘 1996년 설립된 은행이다. 그 외 민생보험과 신시왕투자공사 등 여러 금융 계열사도 있다.

중국 우유업계는 2008년 멜라민 파동으로 초토화된 바 있다. 그러나 일찍이 우유업계에 진출한 류융하오는 이러한 위기를 기회로 활용하고 있다. 실제로 모든 중국 유제품 기업이 멜라민 파동을 겪은 것은

신시왕 경영실적

(단위: 억 위안)

	2009	2010	2011	2012	전년비 증감률
총자산	152.86	190.84	216.89	246.98	13.80%
매출액	412.21	531.38	716.4	732.38	2.20%
영업이익	12.94	20.12	35.75	24.49	−31.50%
세전이익	13.22	20.70	36.21	24.74	−31.60%
순이익	−	18.52	33.44	21.93	−34.40%

자료: 신시왕 리우허 고분유한공사 홈페이지 공시자료 (2013. 6.)

아니다. 신시왕은 재난을 면한 행운아이다. 신시왕유업은 완전한 전후방 산업사슬을 갖춘 농업 그룹이다. 신시왕그룹은 사료, 목축업, 우유업, 육종 등에 종사하는 기업을 산하에 두고 있다. 중국 최대의 농축산 산업 클러스터를 형성하고 있는 것이다. 신시왕유업은 총자산 15억 위안, 연간 액상우유 가공능력 50만 톤을 자랑하는 서남부지역 최고의 유제품기업이다. 류 회장은 "신시왕 제품에서는 멜라민이 검출되지 않았으며, 사료·가축·육종에서 원유에 이르기까지 철저하게 관리한다"고 강조했다. 신시왕은 원유 생산기지 11곳, 직영 목장 10곳을 소유하고 있다. 중국의 카길이 되기 위한 쓰촨 거상 류 회장의 노력이 차근차근 진행 중이다.

10. 둥베이상인

::

북쪽에 위치한 동북지역은 겨울에 매서운 북풍이 엄습해서 농사를 지을 수 없으며 장기간의 외부생활도 불편하다. 동북인들의 건강한 체형과 우직한 성격 그리고 곤란을 극복하고 외부의 침략에 저항하는 강인한 의지와 투지 등은 모두 이 같은 환경적 요인에 의해 형성된 것이다. 동북인의 용맹함은 중국에서 유명하며 실제로 그들의 호기豪氣는 자주 외지인들을 놀라게 한다. 이런 호방함은 음주습관에서도 잘 나타난다.

동북지역의 광활하고 낙후된 농촌과 산촌에서 주로 소생산방식에 의해 형성된 저효율 탓에 동북인은 매우 소극적인 가치관을 형성했다. 현상에 만족하고 모험을 두려워하며 구차한 삶이라도 순응하는 인생관을 지니게 되었으며, 그 결과 창업과 개척정신이 박약해졌고 모험과 곤란에 대처하는 능력이 낮은 숙명적인 관점을 지니게 되었다.

둥베이지역은 중국 대륙에서 가장 큰 중공업·공업원료·식량 생산 기지다. 그러나 비효율적인 생산공정과 낙후된 생산 메커니즘 등으로 이 지역의 경제효율성과 개인 평균소득 등 경제수준은 전국 평균치보다 뒤떨어져 있다.

국유기업의 부실을 끝없이 지원해주었던 전형적인 계획경제체제는 동북인의 머리를 굳게 만들어서 그들로 하여금 기다리고 의지하는 타율적인 사유방식을 형성케 했다. 이 같은 폐쇄적인 관념은 동북인으로 하여금 특정한 틀 속에 얽매이게 만들었다. 특히 진보적 사상과 실천을 두려워하고 실행하지 못하게 했다. 동북인의 시장과 상품의식은 매우 약해서 상당수 동북인은 사업을 두려워하고 시장경제 논리에도 익숙지 못하다. 농촌 부녀가 스스로 경작한 채소를 팔기 위해 시장에 가지고 나왔다가 채소가격이 너무 저렴하면 화를 내며 팔지 않고 쓰레기 더미 속에 버리곤 한다. 이것이 전형적인 동북인의 모습이다.

동북3성

랴오닝遼寧(요녕)은 기원전 3세기에는 연燕에 속했다. 당나라 때는 안동도호부가 설치되었다. 요遼, 금金, 원元대에는 행정 중심지였고, 명대 초기에 봉천부奉天府로 개명되었다. 1898년, 여순·다롄이 러시아에 의해 점령되었으나 러·일 전쟁 후 일본이 랴오닝 전 지역을 점령했다. 1929년 랴오닝성으로 개명되었다. 랴오닝의 구석기시대 유적에서 드러나듯이 24만 년 전부터 사람이 거주하였다. 한나라 초기에는 랴오둥, 랴오시, 현도玄菟 3개 군의 인구가 70만여 명에 이르렀다. 청나라 초기에 랴오둥 지역을 개간하여 화북지역에서 많은 사람이 이주해오면서 인구가 급속히 늘어났다.

랴오닝성은 중국 동북지방의 남부에 위치를 둔다. 동북으로는 지린성에 인접하고 서북으로는 네이멍구자치구와 접해 있다. 서남으로는 허베이성과 인접했고 동남으로는 북한과 압록강을 사이에 두고 마주하고 있다. 남으로는 황해黄海와 발해渤海에 접했다. 중국 동부에 흐르는 강인 랴오허辽河 유역이 영원히 평안安宁하라는 뜻에서 '요녕辽宁(랴오닝)'이라는 명칭을 얻게 됐으며 또한 이 때문에 약칭은 '요辽(랴오)'이다.

지린吉林(길림) 지역에는 3,000년 전 주周나라 시대부터 말갈족이 백두산 북부 일대에 거주한 것으로 전해진다. 기원전 37~688년간 고구려가 집안集安 일대에 건국하여 활동했고, 고구려 멸망 후 발해국이 건국되었다. 10세기 초 요辽나라가 건립되고, 12세기 초 금나라가 건립되었다. 청나라는 1740~1803년까지 일반인의 이 지역 이주를 금지했으며封禁政策, 1907년에 지린성으로 명명했다.

지린성은 중국 동북지역의 내륙 중심부에 있으며 중국에서 동해와 태평양으로 통하는 유일한 통로인 투먼강圖們江, 야뤼강鴨綠江을 두고 북한과 접경하고 있다. 지린성의 총 국경선은 1430킬로미터인데, 이 중 1100킬로미터는 북한과 연해 있으며, 330킬로미터는 러시아와 연해 있다.

헤이룽장黑龍江(흑룡강)성은 기원전 2세기경 부여夫餘에 소속된 지역이었다. 당나라 때 흑수도독부黑水都督府를 설치하였다. 7세기경 발해가 국가를 건립하였으며, 이후 요나라를 거쳐 금이 건립되었다. 원대에는 요양행성遼陽行省에 속했으며, 명대에는 요동지휘사사遼東指揮使司에 속했다. 19세기 말부터 20세기 초 헤이룽장성 이북지역이 러시아에 의해 점령

되었으며, 1932년에는 일본이 점령하여 7개 성으로 분할된 바 있다. 1945년 국민당 정부는 헤이룽장성과 쑹장성松江省으로 분리했으나, 신중국 성립 후인 1954년에 헤이룽장성으로 통합했다.

헤이룽장성은 중국 동북부 최북단에 위치한다. 북동쪽은 우수리烏蘇裏강을 경계로 러시아와 3,045킬로미터 접경하며 25개 대외 통상구가 있다. 서쪽은 네이멍구자치구 남쪽은 지린성과 인접하고 있다. 러시아와 접경하고 내륙에 위치하면서도 개방적이며 국경 중심으로 변경무역이 활발하다. 러시아와 국경을 가르며 흐르는 헤이룽강黑龙江의 이름을 땄다.

장사 담력이 떨어지는 둥베이상인

동북3성(헤이룽장, 지린, 랴오닝) 지역 사람은 중국에서 술을 좋아하는 사람들로 소문이 났다. 60도 이상의 독한 술을 단숨에 마신다. "위를 손상시킬지라도 기분을 손상시키지는 않겠다宁伤脾胃 不伤感情"라는 말이 있을 정도이다. 동북지역에서 비즈니스를 할 경우 상담보다는 우선 친구가 되는 일이 중요하다. 둥베이상인들은 "먼저 친구가 되고 나서 장사를 이야기 하자先做朋友 後作生意"는 말을 자주 한다. 동북지역에서의 상담은 술과 음식 속에서 이루어지며 그 경계가 분명하지 않다.[114]

동북인은 싸움에는 담력이 있지만 비즈니스에는 소심하다. 먼저 둥베이상인은 다른 지역 상인과 비교할 때 시장과 상품에 대한 사전지식이 풍부하지 않다. 광둥인의 소심함을 흉보면서도 비즈니스에서 그들의 대범함에는 부러움에 혀를 내두른다.

둥베이상인은 새로운 것을 받아들이는 속도가 느리다. 다른 지역이

시범사업에서 성공을 거두는 것을 확인하고 서서히 움직인다. 그래서 그들의 행동과 생각은 항상 보수적이다. 행보가 느리고 상식적인 규칙을 깨뜨리지 않기 때문에 다른 사람이 하지 않는 일에는 감히 나서려 하지 않는다.

이처럼 능동적이지 못한 상거래방식은 둥베이상인의 결점이자 단점이었고 비즈니스 전장에서 전혀 융통성이 없는 결과를 낳았다. 특히 1980년 초에 시작된 개혁개방정책은 남부지역에서부터 시작되어 상하이를 거쳐 동북지역에서 가장 늦게 시행되었다. 결과적으로 둥베이상인의 비즈니스화는 더욱 지체된 셈이다.

둥베이상인과 정면승부를 해서는 안 된다. 그들의 행동이 합법적이지 않을 때 계약서나 법률조항을 내밀어 설득해서는 안 된다. 술을 마시고 기분 좋게 대화를 해서 설복시키는 편이 빠를 수 있다. 둥베이상인과의 협상에서는 여러 가지 선택조건을 제시하기보다는 정확한 목적·과정·방법을 결정해서 제시하는 편이 더 효율적이다. 분쟁이 생겼을 때는 해결책까지 보여주는 것도 한 가지 해결방안이 된다. 그들에게는 생각하기보다는 행동하는 편이 어울린다 할 것이다.[115]

사적인 대화를 통해 공감대를 형성하고 감정적 관계를 구축한 다음에 비로소 협상안을 제시하는 것이 좋다. 둥베이상인에게 식사나 술을 접대할 때는 돈을 아껴서는 안 된다. 그들과의 대화에서는 과장이 필요하며 특히 칭찬에 인색해서는 안 된다. 유명 브랜드를 선호하고, 현지인을 앞세우는 것보다는 외국인이 정면에서 나서는 것이 더 유리하다. '외래문화'는 둥베이상인에게는 참신함과 경쟁력으로 통한다.

자료: 동방조보(東方早報) (2009. 9. 25.)

워렌 버핏도 감동한 둥베이상인 리구이롄

미국 네브래스카주 오마하는 매년 5월 초 세계적 투자자 워렌 버핏 회장이 이끄는 버크셔해서웨이 연례 주주총회가 열리는 곳이다. 2009년 5월 초 이곳에서 버핏 회장은 한 중국 중년여성과 얼싸안고 우정을 과시했다. 버핏 회장과 함께한 여성은 랴오닝성 다롄시에 있는 신사복업체 '다롄다양촹스大連大楊創世 그룹'을 이끄는 리구이롄李桂蓮 회장이다. 위 사진이 중국 관영 영자지인 〈차이나데일리〉에 소개되자 상하이증시에 상장된 회사 주가는 매일 10퍼센트 안팎을 오르며 3일새 30퍼센트나 폭등했다.

　버핏 회장은 리 회장 요청으로 다롄다양촹스 30주년 기념식(2009. 8)

에 즈음해 축하 영상 메시지를 보내는 등 남다른 애정을 표시하기도 했다. 그는 영상 메시지에서 "다롄다양촹스 옷이 너무 마음에 들어 다른 옷을 모두 갖다 버렸다"고까지 농담을 던졌을 정도이다. 이 영상은 다롄다양촹스 홈페이지에 올려졌는데, 주가를 끌어 올린 호재로 작용했다. 버핏 회장은 현재 다롄다양촹스가 생산하는 브랜드인 '트렌즈Trends' 양복을 아홉 벌이나 갖고 있다. 이렇게 되기까지 2년여가 흘렀다.

억만장자 버핏 회장이 다롄다양촹스와 인연을 맺은 것은 2007년 랴오닝성 다롄시 호텔에 머물 때였다. 객실을 찾은 재봉사 두 명이 8분간 버핏의 치수를 잰 뒤 3주 후 오마하의 버핏 자택으로 맞춤 양복이 배달됐다. 이후 버핏은 다롄다양촹스 옷만 고집하고 있다. 다롄다양촹스 양복을 입는 유명인은 버핏과 빌 게이츠 외에도 세계경제포럼WEF 창시자 클라우스 슈바프 회장, 후진타오 중국 국가주석 등이 꼽힌다.

1946년 다롄시에서 출생한 리 회장은 가난 때문에 학업을 중단해야 했고 1979년부터 재봉틀 하나로 옷을 만들기 시작했다. 마을 주부들을 채용해 식탁보와 앞치마 등도 제작했다. 당시에는 재봉틀 살 돈이 없어 주부들에게 "집에서 쓰던 재봉틀을 가져와 일해달라"고 부탁하기까지 했다. 그때까지만 해도 리 회장은 랴오닝성 푸란뎬시 양수팡진의 농촌 여성에 불과했다. 아름다운 것을 좋아하고 예쁜 옷을 입고 싶어서 3만 위안을 빌리고 농촌 주부 85명을 모집해 시작한 회사가 다롄다양촹스였다. 지금은 직원 수가 1만 5,000명에 달하는 대형 신사복업체로 성장했다. 다롄시 최고급 백화점에 가면 리 회장이 만든 브랜드 남성 정장 '트렌즈'가 8,000위안이 넘는 높은 가격에 팔리는 것을 볼 수 있다.

'트렌즈'는 2006~2007년 중국복장협회가 선정하는 품질대상을 받았다. 회사 측은 앞으로 중국 내 주요 도시에 25~30개 분점을 만들어 서비스 질을 더 높인다는 계획을 밝혔다. 다롄다양창스는 자산규모만 10억 위안, 연간 생산물량이 1,000만여 벌에 달한다. 디자인을 조르조 아르마니 등 세계 최고 디자이너에게 위탁할 정도이다. 정장 수출량은 중국 내 1위를 차지하고 있다. 글로벌 금융위기로 의류·방직 업계가 휘청이는 가운데서도 다롄다양창스는 끄떡없었다.

중국 세관 자료에 의하면 중국 방직업계는 2009년 1~7월 수출이 11.1퍼센트나 줄었다. 하지만 다롄다양창스는 큰 영향을 받지 않았다. 오히려 2009년 상반기 매출이 3.76억 위안으로 전년도 같은 기간에 비해 2.1퍼센트 이상 늘었고, 순이익은 161.9퍼센트나 증가했다.

중국 제조업체를 보는 외국인 눈에는 아직도 '저렴·저질·가짜' 등의 편견이 가시지 않았다. 하지만 다롄다양창스 같은 의류업체를 보면 중국 브랜드 세계화가 머지않은 미래라는 사실을 느끼게 된다. 중국이 그토록 원하는 '외국인도 사랑하는 토종 브랜드'를 다롄다양창스가 실현하고 있어서이다. 다롄다양창스가 성공을 거둔 이면에는 기회를 포착하는 적극성과 고객을 대하는 남다른 태도가 가장 크게 자리 잡고 있다. 고객과 함께 시장을 판단하고 기회를 잡아 좋은 성과를 거두는 전략이다.[116]

최근에도 다양창스는 언론의 주목을 받은 바 있다. 2013년 2월 시진핑 주석의 외국순방 길에 동행한 중국의 퍼스트레이디 '펑리위안' 효과로 주가가 급등한 바 있다. 〈신징바오新京報〉에 따르면, 시진핑 주석과 펑리위안 여사가 자국 의류업체가 만든 옷을 입은 것으로 알려지면서

다양챵스 경영실적
(단위: 억 위안)

	2009	2010	2011	2012	전년비 증감률
총자산	10.95	11.92	12.91	13.65	5.73%
매출액	8.71	10.86	9.63	8.56	−11.10%
영업이익	1.82	2.29	1.90	1.53	−19.40%
세전이익	1.82	2.29	1.94	1.43	−26.20%
순이익	−	1.76	1.46	1.05	−28%

자료: 다양챵스 홈페이지 공시자료 (2013. 6.)

중국 증시에서 의류업체 주가들이 급등했기 때문이다. 특히 시진핑 주석이 입은 양복이 다양챵스가 만든 것이라는 소문이 퍼지기도 했다.[117] 이에 다양챵스 관계자는 "예전에 국가지도자를 위해서 양복을 만든 적이 있으나 지금은 없다"고 밝혔지만, 언론의 관심은 끊이지 않았다.

다롄다양챵스 창업 이후 변변한 고객이 없었던 리구이롄 회장은 1981년 미국계 의류업체 바이어를 극적으로 잡았다. 리 회장은 이 바이어가 국영 의류업체에 코트 1만 6,000벌을 주문했다가 거절당했다는 소식을 듣고는 급히 견본제품을 만들어 미국행 비행기를 타려던 그를 찾아가 주문을 따냈다. 설 연휴가 끼어 있었지만 다롄다양챵스 직원들은 밤낮없이 작업해서 성공적으로 납품했다.

지금은 다롄다양챵스 제품이 미국, 영국, 독일, 일본은 물론 의류 선진국인 이탈리아까지 20개 국가로 수출된다. 협력 파트너도 든든하다. 다롄다양챵스는 일본 아오야마그룹, 이탈리아 GFF그룹 아르마니 등 세계 정상급 의류·디자인업체와 손잡고 글로벌화에 힘쓰고 있다. 세

계 각지에서 마케팅을 책임지는 관리자 7명이 모두 외국인이고 외국
여러 나라에 외국인 디자이너 30여 명이 있다.

11. 후베이상인

::

후베이湖北(호북)성은 춘추전국시대에는 초나라의 영토로 봉읍인 '악鄂'이 있던 곳이다. 한나라 때는 형주荊州에 속하였고, 송나라 때는 형호북로荊湖北路였으며, 청나라 때에 이르러 성省이 설치되었다. 후베이성 윈시현鄖西縣과 윈현鄖縣에서 발견된 원인猿人과 창양長陽에서 발견된 초기 호모사피엔스가 증명하듯이 이미 수십만 년 전부터 이곳에 인류가 살았다. 또 징산현京山縣에서 발굴된 4,600여 년 전의 취자링屈家嶺 유적지, 장링현江陵縣에서 발굴된 2,700년 전 초나라의 유적지 장링추묘江陵楚墓가 설명해주듯이 오래전부터 이미 인류문명이 발달한 지역이었다. 중국 중부 장강 하류, 둥팅호 북쪽에 있다. 호수 북쪽에 있기 때문에 호북湖北(후베이)으로 불렸으며 삼국시대 초나라 악왕鄂王의 봉지였으므로 '악鄂'으로 약칭한다.

후베이인에 대해 사람들은 "하늘에는 9개의 머리를 가진 새가 있고 땅에는 후베이인이 있다"고 비유해서 말한다. 초나라 사람들은 구두조九頭鳥를 성스러운 새로 신봉했다. 이는 매우 영리하고 지혜롭고 생명력이 강한 것을 의미한다.

후베이는 중국의 중부지역에 위치를 두고 있다. 예로부터 장강 중류의 이북지역을 후베이로 불렀다. 후베이성의 지세는 서고동저형을 나타내며 산천이 수려하고 토지가 비옥하며 기후가 습윤하고 산물이 풍부하다. 9개 성으로 둘러싸여 있는 후베이는 베이징과 광둥성을 연결하는 철도가 관통하며 장강과 한수漢水가 종횡으로 교차하고, 크고 작은 호수가 사방에 있어서 구성통구九省通衢 또는 '호수의 성千湖之省'으로 널리 알려졌다.

후베이성의 자연경관은 무척 아름답고 명승고적이 많다. 후베이인의 총기와 우수성은 자연과 그 지역의 풍토와 밀접한 관련이 있다. 후베이는 문화역사의 유구함, 수려한 산과 맑은 물, 높은 계곡과 평원을 갖추고 있으며 그 같은 환경 속에서 후베이인은 총명한 두뇌와 함께 북방인의 호방함과 거친 성격을 가지게 되었다. 이들은 지智와 용勇을 겸비해서 역사 이래 수많은 문학가와 장수를 배출했다. 중국의 유명한 현대 시인인 원이뚜어聞—多도 후베이성 출신이다.

다른 지역의 사람들은 후베이인들이 여러 사람과 동행할 때 절대로 맨 앞에서 걷지 않는다고 지적한다. 후베이인들의 이런 행동은 결코 예의를 중시해서가 아니다. 맨 앞쪽이 비교적 위험하고 책임이 따르기 때문에 모험과 책임을 회피하고자 하기 때문이라고 한다. 하지만 선두에 서지 않으려는 태도만으로 후베이인이 용기가 없다고 볼 수는 없을 것이다.[118]

흥미로운 것은 일찍이 우한武漢 방언인 '우한화武漢話'가 표준어로 사용될 뻔했다고 한다. 우한화는 뚜렷한 특징을 지닌 언어로서 우한인들은 이를 '한화漢話'라고 부른다. 한화는 말할 때 각 글자의 발음이 매우 분명하고 음의 높낮이와 곡절이 조화되어 리드미컬하고 발음이 비교적 크다. 그래서 한화를 들을 때 기품이 있으며 후베이인의 자긍심을 느낄 수 있다. 우한에 처음 온 외지인들은 언제나 우한인이 거칠고 큰 목소리로 말하기 때문에 교양이 없다고 한다. 사실 한화는 말 속에 거드름 피우는 듯한 뉘앙스를 지녀서 처음 듣는 사람은 우한인들이 겸손하지 않을 것이라는 느낌을 받기도 한다.

총명한 후베이상인

후베이상인의 총명함을 일컫는 이야기가 많다. "초나라에만 재주가 있다"나 "후베이 귀신"이라는 옛말은 후베이상인의 총명함을 잘 대변한다. 후베이성의 치춘蘄春현이라는 곳은 120명의 교수를 배출하여 '교수현'이라는 별칭이 있고, 홍안紅安현은 221명의 장군을 배출하여 '장군현'이라는 별칭이 있을 정도이다.

후베이성의 상징은 머리가 아홉 달린 구두조이다. 이는 초나라 사람이 숭배한 구봉신으로 상상의 새이다. 아홉 개의 머리는 강한 생명력과 의지력 그리고 총명함을 의미한다. 그리고 후베이성의 성도인 우한시에는 "죽이지 못하는 돼지는 없다"라는 말이 있는데, 이는 '하늘 아래 해내지 못할 일이 없다'는 의미로 우한 사람들이 가진 불굴의 정신이 담겨 있다.

상인에게 총명함은 그 정도를 넘어서면 교활함이 된다. 최근에는 구두조를 계략과 계산에 능한 후베이상인을 비판할 때 사용하기도 한다. 문학가 린위탕은 "화중지역에는 무섭고 시끌벅적하며 악담을 잘하고 사기꾼 같은 후베이인이 살고 있다"고 말한 바 있다. 그래서 그런지 다른 지역 사람들은 후베이상인과 거래할 때 거리를 두고 긴장을 늦추지 않았다. 후베이상인과 거래는 "주의하지 않으면 손해 보고도 말을 하지 못한다"는 이야기도 있다. 이는 치고 빠지는 식의 상술을 표현한다. 긍정적으로 보면, 너무 머리 회전이 빠른 후베이상인들을 다른 상인들이 성실하게 보지 않기 때문일 것이다. 이것이 결국 신뢰감을 주지 못하게 되고 상도덕이 없다는 편견을 만들어내지 않았을까?

후베이성은 예로부터 교통 허브Hub였다. 9개 성에 둘러싸여 물자의 집산지였고, 청조에는 우한시가 베이징, 포산佛山(광둥성), 쑤저우(장쑤성)에 이어 4대 유통 중심이었다. 중국의 중심과 장강 중류에 위치하여 상업이 번성할 수 있는 지리적 환경을 갖추고 있었다. 그러나 후베이에서 대상인이라 불릴 만한 상인은 보이지 않는다. 후베이성의 옛 수도인 한커우漢口는 상업 중심지였다. 그러나 한커우에 상업 거리를 조성한 사람들은 후베이상인들이 아니라 휘상(안후이상인)이었고 동정상인(후난상인)이었다.

산시상인들은 한커우에 들어와 전당포를 만들며 금융업을 장악했고 닝보상인은 운송업, 수산업, 해운업을 차지했다. 이처럼 우한시 상권이 다른 지역 상인에 의해 점령당한 것은 후베이상인의 무능함 때문은 아니었다. 교통의 허브였던 후베이에 후베이상인보다 상술이 뛰어난 거상들이 뛰어들면서 벌어진 상황이라 보는 것이 합리적이겠다.

소심한 성격은 후베이상인의 특징이다. 그들에게 우두머리가 되도록 강요하지 마라. 나서기 싫어하기 때문에 앞서려 하지 않을 것이다. 모험이 따르는 벤처투자처럼 리스크가 큰 사업에는 후베이상인이 관심을 두지 않을 것이다. 동업하면 책임을 회피하려는 경향이 있다. 그들이 도망치지 않도록 대비하고 경계할 필요가 있다.[119]

12. 베이징상인

::

베이징은 기원전 10세기경 연燕나라의 근거지였고, 그 후 1153년 금나라 해릉왕海陵王에 이르러 도읍지가 된 후 원·명·청을 거쳐 860년간 중국의 수도였다. 따라서 베이징은 중국의 수도로 수천 년 역사가 융합된 명성으로서 그 자체가 독특한 문화적 소양을 지니고 있다. 또한 황제의 도시다운 정신적 품격을 지니고 있어 베이징에 거주하고 있는 사람들에게 많은 영향을 주어왔다.

베이징시는 허베이성에 둘러싸여 있으며 허베이華北평원 서북 변두리에 위치를 두고 있다. 동남쪽은 발해만으로부터 약 150킬로미터 떨어져 있다. 베이징은 여러 왕조에 걸쳐 중국의 수도였으며, 연경燕京, 경도京都, 대도大都 등으로 불리다가 명나라 때 북평北平(베이핑)에서 북경北京(베이징)으로 개칭됐다. '경京'으로 약칭한다. 춘추전국시대 연나라의 수도였고, 진秦나라 때 광양, 어양, 상곡 등과 함께 군이 되었다. 한漢나라 때 유주의 착사부에 속했고, 당나라 때에는 유주에 속했다. 요遼나라 때는 제2의 수도가 되어, 연경燕京이라고 불렸으며, 금金나라 때 정식 수도가 되면서 중도中都라고 불리었다. 명·청대에도 수도로 자리 잡았다. 명나라 성조 주체朱棣가 황제에 오른 후, 수도를 옮기기를 결심하여 1420년에 자금성紫禁城을 완공하고 1421년에 정식으로 천도했다.

베이징은 고궁故宮(자금성), 원명원, 이화원 같은 유구하고 비중이 큰 역사 유적지를 갖추고 있다. 그래서 웅장하고 예술적 건축양식과 온화하고 돈후한 풍채를 바탕으로 중국 전 지역의 다양한 기개를 융합하는 내적으로 풍부한 인문주의적 색채를 지니고 있다.

오늘날의 베이징인들은 각지에서 모인 사람이다. 이들은 국가 중앙기관의 각급 행정요원부터 각 대학의 지식인, 대기업의 직원들로 구성되어 있다. 이 때문에 특색과 전통을 지닌 도시이면서도 지방주의 색채가 적고 고유의 풍속을 지니고 있다.

베이징인들은 업무를 처리하는 데 있어서도 기율이 엄격하고 공정한 편이며, 상황을 끌거나 겉과 속이 다른 행동을 잘 하지 않는다. 일상생활 중 베이징인들은 상당히 솔직하고 담백한 태도를 보인다. 이러한 직설적인 태도와 방식은 경우에 따라서는 사람을 당혹하게 만들기도 한다. 그리고 이런 현실적 태도는 그들이 무엇을 하든 실질적인 인상을 주게 한다. 그리고 그들은 진실한 인간관계를 숭상하고 사람을 대하는 태도 역시 기만적이거나 간교하지 않다는 측면에서 일종의 군자 기질을 갖고 있다. 이처럼 성실하고 진실한 생활방식과 솔직한 인간관계, 사실에 근거하는 업무처리의 기질은 베이징인에 대한 좋은 평판의 근거이다.[120]

베이징인들은 유머 있는 성격과 열정적이며 상냥한 특징을 지니고 있다. 그러나 자신을 황제가 살았던 도시의 거주민이라고 여기다 보니 자연히 거만한 습관이 형성되었다. 그 결과 항상 자신감에 차 있어서 자신의 결점을 감추려고 하지 않고 오히려 과장되게 행동하여 사람들에게 유머 있다는 인상을 주기도 한다.

베이징은 공업도시가 아니어서 도시민 소비수요를 충족시키지 못한다. 베이징의 각종 생활필수품의 공급은 주로 외지에 의존하였다. 2008년에 베이징올림픽을 개최했고, 30개 지방정부가 중국의 수도인 베이징에 사무소를 두고 있으며, 365일 크고 작은 회의가 열리는 베이징은 중국에서 서비스산업(3차 산업) 비중이 제일 높다. 하지만 친절해야 할 베이징인의 서비스 정신은 다른 도시보다 한참 못하다.

베이징인과 상하이인

중국인들은 850년 전부터 정치의 중심이었던 베이징과 170년 전부터 경제의 중심이었던 상하이를 비교하길 좋아한다. 개혁개방이 시작된 1980년대에 유행한 말이 있다. "베이징인들은 무엇이든 거리낌 없이 말하고, 상하이인들은 무엇이든 거리낌 없이 입는다"는 것이다. 상하이에서는 많은 외국인이 디자인이 뒤처진 옷을 입고 있는 자신들을 발견하곤 한다. 섬유무역의 중심지답게 상하이인들의 옷 감각은 디자인뿐만 아니라 재질에서도 뛰어나다.

러시아 속담에 "시장에 가면, 그 세상에 관한 모든 것을 알 수 있다"는 말이 있다. 따라서 베이징인과 상하이인을 비교할 때 시장에서의 행동을 참고할 수 있을 것이다. 시장에서 살아 있는 생선을 살 때 베이징인들은 그냥 저울에 달아서 무게에 따른 값을 치르고 그냥 사 간다. 하지만 이 활어시장이 상하이라면 상황이 조금 달라진다. 먼저 상하이인들은 저울 위에 묻은 물부터 깨끗이 닦아낸다. 얼마 되지 않는 물 무게를 없애기 위해서이다. 그리고 저울을 달아 무게를 잰 후 그다음부터 다시 값을 깎는 흥정을 시작한다.

베이징인들은 닭고기를 살 때 무게로 달아서 사지만 상하이인들은 부위별로 나누어 사고판다. 매번 빈 병을 들고 반찬가게로 가는 이들은 상하이인들이다. 베이징인들은 기성복을 즐겨 사지만, 상하이인들은 자신이 좋아하는 옷감을 사서 단골집에서 맞추어 입는다. 물론 중국에서는 후자가 더 저렴하다. 이러한 상행위만 보더라도 베이징인들은 기분파이고 상하이인들은 꼼꼼히 따진다는 것을 알 수 있다.

1990년대 말 베이징에서 외국인이 겪는 불쾌감 중 대표적인 것이 백화점 종업원들의 불친절이었다. 특히 돈을 받는 직원들은 거스름돈을 던지거나, 손님이 준비하지 못한 잔돈을 몇 번씩 요구하며 화를 돋우곤 한다. 수납창구에 앉아 있던 베이징인 회계직원들은 물건값만 받으면 되지 손님에게 잔돈을 '공손히' 거슬러 주는 것은 자신과 상관없는 일이라 생각한다. 직원들끼리 한담閑談을 즐기고 있던 종업원들에게 물건을 보여달라고 손님이 끼어들었다가는 봉변을 당하기 십상이다. 대부분의 베이징인은 종업원들의 대화가 끝날 때까지 참고 기다린다. 손님이 물건을 고르려고 하면 종업원은 대뜸 "다 똑같은 물건인데 뭘 고르냐?"고 목소리를 높인다. 한참을 고르다가 사지 않으면 버럭 화를 낸다. 물론 중국이 WTO 가입한 후 이런 장면은 거의 사라졌지만 이러한 상관습은 베이징인의 기질과 무관하지 않다.

같은 중국이라 해도 상하이인들은 180도 다르다. 손님은 당연히 쉬고 있는 종업원들을 큰 소리로 부른다. 상하이인은 상행위에 화합和合이라는 개념을 가지고 임한다. 상하이인들은 상하이어上海語라고 불리는 방언을 쓴다. 마치 외국어처럼 베이징어와 상하이어는 서로 통하지 않는다. 따라서 수도 베이징에 사는 베이징인들이 상하이에 오면 거꾸로 '무식한 시골 놈'이란 소리를 듣는다. 장사도 못하는 베이징 촌놈들이 수도에 산다고 고관대작처럼 어깨에 힘만 주기 때문이다. "베이징 상인은 외지인을 자기 부하로 여기고 상하이상인은 촌사람으로 취급하지만 광둥상인은 소비자로 여긴다"는 말도 있다. 이는 베이징상인의 관료성과 상하이상인의 경제적 우월성 그리고 광둥상인의 친 비즈니스 성향을 여실히 보여주는 비유가 아닐 수 없다.

정치 중심적 사고를 가진 베이징상인

광둥상인의 입에서는 '흥정'이 나오는데 베이징상인의 입에서는 '주의主義'가 나온다. 광둥상인은 셈이 밝아 손해 보는 장사는 안 하지만, 베이징상인은 통이 크고 상도의를 중요시한다. 광둥상인은 앞에서 밑지는 체하지만 뒤에서 실속을 챙긴다. 베이징상인은 앞으로는 남기고 뒤로는 밑진다. 한 광둥인이 베이징에서 모피상점을 차렸다. 그런데 4,000위안짜리 모피 한 벌을 1년 동안 전시해두었지만 아무도 거들떠보지 않았다. 고심 끝에 2만 위안이라는 가격표를 붙이자 금방 팔렸다고 한다.

흥정에 걸리는 시간을 측정해보면 중국의 주요 도시 중에서 베이징이 제일 짧다. 정찰제가 가장 잘 정착된 도시 역시 베이징이다. 베이징 사람치고 말 못하는 사람은 없다. 모두 타고난 재담꾼이다. 베이징 사람은 입심 세기로는 중국 제일이고 말수 많기로는 톈진 사람에 이어 중국 2위이다.

모임에서 베이징상인은 먼저 발언을 하려고 야단이다. 그와 반대로 상하이상인은 정장 차림으로 모임에 참석하지만 발언은 나중에 하겠다고 애써 양보한다. 부득이 발언하게 되더라도 요점만 짧게 한다. 베이징상인은 정치에는 유난히 깊은 애정을 가지고 있다. 상하이상인은 사소한 토픽이나 길거리에 떠돌아다니는 이런저런 소문을 이야기하길 좋아한다. 광둥상인에게 사업이나 음식, 오락 이외의 화제는 잘 등장하지 않는다. 그러나 베이징상인은 정치에 대한 자신만의 독보적인 관점과 견해가 있다. 베이징 시민은 모두 정치가이며 시사평론가이다. 그들은 한마디로 관료적인 상인이다.

실제로 현재 활약 중인 베이징 기업가들의 출신 비율을 보면 전통적인 상인이 50퍼센트이고, 정부관료 출신이 50퍼센트이다. 따라서 베이징 기업가의 경영방식은 공무원 스타일과 유사하다고 해도 절반 정도는 맞는 말이다. 따라서 베이징상인을 앞에 두고 이들의 정치적 관심과 관료적 태도를 비방하는 일은 삼가야 할 것이다. 오히려 그들의 특성을 잘 알고 대처하는 지혜가 필요하다.

베이징상인은 상대방의 명함을 뚫어져라 살펴본다. 사장이나 이사, 부장 등 회사의 직함은 이미 알고 있는 것이고 이외에 몇 개나 정치적인 자리(위원, 협회장, 고문 등)를 가지고 있는지 판단하는 것이다. 베이징상인은 상대방의 경제적 능력도 보지만 정치적 능력도 유심히 살핀다. 따라서 그 자리가 실권이 없는 명예직이라 할지라도 베이징상인에게 주는 명함에는 표기하는 것이 좋다.

베이징상인들의 전형적인 협상의 시작은 상대방이 신뢰할 만한지, 협상상대로 적합한지, 존중할 만한 가치가 있는지를 확인하는 것이다. 베이징상인들에게는 무엇보다 관계가 중요하다. 즉 협상장 맞은편에 앉아 있는 비즈니스 파트너가 '꽌시'를 맺을 가치가 있는 사람인가가 얼마나 수익을 낼 수 있을 것인가라는 명제보다 더 중요하다는 의미이다. 베이징상인들은 자신들과 똑같은 기본 원칙과 가치를 공유한다고 느낄 때만 협상을 시작하려 한다. 그러므로 베이징상인들에게는 상세한 수치를 먼저 설명하는 것이 아니라 개념과 원칙을 먼저 제시해야 한다.[121]

베이징상인과의 협상에는 '실무자 간 실무협의 → 최고 책임자의 결정'이라는 상향식 순서보다는 '최고 대표끼리의 회동 → 실무자 간 실무협의 → 성대한 계약체결 의식'이라는 의전儀典이 가미된 하향식top-down 절차를 따라야 비즈니스가 순조롭다. 이는 베이징상인의 체면에 대한 사고, 관료적인 의식이 결합한 결과일 것이다.

일찍이 기원전 10세기 춘추전국시대 연나라의 수도였던 베이징은 거란족·여진족이 다시 수도를 세운 곳이다. 이후 원나라·명나라·청나라가 수도를 두었고 지금도 마오쩌둥이 설립한 신중국 수도이다. 따라서 베이징상인의 우월한 선민先民의식, 비즈니스 속에서의 친 정치성 등은 너무나 당연해 보인다.

유머와 함께해온 베이징상인의 상술

천관런(2002)은 베이징상인의 상술을 다음 네 가지로 요약하고 있다.[122]

먼저 '함축 겸손법'이 있다. 베이징상인은 비판이나 반박을 듣고도 상대에게 날을 세우거나 욕설을 하지 않는다. 에둘러 완곡하게 표현하고, 함축적으로 서술한다. 해학과 풍자가 녹아 있는 말을 골라 상대를 비판한다. 결코 회복하지 못할 정도로 비난하여 상대와의 관계를 단절시키지 않는다.

둘째, '정경법'이 있다. 말실수했을 때 즉시 자신이 한 말에 대해 유머러스한 상황을 연출하여 곤경에서 벗어난다. 이로써 상대의 비난을 회피하고자 한다. 어느 베이징상인이 기자간담회에서 '신장자치구'를 '시짱자치구'로 잘못 발음했다. 이를 지적하는 기자를 향해 그는 즉시 "죄송합니다. 제가 방금 시짱에서 한 건 올리고 돌아왔거든요"라고 답변했다. 좌중이 한바탕 웃음으로 어색한 상황이 끝났다. 그러나 이 상인은 시짱에서 비즈니스를 한 적이 없는 사람이었다.

셋째, '곡해법'이 있다. 예를 들면 이런 것이다. 한 아가씨가 백화점에서 마음에 드는 옷을 고르기 위해 네 번째로 옷을 입었다 벗었다 하고 있었다. 점원은 기분이 나빠지기 시작했다. 그러자 손님인 아가씨는 "백화점 규정에는 백 번이나 옷을 고를 수 있다는데, 백 번은 너무하죠? 저는 이제 네 번째인데. 열 번 정도로 규정을 고쳐야 할 거예요"라고 선수를 치고 나섰다. 이처럼 베이징상인은 협상장에서 유머와 재치를 발휘하며, 어휘의 뜻을 일부러 비틀고 바꾸면서 가벼운 분위기를 연출하려 한다.

넷째, '어경은함법'이 있다. 베이징상인은 은유법을 즐겨 사용한다. 한 구절의 말은 말 밖의 뜻言外之意을 표현하기도 한다. 후베이성 우한시에 있는 신발가게 점원이 "이 신발의 수명은 당신 수명과 같을 겁니다"라고 말하자, 베이징상인은 "제가 그렇게 빨리 죽을 거라고요? 믿을 수 없군요"라고 되받아쳤다. 이처럼 베이징상인과의 협상에서는 그들의 유머가 무엇을 의미하는지 신속하게 알아차릴 필요가 있다. 진정한 속뜻은 그들이 구사하는 유머에 숨어 있는 셈이다.

부동산 재벌, 장신 소호차이나 총재

1965년 베이징에서 태어난 장신張欣 총재는 14세 때 홍콩으로 이주한 후 영국 케임브리지대학(경제학 석사)에서 수학한 후, 월스트리트 애널리스트로 활약한 입지전적인 인물이다. 그녀는 1994년 그동안의 경력을 포기하고 중국으로 돌아왔다. 그리고 1995년에 남편 판스이潘石屹와 공동으로 설립한 회사가 소호차이나SOHO China의 전신인 베이징훙스紅石실업유한공사이다. 12년이라는 짧은 시간에 소호차이나는 매출이 69억 위안(2007)에 달하는 중국 대표 부동산개발회사로 성장했다. 장신 총재는 중국에서 최초로 서구 예술을 건축에 접목했다는 평을 받고 있다.

〈포브스〉 중국어판의 '2007년 중국 부호 400명'에서 소호차이나의 장신 총재는 7위에 올랐다. 장신 총재의 재산은 285억 위안이다. 이는 소호차이나의 홍콩 증시 IPO(2007. 10)와 관련이 있다. 소호차이나는 이 IPO의 성공으로 약 19억 달러를 조달할 수 있었다.

홍콩에서 취직한 후 안정된 생활을 하던 장신은 어느 날 영국인 친구를 통해 외국에 새로운 세계가 있다는 사실을 알게 된다. 그녀는 노력 끝에 영국 서섹스Sussex대학에 입학했고, 결국 케임브리지대학에서 발전경제학 석사학위를 받았다. 그 후 장신의 앞길은 순탄하기만 했다. 타인의 부러움을 받으며 미국 월스트리트에 진출했고 골드만삭스와 트래블러스_{Travelers}그룹에서 중국 관련 애널리스트로 활약했다.

탄탄대로를 달리던 장신은 1994년에 중국으로 되돌아갈 것을 결심한다. 그리고 판스이라는 1963년생 중국 청년 사업가와 결혼한다. 이때부터 장신의 성공 스토리 절반은 판스이의 몫이라 해도 과언이 아니다. 판스이는 중국에서도 제일 낙후지역으로 손꼽히는 간쑤성 출신이다. 어려운 가정형편에서도 대학을 졸업해서 지방정부 관료로 있다가 1987년에 부동산개발사업에 뛰어들었다. 이후 선전深圳, 하이난海南 등지를 돌다가 1992년에 베이징에 올라와 베이징완퉁萬通실업유한공사를 설립해 완충신세계프라자를 개발해 어느 정도 성공가도를 달리고 있었다.

하지만 장신 총재의 친구들 눈에는 외국 경험이 전혀 없고 영어도 할 줄 모르는 판스이는 못난 오리에 불과했다. 모든 친구가 장신의 결혼 결정을 미친 짓이라고 하면서 이 결혼이 곧 끝날 것이라 장담했다. 매년 20만 달러의 연봉을 받으며 촉망받던 애널리스트가 어느 날 갑자기 모든 것을 포기하고 중국으로 간다는 것도 이해가 되지 않았지만, 토박이 중국 청년과 결혼한다는 것은 더욱 이해되지 않는 결정이었다.

중국 성장의 잠재력을 확신한 장신 총재는 주위의 권고를 아랑곳하지 않고 기존에 살던 큰 집을 포기하고 판스이와 작은 방에서 새로운 인생을 시작한다. 하지만 서구식 교육을 받은 장신과 중국 부동산시장에서 경험을 쌓아온 판스이의 생각은 판이했다. 장신의 눈에는 판스이가 기업경영의 개념을 너무 모르는 것 같았고, 판스이의 눈에는 장신이 중국을 몰라도 한참 모르는 것 같았다. 장신은 회사에서 직원 모두가 자율적인 토론을 하면서 의사결정을 하려 했지만, 판스이는 결과를 책임을 지고 일을 하려는 사람이 없다며 독단적인 결정을 내리는 식이었다.

장신은 가족과 사업 어느 쪽도 포기할 수 없었다. 이번에는 판스이와 철저한 분업을 결정했다. 외국인과의 교섭 및 건축설계 등은 장신이 도맡았고 토지와 건설 프로젝트 확보, 대정부 관계 및 판매 등은 판스이가 담당하기로 했다. 이때부터 두 사람은 서로의 장점을 인정하게 되었고 상호 필요성을 절실하게 느끼게 된다. 마침내 서구식 스타일과 동양의 경험주의가 결합하여 시너지가 일어났으며 이는 현대성現代城 아파트 단기개발에서 유감없이 나타났다.

1993년 중국 국무원은 베이징 CBD Central Business District라 불리는 도시 발전계획을 비준했다. 국제무역센터를 중심으로 주변 4제곱킬로미터의 땅을 개발하여 베이징의 모습을 일신한다는 구상이었다. 사업기회를 잡는 데 천부적인 감각을 가진 판스이는 곧 CBD가 엄청난 부를 낳을 것이라 직감하고 매일 CBD 지역을 누비면서 적절한 개발 프로젝트를 찾고 있었다. 비가 오던 어느 날 심신이 지쳤던 판스이는 현대성現代城 프로젝트에 마음이 끌리게 된다. 일단 프로젝트 이름이 너무 마음에 들었다. 결국 현대성 프로젝트는 소호 성공 스토리의 발판이 되었다.

그 무렵 젠궈먼와이建國門外의 토지개발사업도 확보했다. 개발면적이 49만 제곱미터나 되자 장신 부부가 단독으로 개발하기에는 자금이 부족했다. 장신은 외국의 자본을 끌어들여 대규모로 아파트 단지를 개발하는 것이 좋겠다고 생각했다. 그러나 남편 판스이의 생각은 달랐다. 프로젝트를 쪼개서 우선 개발한 지역의 이윤으로 후속 프로젝틀 추진하려고 했다. 결국 판스이가 양보하고 미국, 영국, 싱가포르 등지를 돌

소호차이나 총재 장신

자자료: 소호차이나 홈페이지 www.sohochina.com (2013. 4.)

면서 투자자를 찾았다. 하지만 베이징 CBD에 생소했던 외국 투자자들은 회의적인 태도를 보였다. 각고의 노력 끝에 관심을 보이는 싱가포르의 투자회사를 찾았다. 장신과 판스이 부부가 30퍼센트, 싱가포르 투자회사가 70퍼센트의 지분을 갖는 것으로 합의했다. 하지만 1997년 아시아 금융위기가 터지자 싱가포르 투자회사는 약속을 어기고 발을 빼버렸다.

1997년 위기를 겪고 판스이와 심한 갈등을 빚었던 장신이 영국으로 건너가 머무는 동안 판스이는 여전히 중국에서 개발자금을 찾아다녔다. 그리고 마침내 주택 20채를 건설할 수 있을 정도의 자금을 손에 쥐었다. 때맞춰 1997년 중국 정부는 개발업자가 할부로 토지사용권대금을 지불하면 주택을 미리 팔 수 있는 권한을 부여했고 1999년부터는 '주택예매제도(선 분양 후 시공 제도)'를 시행했다. 이러한 정책에 힘입어 판스이는 주택 20채를 분양한 자금으로 추가 토지사용료를 지불해 주택을 계속 분양할 수 있었다. 이런 방식으로 아파트를 한 층 한 층 지어 올렸다. 현대성 아파트 단지의 4개 동은 이렇게 완공되었다.[123]

지으면서 판매하는 부동산 개발방식은 이후 소호차이나의 전형적인 모델로 자리 잡았다. 현대성 아파트의 성공에는 소호차이나의 독특한 판매전략도 기여했다. 장신과 판스이 부부는 '주택 예매 꼴찌 직원 도태' 제도를 도입해 주택 판매실적이 저조한 직원을 퇴출시켰다. 판매 부서 직원이 목숨을 건 전쟁을 할 수밖에 없는 풍토를 만든 것이다.

현대성 아파트 단지의 또 다른 성공요인은 장신이 구상한 독특한 설계이다. 장신은 10년 넘게 외국 생활을 한 경험을 살려 두 개 동의 인테리어를 중국의 기존 건물과는 차별화되게 구상했다. 이러한 차별성은 결국 소호라는 브랜드를 더욱 빛나게 했으며, 부동산 개발에 예술을 접목시켰다는 평가를 받는 계기가 되었다.

판스이가 자금조달, 판매 등에 골몰하는 사이 장신은 어떻게 하면 예술을 건축에 접목시킬 것인지를 고민했다. 장신은 중국에서 건축에 예술을 접목시킨 최초의 인물이라 해도 과언이 아니다. 1997년에 장신은 홍콩 설계사 장융허張永和에게 설계를 맡겼고, 이 설계도면을 자신이 직접 수정하고 소재를 선택하면서 베이징 풍경을 한눈에 볼 수 있는 장소에 자신만의 스타일을 구현한 산위지엔山語間이라는 별장을 지었다. 이 특이한 별장을 구경하려고 사람들이 몰려들었다. 서구 건축의

소호차이나 경영실적 (단위: 억 위안)

	2009	2010	2011	2012	전년비 증감률
총자산	–	–	232.17	227.64	-1.95%
매출액	136.80	238.10	56.86	153	169%
영업이익	74.13	182.15	–	–	–
세전이익	33	–	27.31	–	–
순이익	–	36.36	38.92	106	172%

주: 소호차이나는 홍콩 증시에 상장되어 있음.
자료: 소호차이나 홈페이지 공시자료 (2013. 6.)

특징을 중국 문화에 접목한 공로로 장신 총재는 2002년 제8차 베니스 국제건축제에서 건축 부문의 오스카상으로 불리는 대상을 받았다. 건축가가 아닌 인물이 이 상을 받은 것도 최초이지만 중국인으로서도 최초의 수상이다. 12채 건축물의 모형은 파리 퐁피두 예술관에 상설 전시되고 있다. 건축 분야에서 거둔 성공으로 소호차이나의 브랜드 가치도 상승했다.

이처럼 건축 분야에서 혁신을 추구하는 장신 총재의 노력은 시종일관 소호차이나 발전과 밀접히 연계되었다. 현대성 아파트 단지 이후 개발된 70만 제곱미터에 달하는 젠궈먼와이 소호단지는 주거용과 오피스용이 결합된 혼합모델이라 할 수 있다. 모든 건물이 외부와 연결되게 확 트인 공간을 마련한 것이 특징이다. 특히 소호거리라 불리는 상업구역은 이제 베이징의 명물로 자리 잡았다. 2003년에 개방된 이 거리는 매일 5만 명의 유동인구가 누비는 거리로 발전했다. 장신 총재는 이번에도 독특한 설계를 통해 소호 브랜드를 널리 전파했다.

소호차이나는 이미 베이징의 최대 부동산 개발 브랜드로 성장했다. 장신 부부는 회사명을 기존의 홍스에서 소호로 바꾸면서 인터넷이라는 변수를 고려했다고 한다. 1999년 말 현대성 아파트 판매가 끝날 무렵 장신 부부는 중국에서 급속히 확산되고 있던 인터넷에 눈을 돌리게 된다. 중국에서 이미 인터넷은 혁명이라 할 정도로 사람들의 생활 패턴을 바꾸고 있었던 것이다. 즉 인터넷을 통한 정보 교류로 이제는 집에서도 일할 수 있는 시대가 도래했다. 외국에서는 이미 SOHO_{Small Office Home Office}의 개념이 정착되어 가던 때였다.

장신 부부는 사회변화를 재빨리 인지하고 현대성 아파트를 소호현대성으로 이름을 바꾸었다. 그리고 2002년에는 아예 회사명을 소호차이나로 변경했다. 경쟁사들도 소호와 비슷한 개념의 회사명을 도입하고 제품을 출시했지만 변화된 고객에게 빨리 다가가지는 못했다. 장신 부부는 인터넷 시대에 맞춰 또 한 번 경쟁자들을 제치고 선두에 설 수 있었다. 이후 소호의 의미는 회사의 경영이념으로 자리 잡았다. 소호차이나는 이미 베이징 CBD 지역의 5분의 1에 해당하는 지역을 개발했으며 5,800여 명의 고객을 두고 있다. 또한 5만 8,000여 명에 달하는 임대인들이 소호 브랜드를 직접 경험하고 있다.

변화와 차별성을 끊임없이 추구하는 장신 총재가 있기에 소호차이나는 예술이라는 영혼을 가진 부동산 개발업체로 발전할 수 있었다. 중국 건축문화에 큰 변화를 몰고 오는 장본인이면서 서구적이고 수려한 용모를 가진 장신 총재는 언론의 스포트라이트를 한 몸에 받고 있다.

13. 허베이상인

::

허베이성은 화베이華北평원 북부에 위치하며 네이멍구 고원에 걸쳐 있다. 베이징과 톈진을 둘러싸고 북쪽은 랴오닝성과 네이멍구자치구, 서쪽은 산시성山西省, 남쪽은 허난성과 산둥성에 인접하고 동으로는 발해만과 마주하고 있다. 화동, 화남, 서남 등의 지역이 이어지는 삼북三北 (동북東北, 서북西北, 화북華北)의 중추지역이다.

허베이성은 동부 연해에 위치했음에도 불구하고 장기간 중부지역과 비슷한 경제발전 수준에 머물러 있었다. 그러나 최근 '연해 강성强省'을 목표로 연해 경제벨트를 구축하고 있으며, 성장 잠재력이 큰 지역으로 평가받고 있다. 최근 친황다오秦黃島, 탕산唐山, 창저우滄州 등 연해지역의 개발에 주력하고 있으며, 새로운 경제성장 축이 형성되고 있다. 또한 중앙정부의 보하이만 육성정책의 일환으로 베이징京, 톈진津 및 허베이冀를 하나로 묶는 징진지京津冀경제권의 배후기지 역할을 담당하고 있다.

허베이인河北人들은 너무 평범하다. 그들은 독특한 개성이나 특색이 없는 성격으로 구체적으로 무슨 특징이 있는지 모를 정도이다. 실제로 근대 이래 허베이문화는 줄곧 베이징과 톈진, 즉 경진京津문화에 종속되어 왔다. 허베이인들은 베이징과 톈진 두 종류의 문화가 겹쳐지는 시간과 공간에서 생활해왔다. 허베이인들은 수도와 정치문화를 지닌 베이징문화와 해안 및 상업문화를 지닌 톈진문화를 접촉하는 과정에서 어느 한 쪽도 선택하지 못했고 그 결과 양자의 정화精華를 흡수·소화하지 못했다.

허베이인의 마음속에 베이징과 톈진은 특별한 의미가 있다. 베이징이 수도이지만 허베이의 토지에 속해 있고 톈진 역시 마찬가지다. 그리고 베이징과 톈진은 허베이의 도시였다가 직할시가 된 것이 불과 80년 전의 일이다. 그래서 양 지역에 대해 각별한 친밀감을 갖고 있다. 그러나 비록 베이징과 톈진은 공간적으로 허베이와 가깝게 있지만, 경제·문화·사회발전 수준 면에서 엄청난 차이를 보인다. 허베이와 베이징·톈진은 매우 밀접해서 떨어질 수 없는 관계이지만, 근현대 이래 베이징과 톈진의 발전은 허베이의 발전을 고려하지 않고 진행되었으며, 그 결과 허베이의 상당수 도시가 쇠락했다.

허베이는 중화문명의 최초 발원지의 한 지역이기도 하다. 허베이지역에서는 다양한 민족과 각기 다른 문화적 유산을 쉽게 볼 수 있는데, 실제로 허베이인들은 북방 부족의 웅장하고 용맹한 기질을 지님과 동시에 중원 농민들의 소박하고 세심한 성격도 지니고 있다.[124]

허베이인은 단순하면서도 복잡한 성격을 지닌다. 그들은 얌전하지만 냉정함도 있다. 허베이인은 생각은 많이 하면서도 행동은 느리고 실천은 적으며, 작은 일에 똑똑하지만 큰일에는 흐리멍덩하다. 허베이인은 옛 관습에 얽매이지만, 추세를 민감하게 따르는 '기회주의자' 기질도 있다. 그들은 위협을 받거나 적이 침범하면 기세가 등등하지만, 대부분 현실에서 한 걸음 물러섬으로써 더욱 큰 시야를 확보함과 동시에 심리적인 여유와 평온을 유지한다.

허베이인이 주는 첫 번째 인상은 성실함과 충직함이다. 허베이인은 다투지 않는다. 상당히 평온하며 쉽게 격동하지 않는다. 그리고 그들은 열정적이지만 함축적이고 집착적이다. 허베이인의 우직한 면은 마치 소와 같고 한 번 결심한 일에 대해서는 절대로 마음을 바꾸지 않는다. 허베이인은 작은 일에는 매우 열심이지만 큰일에 대해서는 대체로 게으르다. 그것은 그들이 우매하거나 창조적인 사고력이 없어서가 아니라, 냉정하게 사고하지만 게으름을 피우고 모험적이지 못해서이다. 대다수 허베이인은 방어적이다. 결코 공격적이지 않다. 허베이인은 무엇보다 안정을 가장 중시하고 있고, 이 안정감을 어떠한 세속적인 재산보다도 고귀하게 여긴다.

경쟁을 귀찮아하는 허베이상인

허베이상인은 게으르다는 평가를 받는다. "허베이상인은 상인이면서도 장사에 대한 의욕이 없는 상인"이라고 하니 잘 이해가 가지 않는다. 그 이유를 살펴보면 다음과 같다. 허베이성은 산시성과 산둥성 사이에 놓여 있는데, 두 곳은 이미 진상晉商 등 대상인들로 유명한 상업지역이다. 따라서 허베이지역의 쌀, 소금, 옷감, 과일 등의 상권은 이들 두 지역 상인들이 이미 장악한 지 오래였다. 또한 지리적으로 중국의 수도인 베이징에 물건을 공급하기 위해서는 반드시 허베이성을 통해야 했으므로, 산시성과 산둥성의 수많은 물품은 허베이상인의 유통망에 의존할 수밖에 없었다. 결국 허베이상인들은 별로 노력을 기울이지 않아도 비즈니스 기회가 생길 수밖에 없는 환경에 놓인 '행복한' 상인이었던 셈이다.

허베이상인은 대부분 조용하고 성실하며 호탕한 성격을 가지고 있다. 모임에서는 자기 의견을 잘 말하지 않고, 다른 사람의 말을 많이 듣는 편이다. 그래서 앞에 나서는 것보다 뒤에서 조용히 경청하는 것을 좋아한다. 허베이성의 별칭은 '기冀'여서 허베이상인을 '기상冀商'이라고도 칭한다. 허베이상인에 대한 첫인상은 다소 촌스럽다. 이는 허베이성이 지리적으로 황토고원에 있고 이 지역 사람들이 소박하고 마음이 선량하며 보수적이기 때문일 것이다.

허베이성은 베이징시 및 톈진시를 둘러싸고 있어 두 도시 간 상거래가 매우 활발했다. 명나라 말기와 청나라 초기에 허베이상인은 전국의 약재 78퍼센트, 모피 90퍼센트 이상을 장악하였다. 베이징에서 가장 번화한 상업지역이었던 유리창琉璃廠에도 일찍이 진출하여 제품을 공급했다. 허베이상인의 발전은 베이징시와 톈진시에 의존하여 이루어져 왔다.

현재도 허베이상인은 베이징시에서 건설·하이테크·의류·제약 분야에 많이 진출하였으며, 특히 부동산 투자 쪽으로는 베이징시 전체의 10퍼센트 정도를 차지하고 있다. 베이징에서 유명한 양고기 샤부샤부식당인 둥라이순東來順, 베이징의 대표음식인 베이징 오리구이 브랜드인 취엔취더全聚德, 우리에게는 우황청심환으로 유명한 한약방인

통런당同仁堂 등의 창시자는 허베이상인이었다. 또한 톈진시의 유명한 만두점 거우부리狗不理包子, 기름에 튀긴 떡 얼더옌 자가오耳朵眼炸糕, 꽈배기 구이파샹 마화桂發祥麻花 등 톈진 특산품의 창업자 또한 허베이상인이었다.

허베이상인은 의리義理를 매우 중요하게 여기는데, 이들의 상관습을 '중의불경이 중이불망의重義不輕利 重利不忘義', 즉 '의리를 중요시하나 이익을 간과하지 않으며, 이익을 중요시 하나 의리를 잊지는 않는다'고 표현하기도 한다.

14. 허난상인

::

허난성은 세계 4대 문명 가운데 하나인 황허문명이 탄생한 지역이다. 중국 최초의 왕조라고 할 수 있는 하나라 때부터 북송에 이르는 장구한 세월 동안 20여 개 왕조가 이 지역에 도읍을 정하였다. 중국 8대 고도 중 네 곳이 허난성에 위치했다. 상商의 도읍지 정저우鄭州, 은殷의 도읍지 안양安陽, 7개 왕조의 도읍지 카이펑開封, 9개 왕조의 도읍지 뤄양洛陽 등이 있다. 멘츠현澠池縣에서 양사오문화仰韶文化 유적이 발굴되었으며 옌스시偃師市에서 하夏·은殷·주周시대의 얼리터우문화二裏頭文化 유적이 발굴되었다. 한마디로 중원문화의 발상지라 할 수 있다. 한漢나라에서 수隋나라에 이르는 600여 년 동안 이곳의 인구가 중국 총인구의 5분의 1을 차지할 정도로 번성하였다.

허난성은 황허의 남쪽 중하류 지역에 위치한다. 동으로 안후이성·산둥성, 북으로 허베이성·산시성, 서로 샨시성, 남으로 후베이성과 접해 있다. 황허의 남쪽에 위치했기 때문에 허난河南(하난)이라 불렀다. 옛날에는 예주豫州(위저우)라고 불렸던 연유로 '예豫'로 약칭한다.

중국 문명의 탄생은 바로 '해가 뜨면 일하고, 해가 지면 휴식을 취하는' 자연조건이 아주 뛰어난 중원의 농경생활에서 비롯되었다. 그 같은 농경생활은 일종의 자연경제로 역사상 긴 시간을 거치면서 중원인들에게 차츰 정착되었다. '농업을 중시하고 상업을 억압하는' 전통적인 자연경제는 오히려 중원인들로 하여금 진보적인 농경의 발전을 방해하여, 그들로 하여금 취약한 경제구조를 조성하게 했다.

자급자족의 성격을 지닌 자연경제는 허난인들로 하여금 비옥한 농경지를 건설케 했지만, 유가儒家의 영향 하에서 그들의 사상은 억제되고 그들만의 독특한 민족 기질을 형성했다. 허난인들의 생활은 조상 대대로 이어진 대토지 위에서 시작되었다. 그들은 물자가 풍부하여 유목민들의 고생이나 해상의 재난과 고전분투하는 어민들의 시련을 경험하지 않았다. 허난인들은 안정된 환경 속에서 집단을 이루고 자신들의 풍족함을 알고 스스로 그 같은 생활에 만족해왔다. 그 결과 현상에 쉽게 만족을 하는 기질이 형성되었다고 볼 수 있다.

가짜 상품 온상이라는 오명을 가진 허난상인

허난성은 역사적으로 황허문명의 발상지다. 허난성의 위치는 황허강의 중·하류 쪽에 있어, 황허의 남쪽에 있다는 뜻의 허난을 이름으로 얻었다. 또한 중원中原이라고 불리던 지방이자 2,000년 전 중국 구주九州 중심지인 위저우豫州가 자리 잡고 있다.

상인商人이라는 어원을 제공한 상商나라 사람이 거주하던 곳이 바로 이 허난성이다. 따라서 역사적으로 보면 허난성은 상인의 기원이라고 해도 과언이 아니다. 허난성은 역사적으로 4,000년 전 신석기시대에 중원지방 사람이 창조한 앙소문화仰韶文化, 용산문화龍山文化의 원고지이며, 중국 유명한 사상가 장자莊子, 정치가 상앙商鞅, 과학자 장형張衡, 중국 의학의 시조 장충칭張仲景, 문학가 한유韓愈, 철학자 정이程頤, 민족영웅 악비岳飛 등을 배출한 지역이다. 역사상 20개의 왕조가 이곳 허난에 수도를 삼았으며, 중국의 7대 고대도시 중 3곳인 낙양洛陽, 개봉開封, 안양安陽이 모두 이곳 허난에 있다.

그러나 명·청대에 이르러서 허난성의 시장을 장악한 사람들은 산시·산둥·안후이 상인들이었다. 정작 허난상인들은 이들 밑에서 일하는 소상인으로 전락하였다. 이들 대상인들은 허난인들과 거래하면서 자기 나름의 평가를 내리고 있다. 허난상인은 성실함과 교활함이 혼재한다고 한다. 특히 작은 교활함小聰明이 뛰어나, 이것이 상거래와 결합하면 상도덕이나 상식에서 벗어난 행위를 만들어낸다고 평가했다.

지금은 짝퉁 천국이라는 오명이 광둥지역에도 씌워져 있지만, 1980~1990년대 가짜 상품 집산지로 단연 허난성이 꼽혔다. 따라서 허난상인 역시 정직하지 못하다는 불명예를 감수해야 했다. 1980년 초 허난성 주커우周口에서 생산되어 일본으로 수출된 꿀이 가짜인 것이 밝혀져 국제적 망신을 당했다. 이 일 때문에 '주커우=가짜 상품'이라는 오명이 널리 퍼졌다. 이후 가짜 술, 가짜 담배 생산지로 허난성 위시豫西 등이 보도되면서 그 악영향이 점차 증폭되어 왔다.

중국 내 언론의 분석을 종합하면, 중국 중원에 위치한 교통의 허브인 허난성에 각지에서 몰려든 많은 유동인구가 있고, 이들이 수단과 방법을 가리지 않고 빨리 돈을 벌기 위해 유혹에 빠진 결과 가짜 상품의 온상지가 되었다는 해석이다. 결과적으로 지금도 중국에서는 직원을 채용할 때 허난성 출신이라고 하면 회사 사장이 다시 한 번 이력서를 보게 되었다. 그리고 허난성 제품은 품질이 좋지 않으며 가짜 상품이 많다는 인식이 여전히 존재한다.

내향적인 허난상인

허난상인들은 가난해도 안락한 둥지를 떠나 외지로 나가 돈을 벌고 싶어 하지 않는다. 이는 대외개척 정신이 강한 푸젠상인, 안후이상인과는 상반된 성격이다. 이는 허난인 특유의 고향의식과 밀접한 관련이 있다. 허난은 중원에 위치하여 고향에 대한 애착심이 강하기로 유명하다. 자신을 낳아주고 길러준 생활의 터전에 대해 강한 애착심을 가지고 있다. 유가의 정신과 농경문화에서 형성된 소농의식이 끼친 영향일 것이다. 도가의 창시자인 노자와 장자가 모두 허난성 출신인 것이 무관하지 않다.[125]

이처럼 고향에 대한 집착이 강하므로 현지를 중심으로 시장을 점유하는 상술이 필요하다. 허난상인은 성실해 보이나 그 성격 이면에는 교활함도 숨어 있다. 지리적으로만 보면 중원에 위치한 허난상인들은 북방상인의 기질과 남방상인의 기질을 모두 가지고 있는 것으로 판단된다.

따라서 허난상인과 협상할 때는 너무 자신을 많이 드러내거나 솔직할 필요가 없다. 어렵고 복잡한 사업 구상을 기획하기보다는 허난상인이 선호하는 방식의 사업을 택하는 것이 바람직하다. 그들은 보수적인 성향을 가졌다. 속마음을 쉽게 드러내지도 않고, 사교적이지도 않다. 비즈니스 파트너에게도 같은 기준을 적용하고 있으므로 허난상인과의 지나치게 솔직하거나 개방적인 거래는 실패할 확률이 높다.[126]

　허난상인과의 상담에서는 투자 리스크 같은 화제는 꼭 필요한 경우가 아니라면 꺼내지 않는 것이 좋다. 허난상인과 장기적인 합작을 하고 싶다면 리스크보다는 원금보장을 위한 기획안을 제시하는 것이 좋다. 허난상인은 리스크가 높은 비즈니스는 쳐다보지도 않는다.

자선가로 유명한 허난상인 쉬자인

허난성 타이캉현 출신인 쉬자인許家印(1958년생) 헝다恒大그룹 회장은 중국 재계에서 자선활동으로 유명하다. 2011년에 그는 3억 9,000만 위안을 기부하여 2012년 〈포브스〉가 선정한 중국 자선 순위에서 1위의 영예를 차지했다. 2013년에도 중국 최고 자선가 1위에 쉬자인 회장이 뽑혔다. 2012년 그가 기부한 액수는 4억 2,000만 위안(약 720억 원) 규모이다.

　헝다그룹은 연고지역인 광저우에서뿐만 아니라 전국을 통틀어 기업 납세규모 최상위 그룹이라는 명성을 얻고 있다. 중국 정부는 헝다에 '성실 납세 선진 그룹' '납세 실적 A급 기업' 등의 표창을 수여했다. 쉬 회장은 스포츠·교육·문화 분야를 중심으로 기업 이익을 사회에 환원하는 데도 온 힘을 쏟고 있다.

　쉬 회장은 어렸을 적 몇 차례나 학업을 중단할 뻔했을 정도로 가정 형편이 좋지 않았다. 그가 태어난 허난성 타이캉현은 가난한 지역으로 10년 중 9년은 홍수 재해에 시달리는 곳이었다. 그는 일찍이 어머니를

헝다그룹 쉬자인 회장

자료: 헝다그룹 홈페이지 www.evergrande.com (2013. 4. 1.)

여의고 홀아버지 슬하에서 가난에 허덕였지만 타고난 성실함으로 대학까지 졸업했다. 1982년 우한강철대(현재 우한과기대)를 졸업한 후 우양강철회사에서 10년 동안 엔지니어로 일했다. 그는 당시 개혁개방 바람 속에서 창업의 부푼 꿈을 안고 광둥성 선전으로 건너가 대형 체인점에 입사해 고위직까지 올랐다. 그러다 1996년 우연찮은 기회에 부동산에 뛰어들게 된다. 당시 그의 나이 38세였다.

함께 일하던 직원과 함께 헝다를 세우고 광저우 진비화위안金碧花園을 성공리에 분양하며 명성을 날렸다. 이 주택은 중국 유명 도시화 단지 랭킹 50위에도 뽑혔다. 쉬 회장은 진비金碧라는 브랜드를 앞세워 13개 지역에서 한꺼번에 개발사업을 진행, 당시 부동산업계의 신화를

헝다디찬 경영실적

(단위: 억 위안)

	2009	2010	2011	2012	전년비 증감률
총자산	–	1,044.5	1,790.20	2,389.9	33.40%
매출액	303	504.2	619.18	652.6	5.39%
영업이익	–	–	199.26	165.22	−17.10%
세전이익	–	–	117.26	91.81	−21.70%

주: 헝다디찬(恒大地産)은 홍콩 증시에 상장되어 있음.
자료: 헝다디찬 홈페이지 공시자료 (2013. 6.)

다시 썼다는 말을 들었다. 이 사업을 성공시켜면서 그는 광저우 30대 부동산 개발업체 가운데 7위로 올라섰다.

헝다그룹은 2006~2011년의 6년 동안 각종 지표에서 평균 46배의 성장률을 기록하며 세계적으로 유례없는 기록을 세우기도 한다. 헝다는 120여 개 지역에 대형개발 건만 200여 개에 이른다. 부동산 개발에서도 주로 아직 개발되지 않은 중소도시를 공략하고 있다. 헝다그룹은 주택개발을 통해 도시미관까지 자연친화적으로 바꾸는 데 공헌한다는 평가를 받고 있다.

헝다는 '중소기업 상장 인큐베이터'라는 별명도 갖고 있다. 300여 개의 중국 국내외 협력업체들 가운데 여러 업체가 상장사로 발전했기 때문이다. 쉬 회장은 국가 스포츠 발전을 위해서도 투자를 아끼지 않았다.

"무슨 일이든 처음부터 아예 손을 대지 않거나 기왕에 하려면 최고를 지향한다"는 게 그의 경영철학이다. 그는 2009년 2부 리그 여자배구팀을 인수하고 최고의 감독으로 꼽히는 랑핑郎平과 1류 선수들을 영입해 전승을 거두며 1부 리그에 진출한 성공신화를 만들었다. 또 이듬해 축구 도박과 관련된 승부조작으로 2부리그로 강등된 광저우팀을 인수해서 이장수 감독을 영입해 한국에도 이름을 알린 바 있다.[127]

15. 톈진상인

::

톈진의 옛 명칭은 직고直沽이다. 지리적으로 해하, 위하, 자아하의 교착점에 위치하여 삼차구라고도 한다. 원나라 때 수도가 베이징일 때 직고성은 강남에서 오는 곡물을 운반하는 중심이었다. 이 때문에 '직고해운미창'이 설치되었다. 1316년에는 '해빈진도'의 칭호를 얻어 해진이 설치되었다.

일설에는 명 태조 주원장의 넷째 아들 주체朱棣가 조카의 손에서 황위를 찬탈할 당시 군사를 이끌고 이곳 나루터를 건너게 됐는데 나중에 황제가 된 후 천자天子가 지났던 곳이라고 해서 톈진天津이라는 이름을 붙였다고 한다. 톈진항은 강과 바다를 겸비한 중국 최대의 인공항구이다. 남북 길이는 10킬로미터이고, 동서 길이는 67킬로미터이며, 면적은 200만 제곱킬로미터이다.

톈진은 경제가 발달한 도시이지만 북쪽 지역의 전통적 영향을 많이 받은 곳이다. 유동인구가 많지 않기 때문에 고유의 순박성을 여전히 유지하고 있다. 톈진 사람은 도시의식과 농촌의식의 중간쯤의 생각을 갖고 있어 경박하거나 동요하지 않고 질서정연하며 편안하고 건실하다. 남녀를 막론하고 향토애가 높다. 상업 열풍과 주식투자 붐, 우표 구매 붐이 전국을 강타할 때에도 톈진은 동요되지 않았다. 톈진 여성은 독특한 풍채로 근심 없이 생활하는 아름다움을 갖추고 있다. 미녀라 해도 그저 유행을 좇는 수준에 그치며, 단순히 남쪽 지방과 상하이의 유행을 모방할 뿐 독창적인 유행을 창출해내지는 못한다.

톈진상인을 말할 때 우선 톈진의 지리적 특수성을 파악해야 한다. 톈진시는 중국의 수도 베이징 바로 옆에 있는 항구도시다. 이점도 있지만 반면에 제한도 많이 받고 있다. 톈진시는 베이징에 근접해 있어 중국의 다른 도시보다 수도의 새로운 정책, 발전동향 등을 빠르게 파악할 수 있다. 이는 타 도시보다 빨리 발전할 기회로 작용되지만, 반면 수도 바로 옆에 위치하고 있어 국가재정이 우선 베이징에 분배되고, 톈진의 자원 또한 수도 베이징에 우선 공급되곤 하였다. 즉 먼저 베이징을 발전시켰고, 그다음이 톈진이었다. 톈진은 베이징 발전을 위해 희생을 강요받았다는 의미다. 따라서 톈진 사람들은 나름대로 베이징에 대한 피해의식을 조금씩 갖고 있다.

이러한 톈진의 지정학적 요인은 톈진상인의 특징 및 상관습 형성에도 영향을 미쳤다. 톈진시는 항구도시로서 이전부터 수상무역이 발달했으며, 외국 물자의 베이징 운반 시 제일 가까운 항구인 톈진시를 통해야 했다. 따라서 톈진항은 이전부터 상인들이 붐비는 유통의 중심지였다. 개혁개방 이후 모토로라, 삼성전자 등 수많은 외국 기업이 화북지역 진출을 위해 톈진을 선택하였다. 이는 각종 규제가 적었고, 항구가 있어 수출이 용이하고 내수시장 공략을 위한 교두보로 베이징 진입이 쉽기 때문이었다.

강한 자존심의 톈진상인

톈진상인은 베이징상인처럼 자아자찬自我自讚하지 않고 품질에 더욱 신경을 쓴다. 톈진상인은 품질에 자신감이 있어 특별히 제품 광고를 잘하지 않는다. 입소문이 좋으면 손님이 찾아온다고 믿는다.

톈진인은 근면하고 직장 충성도가 높으며, 합작 파트너로 적절하다. 그들은 직장을 단지 돈 버는 수단으로만 간주하지 않는다. 따라서 눈앞의 이익 때문에 의리를 저버리는 경우가 드물다.

신용과 의리는 톈진상인의 특징이며, 약속을 지키는 것이 톈진상인이 추구하는 목표이기도 하다. 톈진상회天津商會의 규약에는 "세금을 성실히 납부하고, 비즈니스 시간을 엄수하고, 가짜 물품을 절대로 팔지 않고, 빌린 돈은 반드시 상환한다"는 규정이 담겨 있다. 이처럼 톈진상인의 상관습은 한마디로 성신위본 이의치리誠信爲本 以義致利(성실함과 신용으로 의리를 지키면서 이익을 추구하다)로 표현할 수 있을 것이다.

톈진상인에 대한 사고방식은 "상품이 좋으면 먼 고객도 제 발로 찾아오고, 상품이 좋으면 대문이 좁을 정도로 손님이 많으며, 호객행위를 통해 손님을 불러 모으는 것은 아주 피곤한 일이다貨好招遠客 貨叫人擠破門 人叫人累死人"는 말이 압축적으로 표현하고 있다. 실제로 톈진의 유명한 특산품인 거우부리 만두狗不理包子, 얼더옌 자가오耳朶眼炸糕, 구이파샹 마화桂發祥麻花 등은 품질이 좋고 맛이 좋은 것으로 유명하다. 그러나 전국적인 광고나 대규모 홍보행사를 거의 하지 않는다. 품질로 손님을 끌겠다는 톈진상인의 스타일로 이해할 수 있다.

영리하고 신중한 톈진상인은 동북인이 가진 우악스러움이 없고, 장강 이남 상인처럼 교활하지 않아서, 온화하고 예의가 있다는 평이다. 강한 공리주의적 색채를 가지고 있지는 않으나 직업정신이 투철하다. 외교관 같은 영민함이 많고 실업가적인 집착도 보이며 예술가적인 정교함을 갖추었다. 그리고 정치적인 책임을 질 줄 아는 상인이다. 톈진상인은 거래 상대방에게 신용과 명예를 지키려고 노력하며, 품질이 확실하고 가격이 합리적인 상품을 거래하는 것을 올바른 상거래로 인식하고 있다. 따라서 흠집이 있는 상품의 판매는 하지 않으며, 비용의 손실을 초래하지 않은 범위에서 적당한 이익을 취한다는 것이 그들의 신조이다.

16. 후난상인

::

후난성은 춘추전국시대 초楚나라의 영토였다. 진秦나라 때는 대부분이 장사군長沙郡에 속했다. 한汉나라 때는 형주북로荊州北路에 속하였고 당나라 때는 호남관찰사湖南观察使를 설치했다. 송宋나라 때는 형호남로荊湖南路와 형호북로荊湖北路에 속하였고, 원元나라 때는 호광행성湖广行省에 속했다. 청나라에 이르러 호남성湖南省(후난성)이 설치되었다.

창장 중류의 남쪽 강변에 있으며, 대부분이 둥팅호 남쪽, 샹강湘江 양쪽 연안에 있으며, 후베이성의 남쪽에 있다. 호수(둥팅호) 남쪽에 있기 때문에 호남湖南(후난)으로 불리게 됐으며, 이곳에 샹강湘江이 흐르기 때문에 '상湘'이라는 약칭을 얻게 됐다.

후난인들은 매운 고추를 즐겨 먹는다. 그 이유는 후난지역의 기후적 특징에서 찾을 수 있다. 후난지역은 비가 많이 오고 습기가 많다. 그래서 항상 매운 음식을 먹음으로써 한랭습윤한 기후를 이겨내며 질병을

자료: 〈인민망(人民網)〉 사진 데이터베이스 (2013. 11.)

예방하였다. 대다수 후난인들이 고추를 즐겨 먹는다는 것은 이미 잘 알려졌고 옛 상인들이 매운 음식을 먹는 것과 그들의 '혁명' 기질과도 연관성이 있다고 볼 수도 있다.

사회주의 혁명을 통해 사회주의체제 중국을 건립한 마오쩌둥 역시 후난 샹탄 출신이며, 전 총리인 주룽지는 후난 창사 출신이다. 중국 역사 중 특히 근대 이후에 표출된 후난인들의 의지와 혁명성은 기타 지역 중국인들의 기질과 구별되는 큰 특징이다. 그래서 어떤 이들은 "만약 중국을 멸망시키려면 후난인을 먼저 전멸시켜야 한다"고 말하기도 한다.

후난인들은 후난이 없으면 군대를 형성할 수 없다고 말하는데 역사적으로 후난지역은 많은 우수한 군사 장교를 배출했다. 청나라 때 증국번[128], 좌종당[129], 이홍장 등 관료들과 그들의 휘하 군인들은 대다수가 후난인들이다.

후난인들은 매서운 기질과 뿌리 깊은 혁명 전통으로 분명한 성격을 지닌다. 후난인들 중에는 성급한 사람이 많으며 일을 처리하는 데 있어 효율을 중시한다. 후난인 중에 길을 걸을 때 느릿느릿 걷거나 흔들거리며 걷거나 말할 때 지나치게 느리고 신중한 사람들을 찾아보기 어렵다.

후난상인의 솔직한 상술

후난에는 동향 상인들의 친목을 다지는 상방 조직이 없을 정도로 상업이 발달하지 못했다. 근대 중국에서 내로라하는 정치가와 군인을 수없이 배출한 후난이지만 전국적으로 유명한 대상인은 찾기 어렵다. 그렇다고 후난상인의 상술이 뛰어나지 못하다는 선입견을 가질 필요는 없다. 후난상인들은 책략에 강하다. 정치적 지략이 뛰어난 점을 비즈니스에도 활용할 줄 안다. 후난에서 상품을 구매할 때는 안심해도 좋다. 만약 품질에 문제가 발생하면 후난상인은 반드시 물건을 반품해주고 이에 상응하는 보상도 해준다.

소위 중국의 거상들이라 불리는 안후이상인, 푸젠상인들은 작은 투자부터 시작한다. 그러나 후난상인들은 돈이 될 만한 것을 포착하면 가지고 있는 돈을 몽땅 털어 한 번에 투자할 정도로 통이 큰 특징을 보인다.[130]

상술로 보면 후난상인들은 한발 뒤처진다고 할 수 있다. 없는 물건도 있는 척하면서 파는 것이 상술이라면, 후난상인들은 손님이 원하는 것이 없으면 "없다"고 말한다. 그리고 사고 싶어 하는 사람에게만 물건을 판다. 가격흥정의 기술도 능숙하지 않다. 심하게 이야기하면 손님이 가게 주인의 비위를 맞추어야 하는 지경에 이르기까지 한다. 이러한 맥락에서 보면 후난상인의 협상술은 다소 거칠어 보인다.

불가능할 때 "아니오"라고 표현하는 것은 솔직한 상술이기도 하다. 우회적으로 비비 꼬아 말하는 남방상인보다 비즈니스를 하기 편하다는 평도 있다. 후난상인과의 협상은 사전준비를 잘해야 한다. 거래에서의 결정은 합당하고 효율적이어야 한다. 타협이 끝난 일은 번복하지 말고 결정해야 한다.

후난상인들은 후난 출신 대학자인 왕부지王夫之의 영향을 많이 받았다. 인식과 실천의 합일을 주장하는 지행합일知行合一을 행동준칙으로 삼았다. 후난상인들은 말로만 떠벌리고 실용적이지 못한 현학적 철학보다는 행동이 앞서는 현실론자였다.[131] 중국 4대 서원 중 하나인 악록서원岳麓書院에는 편액에 "실사구시實事求是"라는 글이 새겨져 있다. 이는 후난상인들이 추구하는 상도이기도 하다.[132]

17. 장시상인

::

　장시성은 춘추전국시대에 주로 초나라에 속했다. 진秦나라가 중국을 통일한 뒤에 구강군九江郡이 설치되었다. 한나라 때는 양주揚州, 당나라 때는 강남서도江南西道에 속하였으며, 원나라에 이르러 강서행성江西行省이 설치되었다. 명나라 때 경덕진景德鎭 도자기가 활발하게 생산되어 외국에까지 수출된 바 있다. 경덕진은 2,000년 역사를 자랑하는 중국 제일의 도자기 마을로, 도자기를 뜻하는 영어 'china'가 국가명칭 'China'가 된 유래가 여기에 기인한다.

　장시성에는 중국에서 2번째로 큰 호수인 포양호鄱陽湖가 있다. 동으로 저장성·푸젠성과 이웃하고, 남으로는 광둥성, 서로는 후난성, 북으로는 후베이성·안후이성과 맞닿아 있다. 강남(장강의 남쪽)의 서부에 있다고 해서 강서江西(장시)라는 이름이 붙었으며, 장시를 가로질러 흐르는 간강贛江의 이름을 따서 '감贛'으로 약칭했다.

가족적 경영에 치중하는 장시상인

장시상인은 품행이 단정하고 겸손하며 겸양을 갖춘 상인으로 여겨진다. 도의와 명분, 남을 배려하는 희생정신을 중시한다. 장시상인은 상업을 생계를 해결하기 위한 수단으로 여길 뿐 천직으로 생각하지는 않는다. 장시상인은 1인 경영체제를 선호해왔다. 사업규모가 커지더라도 전문경영인을 두기보다는 자본 소유주가 의사결정을 고집하는 경우가 많다. 따라서 경영자의 의사결정 스타일을 기억할 필요가 있다. 어떤 중요한 사안이라도 상의하거나 토론하지 않고 혼자 결정하는 경우가 많기 때문이다.

10대 상방 중 하나였던 장시상방은 강우상江右商 또는 강우상부江右商部로 불리었다. 명·청시대에 결성된 장시상방은 유랑민들이 만든 조직이었다. 따라서 문화수준이 높지 않고 가정이 빈곤했다. 하지만 이들은 어려서부터 각지를 돌아다니면 장사를 한 경험이 풍부한 특징을 보였다. 이들은 경험이 풍부하지만 절대 비열한 수단을 쓰거나 수작을 부리지 않는다. 장시상방은 보수적이었고, 성리학의 영향을 받아 가족의 법규와 질서를 중시했다.

현대의 장시상인도 비슷한 평가를 받는 것 같다. 장시상인은 고생을 잘 견디고 자신이 사장 겸 직원이 되어 모든 일을 도맡아 한다. 따라서 장시상인과 장사를 할 때는 전통적인 영역 안에서만 해야 한다. 새로운 품목을 섣불리 시도했다가는 장시상인의 흥미를 잃게 할 수 있기 때문이다.[133]

18. 소수민족자치구

::

중국에는 현재 다섯 곳의 소수민족자치구가 있다. 네이멍구자치구, 광시좡족자치구, 닝샤후이족자치구, 신장위구르자치구, 시짱자치구가 이들이다.

먼저 네이멍구자치구_{內蒙古自治區}는 당대 돌궐족이 거주했고, 송대에 몽골이 등장했으며, 원대에는 중서성_{中書省} 영북행성_{嶺北行省}에 직속되었다. 명대에 단달_{韃靼}족 혹은 와랄_{瓦剌}족으로 나뉘었고, 청대에 네이멍구 지역이 통일되고, 막남_{漠南}몽고 거주구역을 내몽고, 막북_{漠北}몽고 거주구역을 외몽고라 칭했다. 그리고 이번원_{理藩院}(청대 몽골과 티베트 구역을 관장하던 관서) 관할에 속했다. 중화민국 초기 열하_{熱河}, 차하얼_{察哈爾}, 수원_{綏遠} 등 특별구역으로 분할되고 나중에 모두 성_省으로 바뀌었다. 신중국 건국 전 중국 공산당은 현 네이멍구 동부에 네이멍구자치구를 설립하였고, 1947년 5월 네이멍구 인민대표회의가 왕예먀오_{王爺廟}에서 개최되었다. 네이멍구자치구는 중국 북부 내륙지역에 위치하며, 북으로 몽골, 동북으로 러시아, 동으로 헤이룽장성·지린성·랴오닝성, 남쪽 및 서남쪽으로 허베이성·샨시성陝西省·산시성山西省·닝샤후이족자치구 등 4개 성, 서쪽으로 간쑤성과 인접해 있다. 와이멍구外蒙古(몽고공화국)와 구분하기 위해 네이멍구內蒙古로 불린다. 약칭은 '멍蒙(몽)'이다.

다음으로 광시좡족자치구廣西壯族自治區는 기원전 214년 진시황제가 남령南嶺을 통일하면서 계림군桂林郡을 포함하여 3개의 행정구역을 설치하였는데, 계림군桂林郡이 지금 광서의 대부분 지역을 포함하였다. 전국시기에는 백월白越, 진대秦代에는 양군兩群으로, 한나라 때에는 교주交州로 나누었다. 당나라 때 영남도嶺南都로, 송나라 때 광남廣南으로 불리고, 광남서로廣南西路(현재 광시) 및 광남동로廣南東路(현재 광둥)로 나누어 광서廣西(광시)라는 지명이 유래되었다. 원나라 때에는 호광행서성湖廣行書省, 명나라 때 광서포정사사廣西布政使士로 불렸으며, 청 초기에 광서성廣西省이라고 지칭되다가, 1958년에 광시좡족자치구로 지정되었다. 화난(광둥, 푸젠, 해남) 서쪽에 위치한다. 서남으로 베트남, 서로 윈난성, 서북으로 구이저우성, 동북으로 후난성, 동으로 광둥성과 인접하고 있다. 약칭 '계桂(구이)'는 진시황이 이곳을 통일한 후 계림군桂林郡이라고 명명한 데서 유래한다.

닝샤후이족자치구宁夏回族自治區 지역은 북의 허란산贺兰山, 남의 류판산六盘山을 배경으로 황허 북부 상류지역을 관통하는 역사와 문화가 유구한 지역이다. 또한 새상강남塞上江南(국경지역의 강남이라고 할 만큼 물자가 풍부한 곳)이라 불리는 중화문명 발상지 중 하나이다. 주로 북적北狄, 서융西戎, 강羌, 융戎, 흉노匈奴 등 유목민족의 거주지로서, 전국시대에 들어와 중원지역 관할에 편입되었다. 한 무제는 70여만 명을 이 지역으로 이주시키고, 관개사업을 실시하는 등 정착을 지원하면서 군郡을 설치했다. 1038년 당항족党项族의 이원호李元昊가 녕하宁夏를 중심으로 서하西夏를 건립하고, 흥경부兴庆府(지금의 인촨시)에 도읍을 정했는데 그 면적이 사방 2만여 리에 달하여, 송宋, 요辽, 금金과 중국을 3분 통치하는 위세를 이룬 바 있다. 1227년 원나라는 서하를 멸망시킨 후 녕하부로 宁夏府路를 설치했다. 이로써 녕하宁夏(닝샤후이)라는 명칭이 시작되었다. 근대 초기에는 마복상马福祥, 마홍규马鸿逵 등 회족 군벌의 통치 하에 있었으며, 1929년 닝샤성宁夏省이 설립되었으나, 신중국 성립(1949) 후인 1954년에 철폐되었다. 아라산阿拉善 등의 지역이 네이멍구자치구에 대부분의 나머지 지역이 간쑤성에 편입되어 1958년에 이르러 지금의 닝샤후이족자치구가 설립되었다. 서북부 황토고원지역의 황허 중상류에 위치, 남으로 간쑤성, 동으로 산시성陕西省, 북으로 네이멍구와 접경하고 있다. 지리적으로 중부 중점개발지역의 서쪽이며, 서부 대개발지역의 동쪽에 위치한다. 녕하宁夏(닝샤)는 서하西夏와 평안을 기원한다는 안녕安宁에서 한 자씩 따서 지어진 이름이며, '녕宁'으로 약칭한다.

신장위구르자치구新疆维吾尔自治区는 중국 역사상 서역西域이라 불렸던 곳이다. 1762년(청 건륭 27년) 이리伊犁에 장군부를 설치하고, 천산 남북로로 나누어 통치했다. 이리장군부 책임자들은 "비록 장기간 중국의 영토에 속했지만 청대에 새로 개척한 곳"이라고 말하면서 관습적으로 '신강新疆'이라고 불렀다. 1884년(광제 10년)에 신강행성新疆行省을 건설하고, 성으로 호칭했다. 신중국 성립 후인 1955년 신장위구르자치구로 개명했다.

중국 북서쪽 끝에 자리 잡고 있으며 러시아, 파키스탄, 몽골, 인도, 아프가니스탄, 카자흐스탄, 키르기스스탄, 타지키스탄의 8개 나라와 인접해 있다. 새롭게 개척한 강토라는 뜻으로 '신강新疆(신장)'으로 불리게 됐으며, 광서光緖 연간에 성省이 설치되었다. 약칭은 '신新'이다.

시짱西藏자치구는 청조 강희康熙제 때 '서장西藏'이라고 정식으로 명명되었다. 청대 초 '위장衛藏'이라고도 불렸는데, '위'는 전장前藏, '장'은 후장後藏이라는 뜻이다. 티베트는 돌궐인과 몽골인이 장족을 '투보터土伯特'라 부른 데서 유래했으며, '버bod'라는 자칭에서 유래되기도 했다. 티베트는 장족藏族을 의미하지만, 시짱뿐 아니라 전체 장족 지역(윈난, 간쑤, 쓰촨의 일부)까지 포함하는 용어이다. 원·명대 오사장烏斯藏으로 불렸는데, 오烏는 서장어로 '가운데'라는 뜻이고 장藏은 '성스럽고 깨끗하다'는 뜻이다. 중국의 서부에 위치했기 때문에 서장西藏(시짱)으로 불렸다. 약칭은 '장藏. Zang'이다. 원대 중앙정부는 티베트 지역을 관장하는 선정원宣政院을 설치했고, 명대 중앙정부는 오사장烏斯藏을 설치하여 군정사무를 관리했다. 1652년과 1713년 청 정부는 달라이와 반선을 책봉했으며, 1792~1793년 청 정부는 흠정장내선후장정欽定藏內善後章程을 제정하여 서장 지방정부의 정치, 재정, 군사, 외교, 종교 등의 방면에 규범을 제정하고 중앙관리를 강화했다. 신중국 성립 후인 1956년, 시짱자치구 준비위원회가 설치되었고, 1965년 9월 1일 시짱자치구가 설립되었다.

라마불교는 티베트 고유 종교로 샤머니즘 색채를 띠는 본교와 인도에서 전래된 대승불교가 융합되어 현재까지 짱족 사회에 깊은 영향을 미치고 있다. 짱족이 가장 성대하게 지키는 전통적 명절은 장력절藏曆

節로 하다哈達(흰색, 황색, 남색의 긴 비단)와 청과주를 손에 들고 새해 인사를 한다. 서장자치구는 중국의 서남국경과 청장靑藏고원의 서남부에 위치하며, 북쪽으로 신장위구르자치구와 청해성과 인접해 있고, 동쪽으로는 쓰촨성, 동남으로는 윈난성과 연결되어 있다. 파키스탄, 인도, 네팔, 부탄, 미얀마와 국경을 마주하고 있다.

금기사항

이들 소수민족자치구는 지리적으로 많은 인구가 거주하기 어려운 고원, 사막지대 등에 위치하고 있다. 따라서 눈에 띄는 상술을 가진 상인이 보이지는 않고, 단지 실크로드처럼 교역통로로 역할을 하거나, 국경무역 거점지로 활용되어 왔다. 이들 다섯 소수민족자치구는 모두 '서부대개발'정책 해당 지역이다. 이 정책은 2000년부터 중국 중앙정부가 50년 장기계획으로 추진하고 있는 지역개발정책인데, 서부권 기초 인프라 건설에 집중했던 1단계 기간이 지난 2010년 이후부터 본격적인 정책효과를 발휘하면서 중국 내륙지역은 물론 외국 기업과도 경제활동이 빈번해지고 있다. 그러나 이들 지역은 중국의 주류를 이루고 있는 한족이 아닌 55개 소수민족이 거주하는 곳이다. 따라서 이 책에서 다룬 중국 상관습 및 의식구조와는 전혀 다른 사유체계를 가지고 있다. 이 책에는 이들 지역에서 주의해야 할 금기사항을 중심으로 다루고자 한다.

먼저 신장위구르자치구에는 위구르족, 카자흐족, 키르기스족, 타지크족, 시보족 같은 소수민족이 거주한다. 이들은 중앙아시아 국가(카자흐스탄, 키르기스스탄, 타지키스탄 등)에 민족 근원을 두고 있다. 초원과 사막지대 같은 혹한에서 오랫동안 유목생활을 해오면서 강인하고 용맹스러운 성품을 갖게 되었다. 신장위구르자치구에서 상거래 시 조심해할 금기사항은 다음과 같다.

첫째, 상대를 뚫어지게 쳐다보면 안 된다. 이들은 다른 사람이 가진 물건을 부러워하는 것을 금하고, 남의 재능을 질투하는 눈빛을 금한다. 천을 짤 때 다른 사람이 쳐다보면 실이 끊어진다고 믿으며, 빵을 구울 때도 다른 이가 쳐다보면 빵이 익지 않는다고 믿는다. 따라서 이곳에서는 상대방이나 그들이 지닌 물건을 뚫어지게 쳐다봐서는 안 된다. 또한 시장에서 상품을 오랫동안 쳐다만 보고 그냥 가면 불필요한 오해를 살 수 있다.

둘째, 방귀를 뀌어서는 안 된다. 공공장소에서는 소리가 나지 않더라도 방귀는 금물이다. 신장위구르자치구 인구(6,200만 명)의 1/7은 이슬람교도이다. 이들은 종교의식을 위해 목욕재계를 하는데, 이슬람교 경전에 따르면 방귀는 목욕재계의 효과를 없앤다고 한다.

셋째, 고기를 먹지 않는다. 신장 무슬림은 돼지, 개, 당나귀, 노새, 맹금류 고기를 금한다. 도살을 거치지 않고 스스로 죽은 동물 고기도 먹지 않으며, 모든 동물의 피를 먹는 것도 금기다. 이슬람교에서 비롯된 이런 금기들은 다른 신장위구르자치구 민족들에게도 영향을 끼쳐 생활관습이 되었다. 따라서 고기를 가정이나 식당에 가지고 가서는 안 되고, 회의에서 언급하는 것조차 금해야 할 것이다.

넷째, 음식물을 밟아서는 안 된다. 식량, 소금, 각종 음식물을 밟는 것은 금기다. 이를 어기면 나중에 거지가 되거나 실명하는 액운이 온다고 믿는다. 또한 음식 찌꺼기가 있는 곳에서도 밟거나 넘어 다녀서는

신장위구르족

자료: 바이두 이미지 데이터베이스 (2013. 3.)

안 된다.

다섯째, 신장위구르족 가정 방문 시 예절을 중시해야 한다. 음식을 덮은 천을 밟거나 넘어다녀서는 안 되고, 쟁반에 있는 음식 냄새를 맡아서도 안 되며 주인 허락 없이 솥, 항아리 등 식기를 함부로 열어봐도 안 된다. 음식은 남기지 않고 떨어진 밥알은 주어 식탁보 위에 올려놓아야 한다. 빵이나 만두는 쪼개서 먹고, 그릇을 두드리면 안 된다. 식사 전과 식사 후에는 반드시 손을 씻고, 온돌에 앉을 때는 발바닥을 보이면 안 된다. 한 손으로 물건을 주고받는 것은 무례한 행동이다.

여섯째, 아이들을 칭찬하는 말을 해서는 안 된다. 신장위구르 아이들을 보고 "살이 쪘다" "잘생겼다" "예쁘다" "잘 먹는다" 등의 말을 해서는 안 된다. 이는 절대 입에 올리면 안 되는 금기어이다. 그리고 친척이든 친구든 집 안에 들어와서 주인집 아이를 껴안아서는 안 된다. 특히 먼 길을 온 손님이 그렇게 하면 아이가 놀라 병에 걸린다고 여긴다.

일곱째, 종교의식을 행하는 사람의 앞에 서 있거나, 그 앞을 지나다니면 안 된다. 이슬람 사원이나 묘지에서 떠들거나 종교행사와 무관한 이야기를 해서는 안 된다.[134]

닝샤후이족자치구 역시 무슬림 인구가 많다. 인구 630만 명 중 35퍼센트는 이슬람교도이다. 이들은 사업에 대한 관심은 적은 편이지만 듬직하고 성실하며 손님들에게 친절하다는 평을 듣는다. 연장자에게는 공경하는 태도로 인사를 하며, 밥을 먹을 때도 연장자를 상석에 앉게 하고 따로 보살펴준다. 닝샤후이족자치구에서의 금기사항도 이슬람 문화와 관계가 깊다.

식용가축을 '고기肉(로우)'라고 불러서는 안 되며 '채소菜(차이)'라고 해야 한다. '살이 쪘다肥(페이)'고 하지 말고 '건강하다壯(주앙)'고 해야 하며, '죽인다殺(사)'는 말 대신 '잡는다宰(자이)'라고 해야 한다.

닝샤후이족 역시 모습이 추하거나 성질이 사납다고 여기는 개, 돼지, 노새, 말고기는 먹지 않는다. 발굽이 갈라지고 되새김질하는 양, 소, 사슴, 낙타, 토끼 등의 고기를 먹는다. 조류 중에서는 닭, 거위, 오리, 비둘기를 먹는다. 스스로 죽었거나 이슬람교도가 아닌 사람이 도살한 것은 먹지 않는다.

19. 화교와 화상

::

화교, 소프트파워의 자원

화교는 중국의 중요한 소프트파워의 자원이자 소프트파워 증강의 수단이기도 하다. 화교華僑는 중국 본토 이외의 국가나 지역에서 거주하고 있는 중국계 사람들을 가리킨다. 즉 '화華'는 중국을 의미하며, '교僑'는 타국에서의 거주 혹은 임시 거주를 의미한다. 그러나 중국 국적을 가졌던 사람 가운데 다수가 현지 국적으로 귀화하고, 2세·3세가 늘어남에 따라 지금은 현지 국적을 가진 화교가 대다수를 차지하고 있다. '화인華人'이라는 표현도 있는데 정확한 학문적 정의는 아직 내려져 있지 않으나, 중국인을 조상으로 둔 화교의 자손들로 표현할 수 있을 것이다.

잘 알려진 것처럼 중국에서 대규모 이민이 시작되어 본격적으로 화교가 외국으로 진출하기 시작한 것은 1644년 명조의 멸망으로 많은 유

세계 화교 인구의 변화

지역	1950년대 초		2000년	
	화교 수(만 명)	비중	화교 수(만 명)	비중
아시아	1166.7	96.45%	3,294	82.85%
미주	25.6	2.12%	433	10.90%
유럽	3.7	0.31%	145	3.66%
대양주	9.8	0.81%	78.6	1.98%
아프리카	3.7	0.31%	24	0.61%
합계	1,209.7	100%	3,975	100%

자료: 2008년 세계화상발전보고(2009. 2. 2.)

민이 동남아시아 지역으로 진출한 17세기 중엽이다. 이후 노동력 수출 차원에서 19세기에 말레이시아, 서인도, 인도네시아 등으로 대규모 중국인들이 이주하였고 이들은 현지 국가에 정착하고 뿌리를 내린 화교 1세대를 구성하였다.

중국 화교 담당부서 통계에 따르면 2000년 말 현재 세계 화교 인구는 3975.8만 명(홍콩, 마카오 제외)에 달하는 것으로 나타나고 있다. 화교에 대한 또 다른 통계를 관리하고 있는 타이완화교위원회 통계에 따르면 2007년 말 외국 화교 수는 3879.4만 명이다. 이들 화교의 고향은 광둥성이 54퍼센트로 가장 많고 푸젠성이 25퍼센트로 그다음이며, 하이난海南 6퍼센트 등이다.

한 화교보고서에 따르면 2008년 말 기준 화교 수는, 4800만 명으로 추산되는데 여기에는 중국이 개혁개방정책을 시작하면서 허용한 이민 화교 417만 명과 기존 화교 인구의 증가가 포함되어 있다. 세계 화교 인구는 1950년대까지 96퍼센트, 즉 거의 대부분이 아시아 지역에 거주했

동남아 주요 국가에서의 화교 영향력

	싱가포르	태국	말레이시아	인도네시아	필리핀
화교 수(천 명)	2,650	7,254	6,115	7,463	1,139
해당국에서 인구비	59.90%	11.10%	25.50%	3.10%	1.30%
상장주식 점유율	81%	81%	61%	73%	50%

자료: 이재유 외 (2006), 79~80쪽.

으나, 2000년 기준으로는 미주(10퍼센트), 유럽(3.7퍼센트), 호주 및 뉴질 랜드(2퍼센트) 등으로 다변화되고 있다.[135]

특히 아시아 지역에서의 화교 파워는 절대적이다. 먼저 싱가포르의 경우 말레이인과 타밀족, 말라얄리족, 시크교도를 포함한 인도인 등이 인구를 구성하고 있지만, 화교 인구 점유비는 60퍼센트로 265만 명에 달한다. 그다음으로 화교 인구비중이 높은 국가는 말레이시아이다. 611만 명의 화교 인구를 보유한 말레이시아에서 전체 인구 중 화교 인 구비중은 26퍼센트에 달한다.

태국과 인도네시아 그리고 필리핀 등 국가는 화교 인구가 전체 인구 에서 차지하는 비중이 높지는 않으나, 많은 비중의 경제력이 화교에 집 중되어 있다. 태국의 경우 총자본(상장사 주식 점유 포함)의 81퍼센트가 화교 자본인데 인구 점유비는 11퍼센트에 불과하다. 인도네시아 역시 전체 인구의 3.1퍼센트에 불과한 746만 명 화교가 자본의 73퍼센트를 점유하고 있는 것으로 조사되었다. 필리핀은 자본집약도가 최고이다. 전체 인구의 1.3퍼센트에 불과한 113만 명 화교가 필리핀 자본의 절반 을 움직이고 있다.

화교 중에서도 비즈니스에 종사하는 화교상인을 화상華商이라고 부른다. 이들 화상의 단결력은 대단한데, 지난 30여 년간 100차례에 달하는 대규모 국제대회를 개최했다. 이 중 2년 주기로 4일간 진행되는 세계화상대회가 가장 규모가 크고 영향력이 있는 행사이다.

1991년 8월 싱가포르에서 첫 화상대회가 개최된 후 홍콩, 방콕, 벤쿠버 등에서 개최되었고, 2005년 10월에서는 서울에서 제8회 화상대회가 열렸다. 2009년 11월 20일, 필리핀 수도 마닐라에서 제10회 세계화상대회가 개최되었다. 아로요 대통령은 중국과의 인연을 강조하면서 필리핀 경제에 대한 화교 자본의 기여를 치하했다. 세계경제의 위기에서도 필리핀은 2009년 1/4분기에 6.9퍼센트라는 고성장을 기록했는데, 이는 총자산이 2조 5,000억 달러에 달하는 화교 자본이 동남아 경제에 절대적이기 때문이다. 제10회 화상대회는 20여 개 국가(지역)에서 온 3,300여 명의 화상華商이 모이는 자리여서 필리핀의 국가적인 관심사가 될 수밖에 없었다.[136]

화상은 세계 어디에서든지 생존할 수 있는 적응능력, 두 사람만 모여도 혈연·지연 등 연결고리를 동원하여 협력관계를 구축할 수 있는 네트워킹 능력, 낭비를 줄이고 실리를 우선시하는 자금 축적능력, 어떤 위험을 감수하더라도 사업에 뛰어드는 도전정신과 같은 장점을 보유하고 있다.

화상들을 연결하는 끈을 보통 3연이라고 부른다. 즉 혈연(가족, 친지), 지연同鄉, 업연(같은 업종에 종사)이다. 화상들은 출신지역만 같아도 마음을 열고, 신뢰가 쌓이면 협력자이자 파트너가 된다. 20세기부터 동남아 각국에 진출했던 이들 화상은 담보 없이도 신용으로 자금을 빌려주었고, 성공하면 잊지 않고 원금과 이자를 꼭 갚았다. 이러한 신용관계

역대 세계화상대회 개최 현황

회차	일시	장소	대회 주제
1	1991.8.	싱가포르	화인기업 발전 및 세계경제 영향
2	1993.11.	홍콩	세계경제 뉴트랜드와 화인기업 역할
3	1995.12.	태국 방콕	화인기업의 교류 및 공동발전 촉진
4	1997.8.	캐나다 벤쿠버	정보화에 대한 화인기업의 대응
5	1999.10.	호주 멜버른	신시대 화인 네트워크
6	2001.9.	중국 난징	신세기 화인기업의 공동발전과 전망
7	2003.7.	말레이시아 쿠알라룸푸르	글로벌 성장과 번영을 위한 협력과 통합
8	2005.10.	한국 서울	화상과의 동반성장, 글로벌 평화안정
9	2007.7.	일본 고베	화합공영, 세계에 도움을
10	2009.11.	필리핀 마닐라	화상 네트워크 강화 및 세계번영
11	2011.10.	싱가포르	뉴프레임, 신화상, 신성장 동력
12	2013.9.	중국 청두	중국의 발전과 화상의 비즈니스 기회

자료: 세계화상연합회 www.wcmu.cn (2013. 4.)

를 저버리고 블랙리스트에 오르면 화교 사회에서 살아남기 어렵다. 이처럼 화상 기업들은 신뢰를 바탕으로 운영되며, 거기에 혈연, 지연, 업연 등이 신뢰를 창출하는 기반이 된다.

화상과 중국의 발전

화상들은 모든 네트워크를 동원해 중국의 성장에 기여하며 한편으로는 발전기회를 모색해왔다. 중국의 개혁개방 초기, 외국 자본이 사회주의 국가 중국에 의심의 눈초리를 보내고 있을 때, 리스크 테이킹을 마다치 않으며 선봉에 선 것이 화교 자본이다.

세계 화상연합회 홈페이지

자료: 자세계화상연합회 www.wcmu.cn (2011. 1.)

　　1979~1991년간 화교 자본은 총 179억 3,000만 달러를 중국에 투자했는데 이는 같은 시기 중국이 유치한 외국 자본 전체의 66퍼센트에 달했다. 2008년 말 현재 중국이 유치한 외국 자본 6,598억 달러의 60퍼센트 이상이 화교 자본이며, 55만 개 외자기업의 70퍼센트가 화상기업이다. 광둥성은 개혁 이후 1,200억 달러에 달하는 화교 자본을 유치했고, 푸젠성의 3만 개 이상 외자기업 중 화교 기업이 70퍼센트를 차지한다. 화상이 중국에 가져온 것은 자본뿐만이 아니다. 선진 관리 경험과 기술도 동시에 전파했다. 또한 그들이 갖고 있던 세계 각지의 비즈니스 네트워크도 중국 내 사업장에서 활용되었다.

중국 정부 역시 다양한 우대정책을 화상에게 제공하면서 공생관계를 구축했다. 중국은 개혁개방 초기 선전, 주하이, 산터우, 샤먼 등 4대 경제특구를 홍콩 및 타이완과 가장 인접한 광둥성, 푸젠성에 설립해 화교 자본을 유치했다. 1990년에는 '화교와 홍콩·마카오·타이완 동포의 투자규정'을 공포하여 다양한 우대정책을 제공했으며, 1994년에는 '중국 타이완 동포 투자보호법'을 공포하여 타이완 투자에 대해서도 법적인 보장 조치를 마무리 지었다.

앞서 소개한 세계화상대회에 대한 중국의 지원도 전폭적이었다. 2001년 9월 17일, 중국 장쑤성 난징시에서 개막된 제6회 세계 화상대회에는 당시 주룽지 중국 총리와 리루이환李瑞环 정치협상회의 주석 등 중국 고위층이 대거 참석해 화상에 대한 중국 정부의 기대를 표현했다. 주룽지는 21세기를 여는 새천년 신중국 건설에서 화상들의 중추적인 역할을 주문했고, 리루이환은 세계 경제의 중국 경제 의존도가 날로 높아가는 상황에서 모든 국가에 포진해 있는 화교들의 네트워크 중요성이 확대되고 있음을 강조했다. 중국 정부는 성공적인 대회 진행을 위해 막대한 재정지원을 아끼지 않았으며, 난징시 정부 역시 주 대회장으로 쓰일 11만 제곱미터 규모의 국제전시장 건설을 위해 6억 위안(약 1,000억 원)을 투자했다.

한국 화교의 과거와 현재

현재 5,000여 명의 화교가 북한에 거주하고 약 2만 명이 한국에 거주한다. 이들은 대부분 일찍이 중국 산둥성에서 거주지를 옮겨 온 사람들이다. 그러나 1992년 중반부터 중국과 한국이 외교관계를 맺은 후 중국의 상공인들이 한국에 와서 체류하기 시작했다. 중국과 한국은 인접했고, 국토도 서로 이어져 있다. 예로부터 중국 대륙에 어떤 변화가 일어나면 이를 계기로 많은 중국인이 한반도로 이주했다. 1842년에 아편전쟁에 패배한 청 정부는 열강과 체결한 난징조약을 체결하고 문호를 개방하였다. 그때부터 자국민의 외국 이민을 금지했던 '대청봉금령'은 법적 효력을 잃게 되었다. 1882년 8월 청 정부와 조선은 '조청상민수륙무역장정朝淸商民水陸貿易章程'을 체결하였고, 이를 계기로 많은 화교상인들이 한반도에 들어가 통상무역에 종사하게 되었다. 이를 초기 한국 화교 이민의 효시로 본다.

한국 화교의 정착기는 '조청상민수륙무역장정'을 체결한 1882년부터 청일전쟁 전후인 1895년까지다. 조선 고종 집권시기인 1882년 6월 9일, 임오군란이 발발하자 청은 조선을 돕는 구실로 대규모 군사를 파견한다. 특히 광둥수군제군 오장경을 파견하여 3대의 군선에 수군 3,000명과 2대의 상선에 40명 군무원을 거느리고 산둥성 연태에서 출발, 한 달 뒤 7월 12일에 서울에 도착하였다. 당시의 조선에 도착한 청나라 군무원(비전투요원) 40명을 한국 화교의 시초로 볼 수 있다.

이들은 원래 청군 주둔지 생활을 도와주는 군무원(보급병)이었지만, 시간이 지남에 따라 조선인과 무역을 하기 시작했다. 조선과 청나라 간 통상조약인 '조청상민수륙무역장정' 체결 후 청의 북양대신 이홍장은 원세개袁世凱를 총리교섭통상사의總理交涉通商事宜로 임명하여 서울에 상주시켰으며, 각 항만에 상무청을 세워 중국상인이 한국에서 장사할 수 있도록 정책지원을 했다.

1890년 이후 청나라 상인들의 자유로운 상행위가 가능해지자 장기체류를 목적으로 하는 화교상인이 급격하게 늘어났다. 당시 화교의 대부분은 산둥에서 한국의 인천과 서울로 이주했고, 정기적인 상선을 통해 방직품, 피혁, 농산품 등의 수출입무역에 종사하였다. 게다가 1884년 4월 청과 조선은 '인천구 화상지계장정仁川口華商地界章程'을 체결하여 청나라 상인이 거주할 조계租界를 확보할 수 있었다. 이를 통해 인천의 1만 6,500제곱미터 면적의 조계지에 많은 중국식 주택을 세웠는데, 이것이 한국의 첫 번째 차이나타운이다. 1883년에는 48명에 불과했던 화교는 1890년에 이르러서는 1,000여 명으로 늘어났다. 그리고 1898년에는 의화단의 난 이후에 역시 전란으로 적지 않은 산둥성 주민이 한국으로 피난 와서 정착하였다.

1910년 조선에서는 일본이 조선총독부를 설치하여 식민지 침탈을 본격화하였고, 1911년 중국에서는 신해혁명이 발생하여 봉건왕조인 청을 타도하고자 중화민국이 설립되었다. 이러한 혼란시기에 더 많은 중국 농민은 조선으로 이주하였다. 이에 조선총독부는 화교 인구가 점점 늘어나는 것을 발견하고, 화교 거주지를 제한하기 시작하였으며 관세를 올려 통상을 제한하였다. 비록 일본이 화교 유입을 제한하려 했지만, 조선에 이주한 화교 인구는 이 시기에 오히려 증가하여 1910년 화교는 1만 3,000명, 1912년 1만 5,909명, 1916년에는 1만 7,976명까지 달하게 되었다. 특히 1927년 전후 한국 내 화교의 경제활동은 가장 번성하였고 비단포목점, 양장점, 이발소, 중식요리점 등을 경영하였다.

1930년 초 중일전쟁 전후부터 1945년 한국의 일본 식민통치 해방시기까지 화교는 혼란기를 경험하게 된다. 이 시기 일본은 화교와 한국인 사이를 멀어지게 하기 위해 부정적인 측면을 부각시켰다. 그중 대표적인 것은 1931년 지린성에서 한중 농민 사이에 일어난 유혈사태, 즉 만보산 사건이다. 1931년 7월 2일, 중국 지린성 장춘현 만보산萬寶山 지역에서 한국·중국 농민 사이에 충돌사건이 발생했다. 중국을 침략하려는 일본은 한국 농민의 만주 이주를 일본인 이주의 발판으로 이용하려고 하였으며, 그 와중에 만보산 사건이 발생한 것이다. 이 사건을 계기로 한국에 거주하던 화교와 한국인 사이에 서로 혐오하는 정서가 생겼다. 이 때문에 일부 화교들이 귀국하였고 한국의 화교 인구는 일시에 40퍼센트까지 줄어들었다.

1945년 8월 15일 일본의 항복으로 제2차 세계대전이 끝나고 주권을 회복한 한국은 바로 외국인의 한국 이민을 금지하는 법령을 공포했다. 1949년 10월, 혁명에 성공한 신중국의 마오쩌둥 공산당 정부도 쇄국정책을 실시하였다. 결국 그동안 한국과 중국을 왕래하던 화교는 점차 축소되고, 양국 간 무역거래도 최소화되었다. 일제강점기에 조선에 주재하던 화교 부녀자의 인구비는 총 화교의 26퍼센트에 불과하여 일본 패망과 신중국 성립으로 중국에 돌아갈 수 없었던 화교 청년들은 한국인 여자와 결혼하기 시작하였다. 1953년 7월, 한국전쟁이 끝나자 타이완 당국은 한국에 대사관을 세우고 화교에게 타이완 여권을 발행하였다. 반면 중국은 북한에 대사관을 설치하고 화교를 대상으로 중국 여권을 발급하였다. 이 시기 한국 화교들은 본인 의지와는 상관없이 타이완 혹은 중국 국적을 취득하게 되었다.

이승만 대통령(1953)과 박정희 대통령(1962) 집권시기 2차례에 걸쳐 화폐개혁을 단행했는데, 이 때문에 현금을 소유했던 한국 화교들의 경제적 피해가 막심하였다. 한국 화교들은 부동산 소유에도 제한을 받았다. 1968년 공포된 '외국인토지법'에 따라 외국인은 주거용 주택 한 채(650제곱미터, 200평)와 상점 한 곳(170제곱미터, 50평)만 소유할 수 있었다. 따라서 많은 화교가 이후 한국 사람의 명의로 토지와 부동산을 샀는데, 소유권 분쟁을 겪는 등 부작용이 발생하였다. 1997년 이전 한국 국적법은 부계에 의한 속인주의를 채택했다. 따라서 아버지가 화교이고 어머니가 한국인인 경우에는 아버지 국적을 따라야 했다. 또한 화교는 외국인으로 등록되어 5년마다(이전에는 3년) 거주 등록을 갱신했다. 1977년 한국의 부가가치세제 도입으로 요식업을 하던 화교는 다시 타격을 받고 미국으로 이민을 떠나게 되었다.

1992년 8월, 한국은 타이완과 단교하고 중국과 국교를 체결하였다. 그 결과 한국 화교에도 새로운 시대가 도래하였다. 한중수교 이후 한국에 거주하게 된 중국 국적의 상공인, 한국인과 결혼하였으나 중국 국적을 유지하고 있는 영주권자, 재한 중국 유학생 등 중국 국적의 화교가 급증하게 되었다. 따라서 한국 화교 사회는 기존의 타이완 국적 화교와 중국 국적 화교 두 종류가 공존하는, 신화교시대가 도래한 것이다.

이후 화교 관련 정책도 개정되어 국적법 개정(1997, 양계 혈통주의 채택으로 부모 중 한 명이 한국인이면 한국 국적 취득 가능), 외국인 부동산 취득 허용 및 절차 간소화(1998), 외국인 영주 허용(2002) 등으로 화교의 재산권과 체류 및 국적 취득 관련 불편함이 다소 해소되었다. 특히 최근에는 제8차 세계화상대회의 서울 개최(2005. 10), 한국 내 화교학교에 대한 학력인정 권고(2006. 9, 국가인권위원회), 일산 차이나타운 착공(2008) 등 신화교시대 도래에 따른 새로운 변화의 바람도 불고 있다.

1999년 통계에 따르면, 한국 화교는 2만 1,806명이며, 이 중 타이

한국 화교사 주요 연표

1882년	임오군란 발발과 함께 청군의 군역상인으로 화상들이 처음 서울에 옴.
1884년	인천에 청국 조계(租界)가 설정.
1901년	서울 지역 화상들이 연합해 한성중화상회를 설립.
1912년	중화민국 수립으로 서울의 청국 총영사관이 중화민국 총영사관으로 바뀜.
1913년	인천, 부산, 원산의 중화민국 조계가 폐지됨.
1931년	'만보산 사건'으로 인해 조선 전역에 화교 배척 경향이 확산됨.
1955년	중화요식업총회 설립.
1957년	무역법 제정(외국인 무역업자는 한국 정부의 허가를 얻어야 됨).
1961년	외국인토지소유금지령 공포.
1968년	외국인토지법 공포. 주택용지 200평, 영업용지는 50평 소유한도 설정.
1992년	한중 국교 수립과 동시에 타이완과 국교 단절.
1998년	화교의 체류허가기간을 3년에서 5년으로 연장.
1999년	한국화교경제인협회 설립. 외국인의 토지취득 및 관리에 관한 법률 시행으로 토지소유 제한조치 해제.
2002년	한성중국교민협회 창립. 영주권 관련 법규 개정으로 화교에 영주권 부여.
2004년	한국중화총상회 설립.
2005년	제8차 세계화상대회 서울 개최.
2008년	일산 차이나타운 착공. (2010년 주간사 프라임개발 경영난으로 사업중단)

자료: 각종 공개 언론자료 종합 (2013. 4.)

완 출신이 약 100명이고, 나머지는 산둥성 출신이다. 2002년 말 한국 각지의 화교협회 호적 인구통계에 근거하여 집계한 화교 인구는 2만 1,782명이다. 이 중 산둥성 출신이 90퍼센트를 차지하였고, 허베이성 출신이 약 3퍼센트, 동북 3성 출신은 약 2퍼센트를 차지하였다. 그 외 광둥, 후베이, 산시, 저장, 구이저우, 쓰촨 지역 출신이 조금씩 있는 것으로 조사되었다.

한국에서 화교들이 많이 모여 사는 지역으로는 서울, 인천, 부산, 대구 등을 꼽을 수 있다. 화교 상공인들의 경제단체인 한국중화총상회 자료에 따르면 2001년 기준으로 이들 지역에 거주하는 화교는 서울 8,900여 명, 인천 2,900여 명, 부산 2,000여 명, 대구 1,000여 명 등으로 나타났다. 한국 화교 130년 역사에서 이들 4개 도시는 화교들에게 생활과 생업의 터전이었고, 차이나타운도 형성됐다. 서울의 소공동·명동, 인천의 북성동(선린동), 부산의 초량동, 대구의 중앙로 일대가 화교 밀집지역으로 명성을 얻은 곳이다. 그중에서도 인천 북성동은 국내 최초, 서울 소공동과 명동은 국내 최대의 중국인 거리로 번영을 누린 바 있다.

부록

〈신차이푸〉 중국 100대 부호 리스트(2013)

2013년 순위	전년도 순위	재산 (억 위안)	성명	회사명 / 본부 소재지	주요 업종	본부 소재지	창업자 고향
1	11	700	宗庆后	娃哈哈集团 / 浙江杭州	식품음료	저장 항주	저장 항주
2	1	540	王健林	万达集团 / 北京	유통, 도소매	베이징	쓰촨
3	4	420	刘永行	东方希望集团 / 上海	사료, 투자, 알루미늄	상하이	쓰촨
4	8	405.1	马化腾	腾讯 / 广东深圳	IT, 인터넷	광둥	광둥 산두
5	2	380	梁稳根	三一集团 / 北京	건축, 중장비 기계	베이징	후난
6	7	351.5	许家印	恒大地产 / 广东广州	부동산	광둥	허난
7	3	349	李彦宏	百度 / 北京	IT, 인터넷	베이징	산시
8	9	329.8	杨惠妍	碧桂园控股 / 广东顺德	부동산	광둥	광둥
9	14	328	许荣茂	世茂集团 / 上海	부동산	상하이	푸젠
10	5	300	张士平	魏桥创业 / 中国宏桥 / 山东邹平	알루미늄, 방직	산둥	산둥
11	6	284.7	吴亚军	龙湖集团 / 北京	부동산	충칭	충칭
12	45	252.1	魏建军	长城汽车 / 河北保定	자동차	허베이	허베이
13		246.2	肖建华	明天控股 / 北京	금융, 투자	베이징	산둥 태안시
14	10	235	鲁冠球	万向集团 / 浙江杭州	자동차 부품, 농업, 금융	저장	저장 소산
15	70	223	张力 / 张量	富力地产 / 力量能源 / 广东广州	부동산, 광업	광둥	광둥 광주
16	28	210	卢志强	泛海控股 / 北京	금융, 부동산	베이징	산둥 위해

17	16	200	孙广信	广汇集团 / 新疆乌鲁木齐	부동산, 천연가스	신강	산둥 평도
17	59	200	马云	阿里巴巴 / 浙江杭州	IT, 인터넷	저장	저장 항주
19	46	193.9	陈卓林	雅居乐集团 / 广东中山	부동산	광둥	광둥 중산
20	23	190	陈丽华	富华国际集团 / 北京	부동산, 가구	베이징	베이징
21		189.7	蔡奎	龙湖集团 / 北京	부동산	베이징	충칭
22	58	189	朱兴良	金螳螂集团 / 江苏苏州	인테리어	장쑤	장쑤 소주
23	12	182.4	刘永好	新希望集团 / 四川成都	사료, 투자, 알루미늄	쓰촨	쓰촨
24	29	181	张欣 / 潘石屹	SOHO中国 / 北京	부동산	베이징	베이징 / 감숙
25	30	180	黄伟	新湖集团 / 浙江杭州	부동산	저장	저장
26	25	178.4	郭广昌	复星集团 / 上海	의약, 부동산, 철강	상하이	저장
27	44	178	王玉锁/ 赵宝菊	新奥集团 / 河北廊坊	천연가스 공급, 화공	허베이	허베이 패주
28	49	175	姜滨	怡通工电子 / 山东潍坊	어학학습기	산둥	산둥
29	47	174.5	张茵	玖龙纸业 / 广东东莞	제지	광둥	광둥
30	30	170	刘益谦	新理益集团 / 上海	투자, 보험	상하이	상하이
30	59	170	朱孟依	合生创展 / 珠江投资 / 广东广州	부동산	광둥	광둥
32	16	160	刘汉 / 刘沧龙	汉龙集团 / 宏达集团 / 四川成都	유색금속	쓰촨	쓰촨
33	15	156.8	张近东	苏宁电器 / 江苏南京	도소매	장쑤	장쑤남경 / 안후이 천장

34	21	154.8	丁磊	网易 / 广东广州	IT, 인터넷	광둥	저장영파
35	39	150	沈国军	中国银泰 / 北京	부동산, 소매	베이징	저장영파
35	16	150	陈发树	新华都 / 福建福州	금광, 판매, 투자	푸젠	푸젠천주
35	30	150	黄茂如 / 张静	茂业集团 / 广东深圳	상업, 부동산	광둥	광둥
35	24	150	杜双华	京华日钢集团 / 河北衡水	철강	허베이	허베이형수
35	59	150	黄如论	世纪金源 / 北京	부동산	베이징	푸젠
40	41	140	施文博	恒安集团 / 福建泉州	여성용품	푸젠	푸젠천주
40	37	140	祝义才	雨润集团 / 江苏南京	육류식품, 부동산	장쑤	안후이동성
42	40	138	周福仁	西洋集团 / 辽宁海城	방화재료, 비료, 철강	요녕	요녕
43	42	137	许连捷	恒安集团 / 福建泉州	여성용품	푸젠	푸젠천주
44	16	135	何享健	美的集团 / 广东顺德	가전	광둥	광둥
45	88	134.6	张志东	腾讯 / 广东深圳	IT, 인터넷	광둥	광둥동관
46	59	132.4	史玉柱	巨人投资 / 上海	인터넷게임, 금융	상하이	안후이
47	262	130.8	于泳	鸿商控股 / 上海	투자	상하이	n.a.
48		130	王文学	华夏幸福 / 河北廊坊	부동산	허베이	허베이
49	97	129	张宏伟	东方集团 / 北京	금융, 항구, 가구연쇄점	베이징	흑룡강하얼빈
50	194	128.2	李书福 / 李星星	吉利集团 / 浙江台州	자동차 제조	저장	저장태주
51	104	126.7	耿建明	荣盛控股 / 河北廊坊	부동산	허베이	장쑤육합

52	13	123.1	邱光和	森马集团 / 浙江温州	의류	저장	저장 온주
53	97	121	张桂平	苏宁环球集团 / 江苏南京	부동산	장쑤	안후이 천장
54	142	120	叶澄海	信立泰 / 广东深圳	제약	광둥	광둥
54	50	120	梁庆德	格兰仕集团 / 广东顺德	가전	광둥	광둥 순덕
54	48	120	龚虹嘉	富年科技 / 广东广州	투자	광둥	광둥
54	55	120	黄文仔	宏宇集团 / 广东广州	부동산, 목축업	광둥	광둥 번우
58	87	119	何巧女 /唐凯	东方园林 / 北京	정원설계, 시공	베이징	저장
59	109	117.3	潘政民 / 吴春媛	瑞声科技控股 / 广东深圳	음성기계	광둥	광둥 심천
60	43	116	王传福	比亚迪 / 广东深圳	자동차 제조, 2차전지	광둥	안후이
61	56	115	童锦泉	长峰房地产 / 上海	부동산	상하이	저장 소흥
62	20	114.4	李水荣	荣盛控股 / 浙江杭州	화학섬유	저장	저장 항주
63	22	114.3	周成建	美邦服饰 / 上海	의류	상하이	저장
64	117	113.8	孙飘扬 / 钟慧娟	恒瑞医药、豪森药业 / 江苏连云港	제약	장쑤	장쑤 연운항
65	36	112.6	李锂	海普瑞 / 广东深圳	제약	광둥	쓰촨 인수
66	59	110	刘志强 / 翟美卿	香江集团 / 广东广州	가구연쇄점, 부동산, 금융	광둥	광둥 심천
66	135	110	马建荣 / 黄关林	申洲国际 / 浙江宁波	의류	저장	저장 소흥
66	50	110	沈文荣	沙钢集团 / 江苏张家港	철강	장쑤	장쑤

66	59	110	陈宁宁 / 吕慧	嘉鑫集团 / 香港	철강, 금융	홍콩	홍콩
66	35	110	邱建林	恒逸集团 / 浙江杭州	수지, 직조	저장	저장 소산
66	26	110	陈建华	恒力集团 / 江苏吴中	화학섬유	장쑤	장쑤 소주
72	37	108	黄光裕	鹏润集团 / 北京	가전 연쇄점, 부동산	베이징	광둥 산두
73	89	107	刘革新	科伦药业 / 四川成都	제약, 수액제품	쓰촨	후베이
74	73	106.6	马兴田	康美实业 / 广东普宁	의약제조	광둥	광둥
75	59	105	朱林瑶	华宝国际 / 广东深圳	화장품	광둥	쓰촨
75	59	105	熊续强	银亿集团 / 浙江宁波	부동산, 공업, 무역	저장	저장 영파
77	175	103.8	丁欣欣 / 张杏娟	亚厦控股 / 浙江上虞	건축 인테리어	저장	저장
78	91	103	林秀成 / 林志强	三安集团 / 福建厦门	철강, 광전자	푸젠	푸젠 안계
79	113	101.2	孙伟杰	杰瑞股份 / 山东烟台	유전전용설비	산둥	산둥
80	185	100.9	傅利泉 / 陈爱玲	大华股份 / 浙江杭州	안전시스템	저장	저장
81	59	100	荣智健	中信泰富 / 香港	부동산, 전력, IT	홍콩	상하이
81	50	100	傅军	新华联 / 北京	광업, 부동산, 투자	베이징	후난
81		100	陈鸿道	加多宝 / 广东东莞	음료	광둥	광둥 동관
81	59	100	张志祥	建龙集团 / 北京	철강, 조선	베이징	저장 소흥
81	50	100	宋作文	南山集团 / 山东龙口	알루미늄, 방직, 부동산	산둥	산둥
81	74	100	钟声坚	仁恒集团 / 上海	부동산	상하이	광둥

81	82	100	黄世再	大中华国际 / 广东深圳	부동산	광둥	광둥
88	96	99.9	盛百椒	百丽国际 / 广东深圳	구두, 운동복	광둥	상하이
89	79	93.8	刘忠田	忠旺集团 / 辽宁辽阳	알루미늄재	요녕	요녕 요양
90	112	92.3	车冯升	四环医药 / 海南海口	제약	해남	산둥
91	156	91.8	戚金兴 / 戚加奇	滨江集团 / 浙江杭州	부동산	저장	저장 항주
92	26	91.3	张志熔	熔盛集团 / 上海	부동산, 조선	상하이	장쑤
93		91.2	杨爱华	宝信汽车集团 / 上海	자동차 판매, 서비스	상하이	n.a.
94	174	90.4	黄联禧 / 左笑萍	联塑集团 / 广东佛山	플라스틱 파이프	광둥	광둥
95	80	90	钭正刚	锦江集团 / 浙江杭州	경방직, 환경 보호, 에너지	저장	저장
95	82	90	汪俊林	宝光集团 / 四川泸州	백주, 부동산, 광업	쓰촨	쓰촨 인수
95	82	90	李华 / 李晓平	卓越集团 / 广东深圳	주택, 상업건물	광둥	광둥
98	76	89	方威	方大集团 / 北京	광업, 가스, 철강	베이징	요녕
98	71	89	高德康	波司登 / 江苏常熟	방직의류	장쑤	장쑤 상숙
100	81	88.6	薛光林	光汇石油 / 广东深圳	석유무역	광둥	안후이 천장

미주

1) 인이푸(2005), 《중국인 그들의 마음을 읽다》, 고즈윈, 39-40쪽.
2) 후자오량(2005), 《중국의 문화지리를 읽는다》, 휴머니스트, 52쪽.
3) 중앙일보(2013. 5. 22).
4) 사서(四書)의 하나. 《중용》의 작자가 공자 손자인 자사(子思)라는 설도 있다. 총 33장 중 1장에서 천명(天命)·성(性)·도(道)·교(教)로 중용의 철학적 근거를 밝힌 뒤 "중화를 이루면 하늘과 땅이 제자리에 있게 되고 만물이 자라게 된다(致中和天地位焉萬物育焉)"는 최고의 경지를 밝혔다. 12~20장은 공자의 말과 《시경》을 인용하여 중용지도(中庸之道)의 원리와 작용을 밝히고, 중용과 중화의 관계를 체(體)와 용(用)으로 설명하였다. 21~26장은 '성(誠)은 하늘의 도요, 성 되려는 것은 사람의 도'라 하고, 27~33장은 지성(至誠)을 체득한 성인의 도·덕·교화에 대해 설명하였다. 주희에 따르면 중(中)이란 한쪽으로 치우치지도 기울지도 않으며 지나침도 못 미침도 없는 것을 일컫고, 용(庸)이란 변하지 않는 것(平常)을 뜻함으로써 인간 성품(性品)의 이치를 담고 있다.
5) 후안 안토니오 페르난데스 외(2007), 151쪽.
6) 후안 안토니오 페르난데스 외(2007), 62-63쪽.
7) 후안 안토니오 페르난데스 외(2007), 311쪽.
8) 후안 안토니오 페르난데스 외(2007), 329쪽, 349쪽.
9) 후안 안토니오 페르난데스 외(2010), 214쪽.
10) 위양(2010), 《강호중국》, 학고재, 113-114쪽.
11) 위양(2010), 《강호중국》, 학고재, 116쪽.
12) 위양(2010), 《강호중국》, 학고재, 144쪽.
13) 바이두닷컴에 중국 정부가 통제하는 단어를 입력하면 다음과 같은 경고문이 뜬다. "根据相关法律法规和政策，部分搜索结果未予显示".
14) The Straits Times (2013. 5. 29), The Asian (2013. 5. 31), 매일경제(2013. 5. 26.)
15) 후안 안토니오 페르난데스 외(2007), 《차이나CEO》, 고려닷컴, 149쪽.
16) 우쓰(吳思): 1957년 베이징 출생. 중국런민대학 중문과를 졸업하고 〈농민일보〉 기자를 거쳐 편집장까지 역임했다. 1997년부터는 잡지 〈염황춘추(炎黃春秋)〉 편집인으로 있다. 2001년 중국사의 고찰을 통해 중국인의 본성을 날카롭게 꿰뚫은 《잠규칙》을 출간하여 베스트셀러 작가가 되었으며, 이어 근현대 중국사, 중국사회를 분석한 《피의 법칙(血酬定律)》을 출간하였다. 우리나라에서도 2005년에 도서출판 황매에서 '잠재규칙'이라는 제목으로 번역서가 출간되었다.
17) 김동하(2011), 《위안화 경제학》, 259-261쪽.
18) 후안 안토니오 페르난데스 외(2007), 51-52쪽.

19) 후안 안토니오 페르난데스 외(2007), 111쪽.

20) 군자는 괴이한 것, 완력, 난동, 귀신에 대해서는 말하지 않는다(君子不語怪力亂神,《論語》)

21) 风笑天(2006), 2006年 4期, 5-10쪽.

22) 谢杨(2011), 94-96쪽. 范晓光(2005), 18-29쪽. 姚立; 黄甲寅(1999), 27-31쪽.

23) 유국련 · 김용숙(2002),《복식》제52권 5호, 17쪽.

24) 中华全国学生联合会, 新生代市场监测机构 中国青年校园先锋文化有限公司(2004),《2004中国大学生消费与生活形态研究报告》, 50-52쪽.

25) 王静毅(2008), 2008年24期, 2쪽.

26) 정인갑(2002),《중국문화.COM》, 다락원, 121-122쪽

27) 중국에는 '재수생'이 없다. 중국도 한국과 마찬가지로 날을 정해 '가오카오(高考)'라는 전국통합 대학입시를 치른다. 2012년 가오카오 지원자는 915만 명이었고, 이 중 685만 명이 각종 대학에 입학(입학률 74.8퍼센트)하였다. 중국이 WTO에 가입한 2001년 입학률은 59퍼센트에 불과했다. 원하는 대학입학에 실패한 고졸생들은 부두성(复读生)이라는 고교 4학년에 등록해야만 다음해 가오카오 재응시 기회가 주어진다. 중국도 고교과정은 3년제이다. 즉 한국처럼 졸업후 재수학원을 다니면서 준비할 수 있는 것이 아니라, 반드시 자신이 다니던 혹은 자격을 갖춘 교육기관에 학적을 두어야만 '재수'가 가능하다. 실제 많은 고등학교는 '고4반'을 두고 있고, 이들은 후배인 '고3'과 같이 학교를 다닌다(〈中國教育網〉. 2013. 1).

28) 차오티엔셩(2000),《중국상인, 그 4,000년의 지혜》, 가림기획, 49쪽.

29) 차오티엔셩(2000), 신동준(2012), 오귀환(2005) 및 〈화식열전〉 원문 참고하여 작성.

30) 오귀환(2005),《사마천, 애덤 스미스의 뺨을 치다》, 한겨레출판, 196-200쪽.

31) 조상(潮商)은 차오저우(潮州) 상인으로 불리었으며, 현재 차오저우시는 광둥성 북단에 있고 홍콩과 타이완 사이에 위치해 있다. 조상에 대한 자세한 내역은 이 책 광둥상인 부분을 참고할 것.

32) 후베이성 무혈시 인민정부 홈페이지 www.wuxue.gov.cn (2013. 4.)

33) 차오티엔셩(2000),《중국상인, 그 4,000년의 지혜》, 가림기획, 120-121쪽.

34) 박기수 외(2010),《중국 전통상인과 근현대적 전개》, 한국학술정보, 186쪽.

35) 랑셴핑(2012),《누가 중국경제를 죽이는가》, 다산북스, 337쪽.

36) 신동준(2012),《사마천의 부자 경제학》, 위즈덤하우스, 347쪽.

37) 싱가포르 인구(423만 명)는 중국계 76퍼센트, 말레이계 15퍼센트, 인도계 7퍼센트로 구성되어 있다. 중국어 · 타밀어 · 영어가 공용어이나 행정공용어는 영어다. 화교 중 1/3은 푸젠성, 1/3은 광둥성 출신이다. 1819년 영국령 식민지였으며, 제2차 세계대전 중 일본에 점령되었으나 1945년 다시 영국이 점유하였다. 1959년 자치권을 얻었으며, 1963년

에는 말레이시아와 연방을 형성하여 독립했다. 그러나 주민 대부분인 중국계인들은 말레이계에게 통치받기를 원하지 않았고, 인도네시아가 말레이시아연방 결성에 반대하여 1965년 분리독립 후 싱가포르공화국이 성립되었다.

38) 일본 에도시대(1603~1867) 명나라에서 중국인들이 이주하기 시작하면서, 당나라 때 가장 일본과 거래가 많아서 당시 중국인 거주지역을 '대당가(大唐街)'로 부른 데서 연유한다(纳兰性德,《渌水亭杂识》, '日本, 唐时始有人往彼, 而居留者谓之'大唐街, 今且长十里矣' 1673년).

39) 룽쯔민(2005),《상경상술》, 팜파스, 331–332쪽.

40) 후안 안토니오 페르난데스 외(2007), 84쪽.

41) 매일경제(2013. 5. 22), 매일경제(2013. 6. 4.)

42) 中國新聞網(2013. 3. 8.)

43) 후베이성 무한 출생인 우이는 1938년생이다. 1962년 베이징석유학원 졸업후 란저우정유공장의 기술요원으로 발령받아, 석유공업계에서 25년간 일해왔다. 1988년에 베이징시 부시장을 역임 후, 1991년에는 대외경제무역합작부에 들어와 부부장을 거쳐 장관직인 부장에 임명되었다. 본인은 독신주의자가 아니고 너무 일이 바빠 배우자를 찾을 시간이 없었다고 말하는 열성 여성이다. 사스가 중국을 엄습한 2003년에는 吳桂贤(1975), 陈慕华(1978)에 이어 신중국 세 번째 여성 부총리(2003. 3~2005. 4)가 되어, 국가 위기 상황을 원만히 해결했다.

44) 후자오량(2005),《중국의 문화지리를 읽는다》, 휴머니스트, 300쪽.

45)《논어》〈향당〉편. 不食. 色恶不食. 臭恶不食. 失饪不食, 不时不食. 割不正不食, 不得其酱不食. 肉虽多, 不使胜食气; 唯酒无量, 不及乱.

46) 고광석(2002),《중화요리에 담긴 중국》, 매일경제신문사, 112쪽.

47) 양세욱(2009),〈친디아저널〉(2009년 6월호), 56–57쪽.

48) 가나마루 겐지(2002),《나는 한번도 중국인에게 속은 적이 없다》, 이비지니스, 77쪽.

49) 후안 안토니오 페르난데스 외(2007), 106쪽.

50) 이중텐(2008),《이중텐, 중국인을 말하다》, 은행나무, 84쪽.

51) 한국 전통주 중 하나인 백세주(百歲酒)가 중국에 소개되었을 때 환영을 받았는데, 이는 중국에 원래 있던 전통주인 '주공백세주'와 스토리텔링 기법 때문이었다. '주공백세주'는 기원전 1000년부터 있었던 약주로 동주(東周)시대 주공단(周公旦)이 애용하여 100세까지 장수했다는 술로 전해지고 있다. 또한 조선시대 실학자 이수광의《지봉유설》에 실린 '구기백세주' 설화를 인용해 중국 소비자의 환영을 받았다. 그 설화는 이렇다. 선비가 길을 가던 중 젊은 청년이 노인을 때리는 것을 보고 꾸짖자, 그는 "이 아이는 내가 여든 살에 본 자식인데 그 술을 먹지 않아 나보다 먼저 늙었소"라고 했다. 선비가 그 술을 묻자 구기자와 여러 약초가 들어간 '구기 백세주'라고 했다.

52) 가나마루 겐지(2002),《나는 한번도 중국인에게 속은 적이 없다》, 이비지니스, 86쪽.

53) 장범성(2004),《중국인의 금기》, 살림, 60쪽.

54) '君义臣行父慈子孝兄爱弟敬此数者累谓六顺也'.

55) 장범성(2004),《중국인의 금기》, 살림, 15−16쪽.

56) 공건(2003),《상하이인·홍콩인·베이징인》, 사과나무, 40쪽.

57) 후안 안토니오 페르난데스 외(2007), 343쪽.

58) 가나마루 겐지(2002),《나는 한번도 중국인에게 속은 적이 없다》, 이비지니스, 77쪽.

59) 후안 안토니오 페르난데스 외(2010), 295쪽.

60) 김영기(2004),《중국 비즈니스 에티켓이 전략이다》, 도서출판 산다슬, 56−61쪽.

61) 후안 안토니오 페르난데스 외(2010), 286쪽.

62) 전국시대 최강국인 진(秦)과 연(燕)·제(齊)·초(楚)·한(韓)·위(魏)·조(趙)의 6국 사이의 외교 전술임. 기원전 4세기 말 책사 소진(蘇秦)은 연과 다른 5국에게 "진 밑에서 쇠꼬리가 되기보다는 닭의 머리가 되자"고 설득하여, 6국을 종적(縱的)으로 연합시켜 진나라와 대결할 공수동맹을 맺도록 하였다. 이것을 합종(合從)이라 한다. 뒤에 위나라 책사 장의(張儀)는 합종은 일시적 허식에 지나지 않으며 진을 섬겨야 한다고, 6국을 돌며 연합할 것을 설득하여 진이 6국과 개별로 횡적 동맹을 맺는 데 성공하였다. 이것을 연횡(連衡)이라고 한다. 그러나 진은 합종을 타파한 뒤 6국을 차례로 멸망시켜 중국을 통일하였다.

63) 이송(2012),《중국 비즈니스. 손자병법에서 답을 얻다》, 팬덤북스, 21쪽.

64) 이인복(1993),《손자병법 경영전략》, 고려원, 115쪽.

65) 후안 안토니오 페르난데스 외(2010), 290쪽.

66) 후안 안토니오 페르난데스 외(2010), 267쪽.

67) 후안 안토니오 페르난데스 외(2010), 268쪽.

68) 후안 안토니오 페르난데스 외(2010), 220쪽.

69) 陳冠任(2002),《世界各地商人》, 當代中國出版社, 222쪽.

70) 강효백(2002),《중국인의 상술》, 한길사, 329−348쪽.

71) 후안 안토니오 페르난데스 외(2007),《차이나CEO》, 고려닷컴, 216−218쪽.

72) 중앙일보(2013. 4. 22.)

73) 후안 안토니오 페르난데스 외(2007), 355쪽.

74) 김준봉(2005),《다시 중국이다》, 지상사, 186−199쪽.

75) KOTRA(2009), 중국투자뉴스 제183호(2009.12.31).

76) KOTRA(2009), 중국투자뉴스 제152호(2009.5.22).

77) 이송(2012),《중국 비즈니스. 손자병법에서 답을 얻다》, 팬덤북스, 115쪽, 202쪽.

78) 法制晚報(2013. 5. 23), 中国校友会网 (www.cuaa.net) (2013. 6.)

79) 고영근(2006), 56쪽.

80) 서시(西施)는 저장성에서 출생한 춘추시대 월(越)나라의 미인이다. 오(吳)나라 왕 부차 (夫差)에게 회계(會稽)에서 패한 월나라 왕 구천(勾踐)은, 부차가 호색가인 것을 알고 미 인계로 복수하려 하였다. 산에서 나무를 팔던 서시를 데려다 기예를 가르쳐 오나라에 보 냈고, 부차는 서시와 사랑에 빠져 바른 정사를 펼치지 않아 오나라 멸망의 한 요인이 되 었다. 서시 관련 문학과 전설은 많으며 중국 미녀의 대명사가 되었다.

81) 중국 작가(1895-1976). 이름은 위탕(玉堂)이며, 푸젠성 출신이다. 하버드대학, 독일의 예나대학 · 라이프치히대학에서 공부했다. 1920년대에는 베이징대학 등의 교단에 섰고 어사파(語絲派)의 급진적 논객이 되었다. 1930년대에는 〈논어(論語)〉와 소품문잡지(小 品文雜誌)〉를 펴냄으로써 유머(해학)를 제창하였다. 1936년에 뉴욕으로 이주한 이후 영 문소설과 수필을 통해 구미인(歐美人)에게 근대중국의 전란을 견디고 살아가는 동포의 모습, 중국문명의 특징 등을 알렸다. 1966년 이후 타이완에 정착했다. 저서에 《전불집(剪 拂集)》(1924), 《moment in Peking》(1937), 《생활의 발견》(1940) 등이 있다.

82) 위다푸(1896~1945)는 본명이 위원(郁文)이고 저장성 푸양(富陽) 출신이다. 5 · 4 운동 이후에 중국 신문학 발전에 많은 영향을 미쳤다. 1921년에 창조사(創造社) 설립에 동참 하면서 신문학사상 최초의 백화단편소설집인 《침륜(沈淪)》을 발표했다. 우한과 중산 등 지에서 대학교수를 역임했다.

83) 〈인민망(人民網)〉(2009. 9. 24.)

84) 陳冠任(2002), 《中國各地商人》, 當代中國出版社, 272-273쪽.

85) 두위(2011), 《중국인 사용설명서》, 문화발전, 250쪽.

86) 陳冠任(2002), 《中國各地商人》, 當代中國出版社, 284쪽.

87) 고영근 외(2010), 162-166쪽.

88) 백권호(2003), 342쪽.

89) 정준규(2008), 56-57쪽.

90) 라이터 생산기업은 500여 개로 연간 6억 개를 생산, 전 세계시장의 70퍼센트를 차지하고 있다. 안경 및 부품기업은 1,800여 개 밀집(종사자 15만 명)해 있으며, 생산품 중 80퍼센 트는 전 세계 150여 국가에 수출되며, 선글라스 세계 점유율은 40퍼센트이다. 신발업 역 시 4,000여 개 기업(종사자 40만 명)에서 연 6억 켤레를 생산, 중국 총생산량의 25퍼센트 를 차지한다(정준규, 2008).

91) 김동하(2008), 〈이코노미플러스〉(2008년 5월호).

92) 매일경제(2009. 10. 8.)

93) 연합뉴스(2013. 5. 11.)

94) 고영근(2006), 35쪽.

95) 후안 안토니오 페르난데스 외(2010), 275쪽.

96) 고영근(2006), 39쪽.

97) 랑셴핑(2012),《누가 중국경제를 죽이는가》, 다산북스, 295-296쪽.

98) 랑셴핑(2012),《누가 중국경제를 죽이는가》, 다산북스, 301-305쪽.

99) 김동하(2009), 〈친디아저널〉 2009년 9월호.

100) 두위(2011),《중국인 사용설명서》, 문화발전, 270쪽.

101) 마조(媽祖, 마주)는 중국 남방 연해 및 남양(南洋) 일대에서 신봉하는 여신으로 선원, 어민, 여행자들의 무사안녕을 기원하기 위해 모시는 신임. 천비(天妃), 천후(天后), 천상골모(天上聖母), 낭마(娘媽)라고도 칭하며, 남송시대에 문헌에 가장 먼저 등장함.

102) 룽쯔민(2005),《상경상술》, 팜파스, 337-359쪽.

103) 〈신화망(新華網)〉(2012. 11. 28.)

104) 陳冠任(2002),《中國各地商人》, 當代中國出版社, 147-148쪽.

105) 마이클포터 하버드대학 교수가 주창한 개념으로 기업이 원재료를 사서 가공·판매해 부가가치를 창출하는 일련의 과정이다. 가치사슬은 지원부분과 운영부분으로 나눌 수 있다. 운영부분은 조달에서부터 생산·판매에 이르는 부가가치를 생산하는 부분이며, 지원부분은 R&D·재무·인사와 같이 직접적으로 부가가치를 창출하지는 않아도 이를 창출할 수 있도록 방법을 제시하는 부분이다. 기업 내부에서 이루어지던 가치사슬이 인터넷 등장으로 해체가 가속화되면서 네트워크를 통한 아웃소싱이 활발해지고 있다(매경경제용어사전).

106) 랑셴핑(2012),《누가 중국경제를 죽이는가》, 다산북스, 278-281쪽.

107) 매일경제(2009. 9. 8.)

108) 〈경화시보(京華時報)〉(2013. 2. 6.)

109) 김동하(2008), 〈이코노미플러스〉 2008년 8월호.

110) 춘추시대 노(魯)나라에 미생(尾生)이라는 사람이 있었는데, 사랑하는 여자와 다리 아래에서 만나기로 약속하고 기다렸으나 오지 않자 소나기가 내려 물이 넘쳐도 끝내 자리를 떠나지 않다가 마침내 교각을 끌어안고 죽었다.《사기》〈소진열전(蘇秦列傳)〉과《莊子》〈도척편(盜跖篇)〉에 나오는 말이다. 〈소진열전〉에서만 미생의 행동을 신의로 보고 다른 곳에서는 모두 작은 명분에 집착하는 고지식하고 융통성 없는 예로 들고 있다.

111) 두위(2011),《중국인 사용설명서》, 문화발전, 185쪽.

112) 陳冠任(2002),《中國各地商人》, 當代中國出版社, 259쪽.

113) 고영근(2006), 42쪽.

114) 陳冠任(2002),《中國各地商人》, 當代中國出版社, 115쪽.

115) 천관련(2004),《중국 각지 상인》, 한길사, 78-79쪽.

116) 매일경제(2009. 11. 10)

117) 〈신경보(新京報)〉(2013. 3. 28.)

118) 고영근(2006), 49쪽.

119) 陳冠任(2002),《中國各地商人》, 當代中國出版社, 361쪽.

120) 고영근(2006), 69쪽.

121) 후안 안토니오 페르난데스 외(2010), 273-274쪽.

122) 陳冠任(2002),《中國各地商人》, 當代中國出版社, 6-7쪽.

123) 김창도(2008), 〈이코노미플러스〉 2008년 10월호.

124) 고영근(2006), 67-68쪽.

125) 두위(2011),《중국인 사용설명서》, 문화발전, 205쪽.

126) 陳冠任(2002),《中國各地商人》, 當代中國出版社, 204-205쪽.

127) 뉴스핌(2013. 3. 15.), 매일경제(30103. 4. 21.)

128) 청나라 정치가(1811~1872). 자는 백함(伯涵). 호는 척정(滌正). 호남성(湖南省) 상향현(湘鄕縣) 출신. 본명은 자성(子城). 태평천국의 난 진압의 입안자로 초기 양무운동(洋務運動)의 추진자이며 청조 중흥의 명신임. 1838년 진사가 되었으며 1860년 양강총독(兩江總督)·흠차대신(欽差大臣)·강남군무(江南軍務)의 최고책임자로 임명되었다. 화중사성(華中四省)의 군사와 재정·행정권까지도 관할했다. 최초의 서양식 병기공장(安慶軍械所)을 세웠으며, 최초의 유학생을 미국에 파견하는 등 양무운동의 선구자가 됨.

129) 청나라 말기 정치가(1812~1885). 자는 계고(季高). 호남성(湖南省) 상음현(湘陰縣) 출생. 태평천국군에 대항하여 단련(團練)을 조직해서 공을 세웠으며, 뒤에 증국번(曾國藩)의 천거로 복건(福建)과 절강(浙江)을 회복. 근대적인 군비의 중요성을 인식하고 복주(福州)에 조선소(馬尾船政局)를 건설하여 양무운동의 선구자가 됨.

130) 陳冠任(2002),《中國各地商人》, 當代中國出版社, 232쪽.

131) 명말 청초의 사상가 겸 문학가(1619~1692). 후난성 형양(衡陽) 사람. 호는 강재(薑齋). 노장사상(老莊思想)과 불교의 인식론을 비판적으로 접근하고, 그리스도교와 유럽 근대 과학까지 접근했다. 16~17세기 무렵의 변혁기에 근대적 사상을 전개한 인물로, 황종희(黃宗羲), 고염무(顧炎武)와 함께 3대 학자로 불렸다. 저서에《독통감론(讀通鑑論)》과 《송론(宋論)》,《황서(黃書)》,《악몽(噩夢)》,《소수문(搔首問)》,《주역외전(周易外傳)》, 《사서훈의(四書訓義)》 등이 있다.

132) 두위(2011),《중국인 사용설명서》, 문화발전, 324쪽.

133) 陳冠任(2002),《中國各地商人》, 當代中國出版社, 351-352쪽.

134) 왕하이팅(2010),《넓은땅 중국인 성격지도》, 새빛, 114-119쪽.

135) 2008년 세계화상발전보고(中國華網, 2009. 2. 2).

136) 김창도(2009), 48쪽.

참고문헌

가나마루 겐지(2002), 《나는 한번도 중국인에게 속은 적이 없다》, 이비지니스

강효백(200), 《중국인의 상술》, 한길사

고광석(2002), 《중화요리에 담긴 중국》, 매일경제신문사

고양(2006), 《호설암》, 김태성·정미화(역), 달궁

고영근(2006), 《중국학 입문》, 부산외국어대학교 출판부

고영근·김동하(2009), 《중국의 상관습과 지역별 비즈니스 환경》, 부산외국어대학교 출판부

高正植·代云海(2012), 溫州經濟發展模式研究, 《한중사회과학연구》제10권 4호. 한중사회과학학회

공건(2003), 《상하이인·홍콩인·베이징인》, 사과나무

구민(2005), 《진상 중국제일상인》정광호(역), 삼진기획

구양일비(2005), 《홍정상인 호설암의 인간경영》, 이선영(역), 태웅출판사

김동하(2008), '중국의 개혁개방이 키워낸 인텔리형 부호 궈광창', 〈이코노미플러스〉(2008년 5월호), 조선일보사

김동하(2008), '가전유통업 부호 장진둥', 〈이코노미플러스〉(2008년 8월호), 조선일보사

김동하(2009), 'BYD, 중국 전기자동차의 미래', 〈친디아저널〉(2009년 9월호), 포스코경영연구소

김동하(2011), 《차이나 소프트파워》, 도서출판 무한

김동하(2013), 《마윈》 성공신화 시리즈, 김영사

김동하(2013), 《중국지리의 이해》, 부산외국어대학교 출판부

김원배·김경배(2005), '중국인의 상관습과 유의사항에 관한 연구', 〈국제상학〉 20권 4호, 한국국제상학회

김준봉(2005), 《다시 중국이다》, 지상사

김창도(2008), '장신, SOHO차이나 총재'〈이코노미플러스〉(2008년 10월호), 조선일보사

김창도(2009), '화상 네트워크 모국과 상생', 〈친디아저널〉(2009년 12월호), 포스코경영연구소

김형순 외(2008), 《중국 비즈니스 문화의 이해》, 배재대 출판부

랑셴핑(2012), 《누가 중국경제를 죽이는가》, 다산북스

룽쯔민(2005), 《상경상술》, 김인지(역), 팜파스

매일경제신문, '배터리대왕 왕촨푸 BYD 회장', 〈중국 스타기업(1)〉, (2009. 9. 7.)

매일경제신문, '중국 디지털영웅 리옌훙 회장', 〈중국 스타기업(2)〉, (2009. 9. 8.)

매일경제신문, '바이두, 구글도 맥못추는 中 검색 지존', 〈중국 스타기업(2)〉, (2009. 9. 8.)

매일경제신문, '메이디, 금융위기 후 더 강해진 중국판 GE', 〈중국 스타기업(5)〉, (2009. 9. 24.)

매일경제신문, '클린턴도 공들여야 만날 수 있는 마윈 회장', 〈중국 스타기업(6)〉, (2009. 10. 8.)

매일경제신문, '워렌 버핏 · 빌 게이츠도 반한 남성 정장', 〈중국 스타기업(9)〉, (2009. 11. 10.)

맹명관(2009), 《상술의 귀재, 온주상인》, 청림출판

박기수 외(2010), 《중국 전통상인과 근현대적 전개》, 한국학술정보

박현옥 · 박정동(2003), 〈한국화교(인천화교)의 경제활동 및 사회적 지위에 관한 연구〉, 인천발전연구원

백권호(2003), '원저우 모델의 혁신요소와 사회주의 시장경제의 관계에 관한 연구', 〈중국학연구〉 제24집, 중국학연구회

범용(2000), 《중국인도 모르는 중국상인 이야기》, 이정식(역), 도서출판 황전

서울신문 특별취재팀(2005), 《중국의 미래를 읽는다》, 일빛

선웨이핑(2009), 《마윈웨이》, 김창우(역), 시공사

손요(2007), 《이것이 차이나》, 이퍼블릭

스유엔(2002), 《상경(商經)》, 김태성 · 정윤철(역), 더난출판

신동준(2012), 《사마천의 부자 경제학》, 위즈덤하우스

안경준(1998), 《이것이 중국 상술이다》, 도서출판 여백

양세욱(2009), '중국의 외식문화 즐기기', 〈친디아저널〉(2009년 6월호), 포스코경영연구소

어우양이페이(2006), 《호설암의 기회경영》, 김준봉, 이지현(역), 지상사

오귀환(2005), 《사마천, 애덤스미스의 뺨을 치다》, 한겨레신문사

유국련 · 김용숙(2002), '중국 대학생의 라이프스타일에 따른 의복태도 및 구매행동', 〈복식〉 제52권 5호

왕샤오핑 · 박정동(2004), 《화인형 기업경영》, 삼성경제연구소

왕하이팅(2010), 《넓은땅 중국인 성격지도》, 새빛

위양(2010), 《강호중국》, 학고재

이상준(2008), 《중국인의 상도》, 책이있는마을

이송(2012), 《중국 비즈니스, 손자병법에서 답을 얻다》, 팬덤북스

이승국(2008), 《중국의 온주상인, 성공창업비결》, 이문사

이월하 · 설가주(2008), 《역경》, 허유영(역), 청림출판

이인복(1993), 《손자병법 경영전략》, 고려원

이정남(2003), '체제전환기 중국의 사영기업가단체와 국가: 원저우 상회를 중심으로', 〈현대중국연구〉 제5집 1호, 현대중국학회

이중텐(2008), 《이중텐, 중국인을 말하다》, 박경숙(역), 은행나무

이재유 · 허흥호(2006), '화교기업의 발전과 경영특성', 〈중소연구〉 제30권 2호

인이푸(2005), 《중국인 그들의 마음을 읽는다》, 고즈윈

장범성(2004), 《중국인의 금기》, 살림

장징(2002), 《공자의 식탁》박해순(역), 뿌리와이파리

장쥔링(2008), 《광동 상인의 경영교훈 商典》, 안창현(역), 경덕출판사

장쥔링(2008), 《저장상인의 경영지혜 商智》, 이은희(역), 경덕출판사

장쥔링(2008), 《푸젠 상인의 경영계책 商策》, 신병철(역), 경덕출판사

장쥔링(2008), 《장쑤상인의 경영묘수 商謨》, 이효진(역), 경덕출판사

장쥔링(2008), 《원저우상인의 경영교본 商經》, 송원찬(역), 경덕출판사

장쥔링(2008), 《상하이상인의 경영전략 商略》, 강경이(역), 경덕출판사

정인갑(2002), 《중국문화.COM》, 다락원

정준규(2008), '중국 상업네트워크의 중심지 원저우', 〈친디아저널〉 17호, 포스코경영연구소

정재용(2012), 《자본주의적인간 중국 남부인》, 리더스북

주간한국, '한국 화교사회 부활 기지개' (2005. 10. 12.)

중국민정부(1998), 《중국인도 다시 읽는 중국 사람 이야기》, 김하림(역), 에디터

증다오(2004), 《장사의 신 호설암》, 한정은(역), 해냄

지니진성이 · 쑨시엔예(2006), 《하이얼 스토리: 중국 혁신의 이정표》, 유혜경(역), 한스컨텐츠

차오티엔셩(2000), 《중국상인, 그 4,000년의 지혜》, 김장호(역), 도서출판 가림기획

후안 안토니오 페르난데스 · 로리 앤 언더우드(2007), 《차이나CEO》, 황해선(역), 고려닷컴

후안 안토니오 페르난데스 · 로리 언더우드(2010), 《중국의 기업가》, 백승재(역), 미래지식

후자오량(2005), 《중국의 문화지리를 읽는다》, 김태성(역), 휴머니스트

孫景峰(2007), 《先做朋友, 后做生意》, 中央編譯出版社

孫景峰(2006), 《酒桌上的生意經》, 哈尔濱出版社

王雅軒(1990), 《中國古代歷史地圖集》, 遼寧教育出版社

錢華 · 劉德聯(2006), 《中國古代詩歌選讀》, 北京大學出版社

王晶(2007), 《中國各省商人性格揭密》, 中国经济出版社

陈星桥(2006), 晋商、徽商、豫商与文化, 《大陆桥视野》 6期

佐伯富著(1983), 张正明译, 山西商人发展的原因, 《晋阳学刊》 2期

李冀(2007), 一种图腾式的经济–纵观内蒙古经济的发展, 《新西部》 4期

黄鉴晖(2002), 《明清山西商人研究》, 西经济出版社

张正明(1995), 《晋商兴衰史》, 山西古籍出版社

李希曾主编(1996), 《晋商史料与研究》, 山西人民出版社

沙莲香(1990), 《中国民族性》, 中国人民大学出版社

陳冠任(2002), 《世界各國商人》, 當代中國出版社

陳冠任(2002), 《中國各地商人》, 當代中國出版社

胡宏伟 · 吴晓波(2002), 《温州悬念》, 浙江人民出版社

风笑天(2006), 中国独生子女:规模、差异与评价, 《理论月刊》 2006年04期

谢杨(2011), 独生子女心理健康研究综述,《社会工作(学术版)》, 2011年11期

范晓光(2005), 独生子女与非独生子女大学生消费方式的比较研究,《青年探索》, 2005年03期

姚立·黄甲寅(1999), 城镇独生子女与非独生子女消费差异的统计分析,《青年研究》, 1999年11期

中华全国学生联合会、新生代市场监测机构 中国青年校园先锋文化有限公司(2004),《2004中国大学生消费与生活形态研究报告》

王静毅(2008), 大学生中独生子女与非独生子女消费结构之比较研究,《消费导刊》, 2008年24期

중국 상인과 비즈니스의 모든 것

차이나 머천트

1판 1쇄 발행 | 2013년 9월 2일
1판 3쇄 발행 | 2018년 8월 20일

지은이 김동하
펴낸이 김기옥

경제경영팀장 모민원 편집 변호이, 김광현
커뮤니케이션 플래너 박진모
경영지원 고광현, 임민진
제작 김형식

디자인 제이알컴
인쇄 · 제본 민언프린텍

펴낸곳 한스미디어(한즈미디어(주))
주소 121-839 서울특별시 마포구 양화로 11길 13(서교동, 강원빌딩 5층)
전화 02-707-0337 | 팩스 02-707-0198 | 홈페이지 www.hansmedia.com
출판신고번호 제 313-2003-227호 | 신고일자 2003년 6월 25일

ISBN 978-89-5975-562-2 13320